Christoph Bauer / Goetz Greve / Gregor Hopf (Hrsg.)

Online Targeting und Controlling

Christoph Bauer / Goetz Greve
Gregor Hopf (Hrsg.)

Online Targeting und Controlling

Grundlagen – Anwendungsfelder – Praxisbeispiele

Bibliografische Information der Deutschen Nationalbibliothek
Die Deutsche Nationalbibliothek verzeichnet diese Publikation in der
Deutschen Nationalbibliografie; detaillierte bibliografische Daten sind im Internet über
<http://dnb.d-nb.de> abrufbar.

1. Auflage 2011

Lektorat: Barbara Möller | Manuela Eckstein

Gabler Verlag ist eine Marke von Springer Fachmedien.
Springer Fachmedien ist Teil der Fachverlagsgruppe Springer Science+Business Media.
www.gabler.de

Umschlaggestaltung: KünkelLopka Medienentwicklung, Heidelberg
Satz: SatzReproService GmbH Jena
Gedruckt auf säurefreiem und chlorfrei gebleichtem Papier
Printed in Germany

ISBN 978-3-8349-2589-3

Vorwort der Herausgeber

Das Internet verheißt seit seiner kommerziellen Nutzung, den „Gral der Werbewirtschaft" gefunden zu haben: Massenwerbung ohne Streuverluste. Bisher konnte es dieses Versprechen noch nicht vollends einlösen. Der Einsatz moderner Targeting- und Controlling-Techniken verspricht, dies zu ändern. In den letzten zehn Jahren haben sich die Online-Werbeausgaben vervielfacht. Von dem inzwischen beträchtlichen Marktvolumen geht etwa die Hälfte an Keyword-Targeting über Google und andere Suchmaschinenanbieter. Dies ist jedoch nur der Beginn. Behavioural Targeting auf Basis von Surfverhalten und der Auswertung von Online-Profilen zielt darauf ab, Werbung noch genauer auf den Nutzer zuzuschneiden und hieraus im Idealfall eine Win-win-Situation zu generieren, in der der Werbetreibende seinen Streuverlust gegen Null führt und der Nutzer nur noch Werbung erhält, die einen Mehrwert für ihn darstellt.

Im Jahr 2010 wurde in Deutschland Online-Werbung im Volumen von über 5 Milliarden Euro geschaltet. Das Wachstum lag in den letzten Jahren im deutlich zweistelligen Prozentbereich, und auch die Wachstumsaussichten sind weiter sehr gut, gerade da eine weitere Bewegung der Werbegelder von den traditionellen Medien, insbesondere Print, hin zum Onlinemedium im Gang ist. Die Gründe für diese Verschiebung liegen zum einen in der fortschreitenden Verbreitung der Nutzerschaft des Internets, zum anderen bietet Online-Werbung die Möglichkeit, die Werbung auf die Vorlieben bzw. das Surf-Verhalten des Nutzers zuzuschneiden sowie den Werbeerfolg direkt auf den einzelnen Nutzer zurückzuführen. Damit ergibt sich eine in anderen Medien unerreichte Kundenorientierung, Messbarkeit und Kontrolle – in zunehmendem Maße in Verbindung mit der Möglichkeit der Interaktion mit den Nutzern. Targeting und Controlling von Online-Marketing-Maßnahmen zählen bereits jetzt zu den wichtigsten Entwicklungsgebieten der kommerziellen Nutzung des Internet und werden erwartungsgemäß in naher Zukunft zentraler Bestandteil vieler Online-Geschäftsmodelle sein.

Vor diesem Hintergrund stellen die Herausgeber die neuesten Entwicklungen dieses Bereichs des Online-Marketing in einem praxisnahen Buch dar. Ziel des Buches ist, die neuen Entwicklungen im Bereich Online Targeting und Controlling für Praktiker so darzustellen, dass sie einerseits einen Überblick über diese neuen Methoden bekommen und dass sich andererseits die einzelnen Beiträge auch zum vertiefenden Studium sinnvoll nutzen lassen.

Hierzu bietet sich eine Unterteilung des Werkes in vier Teile an: Zunächst geht es um die Grundlagen. Es werden in einer Übersicht Methoden des Online Targeting und die schrittweise Entwicklung von Online-Geschäftsmodellen mit Targeting als zentralem Bestandteil vorgestellt. Darüber hinaus werden State-of-the-Art-Methoden aus den Bereichen Realtime Targeting, Realtime Bidding und Social Media Targeting vermittelt.

Im zweiten Teil stehen die rechtlichen Rahmenbedingungen im Mittelpunkt, die für das Targeting im Online-Marketing entscheidend sind. Im Anschluss an die Erläuterung einer datenschutzkonformen und rechtlich zulässigen Erstellung von Nutzerprofilen wird die Zulässigkeit von Targeting auf der Basis von Erkenntnissen aus sozialen Netzwerken erörtert.

Der dritte Teil umfasst die Darstellung des Controlling von Online-Marketing, beginnend mit Thesen zur praktischen Steuerung des Online-Marketing basierend auf einer Delphi-Studie aus der Online-Industrie. Anschließend werden geeignete Modelle und Methoden für das quantitative und qualitative Controlling dargestellt. Das Kapitel schließt mit einer kurzen Betrachtung der Grenzen des quantitativen Controllings am Beispiel von Datingsites.

Aktuelle Trends im Online-Marketing werden im vierten Teil dargestellt. Hier kommen Praktiker und Wissenschaftler aus unterschiedlichen Bereichen zu Wort. Dazu werden neue Wege im Online Targeting ausgeführt und es wird diskutiert, wie Branding-Kampagnen online geführt werden können oder wie mit Video-Werbung Zielgruppen im Internet erreicht werden. Auch derzeit intensiv diskutierte Themen wie die wachsende Zielgruppe 60 plus, Social CRM sowie ein Social Impact Ranking finden Beachtung.

Unser Dank gilt insbesondere den Autoren der Beiträge für ihre Bereitschaft, ihr Wissen und ihre Erfahrung mit den Lesern zu teilen. Darüber hinaus danken wir der Stiftung der Hamburg School of Business Administration für die Unterstützung sowie Herrn Clemens Koester und Frau Angela Motta für die Hilfe bei der Erstellung des Manuskriptes.

Hamburg, im Februar 2011

Christoph Bauer, Goetz Greve, Gregor Hopf
Hamburg School of Business Administration

Inhaltsverzeichnis

Herausgeber und Autoren

Prof. Dr. Ralf B. Abel	Lehrstuhl für Öffentliches Recht, Informations- und Datenschutzrecht, Fakultät Wirtschaftsrecht, Fachhochschule Schmalkalden
Michael Altendorf	Geschäftsführer und Gründer, ADTELLIGENCE GmbH
Nicolai Andersen	Partner, Technology / Media / Telecommunication, Deloitte Consulting GmbH
Prof. Dr. Christoph Bauer	Hamburg School of Business Administration, Managing Director des H I F E B, Hamburger Institute of Finance & E-Business Consulting
Dr. Björn Castan	Vorstand, United Research AG, Hamburg
Horst Dietrich	AudienceScience (Germany) GmbH
Dr. Frank Eickmeier	Partner, Kanzlei Unverzagt von Have, Hamburg
Susanne Fittkau	Geschäftsführerin, Fittkau & Maaß Consulting GmbH
Prof. Dr. Goetz Greve	Leiter Forschungsdepartment Marketing & Sales, Hamburg School of Business Administration
Dr. Petra Hansmersmann, LL.M. (New York)	Rechtsanwältin, Kanzlei Unverzagt von Have, Hamburg
Prof. Dr. Ann-Kathrin Harms	Hamburg School of Business Administration
Marcel Hollerbach	CEO, SiRank
Prof. Dr. Gregor Hopf	Leiter Forschungsdepartment Medien & IT, Hamburg School of Business Administration
Harald Kratel	Geschäftsführer, Madaus, Licht + Vernier Werbeagentur GmbH
Christian M. Laase	Gründer und COO, plista GmbH
Thomas Mendrina	Country Manager DACH, Admeld Inc.
Etienne Naujok	Business Development, SiRank
Dominik Reisig	CEO und CO-Founder, CAVI VideoShopping GmbH
Franziska Runge	CAVI VideoShopping GmbH
Anja Schmitt	Technology / Media / Telecommunication, Deloitte Consulting GmbH

Glossar

Ad Impression: Aufruf von Werbemitteln auf einem Adserver

Adserver: Datenbankbasiertes Managementsystem zur Verwaltung von Werbung im Internet

Ad Network: siehe Werbenetzwerk

Banner Advertising: Eine Form der Internetwerbung. Die Werbung wird dabei als Grafik- oder Animationsdatei, meist im GIF- oder Flash-Format, in die Website eingebunden. Banner verweisen dann als Hyperlink auf die Website des Werbenden.

Barrierefreies Internet: Zum barrierefreien Internet zählen Websites, die unabhängig von möglichen körperlichen oder technischen Beeinträchtigungen der Nutzer uneingeschränkt (also barrierefrei) besucht werden können.

Behavioural Targeting: Werbemittelauslieferung auf Basis des Surf- und Klickverhaltens von Nutzern

Best Ager: Beim Begriff „Best Ager" handelt es sich um einen gebräuchlichen deutschen Scheinanglizismus, der vermutlich vom Ausdruck „im besten Alter" abgeleitet ist. Er ist außerhalb des deutschsprachigen Raums nicht gebräuchlich. Im Englischen spricht man in der Regel von „over 50s" oder „over 60s".

Branding: Markenwerbung

Click-Through-Rate (CTR): Anzahl der Klicks auf Werbebanner oder Sponsored Links (siehe Search Engine Marketing) im Verhältnis zu den gesamten Ad Impressions

Contextual Targeting: Werbemittelauslieferung bei thematischer Übereinstimmung mit dem Content auf der jeweiligen Website des Publishers

Cookie: Eintrag in einem speziellen Datenverzeichnis auf dem Computer eines Nutzers. Ein Cookie dient in der Regel dem Austausch von Informationen zwischen Web-Applikationen oder der temporären Speicherung von Informationen.

Cost per Click (CPC): Abrechnungsmodell im Online-Marketing, bei dem pro Klick auf ein Werbemittel vergütet wird

Cost per Lead (CPL): Abrechnungsmodell im Online-Marketing, bei dem auf Basis gewonnener Kontaktadressen (Leads) vergütet wird

Cost per Mille (CPM): Tausend-Kontakt-Preis. Betrag, der für eine Online-Werbung aufgewendet werden muss, um 1000 Personen einer Zielgruppe zu erreichen. Siehe auch eTKP.

Cost per Order (CPO): Abrechnungsmodell im Online-Marketing, bei dem auf Basis von zum Beispiel einer Bestellung oder eines abgeschlossenen Abonnements vergütet wird

Cost per Registration (CPR): Abrechnungsmodell im Online-Marketing, bei dem auf Basis von einer Registrierung auf einer Website vergütet wird

Cost per Sale (CPS): Abrechnungsmodell im Online-Marketing, bei dem auf Basis eines Kaufs vergütet wird

Customer Engagement: Einbindung des Kunden in die Produktentwicklung oder Ideengenerierung

Customer Lifetime Value (CLV): Der Wert eines Kunden ermittelt als Summe der abgezinsten zukünftigen Cashflows eines Kunden

Customer Relationship Management (CRM): Strategisches Konzept zur kundenorientierten Unternehmensführung

Datingservices: E-Commerce-Angebot, das es den Besuchern ermöglicht, „den richtigen" Partner beziehungsweise „die richtige" Partnerin zu finden.

Demand-Side-Platform (DSP): Unter einer Demand-Side-Platform (DSP) versteht man eine softwaregestützte Anwendung, die eine transparente, gezielte, aber automatisierte Mediaplanung und -buchung über eine Vielzahl von Online-Medien und Online-Werbenetzwerken erlaubt. Hierbei werden zumeist Targeting-Techniken und Bericht- bzw. Controllinganwendungen bereits mit eingebunden mit dem Ziel, dem Werbetreibenden komplette Kontrolle in einem One-Stop-Shop-Umfeld zu ermöglichen.

Demografiefestigkeit: Als „demografiefest" wird ein strategisches Geschäftsfeld bezeichnet, das in der weiter alternden Gesellschaft mit den sich verändernden Anforderungen langfristig einen positiven Beitrag zum Unternehmensergebnis leisten kann.

Display Advertising: Zum Display Advertising zählen Werbeformate, die mit grafischen Werbemitteln arbeiten, also in erster Linie Bannern, Skyscrapern und Ähnlichem sowie auch Pop-ups und Layer-Ads.

Dunbar-Zahl: Unter der Dunbar-Zahl versteht man die theoretische kognitive Grenze der Anzahl an Menschen, von denen eine Einzelperson die Namen und die wesentlichen Beziehungen untereinander kennen kann und somit in der Lage ist, soziale Beziehungen mit ihnen zu unterhalten. Das Konzept wurde von Robin Dunbar entwickelt. Die Dunbar-Zahl wird für den modernen Menschen generell auf etwa 150 geschätzt. Ob sie auch für sogenannte virtuelle soziale Netzwerke gilt, ist Gegenstand der wissenschaftlichen Diskussion.

E-Commerce: Abkürzung für Electronic Commerce. E-Commerce bezeichnet die Realisierung von Handelsbeziehungen im Internet

eTKP: Effektiver Tausend-Kontakt-Preis

First-Party Behavioural Targeting: First-Party Behavioural Targeting basiert auf Informationen, die ein Publisher durch das Nutzerverhalten auf den eigenen Websites erhält. Besuche auf anderen Websites (Third-Party) werden nicht in die Analyse einbezogen.

Freemium: Der Begriff Freemium beschreibt ein Erlösmodell, bei dem Basisdienste gratis angeboten werden und für darüber hinausgehende Dienste ein Preis verlangt wird. Freemium ist ein Kunstwort bestehend aus „free" und „premium". Die Premium-Kunden subventionieren somit indirekt den Konsum der Freemium-Kunden.

Grenzkosten: Die Grenzkosten (auch Marginalkosten) sind in der Betriebswirtschaftslehre und der Mikroökonomik die Kosten, die durch die Produktion einer zusätzlichen Einheit eines Produktes entstehen. Mathematisch ist die Grenzkostenfunktion die erste Ableitung der Kostenfunktion.

In-Page Video Ads: In-Page Videos sind Werbespots, die innerhalb von Textblöcken auf Websites oder Banner-Werbung ablaufen. Als Inhalt halten sie lediglich die Werbebotschaft bereit, es findet keine Kombination aus Werbebotschaft und anderen Videoinhalten statt.

In-Stream Video Ads: In-Stream Video Ads laufen vor, während oder nach einem Video im Internet. Sie sind am ehesten mit regulären Werbespots im Fernsehen zu vergleichen. Im Vergleich zum TV-Spot liefern diese Werbeformate allerdings die Möglichkeit, interaktiv über einen Klick auf die entsprechende Website zu gelangen.

Intergeneratives Marketing: Beim intergenerativen Marketing handelt es sich um Marketingmaßnahmen, die sich an alle Altersgruppen richten. Es handelt sich um eine Form des Massenmarketings, bei der nach gemeinsamen Ansatzpunkten bei jungen und alten Menschen gesucht wird, um mit einer Marketingstrategie mehrere Generationen gleichzeitig ansprechen zu können.

Keyword Targeting: Werbemittelauslieferung auf Basis einer Suchanfrage des Nutzers auf der Ergebnisseite

Klickrate: Siehe Click-Through-Rate (CTR)

Kohorten: Kohorten sind Jahrgänge oder Gruppen von Jahrgängen, die der Abgrenzung von Bevölkerungsgruppen dienen. Sie sind durch ein gleichzeitiges, längerfristig prägendes Startereignis definiert. Es wird definitorisch ein gleiches kulturelles Umfeld für eine Kohorte gefordert.

Kundengewinn: Summe aller Kosten (zum Beispiel Marketing-, E-Mail-Kommunikations-, Callcenterkosten) von der Gewinnung des Erstkontakts bis zur Gewinnung als zahlender Kunde.

Lifetime Value: Der Cashflow eines Kunden, abgezinst über die Laufzeit, ergibt den Lifetime Value (LTV) eines Kunden.

Longtail: Der Longtail ist ein von Chris Anderson popularisierter Begriff, der ein Online-Geschäftsmodell beschreibt, das sich gezielt auf Nischenprodukte spezialisiert. Das Geschäftsmodell besteht darin, sich ausdrücklich nicht in den Massenmarkt zu begeben, das heißt, sich auf eine Normalverteilung bezogen nicht in die Mitte der Verteilung, sondern auf die Ränder zu konzentrieren, also die Ausläufer beziehungsweise den „langen Schwanz" der Normalverteilung.

Monetarisierung: Im engeren Sinne bezeichnet Monetarisierung den Versuch, für Leistungen, die vormals umsonst erbracht wurden, Geld zu verlangen. Im weiteren Sinne beschreibt Monetarisierung den gedanklichen Schritt in der Entwicklung eines integrierten Geschäftsmodells, der sich damit beschäftigt, welche Kunden, aus welchem Grund, in welcher Form und gegebenenfalls in welcher Höhe bereit sind, für das angebotenen Produkt einen zumindest kostendeckenden Preis zu bezahlen.

Online Targeting: Gezieltes Ausliefern von Online-Werbung an Nutzer

Online Video Advertising: Werbung innerhalb von Videoangeboten

Perfekter Markt: Ein perfekter Markt ist durch vollständige Transparenz, eine Vielzahl von Anbietern und Nachfragern und die vollständige Abwesenheit von Marktbarrieren gekennzeichnet.

Predictive Behavioural Targeting: Weiterentwicklung des Behavioural Targeting. Kombination von Online-Nutzungsdaten mit zusätzlichen, häufig soziodemografischen Daten, die beispielsweise aus Online-Befragungen oder aus in die Profilbasis eingespielten echten Daten generiert werden

Realtime Bidding (RTB): Realtime Bidding erlaubt die Versteigerung von einzelnen Ad Impressions in Echtzeit an den Höchstbietenden.

Realtime Targeting: Im Rahmen des Realtime Targeting setzt man am ökonomischen Erfolg des Predictive Behavioural Targeting an und ermittelt die hochgerechneten Profile in einem Real-Time-Prozess, der bei Aufruf von Websites gestartet wird und in sehr geringer Zeit, in der Regel wenigen Millisekunden, zu hochgerechneten Profileigenschaften führt.

Search Engine Marketing (SEM): Maßnahmen zur Gewinnung von Nutzern für eine Website über Websuchmaschinen. Search Engine Marketing gliedert sich in die Teildisziplinen Suchmaschinenoptimierung (Search Engine Optimization, SEO) und Sponsored Links (beispielsweise Google AdWords)

Sell Side Platform (SSP): Plattform, bei der mehrere Publisher ihr Inventar bündeln und gemeinsam vermarkten

Semantisches Targeting: Werbemittelauslieferung auf Basis einer Kombination von mehreren Wörtern und der semantischen Auswertung der möglichen Bedeutung dieser Kombination, zum Beispiel „Paris Hotel" versus „Paris Hilton" (vergleiche Keyword Targeting)

Share of Voice: Prozentuale Marktabdeckung, die eine Online-Werbung in Relation zum Gesamtmarkt erreicht, hier als relativer Anteil an Nennungen des Unternehmens in Social Media (zum Beispiel Blogs, Kommentare in sozialen Netzwerken, Tweets etc.) zu den Gesamtnennungen des eigenen Unternehmens und der Wettbewerber

Silver Surfer: Silver Surfer wird häufig als Bezeichnung für ältere Internetnutzer verwandt. Der Name ist eine Anspielung auf die (vermeintlich) silbergrauen Haare älterer Personen (siehe auch Best Ager).

Social CRM: Strategie zur Beteiligung des Unternehmens an kollaborativen Konversationen von Kunden und Interessierten in Social-Media-Kanälen, um für beide Seiten Vorteile aus der kollektiven Wissensgenerierung zu realisieren

Social Media: Alle Medien, die Internetnutzer verwenden, um Informationen untereinander auszutauschen. Social Media unterscheidet sich fundamental von klassischen Medien, indem es den Nutzern ermöglicht, partizipativ an der Erstellung der Inhalte mitzuwirken.

Social Media Targeting: Targeting basierend auf realen Profildaten von Social Networks

Social Targeting: Siehe Social Media Targeting

Sprachbasiertes Targeting: Werbemittelauslieferung auf Basis aktiver Texteingaben von Nutzern (Suchanfrage) oder auf Basis des Inhalts einer Website

Tagging: Kategorisierung und Auszeichnung eines Datenbestandes mit zusätzlichen Informationen. Bei Websites der technische Vorgang, auf einer Website einen Marker zu setzen, so dass Nutzer der Website technisch erfasst (Zählpixel) und gegebenenfalls wiedererkannt werden können.

Technisches Targeting: Werbemittelauslieferung auf Basis von Daten aus der Soft- und Hardwareumgebung des Nutzers

Third-Party Behavioural Targeting: Third-Party Behavioural Targeting nutzt Informationen sowohl von eigenen Websites als auch von Third-Party-Websites, die Mitglied innerhalb eines Advertising Networks sind.

Tweet: Beitrag von Nutzern auf dem Microblogging-Dienst Twitter

Universal Design: Universal Design (auch „Transgenerational Design", „Design für alle", „Barrier-free Design") weisen Produkte auf, die so gestaltet sind, dass ältere Menschen sie nutzen können und die gleichzeitig auch für Jüngere vorteilhaft sind.

Verdecktes Seniorenmarketing: Das verdeckte Seniorenmarketing vermarktet modifizierte Angebote oder reine Seniorenprodukte, die nicht als Seniorenangebote gekennzeichnet sind, aber ihren speziellen Nutzen für ältere Menschen besonders herausstellen. Hinweise auf das Alter werden aufgrund der Sensibilität der älteren Menschen in Bezug auf ihr Alter bewusst vermieden.

Werbenetzwerk: Ein Werbenetzwerk ist ein Zusammenschluss mehrerer Online-Plattformen mit dem Ziel, Werbeinnahmen zu generieren und dem Werbetreibenden zu ermöglichen, mit einer Schaltung auf einer Vielzahl von Online-Plattformen vertreten zu sein. Einige Werbenetzwerke sind ein exklusiver Zusammenschluss einiger weniger Premium-Websites. Andere versuchen, eine möglichst breite Reichweite durch die Verbindung vieler (kleinerer) Websites zu erreichen oder die Konzentration auf bestimmte Interessengruppen (Special Interest). Ein Werbenetzwerk kann daher auch als ein Makler zwischen Werbetreibenden und Werbeagentur auf der einen Seite und Online-Medien auf der anderen Seite angesehen werden.

Word-of-Mouth (WOM): Mundpropaganda

Yield Optimization: Diese Technologie wird auf Websites eingesetzt, um den maximalen Preis für eine Werbeanzeige zu erlangen.

Rechtliche Definitionen zu datenschutzkonformen Nutzerprofilen im Internet

Anonyme Daten liegen vor, wenn personenbezogene Daten dergestalt verändert werden, dass Einzelangaben über persönliche oder sachliche Verhältnisse nicht mehr oder nur mit einem unverhältnismäßig großen Aufwand einer bestimmten oder bestimmbaren natürlichen Person zugeordnet werden können.

Löschen ist das Unkenntlichmachen gespeicherter personenbezogener Daten.

Nutzen von Daten ist jede Verwendung personenbezogener Daten, soweit es sich nicht um Verarbeitung handelt.

Nutzungsdaten sind Merkmale zur Identifikation des Nutzers, Angaben über Beginn und Ende sowie des Umfangs der jeweiligen Nutzung und Angaben über die vom Nutzer in Anspruch genommenen Telemedien.

Personenbezogene Daten sind Einzelangaben über persönliche oder sachliche Verhältnisse einer bestimmten oder bestimmbaren natürlichen Person.

Pseudonymisieren ist das Ersetzen des Namens und anderer Identifikationsmerkmale durch ein Kennzeichen zu dem Zweck, die Bestimmung des Betroffenen auszuschließen oder wesentlich zu erschweren.

Speichern ist das Erfassen, Aufnehmen oder Aufbewahren personenbezogener Daten auf einem Datenträger zum Zwecke ihrer weiteren Verarbeitung oder Nutzung.

Sperren ist das Kennzeichnen gespeicherter personenbezogener Daten, um ihre weitere Verarbeitung oder Nutzung einzuschränken.

Übermitteln ist das Bekanntgeben gespeicherter oder durch Datenverarbeitung gewonnener personenbezogener Daten an einen Dritten.

Verändern ist das inhaltliche Umgestalten gespeicherter personenbezogener Daten.

Verantwortliche Stelle ist jede Person oder Stelle, die personenbezogene Daten für sich selbst erhebt, verarbeitet oder nutzt oder dies durch andere im Auftrag vornehmen lässt.

Verarbeiten ist das Speichern, Verändern, Übermitteln, Sperren und Löschen personenbezogener Daten.

Erster Teil
Grundlagen des Online Targeting

Prof. Dr. Goetz Greve / Prof. Dr. Gregor Hopf /
Prof. Dr. Christoph Bauer
Hamburg School of Business Administration

1 Einführung in das Online Targeting

Seit der Einführung des World Wide Web haben sich Kommunikationsformen, Lebensarten, Produktgruppen und ganze Industrien neu erfunden. Über unsere reale, physische Welt zieht sich inzwischen eine zweite, virtuelle Welt. Täglich stellt jeder Europäer durchschnittlich knapp vier Fragen an Google.[1] Bei YouTube werden pro Minute 24 Stunden Videomaterial hochgeladen, welches wiederum von über 200 Millionen Nutzern pro Monat angeschaut wird. Jeden Tag werden zwei Milliarden YouTube-Videos abgespielt.[2] Wikipedia bietet inzwischen über 17 Millionen Artikel, die von gerade mal 91.000 aktiven Autoren in der ganzen Welt in 270 Sprachen erstellt wurden.[3] Während das Telefon 40 Jahre benötigte, um zehn Millionen Nutzer zu verbinden, hat dies das Internet in lediglich vier Jahren geschafft. Heute sind knapp zwei Milliarden Menschen mit dem Internet verbunden, und es kommen monatlich Millionen hinzu.[4] Mit anderen Worten: Die Welt ist eine Google-Welt geworden.

In den letzten zehn Jahren (seit 2001) haben sich die Angaben der USA für Online-Werbung beinahe vervierfacht.[5] Hiervon geht fast die Hälfte an Keyword Targeting über Google und andere Suchmaschinenbetreiber. Allein im dritten Quartal 2010 gaben US-Firmen 6,4 Milliarden US-Dollar für Online-Werbung aus, was einen Anstieg um 17 Prozent im Vergleich zur Vorjahresperiode bedeutet – und dies bei fallenden oder stagnierenden Werbeausgaben für die traditionellen Werbekanäle. Das Internet hat das Leben der Konsumenten verändert und die Art und Weise, wie sie Unterhaltung, Informationen und Marken wahrnehmen. Die werbetreibende Wirtschaft nimmt die digitalen Medien erfreut auf, weil sie dort mit ihren Konsumenten interagieren kann.[6]

Im Jahr 2010 wurde in Deutschland Online-Werbung im Volumen von 5,4 Milliarden Euro geschaltet.[7] Aber wie Christoph Bauer in seinem Beitrag (Kapitel 9) argumentiert, wird selbst bei diesem Volumen Online-Werbung noch unterproportional genutzt, denn der Anteil der Online-Werbung an den gesamten Werbeerlösen liegt bei ca. 18 Prozent, während der Anteil der Online-Nutzung an der gesamten Mediennutzung ca. 30 Prozent beträgt. Dies zeigt, dass auch für die nächsten Jahre eine überproportionale Entwicklung der Online-Werbung zu erwarten ist.[8]

Die Veränderung der Aufteilung der Werbebudgets über die letzten fünf Jahre zeigt allerdings bereits eine dramatische Verschiebung von Print zu Online (vergleiche Wachstum der Online-Werbung in Deutschland in Abbildung 1.1). Es ist anzunehmen, dass die Gründe für diese Verschiebung zum einen in der erhöhten Nutzung des Internets liegen, aber zum anderen auch in der direkten Zurechenbarkeit des Werbeerfolgs auf einzelne Nutzer und in der damit einhergehenden Messbarkeit und Kontrolle von Online-Werbe-

[1] Kressreport, 2009.

[2] YouTube, 2010.

[3] Wikipedia, 2010.

[4] Internet World Stats, 2010.

[5] IAB/PwC, 2010.

[6] IAB/PwC, 2010.

[7] BVDW, 2011.

[8] Forrester, 2009.

maßnahmen.[9] Die im Vergleich zu traditionellen Medien verbesserten Möglichkeiten des Targeting und Controlling von Online-Werbemaßnahmen sind daher als die grundlegenden Erfolgsfaktoren dieses neuen Werbekanals zu verstehen – in zunehmendem Maße in Verbindung mit der Möglichkeit der Interaktion mit den Nutzern.

Abbildung 1.1: OVK Werbestatistik 2007 bis 2009 mit Prognose für 2010 (OVK, 2010)[10]

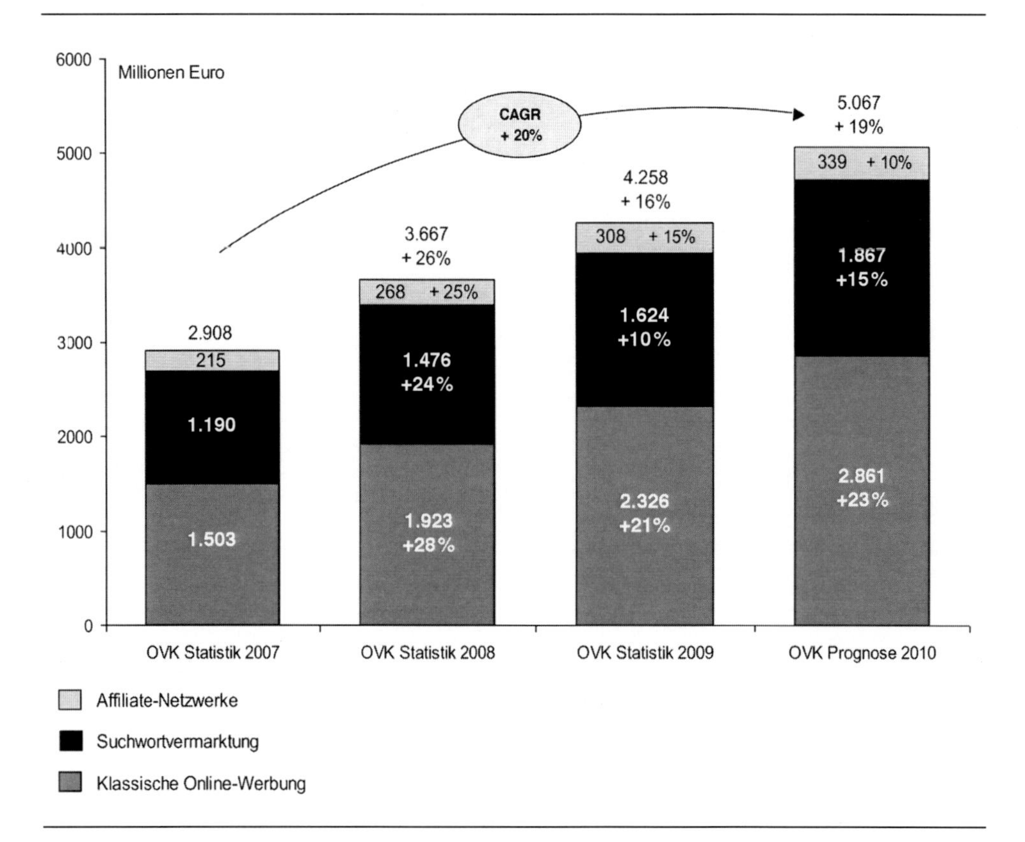

Eine Studie von PricewaterhouseCoopers kommt zu dem Schluss, dass sich die Digitalisierung der Medienbranche auch in der Verteilung der Werbeeinnahmen niederschlagen wird.[11] Während die Werbeerlöse 2009 in den von PwC betrachteten Märkten insgesamt um

[9] Manchanda et al., 2007.

[10] OVK (Hochrechnung der Zahlen für die klassische Online-Werbung von 75 auf 100 Prozent und Gesamtmarkt Online-Werbung, Prognosen), Nielsen Media Research (Datenstand Juli 2010, Erhebung der Daten für die klassische Online-Werbung auf Belegungsebene, bereinigt um einen Anteil aus der Suchwortvermarktung, ab 2009 methodische Änderungen bei der Zuordnung dieses Anteils); Angaben für den deutschen Markt.

[11] PwC, 2010.

annähernd zwölf Prozent auf knapp 405,6 Milliarden US-Dollar sanken, legte die Online-Werbung immer noch um 4,3 Prozent auf knapp 60,6 Milliarden US-Dollar zu. Bis 2014 erwarten die PwC-Experten ein durchschnittliches Wachstum der Werbeeinnahmen im Internet um 11,4 Prozent pro Jahr, während der Gesamtmarkt nur um geschätzt 4,2 Prozent pro Jahr zulegen dürfte. Mit Erlösen von 103,8 Milliarden US-Dollar wäre das Internet damit das weltweit zweitwichtigste Werbemedium hinter dem Fernsehen (195,7 Milliarden US-Dollar). Der Anteil an den Werbeeinnahmen läge bei 20 Prozent (2009: 15 Prozent, 2005: 6 Prozent).[12]

Allerdings ist die Entwicklung der Werbemärkte von landestypischen Besonderheiten geprägt. Laut der PwC-Prognose werden beispielsweise die Erlöse mit Online-Werbung in den USA bis 2014 zwar auf voraussichtlich 33,4 Milliarden US-Dollar (plus 7,7 Prozent pro Jahr) ansteigen, das Fernsehen allerdings bleibt mit Erlösen von rund 80,3 Milliarden US-Dollar (plus 5,3 Prozent pro Jahr) mit Abstand wichtigstes Werbemedium. Demgegenüber löst in Deutschland das Internet mit Werbeerlösen von gut 7,5 Milliarden US-Dollar das Fernsehen (5,9 Milliarden US-Dollar) bis 2014 ab, bleibt aber weiterhin hinter dem Zeitungsmarkt als wichtigstem Werbemedium in Deutschland zurück.[13]

Das UK-Werbenetzwerk Zenithoptimedia, das regelmäßig die Entwicklung des Werbemarktes untersucht, weist darauf hin, dass auch innerhalb der Online-Werbung mit Verschiebungen zu rechnen sein wird.[14] Die stetig steigenden Bandbreiten werden Bewegtbild-Werbung in immer besserer Qualität auch im Netz möglich machen. Der Anteil der reinen Display-Werbung an den gesamten Online-Werbeinvestitionen ist bereits in den vergangenen Jahren zurückgegangen. Online-Video und Social Media werden ihren Anteil an den weltweiten Online-Werbeinvestitionen auf 35 Prozent im Jahr 2013 erhöhen (vergleiche hierzu den Beitrag von Reisig, Runge und Greve, Kapitel 15).

Forrester hat bereits 2009 darauf hingewiesen, dass bis 2014 mit einem Volumen von 55 Milliarden US-Dollar 21 Prozent aller Werbeausgaben auf interaktives Marketing entfallen werden. 60 Prozent der von Forrester befragten Firmen bestätigten, dass sie Werbebudgets von traditionellen Medien hin zu interaktiven Online-Angeboten verschieben werden, insbesondere weg von Direct Mail und Print hin zu Social Media und Online-Video. Hiervon werden schätzungsweise über 31,5 Milliarden US-Dollar für keywordbasiertes Targeting mittels Search Marketing ausgegeben werden.[15] Dies zeigt erneut die Wichtigkeit

[12] Andere Prognosen kommen zu ähnlichen Ergebnissen: Die US-Marktforschungsgesellschaft eMarketer erwartet ein doppelstelliges Wachstum für Online-Werbung in den USA bis 2014, wenn Online-Werbung einen Gesamtumfang von 40,5 Milliarden US-Dollar und einen Marktanteil von 21,5 Prozent erreichen wird (Techcrunch, Dez. 2010). Zenithoptimedia sieht Online-Werbung im Jahr 2013 bei 18 Prozent der weltweiten Werbeausgaben und damit hinter Fernsehen als die Nummer zwei, etwa gleichauf mit Zeitungen (Zenithoptimedia, 2010).

[13] PwC, 2010.

[14] Zenithoptimedia, 2010.

[15] Forrester, 2009. Die Forrester-Studie weicht insofern von den restlichen Studien ab, als dass sie als ein Resultat dieser Verschiebungen im Werbemarkt auch einen sinkenden Gesamtmarkt für alle Arten der Werbeformen vorhersagt.

von Targeting als Teil der Online-Werbung und macht außerdem deutlich, wie wenig bekannt Targeting bei den Werbetreibenden außerhalb von suchbasierten Angeboten immer noch ist.

Das Targeting im Online-Marketing ist sehr eng mit dem Thema Datenschutz verknüpft, da für das Targeting Daten erhoben werden, die personenbezogen sein können. Die aktuelle rechtliche Diskussion (Anfang 2011) geht ausgehend von den gesetzgebenden Organen in der EU und in Deutschland sowie ausgehend von der Online-Wirtschaft selbst in Richtung einer Selbstregulierung der Wirtschaft zur Überprüfung des Datenschutzes. Eine ähnliche Entwicklungsrichtung zeichnet sich in den USA ab. Da die Diskussionen insbesondere über die Umsetzung und Überprüfung der Einhaltung des Datenschutzes sowohl in den USA wie auch in der EU und in Deutschland noch nicht ganz abgeschlossen sind, sind auch noch gesetzgeberische Maßnahmen möglich, die das Targeting beeinflussen könnten.

1.1 Online Targeting

Online Targeting steht im Internet-Marketing für das zielgruppengenaue Ausspielen von Angeboten und Werbemaßnahmen. Durch dieses Vorgehen können Streuverluste gegenüber klassischen Medien wie Print, Radio und TV verringert werden. Targeting wird im weiteren Sinne überall dort eingesetzt, wo nutzerspezifische Inhalte, Produkte oder Dienstleistungen online vermarktet werden. Durch erfolgreiche Targeting-Techniken nähert sich die Werbewirtschaft immer mehr ihrem „heiligen Gral": Massenwerbung ohne Streuverlust.

Unter Online Targeting ist die gezielte Adressierung von Online-Werbung an Nutzer zu verstehen. Hierfür werden verschiedene Techniken eingesetzt, zum Beispiel IP-Adressen für das Geo- oder Regio-Targeting und die Messung von Kaufabsichten beziehungsweise -abbrüchen für das (E-Commerce-)Re-Targeting. Basiert das Targeting auf dem individuellen Such- und Browsing-Verhalten, spricht man von Behavioural Targeting. Die Folgen sind insbesondere für den potenziellen Kunden von E-Commerce- Plattformen fundamental: Mit der Durchsetzung des Internets als ultimativer Informationsplattform und der Etablierung des E-Commerce scheint ein „perfekter" Markt Realität geworden zu sein. Produktsuche, Preisvergleichsdienste oder sogenannte Shopping Bots[16] erlauben heutzutage die Verfügbarkeit von nahezu perfekten Informationen.[17]

In den letzten Jahren sind Werbetreibende dazu übergegangen, das Kaufverhalten von Nutzern im Internet genau zu beobachten und zu analysieren. Dazu werden Cookies auf individuellen Computern installiert und/oder die IP-Adresse eines Nutzers bei einem Besuch einer Website gespeichert. Damit besteht grundsätzlich die Möglichkeit, Websites nach dem Verhalten von Nutzern im Internet maßzuschneidern und Angebote und Preise

---

[16] Schneider und Albers, 2007.

[17] Bakos, 1997.

an deren individuellen Bedürfnissen auszurichten.[18] Insbesondere das Behavioural Targeting wächst stetig und wird in Zukunft weiter an Bedeutung gewinnen.[19] Diese Entwicklung gründet auf einer Reihe von Vorteilen, die nicht zuletzt Betreiber von E-Commerce-Lösungen im Internet durch Online Targeting realisieren können:

- **Steigerung der Verkaufszahlen**

Die Personalisierung von Werbung anhand des Surf-, Klick- und Kaufverhaltens von Nutzern im Internet führt zu einem effizienteren Werbemitteleinsatz. Damit können Umsatz und Gewinn gesteigert werden.

- **Experimente**

Experimente werden zur standardmäßigen Erprobung von Direktmarketingkampagnen eingesetzt. Online Targeting ermöglicht vielfach eine einfachere und effizientere Erprobung von Angeboten und Preisen. Beispielsweise können unterschiedliche Display Ads in Bezug auf unterschiedliche Zielgruppen getestet werden.

- **Neukundengewinnung und Bestandskundenbindung**

Erstbesuchern von Websites können individuelle Angebote unterbreitet werden, um den Erstkauf zu stimulieren. Bestandskunden können zur Kundenbindung besondere Angebote offeriert werden (vergleiche hierzu den Beitrag von Greve, Kapitel 16). Dabei bietet sich insbesondere die Steuerung von Anreizen mithilfe von Informationen über Besuchshäufigkeiten, Kauffrequenzen oder der seit dem letzten Kauf verstrichenen Zeit an.[20]

- **Vergleich mit Wettbewerbspreisen**

Mittels Online Targeting lassen sich Nutzer identifizieren, die vor dem Besuch der eigenen Website Preisvergleichsdienste besucht haben. Dabei ist anzunehmen, dass diese Nutzer preissensitiver sind als Nutzer, die direkt die Website des Unternehmens aufgerufen haben oder durch Online Advertising (zum Beispiel Banner Advertising) weitergeleitet wurden.[21] Folglich können den Besuchern von Preisvergleichsdiensten Discounts oder spezielle Kaufanreize gegeben werden.

Die kommerziellen Vorteile von Targeting sind allerdings nicht alleine auf E-Commerce begrenzt. Auch andere Angebote aus dem Bereich Medien oder soziale Dienstleistungen können sowohl den Personalisierungsgrad ihres Angebotes selbst wie auch ihr Geschäftsmodell im Allgemeinen mittels Targeting optimieren, sei es durch targetingbasierte Werbeeinnahmen oder die verbesserten Möglichkeiten für Abonnement-Einnahmen aufgrund des erhöhten Personalisierungsgrades.

---

[18] Steel, 2007.

[19] Goff, 2006.

[20] Otim und Growler, 2006; Pitta et al., 2006.

[21] Chen und Sudhier, 2004.

Online Tracking und Targeting-Technologien werden von Werbetreibenden gern als ultimatives Instrument des One-to-One-Marketing im Internet angesehen. Auch wird unternehmensseitig vielfach davon ausgegangen, dass diese individualisierten Angebotsunterbreitungen für den Kunden ebenfalls die Vorteile einer zielgerichteten Werbebespielung bereithalten. Auf der anderen Seite ist allerdings zu konstatieren, dass Kunden und die Öffentlichkeit diesen neuen Technologien gegenüber nicht ausnahmslos positiv eingestellt sind.[22] Die öffentliche Wahrnehmung rangiert dabei zwischen Skepsis und offen gelebter Angst. Diese Ängste umfassen zumeist Bedenken hinsichtlich des Datenschutzes, überdies wird die Preisfairness angeführt.[23]

Targeting wird im engeren Sinne meistens definiert als die automatisierte und zielgruppengerichtete Adressierung digitaler Werbung anhand verschiedener Parameter mit dem Ziel, Streuverluste zu reduzieren und damit den Werbemitteleinsatz zu optimieren.[24] Der Begriff ist abgeleitet von dem englischen Wort „target" = „Ziel". Die unterschiedlichen Erscheinungsformen des Online Targeting nutzen unterschiedliche Kriterien, um Zielgruppen im Internet noch genauer zu segmentieren und gezielter anzusprechen.[25] Ein Vorteil des Online Targeting gegenüber Offline Targeting besteht in der Nutzung von Echtzeitinformationen im Internet, welche es dem Werbetreibenden erlaubt, laufend Optimierungen auf Basis der Nutzerreaktionen umzusetzen. Targeting bezieht sich vielfach lediglich auf Display-Werbung in Form von Banner Advertising, soll aber für das vorliegende Buch weit gefasst werden und darüber hinaus auch angrenzende Gebiete des Video Advertising, Social Media etc. erfassen.

Wie Gregor Hopf in seinem Beitrag argumentiert (Kapitel 2), sollte das Targeting der Zukunft allerdings über die rein technische Seite des bestmöglichen Data-Mining hinausgehen und sich in beide Richtungen verstehen: Es gilt nicht nur, den bestmöglichen Kunden für eine gegebene Werbenachricht zu finden, sondern auch die bestmögliche Werbenachricht für den gegebenen Kunden bis hin zur zielgerichteten Konzeption der Werbebotschaft.

Online Targeting hat seinen Ursprung in der Auslieferung der ersten Werbebanner Anfang der neunziger Jahre des vorherigen Jahrhunderts. Wenn auch früh das Potenzial erkannt wurde, Werbebanner nach dem Verhalten der Kunden im Internet zu schalten, lagen die Anfänge des Targeting insbesondere in Deutschland in der Nutzung demografischer oder technografischer Daten. Zunächst erfolgten die Zielgruppensegmentierung und -ansprache auf Basis von Kriterien wie beispielsweise Alter, Geschlecht, Postleitzahl oder technischer Kriterien wie Bandbreite oder verwendeter Browser. Darauf aufbauend wurden Targeting-Lösungen auf Basis des Surf-, Klick- und Kaufverhaltens entwickelt. Neuere Entwicklungen nutzen zunehmend psychografische Daten wie beispielsweise Interessen und Einstellungen von Internetnutzern, die diese vielfach in den Profilen ihrer sozialen Netzwerke hinterlegen.

Auf dem Weg zwischen Nutzer und Werbetreibenden stehen diverse Dienstleister, angefangen bei der durch den Werbetreibenden beauftragten Werbeagentur über den Targeting-

---

[22] Gabarino und Lee, 2003.

[23] Alreck und Settle, 2007.

[24] BVDW, 2010; Micu, 2005.

[25] Schlögel und Walter, 2008; Mühling, 2007.

Dienstleister und gegebenenfalls ein Werbenetzwerk oder eine Demand-Side-Platform (DSP) bis hin zur Werbeplattform und schließlich zum Kunden. Jedoch ist der Weg zurück vom Nutzer zum Werbetreibenden für den kontinuierlichen Erfolg mindestens ebenso wichtig. Daraus folgt, dass die Werbeakzeptanz mithilfe von modernen Controlling-Techniken ausgewertet werden sollte und darauf aufbauend sowohl die Targeting-Kriterien bzw. -Algorithmen als auch die Konzeption der Werbebotschaft selbst optimiert und gegebenenfalls das beworbene Produktangebot verbessert werden sollten.

Die bereits große und weiter steigende Bedeutung des Online-Marketing führt auch dazu, dass sich weitere betriebswirtschaftliche Fragen stellen. Inzwischen beschäftigen sich auch die Controller immer stärker mit den verschiedenen Einsatzmöglichkeiten und Formen des Online-Marketing. Nicolai Andersen und Anja Schmitt stellen in ihrem Beitrag (Kapitel 8) auf der Basis von Beratungsprojekten und einer Delphi-Studie praktisch umsetzbare Thesen für die Steuerung von Online-Aktivitäten auf. In den Beiträgen von Christoph Bauer (Kapitel 9) und Björn Castan (Kapitel 10) wird der aktuelle Stand des quantitativen und qualitativen Controlling von Online-Marketingaktivitäten dargestellt. Harald Kratel und Christoph Bauer (Kapitel 11) erläutern die praktische Steuerung des Geschäfts von E-Commerce-Sites am Beispiel von Datingsites bzw. -services.

1.2 Erscheinungsformen

Grundsätzlich lassen sich die folgenden Formen des Targeting unterscheiden, die auch kombiniert werden können (sogenanntes Integrated Targeting).[26]

1.2.1 Technisches Targeting

Die einfachste Targeting-Technologie ist das technische Targeting, das sich auf Daten aus der Soft- und Hardwareumgebung des Nutzers gründet. Hiermit wurde grundsätzlich eine rudimentär gezielte, automatische Werbeadressierung anhand folgender Merkmale möglich:

Geografische Merkmale

- Geo-Targeting ist die Ansprache von Nutzern anhand geografischer Kriterien. Die Identifikation der Nutzer findet dabei durch die Analyse der IP-Adresse statt. Google unterscheidet des Weiteren zwischen Ländern, Regionen und Städten sowie auf den Radius angepasst.

Werbekontaktzahl (Frequency Capping)

- Anzahl der Auslieferungen des Werbmittels an einen Browser mit Zeitpunkt und Zeitintervall
- Targeting nach Bandbreite (Internetzugangsgeschwindigkeit)
- Uhrzeit, Datum, Zeitintervall
- Browser-Art, Provider, Bildschirmauflösung, Betriebssystem

[26] Vergleiche Hegge, 2008.

1.2.2 Sprachbasiertes Targeting

Sprachbasiertes Targeting gründet die Werbemittelauslieferung auf Basis aktiver Texteingaben von Nutzern (Suchanfrage) oder auf Basis des Inhalts einer Website. Sprachbasiertes Targeting wird unterschieden in Keyword Targeting (auch Suchwort-Targeting), Contextual Targeting (auch wortbasiertes Targeting) und semantisches Targeting.

1.2.2.1 Keyword Targeting

Beim Keyword Targeting wird auf einer Suchmaschinenseite nach einer Suchanfrage des Nutzers auf der Ergebnisseite Werbung angezeigt, die in Zusammenhang mit der Suchanfrage steht. Prominentestes Beispiel hierfür ist Google AdWords. Je mehr für die Werbeschaltung bezahlt wird, desto höher wird die Werbung in einer Liste platziert.

Keyword Targeting basiert auf Suchanfragen eines Nutzers auf einer Suchmaschinen-Website. Google AdWords ist auch hier die dominanteste Lösung. Neben den Suchergebnissen wird auf Basis der Suchanfrage eine Liste textlicher Werbeeinblendungen mit Verlinkung dargestellt. Die Kosten für die Werbeschaltung sind entsprechend dem Rang der Anzeigen gestaffelt. Da Keyword Targeting auf aktive Suchanfragen des Nutzers reagiert, kann diese Targeting-Form als einfachste Form des Behavioural Targeting gelten.

1.2.2.2 Semantisches Targeting

Das semantische Targeting berücksichtigt nicht nur einzelne Wörter, sondern auch Kombinationen aus mehreren Wörtern.

1.2.2.3 Contextual Targeting

Beim Contextual Targeting wird ein Werbemittel bei thematischer Übereinstimmung auf der jeweiligen Website des Publishers angezeigt. Beispielsweise erscheint auf einer Website, die sich mit Autos beschäftigt, ein Banner mit Verlinkung auf die Website des Werbetreibenden. Diese Form des Targeting ist prinzipiell nicht neu, sondern findet sich in den klassischen Medien als Form der Mediaplanung.

Zu den mit Contextual Targeting erreichbaren Websites gehören Blogs. Blogs sind Websites, auf denen der Autor vergleichbar mit einem Tagebuch in chronologisch sortierten Beiträgen über ein Thema berichtet. Blogs konzentrieren sich oftmals auf ein bestimmtes Themengebiet und können daher besonders gut für das Contextual Targeting eingesetzt werden.

Entscheidender Nachteil der Contextual Ads ist der Umstand, dass durch die kontextgesteuerte Einblendung klassischer Online-Werbung zwar grundsätzlich thematisch interessierte Nutzer angesprochen werden können. Allerdings befinden sich Nutzer oftmals lediglich zur Unterhaltung auf Websites und nicht, um gezielt Produkte oder Leistungen zu suchen oder nachzufragen. Die erzielten Klicks führen damit nicht notwendigerweise zu höheren Konversionsraten. Google AdSense ist der bedeutendste Anbieter von Contextual Targeting.

1.2.3 Behavioural Targeting

Behavioural Targeting versucht, aus dem Surfverhalten von Nutzern im Internet Rückschlüsse auf deren Interessen und Präferenzen zu ziehen und darauf basierend Webemittel zu platzieren.

Die meisten Behavioural-Targeting-Ansätze basieren auf der Cookie-Technologie, bei der Cookie-Files auf dem Rechner eines Internetnutzers gespeichert werden, um das Surfverhalten (Page Visits) auf Websites und über unterschiedliche Websites hinweg zu tracken. Auf Basis dieses Verhaltens lassen sich Nutzer klassifizieren und Werbung unabhängig von der gerade besuchten Website schalten. Behavioural-Targeting-Verfahren variieren von Anbieter zu Anbieter. Zumeist legen die Anbieter ihre Klassifizierungsalgorithmen nicht offen.

Behavioural Targeting kann grundsätzlich in First-Party Behavioural Targeting und Third-Party Behavioural Targeting unterschieden werden.

Abbildung 1.2: First-Party Behavioural Targeting

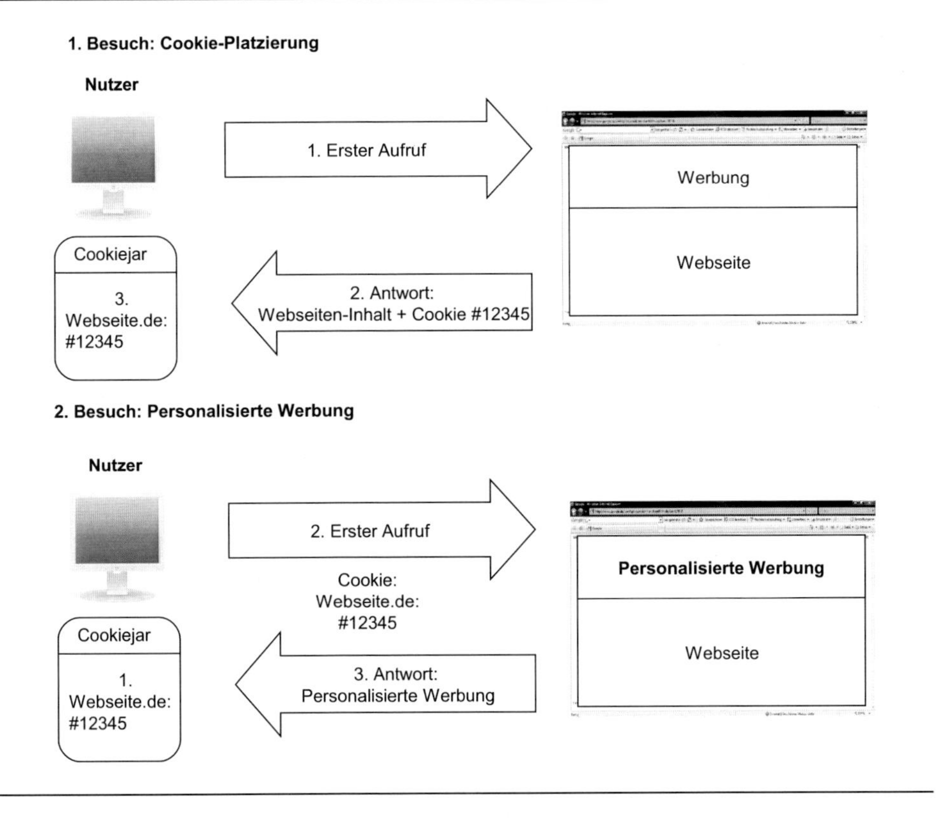

1.2.3.1 First-Party Behavioural Targeting

First-Party Behavioural Targeting basiert auf Informationen, die ein Publisher durch das Nutzerverhalten auf den eigenen Websites erhält. Besuche auf anderen Websites (Third-Party) werden in die Analyse nicht einbezogen (vergleiche Abbildung 1.2). Beispiele für First-Party Behavioural Targeting sind Nachrichten-Websites oder die Websites von Online Retailern wie Amazon oder Ebay. Abbildung 1.2 illustriert diesen Ansatz.

1.2.3.2 Third-Party Behavioural Targeting

Third-Party Behavioural Targeting nutzt Informationen sowohl von eigenen Websites als auch von Third-Party-Websites, die Mitglied innerhalb eines Advertising Networks sind. Beispielsweise wird einer Person eine Werbung für luxuriöse Golfferien angezeigt, wenn sie Websites für Flüge und Golf besucht hat.

Abbildung 1.3 illustriert diesen Ansatz. Ein Nutzer besucht eine Website eines Advertising-Netzwerks. Das Netzwerk platziert einen Cookie auf dem Rechner. Dann besucht der Nutzer weitere Websites desselben Netzwerkes, so dass über den Cookie das Verhalten aufgezeichnet und ein Interessenprofil gebildet werden kann. Bei weiteren Besuchen auf Netzwerk-Websites kann dann dem Nutzer eine Werbeschaltung basierend auf seinem Surfverhalten angezeigt werden.

Abbildung 1.3: Third-Party Behavioural Targeting

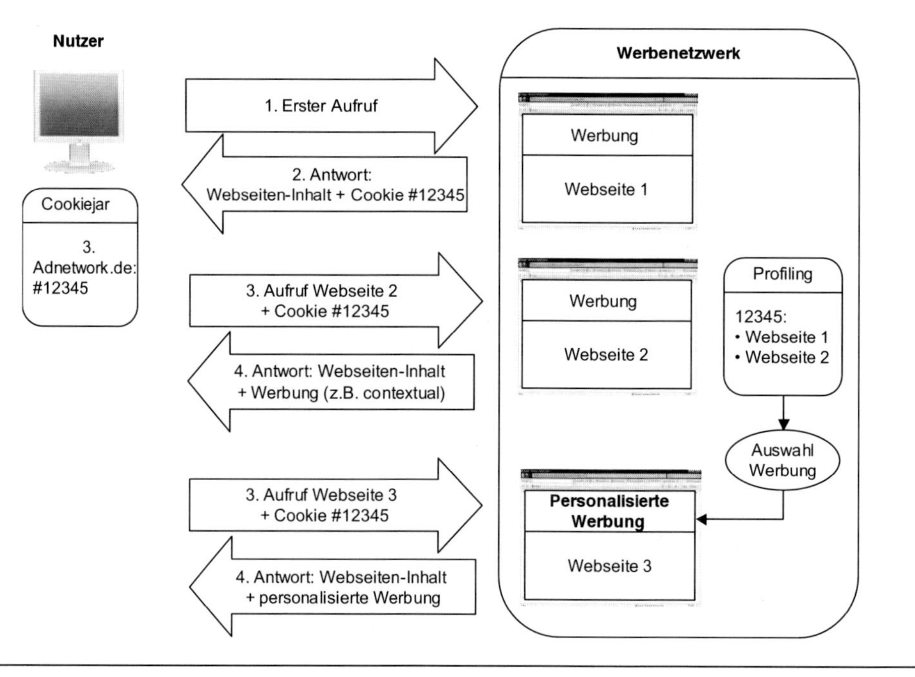

Kritisch anzumerken ist, dass in der Praxis eine aussagekräftige, detaillierte und vollständige Erfassung des Nutzerverhaltens auf Basis von Cookies seitens des Nutzers zunehmend verhindert wird, zum Beispiel durch Cookie-Löschungen oder Pop-up- und Ad-Blocker. Allerdings ist die Akzeptanz von Third-Party-Cookies in Deutschland unverändert mit über 90 Prozent auf hohem Niveau.[27]

1.2.4 Behavioural Retargeting

Retargeting kann ebenfalls zum Behavioural Targeting gezählt werden. Hierbei wird dem Nutzer Werbung von Unternehmen gezeigt, deren Websites er früher besucht hat (beispielsweise Auslieferung eines Banners an Personen, die zuvor Bestellprozesse abgebrochen haben). Unternehmen können mit Hilfe von Retargeting den Kunden über verschiedene Websites im Advertising Netzwerk verfolgen und wiederum eine Anzeige des beinahe gekauften Produktes platzieren. Auch hier erfolgt das Tracking durch das Setzen eines Cookies. Bei einem erneuten Besuch des Nutzers auf Seiten des Werbenetzwerkes wird er wiedererkannt und ihm kann sofort oder innerhalb von bestimmten Zeitintervallen Werbung angezeigt werden. Bei dieser Variante werden keine Websites-Nutzungsprofile angelegt, dennoch wird das Nutzungsverhalten des Kunden aufgezeichnet, um entsprechend zielgerichtet Werbung platzieren zu können.

Eine Studie von comScore und ValueClick Media kommt zu dem Schluss, dass Retargeting im Vergleich zu einigen ausgewählten anderen Online-Werbeformen die effizienteste Form ist, um potenzielle Kunden im Web anzusprechen, gefolgt mit einigem Abstand von Audience Targeting.[28] Insgesamt wurden für die Untersuchung von Juli 2009 bis März 2010 103 Kampagnen von 39 Advertisern aus sieben Branchen genauer unter die Lupe genommen. Gemessen wurde der Erfolg der Kampagnen sowohl anhand erfolgter Websitebesuche als auch anhand der nachfolgenden Suchanfragen auf die Marke des Advertisers. Die Studie stellte eine Reihe von Werbeformen einander gegenüber: Audience Targeting, kontextbezogenes Targeting, Efficiency Pricing, Premium Sites, Retargeting und Run-of-Network. Durch den gezielten Einsatz von Retargeting ließ sich die Zahl der Seitenbesuche um 726 Prozent, die der Suchanfragen sogar um 1.046 Prozent innerhalb von vier Wochen steigern. Keine andere der untersuchten Werbeformen konnte ähnlich hohe Zuwächse erzielen. Die Studie führt diesen Vorteil auf den Sachverhalt zurück, dass bei Retargeting nur Personen angesprochen werden, die schon zuvor die Website des Werbungtreibenden besucht haben, und somit Streuverluste angesichts eines bereits gezeigten Interesses beinahe vollständig ausgeschlossen werden können.

1.2.5 Predictive Behavioural Targeting

Predictive Behavioural Targeting ist eine Weiterentwicklung des Behavioural Targeting und kombiniert die Online-Nutzungsdaten mit zusätzlichen, häufig soziodemografischen

---

[27] Webtrekk, 2010.

[28] comScore, 2010.

Daten, die zum Beispiel aus Online-Befragungen oder aus in die Profilbasis eingespielten echten Daten generiert werden.[29]

Mittels spezieller statistischer Verfahren (Hochrechnungsalgorithmen) werden dann zusätzliche Profileigenschaften generiert, die für die Werbung relevante Informationen enthalten. Die hochgerechneten Profileigenschaften können soziodemografische Eigenschaften, Produktinteressen, Kaufverhalten, Lifestyleeigenschaften oder andere Präferenzen umfassen. Auf diesem Weg ist es möglich, für Online-Nutzer, über die keine echten Daten bekannt sind, Profile mit Behaviour zu errechnen, deren Güte mit statistischen Qualitätsmerkmalen bestimmt werden kann.

1.2.6 Realtime Targeting

Beim Predictive Behavioural Targeting werden aus zusätzlichen Daten Profileigenschaften hochgerechnet. Diese hochgerechneten Profile werden in der Regel im Rahmen von Batchprozessen ermitteln, die im Höchstfall täglich, zum Beispiel über Nacht, durchgeführt werden. Meist werden diese Batchprozesse aufgrund des hohen Rechenaufwandes sogar nur wöchentlich oder zweiwöchentlich durchgeführt.

Im Rahmen des Realtime Targeting setzt man nun an den ökonomischen Erfolgen des Predictive Behavioural Targeting an und ermittelt die hochgerechneten Profile in einem Realtime-Prozess, der bei Aufruf von Websites gestartet wird und in sehr geringer Zeit, in der Regel in wenigen Millisekunden, zu hochgerechneten Profileigenschaften führt.

1.3 Grenzen des Targeting

Targeting wird von Werbetreibenden vielfach als „Gral der Werbewirtschaft" aufgefasst. Wenngleich Targeting beeindruckende Möglichkeiten der personalisierten Werbung eröffnet, unterliegt auch dieser Ansatz gewissen Restriktionen:

Cookie-Löschungen

Durch Cookie-Löschungen seitens der Nutzer kann eine aussagekräftige, detaillierte und vollständige Erfassung des Nutzerverhaltens verhindert werden.

Unvollständigkeit der Nutzerprofile

Werbenetzwerke, die Behavioural Targeting mittels der Cookie-Technologie anwenden, können nur einen kleinen Teil des Surf-, Klick- und Kaufverhaltens eines Nutzers erfassen. Targeting, welches lediglich auf eine Website oder ein Portal beschränkt ist, schließt damit einen großen Teil des tatsächlichen Nutzerverhaltens aus. Je größer das Netzwerk, desto vollständiger werden die Nutzerprofile. Damit haben große Werbenetzwerke einen erheb-

[29] BVDW, 2008.

lichen Vorteil, immer unter der Voraussetzung, dass der Nutzer nicht ausschließlich auf lediglich einer Website (zum Beispiel Amazon) aktiv ist.

Gestaltung der Werbemittel

So gut die verwendete Targeting-Technologie auch sein mag, letztlich hängt der Erfolg von der Auslieferung eines für die Zielgruppe spezifisch gestalteten Werbemittels ab. Problematisch ist hierbei, dass es ex post, also nach Auslieferung des Werbemittels an die Zielgruppe, schwierig ist, den Anteil des Targeting und der kreativen Gestaltung des Werbemittels zu trennen, um darauf aufbauend Optimierungen vornehmen zu können.

Geringe Klickraten auf Display Advertising

Üblicherweise wird der Erfolg von Online Targting mittels klassischer Erfolgskennzahlen der Online-Werbung gemessen. Dazu zählt beispielsweise die Click-Through-Rate (CTR). Zu beobachten ist jedoch, dass die Klickraten auf Display Ads immer weiter sinken. In Deutschland liegen die CTR bei Kampagnen derzeit im Schnitt gerade einmal bei 0,13 Prozent.[30] Eine Studie von comScore kommt gar zu dem Befund, dass 50 Prozent aller Display-Ad-Clicks auf nur sechs Prozent der US-Online-Nutzer, sogenannte „Heavy Clicker", entfallen.[31]

Auf der anderen Seite werden Nutzer auch ohne Klick auf das Werbemittel dieses erinnern und im weiteren Nutzungsverhalten die Website des Werbetreibenden besuchen. Zur Messung dieses Verhaltens wird das sogenannte Postview Tracking (auch View Through Tracking) eingesetzt. Dabei wird ein Cookie in dem Moment auf dem Computer des Nutzers gespeichert, in dem er eine Website mit einer Werbemittelauslieferung besucht. Jedoch wird nun nicht der Klick auf das Werbemittel getrackt, sondern auch der (spätere) Besuch des mit dem Cookie belegten Nutzers auf der Website des Werbetreibenden innerhalb eines vorher definierten Zeitfensters. Sowohl Facebook (Conversion Tracking) als auch Google (View through Metric) bieten diese Messgröße an. Dabei offeriert Google zusätzlich die Möglichkeit zu verfolgen, ob der Nutzer über eigene Suchaktivitäten oder Paid-Search-Ergebnisse auf die Website des Werbetreibenden gelangt ist. So einfach das Prinzip auch klingt, es ist mit Schwierigkeiten hinsichtlich einer validen Messung verbunden. So können Doppelzählungen auftreten, wenn der Werbetreibende mit mehreren Werbenetzwerken zusammenarbeitet. Insbesondere bei Cross-Media-Kampagnen kann nicht zurückverfolgt werden, ob der Nutzer basierend auf einer TV-Werbung die Website des Werbetreibenden besucht hat.

Rechtliche Rahmenbedingungen

Nach geltendem deutschem Datenschutzrecht sind Online-Nutzerprofile nur bei einem Opt-in des Nutzers selbst oder bei anonymer Erstellung der Profile rechtlich erlaubt. Die aktuelle rechtliche Diskussion in der EU geht so weit, dass Behavioural Targeting im Rahmen eines Third-Party Behavioural Targeting nur dann erlaubt sein soll, wenn ein sogenannter „Prior Consent", das heißt eine Vorabeinwilligung des Nutzers, vorliegt. Die genaue

[30] Saal, 2010.

[31] comScore, 2008.

Verfahrensdefinition, wie die Vorabeinwilligung des Nutzers erreicht werden kann, wird zurzeit intensiv diskutiert, wobei die Varianten von der Browsereinstellung, die Cookies zulässt, bis zu einem expliziten Opt-in reichen. In den USA entwickelt sich eine Selbstregulierung der Branche, die dazu führen soll, dass Konsumenten viel transparenter und umfassender über Behavioural Targeting informiert werden und das Behavioural Targeting individuell und sehr leicht abstellen können (Opt-out). Die beiden Beiträge von Franz Eickmeier und Petra Hansmersmann (Kapitel 6) sowie Ralf B. Abel (Kapitel 7) vertiefen diese rechtlichen Aspekte der Erstellung und Auswertung von Online-Nutzerprofilen in den diversen juristischen Regelwerken.

1.4 Zusammenfassung

In Anbetracht des zu erwartenden weiteren Wachstums im Online-Werbemarkt liegt die Annahme nahe, dass auch Targeting-Lösungen in den kommenden Jahren ein starkes Wachstum erfahren werden. Die Annäherung an den „heiligen Gral der Werbewirtschaft" durch die weitere Reduzierung von Streuverlusten im Bereich der Massenwerbung sowie durch das Erreichen von Nischenzielgruppen verspricht Effizienzgewinne, so dass Investitionen in Targeting-Anwendungen sehr vielversprechend erscheinen. Einige wahrscheinliche Entwicklungstendenzen für die kommenden Jahre werde schon jetzt sichtbar.

Standards

Waren Targeting-Lösungen in der Vergangenheit oftmals eine Zusammenstellung von unternehmensinternen und vermarkterspezifischen Lösungen, ist für die weitere Marktentwicklung eine Konsolidierung der Targeting-Systeme der unterschiedlichen Anbieter zu erwarten. Die leistungsfähigsten und effektivsten Targeting-Systeme werden sich im Wettbewerb durchsetzen und somit quasi Standards etablieren.

Realtime Bidding

Mit der Einführung des Realtime Bidding ist zu erwarten, dass die etablierten Erlösmodelle auf CPC- oder CPM-Basis langfristig zurückgedrängt werden. Realtime Bidding erlaubt die Versteigerung von einzelnen Ad Impressions in Echtzeit. Damit werden die Preise für Ad Impressions nicht mehr fix ex ante für zum Beispiel 1.000 Ad Impressions festgelegt, sondern in Echtzeit an den Höchstbietenden versteigert. Zur Umsetzung des Realtime Bidding identifiziert eine Realtime-Bidding-Plattform den Cookie und das verknüpfte Targeting-Profil eines Nutzers, der durch einen Website-Besuch einen Ad Request auslöst. Im gleichen Zuge wird diese Ad Impression an den Höchstbietenden aus möglichen Interessenten (Werbenetzwerke, Mediaagenturen usw.) versteigert und zeitgleich das Werbemittel des Höchstbietenden ausgeliefert.

Demand-Side-Platforms

Softwaregestützte Anwendungen, die eine transparente, gezielte, aber automatisierte Mediaplanung und -buchung über eine Vielzahl von Online-Medien und Online-Werbenetzwerken erlauben, werden sich aller Wahrscheinlichkeit nach weiter ausbreiten. Hierbei werden zumeist Targeting-Techniken und Bericht- beziehungsweise Controllinganwendungen bereits mit eingebunden mit dem Ziel, dem Werbetreibenden vollständige Kontrolle in einem One-Stop-Shop-Umfeld zu ermöglichen.

Social Media

Social Media wird in den nächsten Jahren Quelle für zusätzliche Nutzerdaten sein, die weitere Personalisierungsangebote im Internet möglich erscheinen lassen. Besonders interessant erscheinen dabei die Analyse und Nutzung von Weiterempfehlungen durch Nutzer sozialer Netzwerke und die Möglichkeit, Nutzerprofile ohne den Einsatz von Cookies zu entwickeln, da das gesamte Nutzerverhalten innerhalb des proprietären Systems des Netzwerkbetreibers stattfindet.

Standardzielgruppen

Die übergreifende Buchung von Standardzielgruppen entwickelt sich zu einem weiteren Trend. Wie Susanne Harms und Ann-Kathrin Fittkau in ihrem Beitrag (Kapitel 14) argumentieren, wird hierbei die bislang häufig unterschätzte Zielgruppe der Silver Surfer bei fortschreitender demografischer Entwicklung der Digital Natives und Digital Immigrants zunehmend an Wichtigkeit für die Werbewirtschaft gewinnen.

Rechtliche Rahmenbedingungen des Datenschutzes

Bedenken im Datenschutz sind nach wie vor eine der Hauptbremsen für die Entwicklung des Targeting. Viele Werbekunden fühlen sich bei der Buchung von Zielgruppen unsicher, aber auch Medienverantwortliche scheuen eine Konfrontation mit offiziellen Stellen und der kritischen Öffentlichkeit. Die Initiativen der gesetzgebenden Organe auf EU-Ebene und in Deutschland sowie die Initiativen der Industrie, die in die Richtung einer starken Selbstregulierung des Marktes gehen und die bis Ende 2010 angestoßen wurden, sollen dazu führen, dass diese Bedenken in den kommenden Jahren überwunden werden können. „Sauberes“ Targeting, das auch einen informativen und/oder unterhaltenden Mehrwert für den Konsumenten bietet, wird sich dann weiter verbreiten und auch als solches wahrgenommen.

Wie Gregor Hopf in seinem Beitrag argumentiert (Kapitel 2), muss die Effizienz von Targeting-Angeboten außerhalb von Suchmaschinen für den Werbetreibenden allerdings mindestens dem Search Engine Marketing (SEM) ebenbürtig sein. SEM stellt daher eine untere Schwelle für die Entwicklung von Targeting-Angeboten dar, die mindestens überschritten werden muss, bevor Targeting ein ernstzunehmendes Geschäfts- oder Erlösmodell darstellen kann. Da sich die Suchmaschinenangebote ständig weiterentwickeln – insbesondere mit Blick auf semantische Technologien –, ist anzunehmen, dass die Entwicklungslinie für Targeting einem ständigen Innovationsdruck unterliegen wird, um die eigene Markt- und Konkurrenzfähigkeit aufzubauen und zu halten. Ein Geschäftsmodell, das auf Targeting beruht, muss daher diesem ständigen Innovationsdruck und dem sich hieraus notwendigerweise ergebenden Investitionsdruck fortlaufend Rechnung tragen.

Literatur

AGOF (2010): AGOF Internet Facts 2010-III; Frankfurt, Dezember 2010. www.agof.de/index.1029.de.html.

Alreck, P.L./Settle, R.B. (2007): Consumer reactions to online behavioural tracking and targeting, Journal of Database Marketing & Customer Strategy Management, Vol. 15, 1, S. 11–23.

Bakos, J.Y. (1997): Reducing buyer search costs: Implications for electronic marketplaces, Management Science, Vol. 43, 12, S. 1676 .

Bundesverband Digitale Wirtschaft (BVDW) e.V. (2009): BVDW: Deutscher Internet Rat (DIR) formiert sich. http://www.bvdw.org/presse/news.html?tx_ttnews%5Btt_news %5D=2978&cHash=5a13 cce440.

Bundesverband Digitale Wirtschaft (BVDW) e.V. (2010): Targeting. Begriffe und Definitionen, Düsseldorf.

Bundesverband Digitale Wirtschaft (BVDW) e.V. (2011): OVK Online-Report 2011/02.

http://www.bvdw.org/mybvdw/media/download/ovk-online-report-2011-01.pdf?file=1723.

Chen, Y./Sudhir, K. (2004): When Shopbots meet emails: Implications for price competition on the internet, Quantitative Marketing and Economics, Vol. 2, 3, S. 233.

comScore (2008): New Study Shows that Heavy Clickers Distort Reality of Display Advertising Click-Through Metrics, http://www.comscore.com/Press_Events/Press_Releases/2008/02/Display_Ad_Click-Through_Behavior.

comScore (2010): When Money Moves to Digital, Where Should It Go?, Comscore, Whitepaper, Sept. 2010, www.comscore.com.

Forrester (2009): US Interactive Marketing Forecast – 2009 To 2014, Cambridge, MA.

Garbarino, E./Lee, O.F. (2003): Dynamic pricing in Internet retail: Effects on consumer trust, Psychology & Marketing, Vol. 20, 6, S. 495.

Goff, C. (2006): Behavioural targeting: Following footsteps, New Media Age, 16th February, S. 23.

Hegge, U. (2008). Targeted Advertising, in: Schwarz, T. (Hrsg.): Leitfaden Online Marketing. Waghäusel, S. 286–296, hier S. 288ff.

Interactive Advertising Bureau (IAB)/PricewaterhouseCoopers (PwC) (2010): IAB Internet Advertising Revenue Report, New York, November 2010. www.iab.net.

Internet World Stats (2010): Internet Usage Statistics; Dezember 2010. http://www.internetworldstats.com/stats.htm.

Kim, S.J. (2008): Journal of Advertising Research, Vol. 48, 3, S. 310–312.

Kleever, A. (2009): Behavioural Targeting: An Online Analysis for Efficient Media Planning?, Hamburg: Diplomica-Verlag.

Kress Report: Globaler Suchmaschinen-Markt: Europäer suchen am meisten; Kress Report, September 2009. www.kress.de.

Manchanda, P./Dubé, J.-P./Goh, Y.K./Chintagunta, P.K. (2007): The Effect of Banner Advertising on Internet Purchasing, Journal of Marketing Research, Vol. 43, 1, S. 98–108.

Moe, W.W./Fader, P.S. (2003): Dynamic Conversion Behavior at E-Commerce Sites, Management Science, Vol. 50, 3, S. 326–335.

Mühling, J. (2007): Targeting. Zielgruppen exakt online ereichen, München: Fischer.

Otim, S./Grover, V. (2006): An empirical study on web-based services and customer loyalty, European Journal of Information Systems, Vol. 15, 6, S. 527.

Pitta, D./Franzak, F./Fowler, D. (2006): A strategic approach to building online customer loyalty: Integrating customer profi tability tiers, The Journal of Consumer Marketing, Vol. 23, 7, S. 421.

PricewaterhouseCoopers (2010): Global Entertainment and Media Outlook: 2010–2014; Frankfurt, Juni 2010. www.pwc.de.

Saal, M. (2010): Geringe Click-Through-Raten: Cookies haben als Messgröße ausgedient, horizont.net, 25.03.2010. http://www.horizont.net/aktuell/digital/pages/protected/Geringe-Click-Through-Raten-Cookies-haben-als-Messgroesse-ausgedient_91106.html.

Schlögel, M./Walter, V.: Behavioral Targeting: Chancen und Risiken einer neuen Form des Online Marketing, in: Meckel, M./Stanoevska-Slabeva, K. (Hrsg.): Web 2.0: die nächste Generation Internet, Baden-Banden: Nomos, S. 163–188.

Schneider, H./Albers, S. (2007): Retailer Competition in Shopbots, SSRN Working Paper Series Nr. 1078505.

Steel, E. (2007): How marketers hone their aim online; consumer-specific ads gain in popularity due to new efficiencies, Wall Street Journal, 19th June, 2007, Sect B, S. 6.

Techcrunch (2010): U.S. Online Advertising Expected to Grow 14 Percent in 2010, 6. Dezember 2010. http://techcrunch.com/2010/12/06/u-s-online-advertising-14-percent-in-2010/.

Webtrekk (2010): Webtrekk Langzeitstudie Quartal 2/2010. http://www.webtrekk.com/fileadmin/pdf/pm/2010/100701_webtrekk_langzeit_Q2-2010.pdf.

Wikipedia (2010): About – Wikipedia, The Free Encyclopedia, Dez. 2010. http://en.wikipedia.org/wiki/Wikipedia:About.

YouTube (2010): YouTube Fact Sheet; online abgerufen Dezember 2010. http://www.youtube.com/t/fact_sheet.

Zenithoptimedia (2010): Advertising Expenditure Forecast – December 2010 Update; London, Dec 2010, www.zenithoptimedia.com.

Prof. Dr. Gregor Hopf
Hamburg School of Business Administration

2 In vier Schritten zum Online-Geschäftsmodell

2.1 Einführung: Das reale Paradoxon virtueller Geschäftsmodelle

„Das Internet ist nicht kostenlos. Es hat nur einen Preis von null." So könnte man das sehr reale Paradoxon virtueller Geschäftsmodelle zusammenfassen. Der Grund dafür, dass sich viele Anbieter so schwer tun, im Internet einen Preis für ihr Produkt oder ihre Dienstleistung zu verlangen, liegt nicht in einer vermeintlich dominanten Kostenlos-Kultur der Online-Welt, sondern vielmehr in der Kraft des sich selbst regulierenden Marktes. In einem perfekten Markt mit vielen Anbietern und einem frei kopierbaren Produkt wird es immer einen Marktteilnehmer geben, der bereit ist, das Produkt zu seinen Grenzkosten anzubieten, also für die Kosten, die für die Erstellung einer weiteren Kopie anfallen. Da diese im Internet zumeist nahezu bei null liegen, kann sich ein Preis über null nur unter ganz bestimmten Bedingungen durchsetzen.

Die Kraft des Internet, existierende Märkte aufzubrechen und neu zu ordnen, wird auch zu seiner Schwäche: In perfekten Märkten mit vernachlässigbaren Grenzkosten kann man nur Geld verdienen, wenn man eine exponierte Marktstellung erreicht und sich somit in der Preispolitik von den Grenzkosten lösen kann. Die besten Beispiele hierfür sind die wenigen im Internet wirklich erfolgreichen, gewinnbringenden Geschäftsmodelle wie Google oder Apple, gefolgt wahrscheinlich in naher Zukunft von Facebook.

Während in einem „normalen" Markt eine unternehmerische Ausrichtung zur stetigen Effizienzsteigerung mit dem Ziel, die eigenen Kosten unter dem jeweils am Markt herrschenden Durchschnittspreis zu halten, eine Strategie der Gewinnmaximierung darstellt, erlaubt dieser Ansatz im Internet höchstens eine Verlustminimierung. Ein Gewinn durch eine Effizienzführerschaft alleine kann in einem Markt mit vernachlässigbaren Grenzkosten nicht erreicht werden. Das Paradoxon, das von Geschäftsmodellen im Internet gelöst werden muss, heißt daher: Wie kann ein gewinnbringender Preis erzielt werden in einem Markt, in dem sich die freien Marktkräfte aufgrund der vorherrschenden Grenzkosten auf einen Preis von null einigen?

> Das Internet ist nicht kostenlos, weil die dort vermeintlich vorherrschende Kultur es verlangt, sondern weil es der Markt so verlangt. Um das Paradoxon zu lösen, muss der Markt beeinflusst werden. Der erste Schritt hin zu einem Online-Geschäftsmodell muss daher die Auseinandersetzung mit der Wertschöpfungskette und den Möglichkeiten sein, diese aufgrund der Eigenschaften des Internet neu zu fassen.

2.2 Schritt eins: Eigenschaften des Internet

Aus den technischen Spezifika des Internet ergeben sich vier grundlegende Eigenschaften, die eine neue Form der Telekommunikation erlauben. Die gesellschaftlichen und marktverändernden Eigenschaften des Internet finden in diesen vier grundlegenden Charakteristika zwar ihren Ursprung, gehen allerdings weit über diese hinaus: die Kraft des Internet zur Integration und Aggregation sowohl von Daten und Produkten als auch von Nutzern und die im Internet vernachlässigbaren Grenzkosten. Wenn diese Eigenschaften kombiniert werden, ergibt sich eine Kraft der Schumpeter'schen kreativen Zerstörung, die existierende Märkte und Produkte zu existenzieller Veränderung zwingt.

Der erste Schritt hin zu einem erfolgversprechenden (kommerziellen) Online-Geschäftsmodell muss darin bestehen, diese Eigenschaften auf die Wertschöpfungskette anzuwenden, um abzuleiten, wo und wie die Eigenschaften des Internet verändernd wirken können.

2.2.1 Neue Form der Telekommunikation

Das Internet ist:

- interaktiv,
- on-demand,
- realtime und gleichzeitig archivarisch,
- geografisch grenzüberschreitend und trotzdem durch die Verbindung mit dem mobilen Telekommunikationsnetz und somit auch GPS geografisch spezifisch.

Durch die Rückkanalfähigkeit des Internet ergibt sich eine bisher nicht möglich gewesene Form der Einbindung des Empfängers in die Kommunikation. Aufgrund der aktiven Einbindung des Nutzers wird – wenn gewünscht – aus einem Lean-Back-Konsumverhalten, das sich alleine auf den Empfang der Kommunikation stützt, ein Lean-Forward-Verhalten, welches eine aktive Rückkopplung und Einbeziehung des Nutzers erlaubt. Die traditionelle Massenkommunikationsform „One-to-Many" bzw. „The Voice from Above" wird durch eine Vielzahl an Spielvarianten ersetzt. Alle Formen der Kommunikation sind nun denkbar. Dies wird weiter verstärkt durch die On-demand- und Realtime-Eigenschaften des Internet, so dass sich die Kommunikation an den zeitlichen Vorgaben des Nutzers ausrichtet und nicht mehr an den zeitlichen Rahmenbedingungen des Senders. Eine Zeitung kann zwar gelesen werden, wann der Nutzer es will. Jedoch spiegelt sie immer nur den Stand zur Zeit des Redaktionsschlusses wider, der bedingt ist durch die Anforderungen, über Nacht ein physisches Produkt zu erstellen und zu vertreiben. Dies entfällt im Internet, so dass die Nachricht realtime zur Verfügung gestellt und on-demand abgerufen werden kann. Die zeitliche Ungebundenheit erstreckt sich auch auf die Vergangenheit. So kann das Medium Internet in Realtime sowohl Eigenschaften als auch archivarische Angebote verbinden. Dies wäre etwa damit zu vergleichen, eine aktuelle Zeitung in der Hand zu halten und gleichzeitig alle vergangenen Ausgaben. Bis zur Einführung des Internet wurde immer unterschieden zwischen aktuell und archivarisch, zwischen Buchhandlung und Bibliothek. Diese zeitliche Trennung wird durch die technischen Eigenschaften des Internet aufgehoben, ebenso wie geografische Grenzen. Digital zur Verfügung gestellte Daten können, sofern das Internet nicht durch politisch bedingte Barrieren behindert wird, unabhängig vom geografischen Ursprung überall genutzt werden. Die einzigen limitierenden Faktoren – neben einer möglicherweise politisch gewollten Einschränkung – sind unterschiedliche Sprachen und gegebenenfalls eine nicht ausreichende technische Ausbaustufe des Internet in manchen Regionen. Durch die Kombination mit mobilen Endgeräten wird das Internet darüber hinaus nicht nur geografisch ungebunden, sondern auch geospezifisch. Was bisher aufgrund der in den IP-Adressen der Nutzer enthaltenen Geo-Information nur eine Vermutung über deren Aufenthalt oder Herkunft darstellte, wird durch die Möglichkeiten der Lokalisierung aufgrund der Informationen rund um die Handynutzung zu einer Gewissheit.

Zusammenfassend erlauben, ja sogar fordern, diese grundlegenden Eigenschaften des Internet eine vollständige Ausrichtung der Kommunikation an den Wünschen und Bedürfnissen des Empfängers, wohingegen in der Vergangenheit Rahmenbedingungen des Senders ausschlaggebend waren. Apples Erfolg der letzten Jahre beruht genau darauf, diese grundsätzliche Revolution als einer der Ersten vollständig verinnerlicht zu haben. Apples Produktpolitik angefangen beim iPod über iTunes und iPhone bis hin zum iPad ist nichts anderes als eine konsequente Umsetzung dieser veränderten Justierung des Kommunikationsmodells auf Produktebene.

2.2.2 Kraft der Aggregation und Integration

Das Internet versammelt Nutzer auf einer gemeinsamen Plattform (Aggregation) und lässt sie dann miteinander kommunizieren (Integration). Das gleiche Prinzip trifft auf Technologien, Produkte und Märkte sowie auf Daten im Allgemeinen zu.

> Mit der Kraft der Aggregation und Integration ist die Fähigkeit des Internet gemeint, Daten, Technologien und Märkte, die bisher voneinander losgelöst existierten, zusammenzuführen. Daten, die vorher verstreut in unterschiedlichen Quellen vorhanden waren, werden mittels des Internet aggregiert und miteinander verbunden. Technologien und Märkte, die bisher getrennt waren, konvergieren. Die Kraft der Aggregation und Integration geht jedoch über Konvergenz hinaus. Denn beinahe noch wichtiger als die Konvergenz von Daten, Technologien und Märkten ist das Zusammenbringen und Vernetzen der Nutzer selbst.

Die geografische und zeitliche Ungebundenheit des Internet ermöglicht eine Aggregation von Nutzern, wie sie in der realen Welt nicht möglich ist. E-Mail-Plattformen wie Gmx oder Web.de haben daher zunächst nur auf die Aggregation möglichst vieler Nutzer gebaut. Facebook, Twitter und Co. haben dieses Manko erkannt und die Integration hinzugefügt. Der Grundgedanke der Integration der Nutzer, wie er jetzt durch Web 2.0 propagiert wird, war allerdings bereits in den ersten WWW-Anwendungen enthalten. Compuserve, AOL et al. sahen sich durchaus als Communitys. Jedoch waren die im zweiten Schritt zur Überprüfung des Geschäftsmodells in Abschnitt 2.5.1 beschriebenen treibenden Kräfte – Demografie und Technik – noch nicht ausreichend entwickelt. Der Tipping-Point bzw. die kritische Masse war noch nicht erreicht.[1] Das Web 2.0 ist also nicht wirklich etwas Neues, sondern nur der mit etwas mehr als zehn Jahren Verzögerung eingetretene ursprüngliche Wunschzustand.

Im engeren technischen Sinn wird Integration häufig unter dem Schlagwort der Konvergenz besprochen. Integration ist jedoch weit mehr als eine rein technologisch getriebene

[1] Für Literatur zum Tipping-Point oder Kritische-Masse-Phänomen vergleiche Granovetter (1978) und Gladwell (2000).

Konvergenz. Wenn wir uns einen großen Raum gefüllt mit Menschen vorstellen, erlaubt das Internet, bildlich gesprochen, denjenigen, die vorne im Raum stehen, jemandem ganz hinten im Raum die Hand zu reichen. Dies ergibt sich aus den vier technischen, bereits aufgeführten Eigenschaften. Doch das Internet geht weiter. Es bringt die Teilnehmer dazu, sich mehr auszutauschen, als sie es in der realen Welt tun würden. Ihre Integrationswilligkeit ist viel höher. Bildlich gesprochen führt das Internet dazu, dass sich alle Menschen in dem Raum bei der Hand nehmen. In einem realen Umfeld würden sie dies nur sehr widerwillig über sich ergehen lassen. Die Nutzer sind im (virtuellen) Umfeld des Internet viel offener, sich auf Kommunikation einzulassen und sich zu vernetzen, als in der realen, physischen Welt. Die besten Beweise hierfür sind neben der Geschwindigkeit, mit der sich virtuelle Kontaktnetze spannen, schon alleine die Informationen, die Digital Natives über sich ins Netz stellen, aber bei keinem persönlichen Aufeinandertreffen mit Unbekannten erwähnen würden. Selbst wenn man eine gewisse Naivität im Umgang mit einer nur scheinbaren Anonymität im Internet als vorübergehendes Phänomen betrachten kann, sind wir dennoch in der realen Welt viel zurückhaltender. In den Communitys stellen wir private Fotos ein, beschreiben unsere Musikvorlieben, geben unsere sexuelle Orientierung an und schreiben über unsere Gemütslage. Wer würde in einem mit fremden Menschen gefüllten Raum diese Informationen freiwillig und für alle verständlich äußern? Im Internet posten wir sie auf unseren virtuellen Messageboards oder zwitschern sie an das Twitter-Universum. Woher kommt diese erhöhte Integrationsbereitschaft im Internet?

Vor den Zeiten des Internet stellte jeder Kommunikationsbeginn einen Eingriff in die Privatsphäre des Adressaten dar, nicht so im Web 2.0. Zum ersten Mal kann der User so kommunizieren, als sei er ein Medium, das nur dann vom Adressaten konsumiert wird, wenn dieser es will. Zum einen fühlt es sich nicht so an, als ob wir den Empfänger stören oder gar zu einer Antwort oder Reaktion zwingen. Zum anderen ist die Gefahr der Ablehnung durch den Empfänger viel geringer. Falls das Posting nicht interessiert, wird es einfach nicht gelesen. Im schlimmsten Fall verlieren wir einen Follower. Ebenso können wir im virtuellen Umfeld unsere persönlichen Eigenschaften ausgewählter und vielleicht geschönter darstellen, als dies in einem realen Umfeld möglich wäre. Der Empfänger ist nicht in der Lage, subtextuale Informationen wie zum Beispiel Körpersprache oder Stimmlage zu interpretieren, was wiederum die Gefahr der Ablehnung aus Sicht des Senders reduziert bzw. steuerbarer macht.

Darüber hinaus gibt es noch einen offensichtlichen Skalenvorteil. Im Netz kann der Nutzer relativ einfach mehrere hundert Kontakte regelmäßig und gleichzeitig bedienen bzw. verwalten. Im realen Leben ist nur eine Führungsspanne von 15 bis maximal 20 Personen möglich, mit denen man einen engeren Kontakt pflegen kann. Der Umfang von regelmäßigen, aber nicht tiefgehenden sozialen Kontakten lag vor dem Internet schätzungsweise bei 150 persönlichen Kontakten. Eine Kennzahl, die gerne als Dunbar-Zahl bezeichnet wird.[2] Wenn man sich die Größe der persönlichen Netzwerke, die mittels des Internet verwaltet werden, ansieht, expandiert diese Zahl offensichtlich durch die Kraft der Integration des Internet, die durch die Social-Media-Angebote des Web 2.0 für alle zugänglich wurde. Belastbare

[2] Dunbar, 1993.

Forschungsergebnisse über die Entwicklung der Dunbar-Zahl im Internet liegen allerdings noch nicht vor.

> Im Internet sind die Nutzer viel eher dazu bereit, sich zu vernetzen – und zwar umfangreicher, als sie dies in der realen Welt getan hätten. Die Integrationsbereitschaft im virtuellen Netz ist deutlich höher als in der realen Welt.

2.2.3 Vernachlässigbare Grenzkosten

Die allerdings potenziell am stärksten zerstörerisch wirkende Kraft des Internet resultiert aus seinen vernachlässigbaren Grenzkosten. Die Kosten für einen zusätzlichen Nutzer sind mit wenigen Ausnahmen im Internet beinahe gleich null. In einem perfekten Markt führt dies dazu, dass der Preis ebenfalls gegen null tendiert. Die Tatsache, dass der bei Weitem größte Teil der Dienste im Internet kostenlos angeboten wird, hat ihre Ursache nicht so sehr in der historisch kostenlosen Kultur des Netzes, sondern in diesem rein ökonomischen Zusammenhang. Dies wird allerdings meist übersehen. Inzwischen kann man folgende These wagen: Wenn es nur um die kostenlose Tradition des Internet ginge, würden sich inzwischen viele Anbieter (notgedrungen) darüber hinwegsetzen und es gäbe bereits viel mehr kostenpflichtige Angebote im Netz. Die Tatsache, dass es diese nicht oder nur vereinzelt gibt, hat vielmehr mit den ökonomischen Gegebenheiten zu tun als mit einer oft proklamierten „Kostenlos-Kultur". Es handelt sich ausschließlich um das freie Spiel der Marktkräfte. Ohne die nötige Marktmacht aufgrund einer marktbeherrschenden Stellung, eines proprietären Systems oder einer Verknappung des Gutes zum Beispiel über Mehrwerte können sich Bezahldienste im Internet nicht durchsetzen. Eric Schmidt, der CEO von Google, hat die sich hieraus ergebende Konsequenz auf den Punkt gebracht:

The Internet is the most disruptive technology in history, even more than something like electricity, because it replaces scarcity with abundance, so that any business built on scarcity is completely upturned as it arrives there. (The Guardian, July 2nd 2010)

> Das Internet aufbauend auf einer neuen Form der Telekommunikation aggregiert und integriert alles, was digitalisierbar ist, und erweitert darüber hinaus die Integrationsbereitschaft der Nutzer selbst – dies alles bei vernachlässigbaren Grenzkosten. Die sich hieraus ergebende ungeheure wirtschaftliche und soziale Kraft erlaubt das Aufbrechen von ganzen Wertschöpfungsketten, da es einen Markt mit endlichem Angebot durch einen Markt mit unendlichem und aufgrund der Marktstruktur zumeist kostenlosem Angebot ersetzt.

2.3 Schritt zwei: (Rück-)Verknappung des Gutes

Nachdem im ersten Schritt überprüft wurde, welche Eigenschaften des Internet sich wie auf die Wertschöpfungskette auswirken könnten, um Chancen für neue Geschäftsideen abzuleiten, stellt sich nun die zentrale Frage, wie das anfänglich angesprochene Paradoxon von Online-Geschäftsmodellen gelöst werden kann: Das Internet ist nicht kostenlos. Es hat nur einen Preis von null.

Sobald ein Produkt digitalisierbar wird, ist es mittels des Internet potenziell unendlich vorhanden und kann mit vernachlässigbaren Grenzkosten vervielfältigt und vertrieben werden. Das ist die Ursache des sehr realen Paradoxons virtueller Geschäftsmodelle, da man versucht, in einem Markt Geld zu verdienen, in dem man eigentlich für sein Produkt nichts verlangen kann. Will man in diesem Markt aus kommerzieller Sicht überleben, muss man es schaffen, entweder sein Produkt (wieder) zu verknappen oder durch eine marktbeherrschende Position dem Konkurrenzdruck auf die Preisgestaltung zu entgehen.

Um das Paradoxon zu lösen, hat Chris Anderson (2006) den Ausweg über den Long-Tail in seinem gleichnamigen Buch popularisiert und Kevin Kelly (2008) den Weg über Mehrwerte (Generatives) vorgeschlagen. Die wenigen wirklich kommerziell erfolgreichen Online-Geschäftsmodelle nutzen zumeist zusätzlich noch proprietäre Systeme (zum Beispiel Google Algorithmus, Apple iPod und Appwelt).

2.3.1 Long-Tail

Der strategische Ansatz des Long-Tails versucht, das Paradoxon zu lösen, indem es ihm aus dem Weg geht. Statt auf den Massenmarkt zu zielen, schlägt der Long-Tail-Ansatz vor, sich auf Nischenmärkte zu fokussieren, in denen das Gut noch knapp ist und die Wahrscheinlichkeit einer unkontrollierbaren Vervielfältigung gering. In diesem Nischenmarkt kann ein einzelner Anbieter verhältnismäßig einfach eine marktbeherrschende Position aufbauen, die es ihm erlaubt, sich in der Preispolitik von den Grenzkosten zu lösen und somit einen Gewinn erzielenden Preis zu verlangen.

Im Long-Tail kann der Anbieter die Tatsache, dass das Gut im Offline-Bereich sehr knapp vorhanden ist und eines großen Suchaufwands auf Seiten der Nutzer bedarf, sehr wahrscheinlich in den Online-Bereich überführen und diesen durch Eintrittsbarrieren wirksam gegen potenzielle Konkurrenten schützen. Auf der einen Seite wird bei den Kunden weiterhin das Gefühl vorherrschen, dass das Gut knapp ist. Auf der anderen Seite wird kein potenzieller Konkurrent aufgrund des kleinen Marktes ein Interesse haben, die Einstiegsinvestitionen auf sich zu nehmen. Gleichzeitig kann der Long-Tail-Anbieter darauf hoffen, dass der eingeschränkte Nutzerkreis seinen Einsatz für das geschätzte Gut honorieren will, wenn er als Anbieter als Teil der eingeschworenen Gemeinschaft angesehen wird. Durch diese grundsätzlich positive Haltung dem Anbieter gegenüber kann er seine Marktposition im Long-Tail auch mittels Kellys Mehrwerten weiter steigern, insbesondere durch Patronage und Authentizität (siehe Abschnitt 2.3.3).

2.3.2 Proprietäre Systeme

Theoretisch lässt sich das eigene Online-Angebot finanziell am einfachsten auswerten, wenn es auf einem geschützten (und schützbaren) proprietären System beruht, das nicht kopiert werden darf (und kann). Dieser Schutz muss allerdings auch im globalen Internetmarkt durchsetzbar sein. Da rechtliche Schutzmaßnahmen aufgrund der geografischen Ungebundenheit des Internet sehr leicht unterlaufen werden können, kann ein Geschäftsmodell, das auf proprietären Systemen beruht, nur durch absolute Geheimhaltung und eine kontinuierliche Aktualisierung und Verbesserung dieses Systems erreicht werden, so dass eine gegebenenfalls kopierwillige Konkurrenz immer der Innovationskurve hinterherläuft. Wenn diese Strategie im Markt ex ante glaubhaft vermittelt wird, wird es bereits präemptiv potenzielle Anbieter davon abhalten, ein konkurrierendes Angebot für den Markt zu entwickeln.

Das bei Weitem erfolgreichste Beispiel für ein solches Geschäftsmodell ist das Suchangebot von Google, dessen Algorithmus nur wenigen innerhalb des Konzerns bekannt ist und der regelmäßig aktualisiert und verbessert wird. Mit der Ausnahme einer anderen Softwarefirma mit einer marktbeherrschenden Stellung – Microsoft mit seiner Suchmaschine Bing – und einem Anbieter in einem aufgrund des politischen Systems eingeschränkten geografischen Markt – Baidu in China – hat Google schon seit einigen Jahren international keine ernstzunehmende Konkurrenz und somit eine unangefochtene Position im Suchmaschinengeschäft, die es finanziell ausnutzen kann. Google hat es geschafft, sein theoretisch kopierbares Gut (den gezielten Zugang zu Internetnutzern) durch eine marktbeherrschende Stellung aufgrund eines proprietären Systems (Suchmaschinen-Algorithmus) so zu verknappen, dass es in seiner Preisgestaltung weit über die Grenzkosten hinausgehen kann.[3]

Targeting, das auf proprietären Algorithmen basiert, die Nutzervorlieben und Gewohnheiten auswerten, stellt in der naheliegenden Entwicklungsperspektive eine ernstzunehmende Konkurrenz zu Suchmaschinenmarketing (SEM) bzw. Keyword-Targeting dar – insbesondere im Umfeld eines geschlossenen Social-Media-Netzwerkes. Es könnte somit zum ersten Mal seit Jahren die unangefochtene Marktposition von Google angreifen und den Druck auf Googles Preisgestaltung und Gewinnmargen im SEM-Markt erhöhen. Im Umkehrschluss muss die Effizienz von Targeting außerhalb von Suchmaschinen für den Werbetreibenden SEM mindestens ebenbürtig sein. SEM stellt daher eine untere Schwelle für die Entwicklung von Targeting-Angeboten dar, die mindestens überschritten werden muss, bevor Targeting ein ernstzunehmendes Geschäfts- oder Erlösmodell darstellen wird.

2.3.3 Mehrwerte

Per Definition ist eine Long-Tail-Strategie nur in Ausnahmefällen möglich. Ein schützbares proprietäres System im digitalen Umfeld ist ebenso selten. Deshalb muss das in der Regel frei kopierbare, digitale Gut auf anderem Wege wieder verknappt werden. Kevin Kelly (2008), Gründungsherausgeber des Technologie-Magazins Wired, definiert acht generative Werte, die keiner kostenlosen Reproduzierbarkeit unterliegen und damit knappe Güter für den Konsumenten sind. Kelly sieht das Internet als große Kopiermaschine und leitet daher ab, dass nur verkauft werden kann, was nicht kopierbar ist. Er argumentiert, dass das Geschäftsmodell versuchen muss, sein digitales Produkt um einen oder eine Kombination

[3] Hierbei ist wichtig zu verstehen, dass Googles eigentliches Internetangebot nicht die Suche ist, sondern die suchwortbasierte Werbung, das heißt das Targeting von potenziellen Kunden mittels von ihnen in der Suchmaschine eingegebener Suchbegriffe. Die Bepreisung dieser Targeting-Leistung kann deutlich über den Grenzkosten liegen, da Google aufgrund seines proprietären Suchmaschinen-Algorithmus eine marktbeherrschende Stellung beim Keyword-Targeting einnimmt.

dieser nicht kopierbaren Werte zu ergänzen, so dass die Knappheit des generativen Wertes auf das ursprüngliche Produkt übergeht. Je größer der Mehrwert für den Kunden ist, desto größer ist auch seine Zahlungsbereitschaft und Bindung an den Onlinedienst.

In der folgenden Beschreibung werden drei der acht Kelly-Mehrwerte (Unmittelbarkeit – Auffindbarkeit – Zugänglichkeit) unter dem Überbegriff Bereitstellung zusammen vorgestellt und die Liste wird um zwei weitere ergänzt (Differenzierung, Sicherheit), die bei Kelly (2008) keine Beachtung fanden, aber für die Nutzer besonders im Social-Media-Umfeld immer wichtiger zu sein scheinen.

Bereitstellung (Unmittelbarkeit – Auffindbarkeit – Zugänglichkeit)

Laut Kelly ist die unmittelbare Verfügbarkeit (Immediacy) eines Produktes oder einer Dienstleistung ein generativer Wert. Die Zahlungsbereitschaft für einen Kinofilm zum Beispiel beruht ihm zufolge hauptsächlich auf der Tatsache, dass der Film im Kino vor der kostenlosen TV-Ausstrahlung konsumiert werden kann. Die Auffindbarkeit (Findability) stellt ebenso einen Mehrwert für den Konsumenten dar, weil sie seine Suchkosten verringert. Eine zumindest relativ gesehen einfache, ungehinderte und dauerhafte Zugänglichkeit (Accessibility) im Vergleich zu einem konkurrierenden On- oder Offline-Angebot wird die Zahlungsbereitschaft des Kunden ebenfalls steigern. Apples iTunes-Dienst bezieht einen Großteil seines Erfolges aus diesen Mehrwerten, die mittels der iTunes-Software, des iTunes-Store und nicht zuletzt aufgrund der Verbindung mit dem iPod im Vergleich zu Peer-to-Peer-Musikplattformen und sogar zur eigenen CD-Sammlung den Apple-Kunden angeboten werden: meine Musik immer, überall und sofort.

Interpretation

Durch Interpretation werden Daten zu Informationen. Dieser Schritt kann für viele Kunden einen großen Mehrwert darstellen, insbesondere wenn er in Verbindung mit einer personalisierten Aus- oder Bewertung erfolgt. Die Entwicklung der traditionellen Nachrichtenangebote, die sehr bemüht sind, ihre bisherige Informationshoheit, gegründet in ihrer traditionellen Position im nachrichtenbasierten Werbemarkt, zu wahren, wird aller Wahrscheinlichkeit nach von dieser Leistung abhängen, da die reine Weitergabe von Informationen in der Flut der digitalen Angebote kein knappes Gut (mehr) darstellen wird.

Personalisierung

Wenn Güter im Überfluss angeboten werden, wie es in einem digitalen Markt mit frei kopierbaren Gütern der Fall ist, wird der Kunde nicht mehr so sehr für das Gut selbst, sondern vielmehr für die Personalisierung des Gutes beziehungsweise die personalisierte Auswahl aus dem (Über-)Angebot zu zahlen bereit sein. Der Mehrwert besteht darin, aus dem Vielen wieder das Wenige zu machen, aber gezielt für die Bedürfnisse des Einzelnen.

Partnervermittlungsbörsen wie zum Beispiel Parship (siehe Harald Kratel und Christoph Bauer in Kapitel 11) gründen ihr Geschäftsmodell auf eine Kombination aus Auffindbarkeit, Interpretation und Personalisierung. Es ist anzunehmen, dass ihre Kunden ohne diese Mehrwerte nicht bereit wären, zum Teil mehrere hundert Euro pro Jahr für die Mitgliedschaft zu bezahlen, sondern kostenlose Online-Börsen nutzen würden. Die zentrale Leistung der Partnervermittlungen liegt in der personalisierten Interpretation der Profile der anderen Suchenden – zum Teil in Verbindung mit dem Mehrwert der Auffindbarkeit, da einige Singles ihre Profile nicht frei verfügbar machen wollen.

- **Authentizität**

Für den Kunden kann es, gerade im oftmals nicht überschaubaren Internetangebot, einen Mehrwert darstellen zu wissen, dass das angebotene Gut das Original und keine gegebenenfalls illegale oder minderwertige Kopie ist. Die international aufkommenden diversen Musik-Abonnement-Dienste versuchen, ihr Geschäftsmodell im Vergleich zum kostenlosen Angebot der Peer-to-Peer-Filesharing-Sites auf diesem Mehrwert aufzubauen.

- **Patronage**

Besonders im Kunst- und Kultursektor ist die direkte Beziehung zwischen Künstler und Kunstliebhaber ein Mehrwert, für den der Kunstliebhaber oftmals zu zahlen bereit ist. Kelly geht so weit zu argumentieren, dass Fans ihrem Künstler ein Zeichen ihrer Wertschätzung geben möchten, besonders wenn dies ihnen erlaubt, in Kontakt mit dem Künstler zu kommen. Aber zahlen werden sie nur, wenn der Zahlungsvorgang keinerlei Umstände macht, wenn der Betrag angemessen ist und sie sich sicher sein können, dass das Geld unmittelbar den Urhebern zugutekommt.

- **Verkörperung**

Digitale Kopien sind körperlos. Ein potenzieller Mehrwert besteht daher in der Verkörperung oder dem Erlebnis mit dem digitalen Gut. Das Konzert, die Aufführung oder auch die Ausstellung mit den physisch anwesenden Kunstgegenständen ist ein Mehrwert, den keine digitale Kopie jemals wird erbringen können.

- **Differenzierung (Identitätstransfer)**

Wie im Offline-Markt ist auch im Online-Markt die Frage der Eigendarstellung des Nutzers durch das erworbene Produkt ein wichtiger Wert. Das Image des erworbenen Produkts soll auf den Nutzer übergehen und dessen Außendarstellung oder gar seine eigene Identität unterstützen. Der Mehrwert besteht darin, dass das erworbene Gut zur positiven Selbstdarstellung gegenüber dem Umfeld genutzt werden kann und eine Differenzierung von all den anderen erzielt wird, die dieses Gut nicht haben. Der Kunde zahlt in Essenz dafür, dass der Anbieter das Gut künstlich knapp hält, zum Beispiel über die Preis- oder Distributionsstrategie, ihm jedoch den Zugang erlaubt bzw. der Kunde es sich leisten und sich somit vom Rest absondern kann.

- **Sicherheit**

In der sehr unübersichtlichen Welt des Internet, dessen Funktionsweise die wenigsten verstehen, stellt die Gewährleistung der Sicherheit der Nutzerdaten einen zentralen Mehrwert dar. Gerade bei werbefinanzierten Online-Angeboten – dies schließt die meisten Social-Media-Netzwerke mit ein – ist zu erwarten, dass ein Teil der Nutzer verstärkt auf die Verwendung seiner Daten achten wird.

2.4 Schritt drei: Vom Mehrwert zum Erlösmodell

Das Erlösmodell ist nur einer von vielen Bestandteilen eines Geschäftsmodells (Wirtz, 2006). In der populären Online-Literatur werden die beiden Begriffe allerdings häufig synonym verwendet. Wer jedoch von der Produktidee gedanklich direkt auf deren Monetarisierung springt, versucht, ein Geschäft zu machen, noch ohne ein Geschäftsmodell zu haben. Das birgt Risiken. Die Frage der Wahl und der Ausgestaltung des Online-Erlösmodells baut auf die vorgelagerten Entscheidungen rund um die Lösung des Online-Paradoxons und insbesondere um die Mehrwerte auf. Sie stellt daher einen nachgelagerten Schritt auf dem Weg zu einem vollumfänglichen Geschäftsmodell dar.

> Das Erlösmodell baut auf den im Geschäftsmodell enthaltenen Mehrwerten auf. Nicht jedes Erlösmodell passt folglich zu jedem Geschäftsmodell. Oder umgekehrt: Bei der Auswahl eines treffenden Erlösmodells hilft das Wissen über die im eigenen Geschäftsmodell enthaltenen Mehrwerte, das heißt über die wirklich knappen Güter und Dienstleistungen, welche nicht unbedingt das offensichtliche Produkt sein müssen.

Wirtz unterteilt ein integriertes Geschäftsmodell in sechs Partialmodelle, in denen das Erlösmodell nur eine Untermenge des Kapitalmodells darstellt:[4]

- Marktmodell (Wettbewerbsmodell, Nachfragemodell)
- Beschaffungsmodell
- Leistungserstellungsmodell
- Leistungsangebotsmodell
- Distributionsmodell
- Kapitalmodell (Finanzierungsmodell, Erlösmodell).

> Vereinfacht kann man das Geschäftsmodell auch als die Antwort auf die Frage verstehen, wo und mit welchem besonderen Ansatz die eigene Geschäftsidee auf der Wertschöpfungskette aufsetzt. Das Erlösmodell als Teil dieser größeren Frage versucht nur die für den Kunden am ehesten akzeptable Form der Monetarisierung dieser Position zu definieren, so dass die Zahlungsbereitschaft des Kunden maximiert wird, die sich allerdings grundlegend aus der Stärke der Position auf der Wertschöpfungskette und nicht aus der gewählten Form des Erlösmodells ableitet.

2.4.1 Systematisierung

In der Literatur existieren diverse Kategorisierungen für Erlösmodelle. Wirtz systematisiert Erlösmodelle nach den vier Teilmärkten, in denen ein Online-Unternehmen tätig sein kann: Werbemarkt (Werbung, Datamining, Provisionen etc.), Rezipientenmarkt (Medienzugang, transaktionsabhängige oder -unabhängige Mediennutzung, sonstige Dienstleistungen wie zum Beispiel Merchandising), Rechtemarkt (Rechte, Lizenzen) und den Staat (Gebühren,

[4] Wirtz, 2006, S. 67ff.

Subventionen, Steuervorteile etc.).[5] Zerdick et al. bietet eine weitere alternative Strukturierung.[6] Chris Anderson (2009) wiederum beschreibt ohne größere Systematisierung vier ausgewählte Möglichkeiten:

1. Werbefinanzierte Dienste: Nicht die Nutzer zahlen, sondern werbetreibende Kunden, die die Nutzer des Dienstes erreichen wollen.
2. Freemium: Eine kleine Gruppe zahlender Mitglieder erhält einen Premium-Service und finanziert mit ihren Beiträgen das minderwertige, aber kostenlose und frei verfügbare Angebot.
3. Altruistische Märkte: Teilnehmer stellen ohne einen monetären Anreiz Produkte zur Verfügung, das heißt kostenloser User-Generated-Content wird nur weitergereicht und somit die eigene Kostenbasis minimiert. Die restlichen Kosten werden zum Beispiel über Spenden finanziert.
4. Quer-Subventionen: Das Geld wird mit einem Komplementärprodukt verdient, zum Beispiel kostenloses Online-Game, aber kostenpflichtige Charakter-Upgrades oder Tools.

Abbildung 2.1: Potenzielle Erlösmodelle

Diese Systematisierungsansätze gehen allerdings nicht bzw. nur teilweise auf die Tatsache ein, dass die Nutzer in unterschiedlicher Form für den angebotenen Dienst „bezahlen" können. Aus Sicht des Nutzers gibt es neben der Bezahlung mit barer Währung auch die Möglichkeit, mit seiner Aufmerksamkeit, seinen Nutzerdaten und damit verbunden seinem

[5] Wirtz, 2006, S. 71ff.

[6] Zerdick et al., 2001, S. 24ff.

Nutzerverhalten und eigenen Netzwerken oder mit Eigenleistungen in Form von (kostenlos) zur Verfügung gestellten Inhalten zu bezahlen. Mit Hilfe dieses sehr grundlegenden Verständnisses lässt sich der Monetarisierungsansatz des eigenen Geschäftsmodells auf Basis des Nutzerverhaltens konstruieren, welches letztendlich für den Erfolg entscheidend ist.

Die grundlegende Frage ist folglich zunächst nicht: Wie viel ist mein Nutzer bereit zu zahlen, sondern womit ist er bereit zu zahlen. Die Antwort auf diese Frage ist abhängig von den angebotenen Mehrwerten und der eigenen Marktposition.

Suchmaschinen und E-Mail-Dienste zum Beispiel haben sehr früh erkannt, dass sie aufgrund des perfekten Marktes im Netz von einem sehr wankelmütigen Nutzer ausgehen müssen, und daher von Anfang an dessen Aufmerksamkeit monetarisiert (und nicht die offensichtlich angebotene Dienstleistung der Suche selbst).[7] Google war eine der ersten Online-Firmen, die es verstanden hat, darüber hinaus mittels des Versteigerungsverfahrens für die Suchbegriffe eine systemimmanente Auswertung des Nutzerverhaltens und der wahrscheinlichen Nutzervorlieben in sein Monetarisierungssystem aufzunehmen.

Abbildung 2.2: Monetarisierung aus Sicht des Nutzers

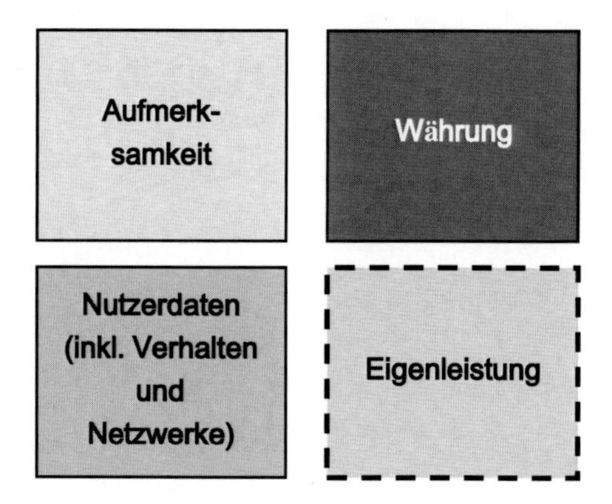

2.4.2 Targeting als (Teil eines) Geschäftsmodell(s)

Targeting wird immer mehr zum Schlüssel für die Monetarisierung von ansonsten potenziell unprofitablen Geschäftsmodellen, da es die Möglichkeit einer Win-win-Situation für Nutzer und Anbieter darstellen kann: Der Nutzer erhält gezielt Werbung, die einen (infor-

[7] Ein kostenloses Angebot bei langer Verweildauer bietet sich hervorragend für werbefinanzierte Modelle an. Nicht zuletzt deswegen sind T-Online, Web.de, MSN und GMX vier der Top-7-Websites in Deutschland gemessen nach Unique Usern (Agof, 2010). Agof erfasst allerdings nicht alle Websites, zum Beispiel ist Google nicht Teil der Datenerhebung.

mativen oder unterhaltenden) Mehrwert für ihn anbietet und weniger (unbelohnte) Aufmerksamkeit von ihm verlangt. Der Werbetreibende profitiert von einem deutlich geringeren Streuverlust. Im Idealfall wird damit der langgesuchte „Gral der Werbewirtschaft" endlich gefunden: Massenwerbung ohne Streuverlust.

> Im Internet zahlt der Kunde zum Teil bewusst mit seiner Aufmerksamkeit und seinen Daten. Targeting erlaubt die zielgerechte Überführung dieser virtuellen Währung (Daten, Aufmerksamkeit) in harte Währung. Die Zeit und Aufmerksamkeit der Menschen sind wertvolle knappe Güter, die im Wettbewerb werbefinanzierter Dienste umworben werden. Targeting erlaubt im Idealfall einen schonenden Umgang mit diesem knappen Gut.

Neben der Monetarisierung bestehender Online-Angebote durch die Auswertung der Nutzerdaten kann Targeting auch als eigenständige Dienstleistung ein Geschäftsmodell darstellen. Der Targeting-Dienstleister bietet dem Plattformbetreiber an, aus ungeordneten Daten relevante Informationen zu gewinnen und diese Werbetreibenden zur Verfügung zu stellen. Der Plattformbetreiber, der ansonsten unter Umständen keine Möglichkeit hätte, das „reale Paradoxon virtueller Geschäftsmodelle" zu lösen, erhält somit einen Mehrwert (Interpretation und Zugänglichkeit von Nutzerdaten), der selten ist und damit monetarisiert werden kann. Die Auswertung der Daten auf Seiten des Targeting-Dienstleisters beruht wiederum auf einem proprietären Algorithmus.

Targeting als Dienstleistung setzt am ertragreichen Online-Teil der Wertschöpfungskette insbesondere im E-Commerce-Bereich an, an dem viele unterschiedliche Anbieter identische Bedarfe haben: das Auffinden und die Ansprache der eigenen Klientel. Es nutzt die Kraft des Internet zur Integration und Aggregation und ist in der Lage, das eigene Gut durch proprietäre Algorithmen zu verknappen, so dass für den Mehrwert der Interpretation und Auffindbarkeit ein Preis über den Grenzkosten verlangt werden kann. Die Daten selbst wären kaum verkaufbar. Nur die Interpretation macht sie wertvoll, das heißt knapp. Jeder könnte Cookies einsetzen, aber nur wenige können sie gezielt einsetzen und die erhobenen Daten gezielt auswerten.

> Targeting der Zukunft sollte allerdings über die rein technische Seite des bestmöglichen Data-Mining hinausblicken und Targeting in beide Richtungen verstehen. Es gilt nicht nur, den bestmöglichen Kunden für eine gegebene Werbenachricht zu finden, sondern auch die bestmögliche Werbenachricht für den gegebenen Kunden.

Nur so kann die erhoffte Win-win-Situation erzeugt werden, die einen (informativen, unterhaltenden etc.) Mehrwert erzeugt und damit vom Kunden positiv aufgenommen, akzeptiert und folglich auch beachtet wird. Hiermit wären auch Monetarisierungsmodelle möglich, die ein Opt-in-Verfahren für die Werbeerlöse anbieten könnten, das heißt, der Nutzer erlaubt Werbung, wenn diese mit seinen Vorlieben und Interessen übereinstimmt (ähnlich wie ein Opt-in für Newsletter zu bestimmten Themen, nur dass in diesem Fall ein Algorithmus basierend auf den Vorlieben und dem Nutzerverhalten die Werbung automatisch aussucht und gegebenenfalls sogar konzipiert).

2.5 Schritt vier: Der Drei-Stufen-Test

Im letzten Schritt soll nun anhand eines Drei-Stufen-Tests (Hopf, 2010) überprüft werden, wie reif der Markt für die in den ersten drei Schritten geformte Geschäftsidee ist. Der Entwicklungspfad kommerzieller Online-Anwendungen ist gepflastert mit gescheiterten Geschäftsideen, die theoretisch überzeugend waren, sich aber in der Umsetzung als nicht erfolgreich herausgestellt haben. Compuserve, AOL oder Broadcast.com, um nur einige der großen Namen zu nennen, haben viele der aktuellen Web-2.0-Ideen, seien es soziale Netzwerke, Nachrichten-Aggregatoren oder Video-Plattformen, bereits Mitte der neunziger Jahre gedanklich vorweggenommen und konnten sich dennoch nicht am Markt durchsetzen. Sie haben ihre Blüten zu früh getrieben.

Das Internet hat nicht alle Industrien gleichzeitig und gleich stark betroffen. Nicht alle Märkte und Wertschöpfungsketten wurden gleichzeitig von der „zerstörerischen" Kraft des Internet erfasst. Aus einer historischen Betrachtung der Kommerzialisierung des Internet können zwei treibende Kräfte herausgestellt werden, die die sequenzielle Ausbreitung der Veränderungen aufgrund des Internet erklären können: die technische Ausbreitung (insbesondere Digitalisierung und Datennetzwerke) sowie die demografische Entwicklung, die eine ausreichende kritische Masse an potenziellen Nutzern sicherstellt.

Abbildung 2.3: Drei-Stufen-Test nach Hopf[8]

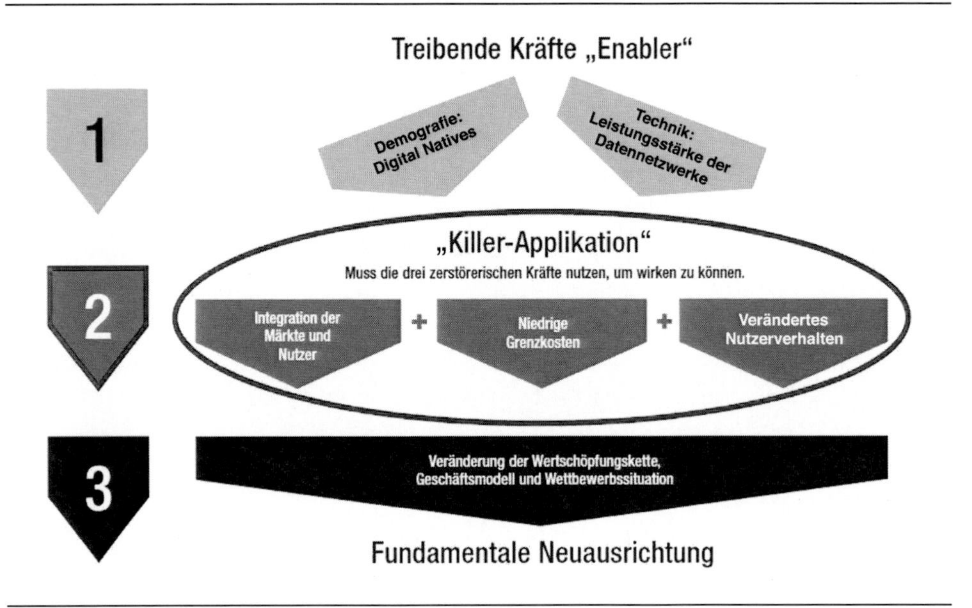

[8] Hopf, 2010, S. 56.

Diese zwei Faktoren stellen allerdings nur notwendige, aber keine ausreichenden Bedingungen dar. Sobald sie für das entsprechende Produkt erfüllt sind, kann es zu einer fundamentalen Veränderung der Wertschöpfungskette der Industrie kommen. Es müssen aber noch weitere Bedingungen erfüllt werden, an denen man die Erfolgschancen eines Online-Geschäftsmodells ableiten kann: Integration der Nutzer, Ausnutzung der vernachlässigbaren Grenzkosten des Internet und ein verändertes Nutzerverhalten.

Den kompletten Vorgang der Entfaltung der zerstörerischen Kraft des Internet kann man sich wie eine dreistufige Raketenzündung vorstellen. Die erste Stufe bringt die Rakete auf eine für die Stabilität notwendige Geschwindigkeit. Die zweite Stufe entfaltet dann die volle Antriebskraft der Rakete. In der dritten Stufe fliegt die Rakete bereits von selbst aufgrund der in den Stufen eins und zwei geschaffenen Voraussetzungen. Wer die Rakete aufhalten oder lenken will, muss die Stufen eins und zwei kontrollieren. Wenn die dritte Stufe erreicht wurde, kann man nur noch reagieren. Dasselbe trifft auf die erfolgreiche Steuerung der Rakete zu. Das heißt, wer ein Online-Geschäftsmodell erfolgreich an den Start bringen will, sollte sich insbesondere um die ersten beiden Raketenstufen kümmern.

2.5.1 Erste Stufe: Voraussetzungen

Was können wir aus den bisherigen Veränderungen, die das Internet verursacht hat, über dessen zerstörerische Kraft ableiten? Zunächst einmal können wir zwei treibende Kräfte ausmachen, die die sequenzielle Ausbreitung der Veränderungen erklären können. Das Internet hat trotz seiner allgemeinen Verfügbarkeit nicht alle Industrien sofort und im gleichen Maße berührt. Die Musikindustrie wurde zum Beispiel sofort getroffen, wohingegen die Buchbranche noch weitgehend unberührt zu sein scheint und die Film- und Printindustrien inzwischen am Anfang eines fundamentalen Umwälzungsprozesses stehen.

Die beiden treibenden, oder ermöglichenden, Kräfte sind die technische Verfügbarkeit und die demografische Entwicklung. Auf der technischen Seite ist neben der grundsätzlichen Voraussetzung der Digitalisierbarkeit des Produktes hauptsächlich die Leistungsstärke der dem Internet zugrunde liegenden Datennetzwerke entscheidend. Auf der Konsumentenseite ist ausschlaggebend, inwieweit die Branche von den Digital Natives, die mit dem Internet aufgewachsen sind, abhängig ist, beziehungsweise inwieweit die Gruppe der älter werdenden Digital Natives in den Konsumentenkreis der Industrie hineinwächst. Die Buchbranche zum Beispiel kann zurzeit (noch) sowohl von einer nicht massentauglichen Digitalisierung ihres Produktes als auch von einer Kundenschicht profitieren, die sich ihre konsumtiven Vorlieben vor der Einführung des Internet angeeignet hat. Die Musikindustrie auf der anderen Seite hat die Digitalisierung des Produktes komplett verschlafen und ist gleichzeitig überproportional vom Kundensegment der Jugendlichen abhängig, das sich als erstes dem Internet geöffnet hat.

Sobald sich diese beiden Kräfte der jeweiligen Industrie genähert haben, ist der Weg bereitet für eine internetbasierte Applikation, die die zerstörerische Kraft des Internet in der Branche entfaltet. Man kann sich daher diese treibenden Kräfte auch als verhindernde Faktoren vorstellen. Sobald diese überwunden sind, steht der Erfindung und Einführung (der Invention und der Innovation) einer Killer-Applikation für die betroffene Branche nichts mehr im Weg.

Jedoch sind diese treibenden Kräfte keine ausreichende Bedingung, sondern nur eine notwendige. Aus Sicht der Industrie kann man sie daher auch dazu nutzen, eine Attacke des Internet auf die Wertschöpfungskette der Industrie und auf das eigene Geschäftsmodell hinauszuzögern, so wie es etwa die Filmindustrie in den letzten Jahren versucht hat.

2.5.2 Zweite Stufe: Zünden der zerstörerischen Kräfte des Internet

Aus den Eigenschaften des Internet haben wir drei Stränge abgeleitet: die Kraft der Integration des Internet, seine vernachlässigbaren Grenzkosten und das Potenzial, das Nutzerverhalten zu verändern. Wenn die Applikation diese drei Stränge aufnehmen kann, wird es aller Voraussicht nach in der dritten Stufe zu einer fundamentalen Neuausrichtung der betroffenen Branche kommen. Napster hat die zerstörerische Kraft, die hinter der Vereinigung dieser drei Stränge liegen kann, als eine der ersten Killer-Applikationen gezeigt. Wikipedia, Facebook, YouTube, aber auch Google sind ebenfalls Beispiele für erfolgreiche Internetanwendungen, die es geschafft haben, alle drei „zerstörerischen" Kräfte erfolgreich zu bündeln.

Viele der fehlgeschlagenen Internetanwendungen haben eben dies nicht erreicht. Skypes Geschäftsmodell zum Beispiel nutzt sowohl die Aggregation und Integration der Nutzer als auch die vernachlässigbaren Grenzkosten des Internet, hat es aber (bisher) nicht geschafft, das Telefonierverhalten der Nutzer nachhaltig zu verändern. Noch sind die Nutzer an ihr mobiles Telefon gebunden und nicht zuletzt aufgrund der Vertragsbedingungen ihrer Service-Provider nicht in der Lage, die Vorteile von Skype zu nutzen. Dieser Lock-in-Effekt schirmt die Telefonindustrie in diesem Fall noch von der zerstörerischen Kraft des Internet ab. Noch kann Voice-Over-IP die existierende Wertschöpfungskette und die vorherrschenden Marktstrukturen in der Telefonie nicht aufbrechen.

2.5.3 Dritte Stufe: Grundlegende Veränderung der Wertschöpfungskette

Durch die Ordnung in drei Stufen und unterschiedliche Treiber pro Stufe versucht das Modell, eine analytische Prüfung von Geschäftsmodellen im Internet zu erlauben. Umgekehrt kann eine Branche das Modell nutzen, um zu prüfen, inwieweit sie von den durch das Internet hervorgerufenen Veränderungen betroffen ist oder es in der nächsten Zeit sein wird.

Die Musikindustrie hat die Stufen eins und zwei komplett verpasst und ist erst aufgewacht, als sich die Rakete bereits in Stufe drei befand. Die Musikindustrie war beherrscht von fünf großen international tätigen Plattenfirmen, die den Zugang zu den Musikmärkten von sowohl Künstlern als auch Konsumenten kontrolliert haben, mit dem Resultat, dass die Preise für Musik deutlich über den Grenzkosten gehalten wurden. Eine CD in Masse zu produzieren, kostet in seltenen Fällen mehr als einen Euro, meistens deutlich weniger. Dennoch war die Musikindustrie durch ihre Angebots- und Vermarktungspolitik in der Lage, Preise von weit über 15 Euro pro CD am Markt durchzusetzen. Es war also kein Wunder, dass

Musikkonsumenten die Eigenschaften des Internet so gerne genutzt haben, insbesondere die vernachlässigbaren Grenzkosten und die Kraft der Integration und Aggregation.

In der Buchbranche hingegen versuchen die eingesessenen Anbieter noch, die erste Stufe zu entschärfen, wohingegen die neuen Einsteiger, insbesondere Amazon und Google, mit aller Macht daran arbeiten, die Triebwerke der Rakete zu zünden. Die Telefonanbieter sind sehr erfolgreich darin, die Möglichkeiten aus der ersten Stufe für ihre eigenen Geschäftsmodelle zu nutzen, insbesondere Internetzugangsdienste, aber gleichzeitig auf der zweiten Ebene die zerstörerische Kraft sehr genau zu kanalisieren, indem sie das Nutzerverhalten eng steuern.

Die Filmindustrie hingegen steht zurzeit am Übergang von Stufe eins auf Stufe zwei. Da insbesondere die demografischen Voraussetzungen noch nicht vollends erfüllt sind, können die zerstörerischen Kräfte aus Stufe zwei ihre Energie noch nicht vollständig entfalten, so dass die großen Auswirkungen auf die Wertschöpfungskette noch ausstehen. Die Filmindustrie versucht darüber hinaus, durch die Erhöhung der Datenmenge und -art (Blue-ray, 3D) die Zündung der ersten Raketenstufe hinauszuzögern. Dies wird allerdings nur kurzfristig wirken, wenn man die Entwicklung der Online-Video-Plattformen betrachtet. Im bestmöglichen Fall reicht diese Verzögerung aus, um die Nutzer frühzeitig an Bezahldienste zu gewöhnen (Hulu, iTunes für Video etc.). Ebenso werden die diversen Peer-to-Peer-Plattformen von der Filmindustrie sehr genau beobachtet, um zumindest in der wichtigen Phase um den Kino-/Fernseh- oder DVD-Release herum illegale digitale Kopien im Internet zu verhindern – allerdings mit mangelndem Erfolg, da das Internet geo-ungebunden ist und somit nationale Rechtssysteme schnell und einfach umgehen kann.

2.6 Zusammenfassung

Von dem Moment an, ab dem das Produkt digitalisierbar wird, entwickelt das Internet eine ungeheure Kraft, existierende Märkte aufzubrechen. Das Internet kann jedoch den Markt nicht neu erfinden. Die grundlegende Kraft des Internet, die es ihm erlaubt, existierende Märkte aufzubrechen und neu zu ordnen, wird auch zu seiner Schwäche: In vermeintlich perfekten Märkten mit vernachlässigbaren Grenzkosten kann man nur Geld verdienen, wenn man sein Gut wieder (künstlich) verknappen kann oder Marktmacht erreicht und sich somit in der Preispolitik von den Grenzkosten lösen kann.

Die fundamentale Kraft des Internet, Märkte aufzubrechen, ist aus kommerzieller Sicht auch eine große Herausforderung. Wie soll man in Märkten, die man aufgebrochen hat, indem man von einem Markt des knappen Gutes zu einem Markt des Überflusses gelangt ist, Geld verdienen? Man muss entweder eine marktbeherrschende Stellung erreichen und/oder das Gut erneut verknappen.

Ein Online-Geschäftsmodell, das sich nicht mit dieser Frage der Marktbeeinflussung beschäftigt, ist unvollständig. Targeting kann hier oftmals der Schlüssel zur Monetarisierung des ansonsten unprofitablen Geschäftsmodells sein. Targeting setzt am ertragreichen Online-Teil der Wertschöpfungskette an, insbesondere im E-Commerce-Bereich, in dem viele unterschiedliche Anbieter identische Bedarfe haben: das Auffinden und die Ansprache der eigenen Klientel. Es nutzt die Kraft des Internet zur Integration und Aggregation und ist in der Lage, das eigene Gut durch proprietäre Algorithmen zu verknappen, so dass der Mehrwert der Interpretation und Auffindbarkeit einen Preis über den Grenzkosten durchsetzen kann. Die Daten selbst wären kaum verkaufbar. Nur die Interpretation macht sie wertvoll, das heißt knapp. Jeder könnte Cookies einsetzen, aber nur wenige können sie gezielt einsetzen und die erhobenen Daten gezielt auswerten.

Das Targeting der Zukunft sollte allerdings über die rein technische Seite des bestmöglichen Data-Mining hinausgehen und Targeting in beide Richtungen verstehen. Es gilt nicht nur, den bestmöglichen Kunden für eine gegebene Werbenachricht zu finden, sondern auch die bestmögliche Werbenachricht für den gegebenen Kunden.

Literatur

AGOF (2010): Berichtsband zur internet facts 2010-II; AGOF e. V. September 2010, www.agof.de.

Anderson, Ch. (2006): The Long Tail – How Endless Choice Is Creating Unlimited Demand, New York: Hyperion.

Anderson, Ch. (2009): Free – The Future of a Radical Price, New York: Hyperion.

Dunbar, R.I.M. (1993): Coevolution of Neocortical Size, Group Size and Language in Humans, in: Behavioral and Brain Sciences, Vol. 16, 4, S. 681–735.

Gladwell, M. (2000): The Tipping Point – How Little Things Can Make a Big Difference, Boston: Little Brown.

Granovetter, M. (1978): Threshold Models of Collective Behavior, American Journal of Sociology, Vol. 83, 6, S. 1420–1443.

Hopf, G. (2010): Die zerstörerische Kraft des Internet; in Scheurer, H. und Spiller, R. (Hrsg.): Kultur 2.0 – Neue Web-Strategien für das Kulturmanagement im Zeitalter von Social Media, Bielefeld: Transcript , S. 45–60.

Kappel, T. (0000): Ex Ante Crowdfunding and the Recording Industry – A Model for the U.S.?, Loyola of Los Angeles Entertainment Law Review, Vol. 29, 3, S. 375–385. http://elr.lls.edu issues/v29-issue3/documents/08.Kappel.pdf.

Kelly, K. (2008): Better Than Free; The Technium Blog. http://www.kk.org/thetechnium/archives/2008/01/better_than_fre.php.

Wirtz, B.W. (2006): Medien- und Internetmanagement, 5. Auflage, Wiesbaden: Gabler.

Zerdick, A. et al. (2001): Die Internet Ökonomie – Strategien für die digitale Wirtschaft, 3. Auflage, Berlin: Springer.

Horst Dietrich
AudienceScience.com

3 Realtime Targeting im Internet

Unter dem Begriff Targeting werden unterschiedliche Methoden zusammengefasst, die der zielgruppengenauen Werbung dienen. Ein großer Teil der Methoden basiert dabei auf der Analyse historischer Verhaltensdaten, die genutzt werden, um die zukünftige Reaktion einer Gruppe von Usern auf Werbung abzuschätzen. Auch wenn diese Methoden heute schon einen Standard im Online-Marketing darstellen, sind deren Möglichkeiten noch nicht ausgeschöpft. Bisher werden aus Daten Zielgruppen definiert, um diese dann a priori einer Kampagne zuzuordnen. Die technischen und algorithmischen Möglichkeiten sind inzwischen aber auf dem Niveau, dass a posteriori Zielgruppen automatisch „gelernt" werden können, die beispielsweise für eine laufende Kampagne die höchste Relevanz haben.

Im folgenden Abschnitt werden zwei methodische Ansätze vorgestellt, die dynamisch und in Echtzeit Zielgruppen für das Targeting bereitstellen.

3.1 Dynamische Zielgruppenanalyse

Traditionell werden Zielgruppen für das Targeting anhand von Vorgaben eines Kunden, Erfahrung oder Marktforschungserkenntnissen definiert. Manuell werden nach „Best Practice" relevante Eigenschaften von Usern mittels historischer Daten zu einer Zielgruppendefinition verknüpft.

Dabei können folgende Probleme auftreten:

- Zielgruppen für eine Kampagne sind unbekannt.
- Eigenschaften für die Zielgruppendefinition sind nicht vorhanden oder zu unspezifisch.
- Die Performance einer Kampagne ist nicht optimal.
- Die Zielgruppe, die auf ein Werbemittel reagiert, ist nicht die Zielgruppe, die tatsächlich Präferenzen für das Produkt hat.
- Für ein und dasselbe Produkt gibt es unterschiedliche Zielgruppen, die entsprechend differenziert beworben werden können.

Geht es beispielsweise darum, für eine Kampagne eines Kfz-Herstellers die entsprechende Zielgruppe zu definieren, wird vorwiegend der Ansatz gewählt, allgemein autointeressierte User oder User aus einem bestimmten soziodemografischen Segment als Zielgruppe auszuwählen.

Ein Nachteil dieses Ansatzes ist, dass die Definition „hat sich für Autothemen interessiert" oder „Geschlecht: männlich, Alter: 35 bis 50 Jahre" sehr unspezifisch ist. So können Merkmale wie beispielsweise Präferenzen für Marke, Typ oder Preis nicht berücksichtigt werden.

Ein alternativer Ansatz der Zielgruppendefinition ist es, aus dem Verhalten der User zu lernen, die auf eine Kampagne reagiert haben. Dadurch können sehr spezifische Eigenschaften der User extrapoliert werden, die dann tatsächlich für eine Kampagne relevant sind.

Abbildung 3.1: Kampagnenunspezifische Zielgruppendefinition

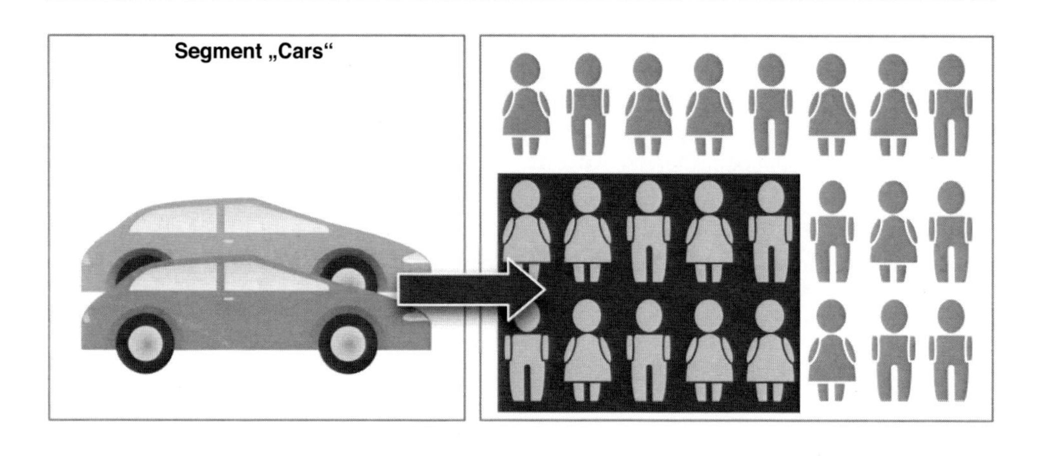

Abbildung 3.2: Kampagnenspezifische Zielgruppendefinition

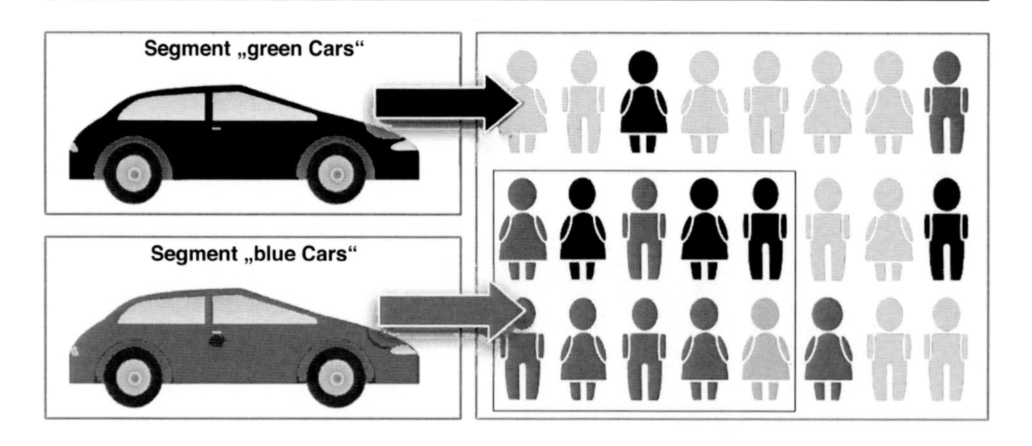

User können einer Zielgruppe zugewiesen werden, auch wenn ein Interesse für Autos nicht gemessen oder abgefragt werden konnte. Außerdem lassen sich mit Hilfe einer lernenden Methode neben den Verhaltensdaten zusätzliche Informationen über Zielgruppen (zum Beispiel soziodemografische Eigenschaften) gewinnen, die relevant für eine Marke oder ein Produkt sind. Diese Informationen sind sonst nur durch aufwendige Marktforschungsmaßnahmen verfügbar.

3.1.1 Allgemeine Methodik

Bei der dynamischen Zielgruppenanalyse handelt es sich um eine Methodik zur Analyse von relevanten Eigenschaften, die User aufweisen, welche auf eine Marketingmaßnahme reagiert haben.

Abbildung 3.3: Methodik der dynamischen Zielgruppenanalyse

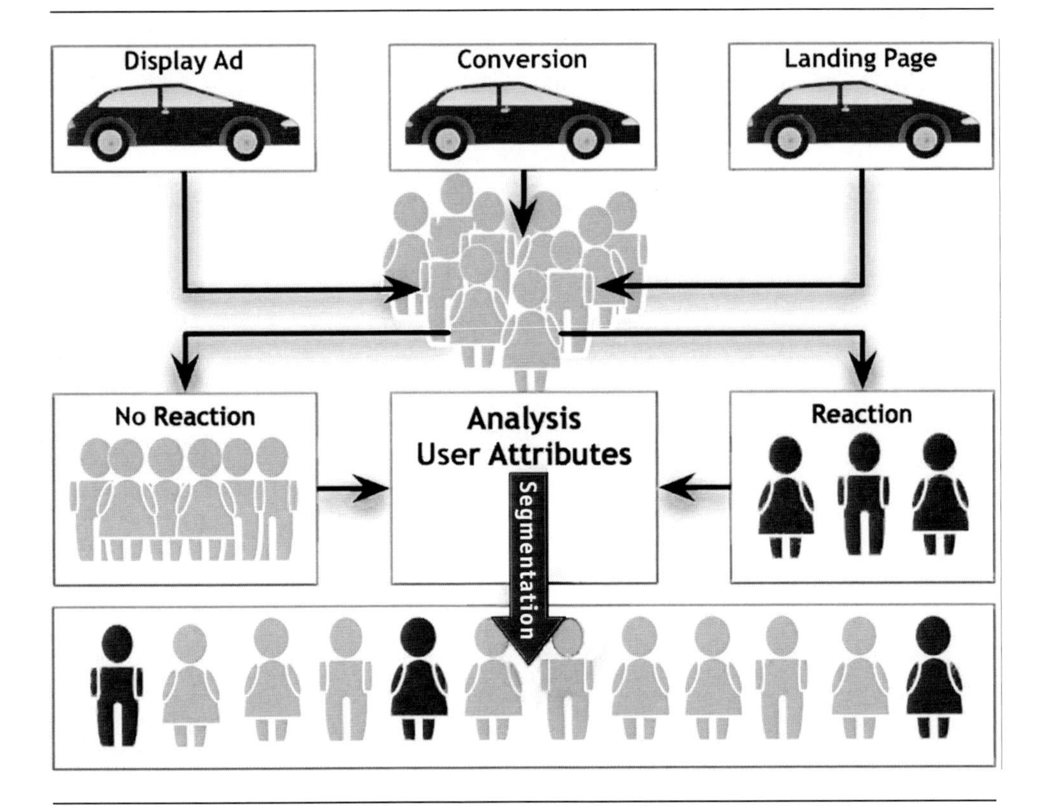

Dabei werden die Verhaltenseigenschaften von Usern statistisch untersucht, die reagiert oder nicht reagiert haben. Ziel ist es, die Eigenschaften zu ermitteln, die beide Gruppen signifikant voneinander unterscheiden.

Im ersten Schritt werden die Verhaltenseigenschaften der User aufgezeichnet, die auf ein Banner geklickt haben, einen Newsletter oder ein Produkt bestellt (Conversion) oder einen bestimmten Content (Landing Page) aufgerufen haben. Gleichzeitig werden User registriert, denen das Banner präsentiert wurde, ohne dass sie eine gewünschte Reaktion gezeigt haben. Gegebenenfalls kann als Gegengruppe auch eine Zufallsstichprobe aus dem gesamten User-Inventar genutzt werden.

Aus den ermittelten Eigenschaften der „Reagierer“ lassen sich Regeln formulieren, die wiederum alle potenziellen „Reagierer“ beschreiben. Diese Regeln lassen sich hinsichtlich Vorhersagequalität und resultierender Reichweite einstellen.

Für die Analyse der Eigenschaften kommen statistische Klassifizierungsverfahren zum Einsatz. Dabei werden die Eigenschaften beider Gruppen hinsichtlich ihrer wesentlichen Unterschiede verglichen. Nach ausgiebigem Methodenvergleich wird aktuell für die Analysen ein für die Zielgruppensegmentierung optimierter Entscheidungsbaum-Algorithmus eingesetzt.

Da der manuelle Aufwand einer Zielgruppenanalyse sehr hoch ist, wurde eine automatische Variante der beschriebenen Methodik entwickelt. Ziel war es, bei gleichbleibender Qualität den manuellen Aufwand bis auf wenige Einstellungen zu minimieren.

3.1.2 Automatisierung

Die beschriebene Methode ist manuell durchführbar, aber sehr aufwendig. Die automatische Zielgruppenanalyse erlaubt es hingegen, gleichzeitig für eine sehr große Anzahl laufender Kampagnen eine Optimierung der Zielgruppen durchzuführen. Im besten Fall reicht ein Klick, um die Analyse zu aktivieren, und der gesamte Prozess wird einschließlich Kampagnen-Setup automatisch durchgeführt.

Damit der Prozess von der Datenanalyse bis zum Ausliefern der Zielgruppendefinition meist nicht mehr als eine Minute benötigt, wurde die involvierte Software in C++ programmiert.

Im Folgenden werden die Teilprozesse der dynamischen Zielgruppenanalyse beschrieben.

Sampling

Der aktuelle Status der Verhaltensdaten (Profil) eines Users wird bei jedem Klick oder bei jeder Conversion in eine spezielle Datenbank geschrieben. Wichtig dabei ist, dass keine Daten nach dem Klick in das Sample-Profil gespeichert werden. Gleichzeitig werden die Daten von Usern der Gegengruppe gespeichert. Die Gegengruppe ist in der Regel n-fach größer als die eigentliche Zielgruppe.

Pre-Processing der Daten

In dem Augenblick, in dem eine ausreichende Anzahl User erfasst wurde, wird mit der Vorverarbeitung der Daten begonnen. Dabei werden die Daten auf ihre Validität geprüft und in ein für die Datenklassifikation notwendiges Format umgewandelt.

Datenanalyse und Validierung

Im eigentlichen Analyseprozess werden zu Beginn relevante Variablen für die Analyse definiert. Die Klassifizierung (Training) der Gruppen erfolgt mit einem binären Entscheidungsbaum-Algorithmus (χ^2-Statistik). Für diesen wurden in ausführlichen Tests entsprechende Parameter wie beispielsweise Pruning ermittelt.[1]

Abbildung 3.4: Automatische Zielgruppenanalyse

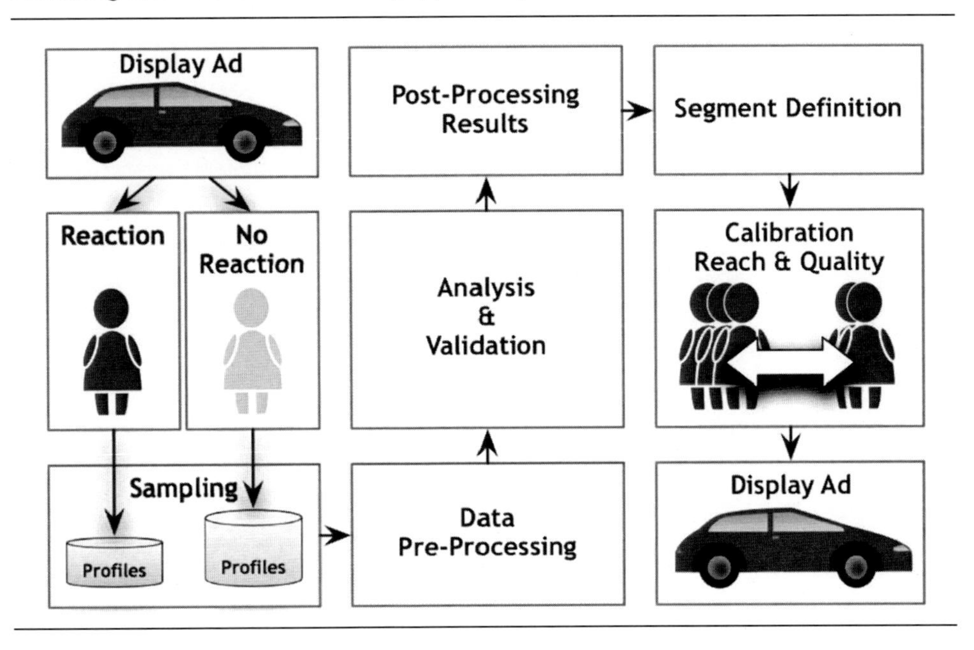

Nach der Trainingsphase wird das berechnete Modell auf seine statistische Güte validiert. Falls die Validierung fehlschlägt, wird automatisch das Sampling der Daten wiederaufgenommen. Führt die Analyse auch bei höherer Stichprobengröße zu keinem Erfolg, wird dies dem Anwender signalisiert. Das Analysesystem ist so konzipiert, dass dann eine manuelle Datenanalyse durchgeführt werden kann.

Post-Processing und Scoring

Das Ergebnis der Analyse ist ein Set von Regeln, auf die ein Scoring angewendet wird. Für jede Teilregel wird ein Score-Wert (Lift) berechnet und somit die Vorhersagequalität der Regel definiert.

Segmentdefinition und Einstellung Reichweite vs. Qualität

Die resultierenden Regeln einer Analyse werden automatisch in eine Zielgruppendefinition für das Targeting umgewandelt. Dabei repräsentiert jede Teilregel einen bestimmten Lift und eine bestimmte Reichweite an erreichbaren Usern. Ein hoher Lift entspricht meist einer geringen Reichweite und umgekehrt. Entsprechend den Kampagnenzielen wird dann der gewünschte Lift eingestellt.

[1] Perner, 2002.

3.1.3 Vorteile des Verfahrens

Der wesentliche Vorteil dieser Methodik ist die Möglichkeit, spezifisch für eine einzelne Kampagne die relevante Zielgruppe zu ermitteln. Durch eine entsprechende Automatisierung kann das Verfahren auf eine große Anzahl von Kampagnen angewendet werden.

- Dadurch lassen sich höhere Click-Through-Raten oder Conversions erzielen.
- Neben den Verhaltensdaten werden automatisch soziodemografische Segmente zu einer Kampagne ermittelt.
- Kampagnen können hinsichtlich Gestaltung und Ansprache optimiert werden, wenn die Zielgruppe bekannt ist, die auch wirklich eine Conversion durchführt.
- Es können separat Zielgruppen ermittelt werden: a) für User, die auf eine Werbung reagiert haben, b) für User, die eine Conversion durchgeführt haben. Durch einen Vergleich beider Zielgruppen kann ein Werbemittel oder die Kampagne optimiert werden.

3.2 Dynamische Vorhersage von Eigenschaften in Echtzeit

Im folgenden Abschnitt wird ein weiteres Verfahren vorgestellt, das dynamisch und in Echtzeit Zielgruppen (zum Beispiel soziodemografische Eigenschaften) aus dem Verhalten von Usern berechnet.

Im Unterschied zu „klassisch" statistischen Ansätzen im Targeting, die auf der Analyse von historischen Verhaltensdaten beruhen, bietet die Analyse von Clickstreams eine zusätzliche Quelle zur Vorhersage von Eigenschaften.

Setzt man voraus, dass sich User entsprechend ihren Interessen oder soziodemografischen Eigenschaften unterschiedlich durch ein Online-Angebot bewegen, liegt es nahe, dieses unterschiedliche Verhalten zu analysieren und für die Hochrechnung von Eigenschaften mit geringer Reichweite zu nutzen. Es existieren in der relevanten Forschung[2] zahlreiche Befunde, die nahelegen, dass die sequenzielle Abfolge von Seitenaufrufen (Clickstream) ein sehr präziser Indikator für das Verhalten eines spezifischen User-Segments ist.

Diese Methode wird beispielsweise angewandt, um Informationen aus wenigen Fragebögen oder anderen Quellen auf die Gesamtheit der User zu extrapolieren. Möchte man beispielsweise Informationen zum Geschlecht von Usern hochrechnen, kann dieser Ansatz über einen langen Zeitraum stabile Ergebnisse liefern.

[2] Mobasher et al., 2002; Borges und Levene, 2004.

3.2.1 Methodenbeschreibung

Im Folgenden werden die drei wesentlichen Mechanismen der Methode erklärt.

Analyse und Gewichtung

Dokumente (Seiten) werden von Usern besucht, deren Eigenschaften bekannt sind. Das können beispielsweise Eigenschaften sein, die mittels eines Fragebogens erhoben wurden. Diese Eigenschaften werden an die besuchten Dokumente übertragen und gewichtet.

Abbildung 3.5: Vererbung von User-Eigenschaften auf Dokumente

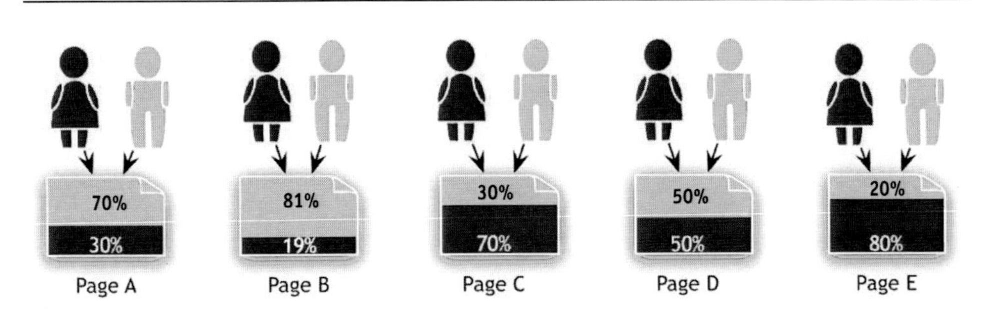

Analyse der Clickstreams in Echtzeit

Bewegen sich User, über deren Eigenschaften nichts bekannt ist, auf Seiten, denen eine bestimmte Eigenschaft zugewiesen wurde, wird diese Eigenschaft an diese User vererbt.

Abbildung 3.6: Clickstream-Analyse

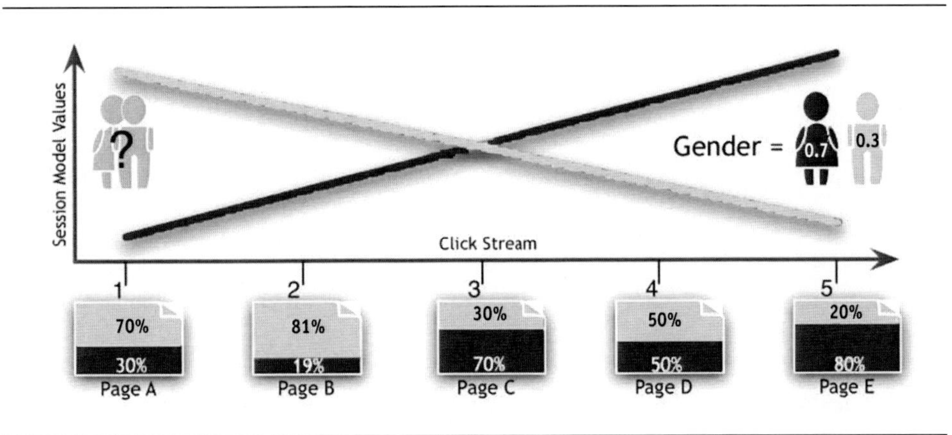

Die Vererbung der Eigenschaften erfolgt mittels einer statistischen Analyse des Clickstreams der einzelnen User. Über die Abfolge der besuchten Dokumente wird ein statistisches Model berechnet, das mit jedem folgenden Klick eine Abschätzung liefert, mit welcher Wahrscheinlichkeit die Eigenschaft einem User zugewiesen werden kann.

Im Verlauf der aktuellen Session kann die berechnete Eigenschaft an das Targeting-System übertragen werden und ist in Echtzeit als Zielgruppeneigenschaft verfügbar.

Analyse der resultierenden Sessions

Abbildung 3.7: Auswertung der Sessions pro User

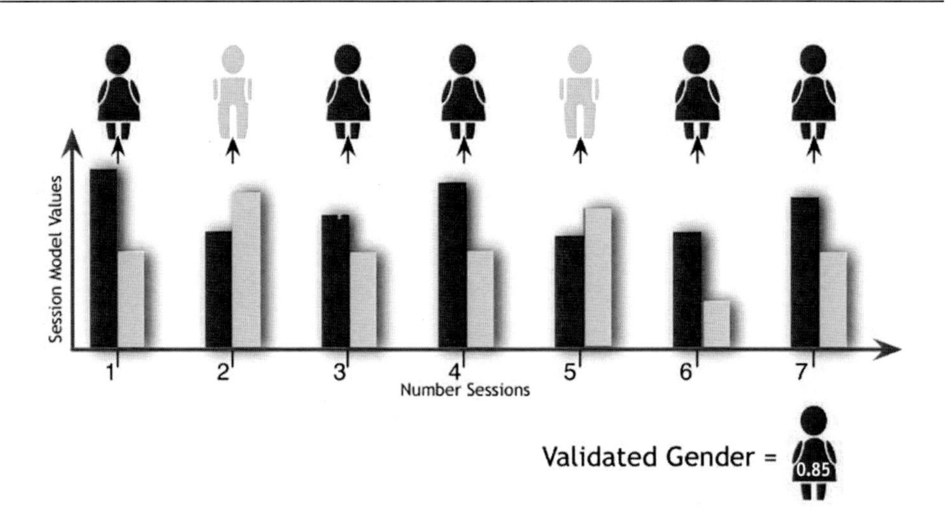

Die Resultate der Vorhersage aus jeder Session werden pro User validiert. Hintergrund dieser zusätzlichen Überprüfung ist der Umstand, dass sich User oft den Zugang auf einem Rechner teilen. Wird der Browser beispielsweise von einem Mann und einer Frau genutzt, können sich die Vorhersagen zwischen den einzelnen Sessions unterscheiden.

Wenn zwei User den Browser gleich häufig nutzen und abwechselnd als männlich oder weiblich vorhergesagt werden, wird diesen Usern eine Eigenschaft zugewiesen, die diese User nicht als Einzelperson kennzeichnet. Dadurch kann die Trefferrate der Vorhersage zusätzlich gesteigert werden.

Vergleicht man die Trefferraten „klassischer" statistischer Ansätze mit den Ergebnissen aus diesem Verfahren, erreicht man durch die kontinuierliche Aktualisierung höhere Trefferraten bei großer Reichweite.

Da es sich bei diesem Ansatz um einen selbstlernenden Algorithmus handelt, entwickelt sich die Reichweite der Vorhersagen über mehrere Tage, bis eine Sättigung erreicht ist.

Abbildung 3.8: Entwicklung der Reichweite

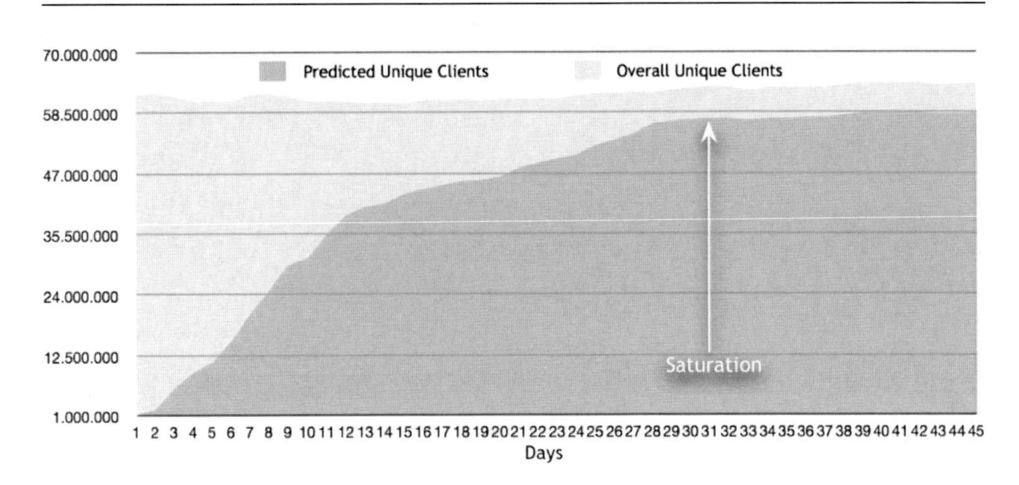

Dabei liegt die Reichweite der vorhergesagten Daten üblicherweise bei 85 bis 90 Prozent der maximal erreichbaren User.

3.2.2 Vorteile des Verfahrens

Der Vorteil dieser Methode ist die fortlaufende Aktualisierung (in jeder Session) der Hochrechnung, in welcher der einzelne User wiedererkannt wird. Damit erreicht man eine hohe Genauigkeit der Vorhersage, da das Verfahren gegenüber Änderungen im User-Verhalten und saisonalen Effekten resistent ist.

Des Weiteren sind für diesen Ansatz keine historischen User-Daten erforderlich, so dass auch User berücksichtigt werden können, die beispielsweise ihre Cookies gelöscht haben oder von denen noch keine Daten erhoben werden konnten. Da das Verfahren außerdem automatisiert abläuft, beschränkt sich der manuelle Aufwand vorwiegend auf die Qualitätskontrolle.

3.3 Zusammenfassung

Die vorgestellten Methoden beschreiben ein bisher weitgehend brachliegendes Potenzial des Online Targeting – das aktuelle Verhalten der User bleibt für die Optimierung von Zielgruppen meist ungenutzt. Marketingmaßnahmen basieren auf historischen Tracking- oder Fragebogendaten, ohne das Verhalten als Feedback der User zur Optimierung zu nutzen.

Die Umsetzung beider Ansätze hat gezeigt, wie manueller Optimierungsaufwand verringert werden kann und dabei die Qualität der Zielgruppendefinition verbessert wird.

Literatur

Borges, J./Levene, M. (2004): An average linear time algorithm for web data mining, in: International Journal of Information Technology and Decision Making, Vol. 3, 2, S. 307–319.

Mobasher, B., et al. (2002): Using Sequential and Non-Sequential Patterns in Predictive Web Usage Mining Tasks, Proceedings of the IEEE International Conference on Data Mining (ICDM'2002) Maebashi City, Japan.

Perner, P. (2002): Data Mining on Multimedia Data, Berlin u. a.: Springer.

Thomas Mendrina
Admeld Inc.

4 Targeting im Display-Engine-Marketing: Programmatischer Einkauf von Zielgruppen mit Realtime Bidding

4.1 Einleitung

Die fokussierte Ansprache einer Zielgruppe ist für Werbekunden und Agenturen Grundlage der werblichen Aktivität in allen Medien. Klassische, gelernte Medien der Offline-Welt wie TV oder Print erheben regelmäßig Quote oder verbreitete Auflage. Im Medium Internet ist aufgrund der vereinfachten Messbarkeit sogar eine präzise Zielgruppenansprache möglich. In den letzten zwölf Monaten sind durch erweiterte technische Möglichkeiten zudem neue Rahmenbedingungen des Targeting geschaffen worden, die eine Veränderung der bisherigen ökonomischen und rechtlichen Struktur darstellen.[1] Realtime Bidding und Audience Targeting werden als Treiber der Veränderung wahrgenommen.[2] Die Bedeutung der neuen Rahmenbedingungen wird anhand der Aktivitäten der Marktakteure deutlich. Google übernimmt Invite Media für 100 Millionen US-Dollar, Microsoft investiert 50 Millionen US-Dollar in Appnexus, und Agenturgruppen gründen Trading Desks, um den Einstieg analog zum Search-Engine-Marketing (SEM) nicht erneut zu verpassen. Daneben gründen sich Data-Management-Plattformen wie Bluekai oder Quantcast. Und die Deutsche Post investiert in den Werbedienstleister nugg.ad, der auf Predictive Behavioural Targeting spezialisiert ist.

Ziel dieses Beitrags ist es, die ökonomischen und rechtlichen Veränderungen der Targetings im Internet in ihrer Gesamtheit darzustellen. In Abschnitt 4.2 wird dafür ein Überblick über die traditionellen Möglichkeiten des Targeting gegeben. Der websiteszentrierte Ansatz der AGOF stellt die Basis der zielgruppenorientierten Mediaplanung dar. Mit der zunehmenden Technisierung wurden Targeting-Formen möglich, bei denen eine Trennung zwischen der Quelle der Targeting-Informationen und dem Medienumfeld vorgenommen wurde. In Abschnitt 4.3 wird das neue werbliche Ökosystem des Display-Engine-Marketing (DEM) mit seinen drei Marktteilnehmern beschrieben. Technologische Basis des DEM stellt das Realtime Bidding dar. Aus dem neuen werblichen Ökosystem werden sechs Hypothesen zur Entwicklung des Zusammenspiels innerhalb der Marktteilnehmer und mit der externen Umwelt abgeleitet.

Zudem wird dieser Beitrag erläutern, welche Herausforderungen an Transparenz und Kontrolle der Auslieferung von Werbung seitens der Websitesbetreiber und Vermarkter vorhanden sind. Wie kann ein Vertriebskonflikt der technologisch orientierten Targeting-Vermarktung zur websites- und markenzentrierten Premiumvermarktung vermieden werden? Ist es zudem lediglich relevant, die Zielgruppe auf einer beliebigen Seite, unabhängig vom Umfeld und der Markenkraft der jeweiligen Website zu erreichen? Welche rechtlichen Begrenzungen seitens der Gesetzgebung bestehen?

4.2 Traditionelle Möglichkeiten des Targeting im Internet

In den Anfängen der Online-Mediaplanung wurde eine Zielgruppenansprache durch thematische und inhaltliche Auswahl der Website vorgenommen. Der Sportsponsor warb auf

[1] Siehe unter http://www.cnbcmagazine.com/story/this-time-itas-personal/1276/1/.

[2] Siehe unter http://www.emarketer.com/Article.aspx?R=1008068.

Websites mit Sportberichterstattung und der Reiseanbieter auf Reiseportalen. Eine zweite Möglichkeit der Selektion von Websites bestand darin, durch Testkampagnen iterativ das geeignete Umfeld für den Werbekunden auf der Basis von Klickraten oder Abverkaufsraten zu identifizieren. Markenwerte und Zielgruppeninformationen zu den Websites waren entweder gar nicht oder lediglich auf der Basis von selbst durchgeführten Umfragen der Websites und Vermarkter vorhanden. Teilweise wurde von einer Zielgruppenidentität ausgegangen und Zielgruppeninformationen wurden aus Print und TV auf die korrespondierende Website übertragen. Die Qualität der Zielgruppenerreichung und der Mediaplanung blieb dabei, außerhalb von Klick- oder Abverkaufsraten, weiterhin schwer messbar.

Um diese Lücke zu schließen, wurde auf Initiative der Online-Werbevermarkter im Jahr 2002 die Arbeitsgemeinschaft Online Forschung e. V. (AGOF) gegründet.[3] Sie veröffentlicht vierteljährlich mit den „Internet Facts" und den „Mobile Facts" Standardinformationen für Online-Media-Planung und das zielgenaue Erreichen der gewünschten Zielgruppe. Die Daten der Veröffentlichungen basieren mit einer technischen Messung (Seitenaufrufe), der Onsite-Befragung (Soziodemografie) und einer telefonischen Befragung auf drei Säulen.[4] Die Veröffentlichungen liefern Grundlageninformation zu Reichweiten, Kontakten, soziodemografischen und psychografischen Daten, granular dargestellt auf der Basis von Websites oder sogar Websiteskategorien. Eine zielgruppengenaue Ansprache der Nutzer wird demnach durch Belegung einer Website oder der Kategorie einer Website vorgenommen. Die Website und die damit verbundene Absendermarke stehen im Mittelpunkt der Auswahl des Werbeumfelds. Alleine durch die Belegung der Website wird die Entscheidung getroffen, welche Nutzer durch die Werbeeinblendungen angesprochen werden. Es werden keine Informationen über den Nutzer selbst berücksichtigt. Es werden daher Nutzer angesprochen, die nicht der Zielgruppe entsprechen, sich jedoch in einer ähnlichen Nutzungssituation wie die Zielgruppe befinden. Die Wirkung einer Mediaplanung kann durch begleitende Marktforschung zu Marken- und Imagewerten des Werbekunden oder durch die im Adserver quantifizierbaren und messbaren Werte wie Anzahl der Unique User, Klickrate oder Abverkäufe überprüft werden.

Durch die Beschleunigung der Datenverarbeitungsgeschwindigkeit wurde eine effiziente und skalierbare Ansprache einer Zielgruppe auf der Basis dezentral vorhandener Informationen möglich. Im Behavioural Targeting werden aufgrund des Surfverhaltens eines Nutzers Rückschlüsse auf seine Affinitäten und Interessen gezogen. Ziel ist es, bei jeder Nutzung von Inhalt das Profil des Nutzers zu aktualisieren und dieses für eine Effizienzsteigerung der Werbeauslieferung zu verwenden. Beim Predictive Behavioural Targeting wird zusätzlich die statistische Wahrscheinlichkeit der Zugehörigkeit eines Nutzers zu einer Zielgruppe auf der Basis von Befragungsdaten und des Nutzungsverhaltens errechnet. Es werden statistische Zwillinge gesucht, die ein identisches oder ähnliches Nutzungsverhalten aufweisen. Sich identisch auf den Websites bewegenden Nutzern ohne Befragungsdaten werden die soziodemografischen Eigenschaften der befragten Stichprobe zuge-

[3] Mehr zur Geschichte des Targeting unter http://ow.ly/16yBnu.

[4] Mehr zum Dreisäulenmodell der AGOF unter http://www.agof.de/index.585.de.html.

wiesen. Gemessen wird das Surfverhalten über einen Pixel, der in die Websites eingebunden wird und das Nutzungsverhalten anonym verfolgt. Abhängig von Geschäftsmodell der Anbieter des Behavioural Targeting verbleibt die Kontrolle dieser Informationen beim Websitesbetreiber oder Vermarkter, die dieser für eine genauere Aussteuerung der Werbekampagnen verwendet (Beispiel: nugg.ad). Teilweise werden diese Informationen mit anderen ausgetauscht oder gemeinsam verwendet (Ad Audience, AudienceScience) bzw. auf einer zentralen Plattform zur Verfügung gestellt. Durch Zusammenführung der Kontaktpunkte auf verschiedenen Websites können Qualität und Dichte der Zielgruppeninformationen erhöht werden. Die Berechnung des Beitrags jedes beliebigen Kontaktpunktes zur Qualifizierung des Nutzerprofils ist komplex und steigt mit der Anzahl der Kontaktpunkte.

Seit 2008 hat sich eine aus dem E-Commerce kommende, technisch einfache Form des Targeting etabliert: das Re-Targeting, auch Re-Marketing genannt. Hierbei werden jene Nutzer erkannt, die eine bestimmte Website oder Unterseite einer Website besucht haben. Die dahinter stehende Hypothese geht von einer höheren Klickrate und steigenden Umwandlungsrate von Nutzern aus, die eine Website besuchten, das Produkt ausgewählt oder bereits den Einkaufskorb mit Produkten gefüllt hatten. Durch den kommerziellen Erfolg und die Sichtbarkeit der Re-Targeting-Kampagnen kann von der Bestätigung dieser Hypothese ausgegangen werden. Limitierender Faktor ist die Anzahl der Unique User auf der ausgewählten Website der Werbekunden, so dass eine singuläre Kampagne nur für die reichweitenstärksten Werbetreibenden effizient ist. Dadurch haben sich Unternehmen wie Criteo oder Adnologies gegründet, die eine Vielzahl an Werbekunden im Bereich Re-Targeting bündeln und über eine technologische Plattform ausliefern. Markiert werden die Nutzer auf den Websites durch Cookies der Re-Targeting-Unternehmen. Teilweise werden zum gleichen Zeitpunkt die Cookies der werbeausliefernden Adserver im Huckepackverfahren (Piggybacking) gesetzt, um eine Auslieferung der Werbekampagnen zu erleichtern. Daneben besteht die technische Möglichkeit, die Cookie-IDs der Re-Targeting Unternehmen mit den Cookie-IDs der ausliefernden Adserver server- oder browserseitig zu synchronisieren. Erkennt der ausliefernde Adserver der Website den Cookie des Nutzers mit der entsprechenden Cookie-ID, so wird diese Impression beim Adserver des Re-Targeting angefragt und die Werbemittel des passenden Werbekunden ausgeliefert. Ziel des Piggybacking und Cookie-ID-Matching ist es, die Effizienz der Werbemittelauslieferung zu erhöhen, da hierbei nur die für den Werbekunden relevanten Impressions an das Re-Targeting-Unternehmen geliefert werden. Es müssen keine Impressions an den Websitesbetreiber ohne Nutzung zurückgespielt werden (Pass Backs), da die Abfrage zur Auslieferung der Impressions vorher getroffen worden ist. Zwischen den Adservern werden keinerlei Informationen über den Nutzer übermittelt, sondern lediglich eine inhaltsleere Cookie-ID übergeben. Dem Websitesbetreiber selbst liegen vorher und nachher keine Informationen über den Nutzer vor. Re-Targeting ermöglicht den E-Commerce-Unternehmen, die bisherigen Käufer oder Besucher der eigenen Website sehr zielgenau und mit geringen Streuverlusten anzusprechen, doch zielt es nur auf die verlorenen Besucher der Websites. Wie erreichen es jedoch Werbekunden, neben dem Search-Engine-Marketing (SEM) einen weiteren skalierbaren Werbekanal aufzubauen, in dem Nutzer aus der Zielgruppe effizient angesprochen werden?

4.3 Targeting im Display-Engine-Marketing

4.3.1 Marktteilnehmer des Display-Engine-Marketing

Der Begriff des Display-Engine-Marketing (DEM) hat sich seit Mitte 2010 aus der inhaltlichen Nähe des DEMs zu Search-Engine-Marketing (SEM) entwickelt.[5] In anderen Publikationen wird ebenso von Display-Exchange-Marketing, Programmatic Audience Buying oder dem systematischen Einkauf von Zielgruppen gesprochen. Display-Engine-Marketing entsteht, vereinfacht gesprochen, durch das automatisierte Zusammenspiel von drei technischen Markteilnehmern:

- Supply- oder Sales-Side-Plattformen (SSP) bündeln das Angebot an Impressions von Vermarktern und bieten eine Oberfläche zu Management und Kontrolle der Nachfrage.
- Demand-Side-Plattformen (DSP) bündeln die Nachfrage nach Impressions von Agenturen und Werbekunden und bieten eine Oberfläche für Bietstrategien und Kampagnenoptimierung.
- Data-Management-Plattformen (DMP) bündeln Nutzerinformationen, die von Websites, Agenturen und Werbekunden gesammelt wurden.

SSPs wie Admeld oder Rubicon sind Dienstleister für Websitesbetreiber. Aufgabe der SSPs ist es, eine maximale Monetarisierung für Websitesbetreiber auf der Basis ihrer Vermarktungsregeln zu ermöglichen. Hier gilt es einerseits, technische Schnittstellen zu den Nachfragequellen wie Netzwerken, Reichweitenvermarkter oder Einkaufsplattformen der Agenturen zu schaffen und die angeschlossene Nachfrage nach Kriterien wie eTKP, Füllrate oder Antwortgeschwindigkeit zu optimieren. Andererseits gilt es, Kannibalisierungseffekte zur Premiumvermarktung durch das sinnvolle Zusammenfassen von Einzelseiten zu Channels, Setzen von Blocklisten für nicht erwünschte Kundengruppen und Festlegung von Mindestpreisen für spezifische Kategorien oder Kunden zu vermeiden. SSPs schaffen einen Mehrwert durch das aktive Management der Werbekunden und die Herbeiführung von Markttransparenz für den Websitesbetreiber.

DSPs wie Appnexus, MediaMath, Turn oder Invite Media sind Dienstleister für Werbekunden. Sie bündeln die Nachfrage von Agenturen und Werbekunden und schaffen Schnittstellen zu den SSPs und Exchanges wie Admeld, Google AdX oder Right Media. Aufgabe der DSPs ist es, einen effizienten Einkauf der Zielgruppe über verschiedene Plattformen hinweg zu ermöglichen sowie die Kampagne nach qualitativen und quantitativen Kriterien (Klickrate, Abverkaufsrate) hinsichtlich der Werbeumfelder und Werbeformate zu optimieren. Zudem wird im Bietsystem des DSPs die Gebotstrategie der Werbekampagnen festgelegt und die Höhe des Gebots unterschieden. Hier finden sich viele Parallelen zum Search-Engine-Marketing. Analog zum SEM wird der Einkaufspreis der Impression im Wettbewerb mit den anderen Werbekunden automatisiert ermittelt, so dass für den Einkauf einer Impression ein Maximalgebot durch den Werbekunden festgelegt wird. Den Zuschlag erhält der Werbekunde mit dem höchsten Gebot, wobei im Gegensatz zum Search-Engine-Marketing nicht der Suchbegriff die Grundlage für das Angebot darstellt, sondern die beim Werbekun-

[5] Vergleiche Daniel Darling unter http://www.digitalopinionator.com/other-news/what-is-a-dem/.

den vorliegenden Informationen über den Nutzer, kombiniert mit einer qualitativen Einschätzung des Werbeumfelds.

Abbildung 4.1: Die Marktteilnehmer des Display-Engine-Marketing (DEM)

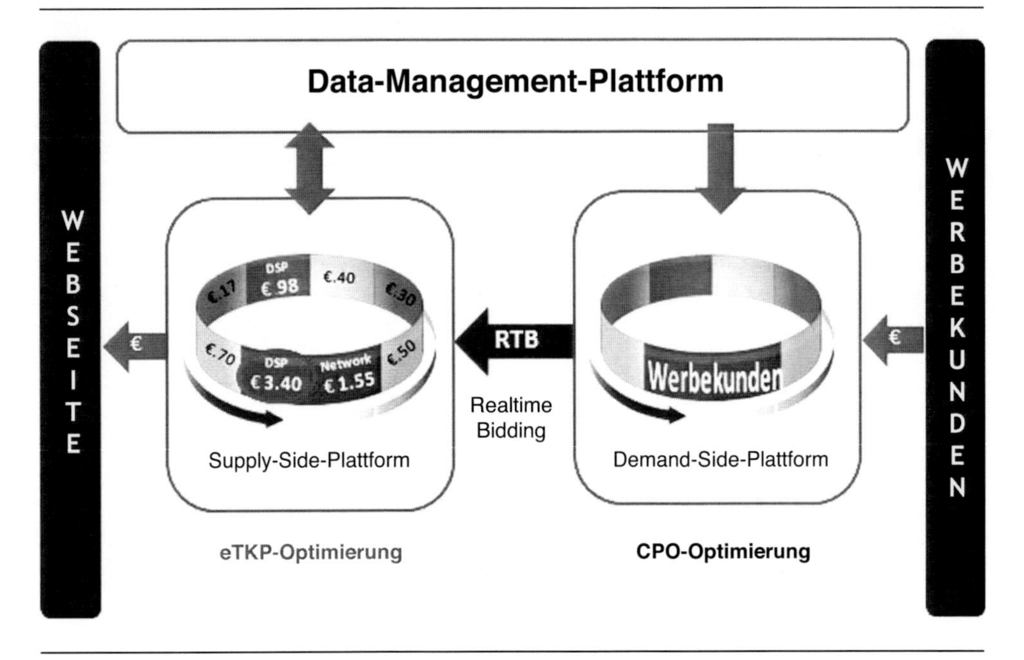

Diese Informationen über den Nutzer werden von Data-Management-Plattformen oder Datenquellen als dem dritten Marktteilnehmer des Display-Engine-Marketing zur Verfügung gestellt. Jede Website, jeder Werbekunde, jeder Adserver und jedes System zur Websitesanalyse sammelt nutzerzentrierte Daten und kommt als Marktteilnehmer als Lieferant von Daten in Betracht. International haben sich bereits Aggregatoren von Nutzerinformationen gebildet. Bluekai[6] bündelt Kaufintentionen von E-Commerce-Unternehmen und Einkaufswebsites. Quantcast[7] ermittel soziodemografische Informationen auf Websites und findet Lookalikes mit ähnlichem Nutzungsverhalten. Peer39[8] ermöglicht ein semantisches Targeting der ausliefernden Websites.

Aufgrund strikter Datenschutzbestimmungen besteht in Deutschland kein ausgereifter Markt für die Sammlung oder Drittverwendung von Daten. Neben dem Predictive-Behavioural-Targeting-Produkt der nugg.ad (Umfrage und Surfverhalten) und der Targeting-Lösung TGP der United Internet Media AG (Soziodemografie aus Anmeldedaten, Surf-

[6] www.bluekai.com.

[7] www.quantcast.com.

[8] www.peer39.com.

verhalten, Psychografie, realem Kaufverhalten und Mediennutzung) ist vor allem Audience Science in der Sammlung von Daten aus allen digitalen Kontaktpunkten aktiv. Gerade Kundendaten aus den CRM-Programmen oder den Content-Management-Systemen können in Audience Science eingebunden werden. Die Adnologies GmbH als jüngste Datenquelle startete 2010 eine vorwiegend aus dem Bereich E-Commerce gespeiste Datenbörse, in der anonymisierte Datenmerkmale aus Echtdaten (Alter, Geschlecht) vorhanden sind. Diese Daten erlauben eine fehlerfreie soziodemografische Ansprache der Zielgruppe. Neben diesen Datensammlern kann jedoch jede einzelne Website als Datenlieferant agieren. Jede Aufwertung eines bestehenden Datenprofils wird im Markt einen Preis erzielen können, wobei die Art der Datensammlung und die Güte der Informationen für eine Preisbestimmung transparent sein müssen.

Bei der Auslieferung einer auf Targeting basierenden Werbekampagne im Display-Engine-Marketing fließen Informationen von allen drei Marktteilnehmern zusammen. Die Daten der Data-Management-Plattformen können sowohl auf der Nachfrage- als auch auf der Angebotsseite angeschlossen werden. Auf der Angebotsseite werden Daten teilweise ausgetauscht oder gemeinsam genutzt, während auf der Nachfrageseite ein Dienstleistungsverhältnis dominiert (siehe Abbildung 4.1). Der Publisher oder Vermarkter verwendet Informationen eigener und fremder Datenquellen zur Aussteuerung des Targeting der Kampagne auf eigenem, über die SSP verwaltetem, Inventar. Er kann sogar eigene Daten zum Surfverhalten der Nutzer mit externen Daten zu Kaufintentionen kombinieren. Dies ermöglicht eine noch präzisere Ansteuerung der Zielgruppe, beispielsweise mit der Affinität Sport und einer erhöhten Intentionen zum Kauf von Sportartikeln, gesammelt von der Website, geliefert von externen Datenlieferanten. Zusätzlich kann der Publisher diese Kombination verwenden, um die Zielgruppe außerhalb des eigenen Inventars einzukaufen. Die Verwendung von Informationen über den Nutzer außerhalb des selbst verwalteten Inventars wandelt einen Anbieter von Medialeistung in einen Nachfrager von Medialeistung und verwischt die eindeutige Trennung von Einkäufer und Verkäufer. Die Demand-Side-Plattform schließt andererseits externe Datenquellen an, um die Gebote der Werbekunden in Abhängigkeit von der Übereinstimmung mit der Zielgruppe abzugeben. DSPs kombinieren ebenso die verschiedenen Datenquellen zur Steigerung der Zielgenauigkeit und Reduktion der Streuverluste. Ob ein Gebot auf der Basis von Nutzerinformationen abgegeben und welche Datenquelle des Targeting verwendet wurde, ist jedoch weder für die SSP noch für die Website ersichtlich.

4.3.2 Realtime Bidding als technologische Basis des Targeting im Display-Engine-Marketing

Eine effiziente Auslieferung der Kampagnen auf der Basis von Nutzerinformationen ist die Voraussetzung für ein Umschichten weiterer Budgets aus anderen Bereichen in das Display-Engine-Marketing. Hierbei hat sich mit dem Realtime Bidding (RTB) ein technologischer Standard entwickelt, der die Spielregeln des Werbemarktes verändert.[9] RTB besteht mit dem Cookie-Matching und der RTB-Schnittstelle aus zwei inhaltlich getrennten Komponenten.

[9] Siehe Martin Kelly in ExchangeWire unter http://bit.ly/fZ7P85 .

Die erste Komponente beinhaltet die Synchronisierung der Cookie-Identifikationsnummern zwischen der Demand- und der Supply-Seite. Neben dem browserseitig durchgeführten, traditionellen Abgleich mit dem bereits beschriebenen Huckepackverfahren der Cookies hat eine komplett serverseitig durchgeführte Synchronisation einige relevante Vorteile, da die Kampagne ohne vorherigen Kontakt mit dem Cookie der Supply-Side-Plattform begonnen werden kann. Jeder Cookie-Identifikationsnummer der DSP wird eine eindeutige Cookie-Identifikationsnummer der SSP zugeordnet. Diese Synchronisierung ermöglicht es der DSP, lediglich Nutzer anzusprechen, die anhand der vorhandenen Targeting-Kriterien der Zielgruppe des Werbekunden entsprechen.

Die zweite technische Komponente ist die Realtime-Bidding-Schnittstelle, in der die Angebots- und die Nachfrageseite die relevanten Informationen für eine Versteigerung und Auslieferung der Werbung austauschen.[10] Die SSP liefert beim Aufruf der Impression durch den Nutzer Informationen zur SSP-Nutzer-ID, DSP-Nutzer-ID, der URL, der Größe und der Position des Werbemotivs an die DSP. Ebenso wird die von der SSP erwartete maximale Antwortzeit von zwischen 50 und 120 Millisekunden als Information mitgeliefert. Die DSP liefert das Gebot, die URL der Werbemittel, den Werbekunden und die Ziel-URL zurück. Dadurch hat die DSP die Möglichkeit, das Gebot oder die Werbemittel in Echtzeit anhand aktueller Informationen über den Nutzer anzupassen. Diese Informationen könnten aktuelle Käufe oder die Kontaktfrequenz sein. Wird die komplette Auslieferung einer Kampagne über Realtime Bidding gesteuert, so ist ein übergreifendes Frequency Capping über alle Werbeplatzierung der Kampagne möglich. Auch ist es möglich, verschiedene Gebotshöhen und Gebotsstrategien zu testen, um die Preispunkte von Zielgruppen zu identifizieren.

Realtime Bidding ermöglicht es dem Werbekunden, durch Hinzufügen von Datenquellen die Streuverluste zu reduzieren und die Kampagnenperformance signifikant zu steigern. Zudem ist aufgrund der Flexibilität der Gebote eine Anpassung an interne und externe Marktgegebenheiten möglich. Diese Vorteile münden in einer Erhöhung der Zahlungsbereitschaft der Werbekunden, so dass TKP-Gebote im arithmetischen Mittel zwischen 30 und 70 Prozent über den TKPs der traditionellen Performance-Vermarktung liegen. Für den Publisher liefert Realtime Bidding eine komplette Transparenz zu den bietenden Werbekunden und deren Gebote. Durch die Trennung von Inhalt und Nutzer liefert Realtime Bidding für den Publisher ebenso die Möglichkeit, bisher schwer vermarktbare Umfelder durch eine nutzerzentrierte Auslieferung aufzuwerten. All dies geschieht innerhalb von 120 Millisekunden über die Bidding API durch einen Bid Request und eine Bid Response.

4.3.3 Sechs Hypothesen zur Entwicklung des werblichen Ökosystems des Targeting

Das werbliche Ökosystem des Targeting ist derzeit im Umbruch. Bisherige Marktteilnehmer verändern die strategische Positionierung und technologische Innovation beschleunigt den Prozess der Veränderung. Im Folgenden sechs Hypothesen zu den Entwicklungen des Gesamtmarktes:

[10] Informationen zum Open Standard für Realtime Bidding http://openrtb.info.

1. Soziodemografische Daten werden verstärkt für Kampagnen im höheren TKP-Segment verwendet. Unklar ist jedoch, auf welcher Datenbasis und von welcher Datenquelle die soziodemografischen Daten geliefert werden. Die Qualität der Daten reicht von Echtdaten aus vertraglichen Beziehungen (Kauf etc.), Anmeldeinformationen mit freiwilliger Angabe über Umfrageinformationen bis zu statistisch-mathematischer Zuordnung. Ein Marktstandard wird sich durch einen Konsens zwischen der Angebots- und Nachfrageseite ermitteln.
2. Kaufdaten und Kaufintentionen werden zur Erhöhung der Abverkaufsrate verwendet. Der Wert der Daten wird von der Aktualität der Daten stark beeinflusst. Unternehmen werden im Längsschnitt Rückschlüsse vom jetzigen Kauf eines Produktes A auf den zukünftigen Kauf eines Produktes B ziehen.
3. Die Gesetzgebung wird über rechtliche Rahmenbedingungen die Entwicklung des Marktes beeinflussen. Dies beinhaltet jedoch nicht nur die Veröffentlichung und Speicherung der Daten, sondern ebenso deren Verwendung für Zwecke des Targeting.
4. Die Grenze zwischen Agentur, Websitesbetreiber und Werbekunden wird unklarer. Agenturen werden bei ausgelieferten Kampagnen Informationen über den Nutzer sammeln und dieses Wissen für Arbitragezwecke und zur Anreicherung des Targetingprofils des Nutzers verwenden. Publisher mit relevanten Kaufinformationen der Nutzer werden diese Daten für den effizienten Einkauf von Werbung verwenden und dabei als Agentur und Vermarkter agieren.[11] Die Werbekunden werden zum Publisher und binden CRM-Daten in den effizienten Einkauf von Werbung ein. Agenturen werden geneigt sein, die verschiedenen Quellen der Informationen zu einem einzigen Nutzerprofil zu verdichten, falls rechtlich erlaubt (siehe Hypothese 3).
5. Mittelfristig wird das Erreichen einer bestimmten Zielgruppe konvergent und plattformübergreifend über die verschiedenen Endgeräte mit Internetzugang umgesetzt.[12] Eine Mediaplanung ist medienübergreifend und nutzerzentriert.
6. Umfeld zählt weiterhin. Eine Messung der Markenkraft einer Website wird durch die Preistransparenz im Gebotssystem jedoch möglich.

4.4 Zusammenfassung und Ausblick

Das Ansteuern einer gewünschten Zielgruppe ist aufgrund der technologischen Weiterentwicklung verstärkt unabhängig von einer einzelnen Website möglich. Im Display-Engine-Marketing ist mit dem Realtime Bidding eine technologische Basis für ein Zusammenspiel zwischen dem Werbekunden und der Website vorhanden. Die Website kann durch eine Supply-Side-Plattform die Kontrolle über das bereitgestellte Inventar wahren. Zudem können Informationen zum Verhalten der Nutzer zum Einkauf von Werbeleistung durch die Website geliefert werden und Impressions auf der Basis des Targeting eingekauft werden.

[11] Vascellaro, 2010.

[12] Jenen, 2010.

Werbekunden organisieren ihre Nachfrage übergreifend über Demand-Side-Plattformen, die Einkauf, Gebotsstrategie und Optimierung verantworten. Externe Datenquellen ermöglichen dem Werbekunden, die Zielgruppen überall und jederzeit verlässlich zu erkennen. Eine zielgenaue Ansteuerung der Zielgruppe ist dadurch möglich, wobei der Preis der Werbeleistung von Angebot und Nachfrage dieser Zielgruppe abhängt. Das Zusammenspiel im werblichen Ökosystem im Bereich Targeting überbrückt die klassische Trennung von Werbeträger, Agentur und Werbetreibenden und wirft zudem rechtliche Fragen zum Datenschutz auf. Den ökonomische Wert von Informationen über den Nutzer gilt es noch zu bestimmen.

Diese technologischen Veränderungsprozesse lassen ein neues Ökosystem entstehen, das einen relevanten Teil des Mediabudgets verwalten wird. Rationale, datengestützte Argumente werden die menschlichen Entscheidungen in der Mediaplanung unterstützen. Traditionelle, nicht auf Technologie basierende Vermarkter werden durch Spezialisierung einer Marginalisierung entgehen können. Insgesamt werden die Ausgaben im Display-Marketing durch das Targeting stark wachsen. Gerade TV-Budgets werden aufgrund der Einfachheit der Mediaplanung sowie der Reduktion der Kosten für Werbemittelproduktion und Auswahl der Werbeumfelder die Nachfrage nach Targeting-Kampagnen im DEM erhöhen und damit den Preis für die Werbeleistung auf ein für die Websites und Vermarkter akzeptables Niveau erhöhen.

Literatur

Arbeitsgemeinschaft Online Forschung (AGOF) (2010): Methode – Reichweitenwährung der AGOF. http://www.agof.de/index.585.de.html.

CNBC Magazine (2010): This Time It's Personal. http://www.cnbcmagazine.com/story/this-time-itas-personal/1276/1/.

Darling, D. (2010): What is a DEM? http://www.digitalopinionator.com/other-news/what-is-a-dem/.

eMarketer Digital Intelligence (2010): 2011 Trends: Futuree of Online Ad Buys. http://www.emarketer.com/Article.aspx?R=1008068.

Jenen, T. (2010): End Of Year Review: Tom Jenen Casts An Eye Over The Big European Sell-Side Developements In 2010. http://bit.ly/fhg9xx.

Kelly, M. (2010): End Of Year Review: Marting Kelly Gives His Perspective On A Significant Year For The European Buy-Side. http://bit.ly/fZ7P85.

Noller, S. (2010): Die Geschichte des Predictive Targeting. http://ow.ly/16yBnu.

Open Standards for Real-Time Bidding (2010): Mission. http://openrtb.info.

Vascellaro, J.E. (2010): Websites Rein In Tracking Tools. http://on.wsj.com/cRsunR.

Michael Altendorf
ADTELLIGENCE

5 Social Media Targeting

5.1 Einleitung

Die von allen Fachmedien und Analysten lange angekündigten Trends Social Networks und mobiles Internet sind 2011 zu Standards geworden. Die Infrastruktur wird weiter ausgebaut und die „digitale Konvergenz" der verschiedenen Endgeräte wird sichtbar. Software- und Internetfirmen wie Microsoft und Google drängen in die Märkte der traditionellen Hardwareanbieter und Telekommunikationsfirmen. Dadurch werden die etablierten Geschäftsmodelle und Wertschöpfungsketten herausgefordert, wie es am Beispiel der Musikindustrie oder dem klassischen Software-Lizenzgeschäft seit Jahren zu beobachten ist.

Inhalte werden im Internet immer schneller verbreitet und sind immer öfter kostenlos zugänglich. Statt einem einzelnen Massenprodukt werden Inhalte personalisiert und die Märkte für digitale Güter sind stark fragmentiert.

Ein Verkauf eines einzelnen digitalen Guts (pay per unit) wird immer schwerer, da fast jedes Geschäftsmodell durch Freemium-Geschäftsmodelle, Flatrates und kostenlose Alternativen attackiert wird. Dadurch kommt werbefinanzierten Geschäftsmodellen gerade in Zukunft immer mehr Bedeutung zu, wenn die Anbieter ihre Angebote monetarisieren möchten.

2010 hat Facebook eindrucksvoll bewiesen, wie stark sich Netzwerkeffekte auf das Verhalten der Nutzer im Internet auswirken können. Gab es von 2007 bis 2010 noch eine Dominanz deutscher Social Networks, so hat sich 2010 Facebook endgültig durchgesetzt. Netzwerkeffekte spielen hier die entscheidende Rolle. Nach Google kann man bei Facebook zum zweiten Mal feststellen, dass die Anbieter mit der besten Technologie nicht unbedingt den First Mover Advantage haben müssen, sich aber dennoch durchsetzen können, wenn sie die Nutzer mit einem sehr guten Angebot locken können. Die Hoffnung für die deutschen Social Networks bleibt jedoch, da sie eigentlich eine sehr gute Ausganposition haben, wenn man bedenkt, dass die Besitzer, also die deutschen Medienhäuser, eigentlich den ganzen Markt kontrollieren könnten. Am Beispiel Nintendo Wii kann man erkennen, dass man auch mit alternativen Nischen punkten kann, und nicht unbedingt den Wettlauf um die beste Technik mitmachen muss, um sich am Markt zu behaupten. Auf die richtigen Features für die richtige Zielgruppe kommt es an und auf die passende Vermarktungsstrategie.

Wie auch Google setzt Facebook auf ein werbefinanziertes Geschäftsmodell und konnte 2010 die Umsatzprognosen weit übertreffen und einen Umsatz von über 1,5 Milliarden US-Dollar vorweisen. Die Ähnlichkeit der werbefinanzierten Geschäftsmodelle von Google und Facebook liegt nicht unbedingt an der räumlichen Nähe der Unternehmen im Silicon Valley, sondern auch daran, dass viele Mitarbeiter von Google zu Facebook gewechselt haben.

Hier lässt sich erkennen, dass sich auch die Denkweise im Silicon Valley geändert hat und viele Experten auf Facebook als „the next big thing" setzen. Die Vorherrschaft Googles, was die Aufmerksamkeit der Nutzer angeht, schmilzt langsam, und die Nutzer verbringen heute weit mehr Zeit auf Facebook als bei Google. Google ist nicht mehr unbedingt der Ausgangspunkt für die Reise ins Netz. Von daher verlagert Google seine Aktivitäten auf andere Wertschöpfungsstufen und greift mit seinem Betriebssystem traditionelle Branchen von der Automobilbranche über Mobilfunkanbieter bis zum TV an, um weiterhin das Fenster ins Netz auf den verschiedenen Plattformen darzustellen und für die Werbetreibenden weiterhin der erste Anlaufpunkt zu bleiben (siehe Abbildung 5.1). Heute deckt Google schon fast alle Wertschöpfungsstufen vom Werber über Demand-Side-Plattformen bis zur Vermarktung der eigenen Seiten und Drittseiten ab. Der Markt für SEM wird für das Jahr 2010 auf über 17 Milliarden US-Dollar geschätzt,[1] der Markt für Display Ads auf nur neun Milliarden US-Dollar. Social Media wächst zwar am stärksten, der Umsatz liegt aber 2010 nach den Analysten von Forrester bei einer Milliarde US-Dollar.[2] Dieser Betrag wird von Facebook fast alleine schon übertroffen, und auch StudiVZ verzeichnet immer weiter steigende Einnahmen.

Abbildung 5.1: Das neue Google Betriebssystem für PCs (Quelle: Wikipedia)

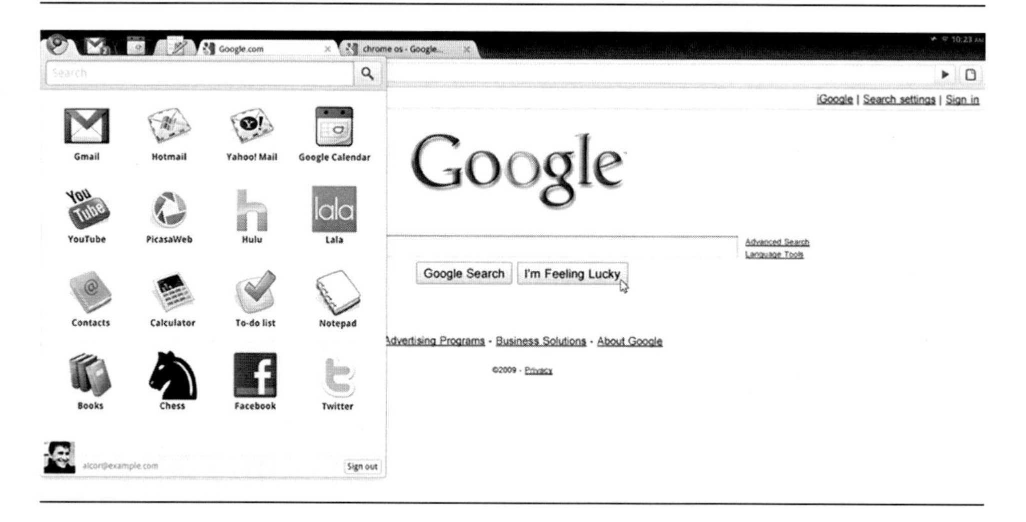

Das traditionelle Internet bewegt sich immer weiter hin zum Social Web, in dem es bald keine standardisierten Content-Angebote mehr gibt, sondern fast alle Inhalte an die persönlichen Interessen und den Geschmack des Nutzers angepasst werden können.

5.2 Social Web

"The Social Web may still be in its early phases, but it is likely to transform the fundamental businesses of the Internet far more rapidly than the incumbents anticipate."

schreibt Accel Partners schon 2009.[3] Accel Partners ist eine der führenden Venture-Capital-Firmen und investiert in Facebook, AdMob, Groupon und viele weitere innovative Internet-

[1] Forrester, 2009.

[2] Forrester, 2009.

[3] Accel Partners, 2009.

Start-ups. Knapp zwei Jahre später ist die Prophezeiung schon teilweise Realität geworden und das Social Web macht nicht an der Grenze des Social Networks oder bei einigen Bloggern halt, sondern verändert zunehmen die alte Welt der Portalseiten durch Social Plugins und Twitter API Integration oder Google Maps Mashups. Die Menschen verbringen ihre Zeit immer öfter mit Social-Media-Angeboten.

Mashups, Massenpersonalisierung & Single Sign-on

Social Plugins, Single-Sign-on-Technologien wie Open Social oder die Facebook Graph API ermöglichen es, das Social-Network-Profil zu nutzen, um sich beispielsweise bei YouTube einzuloggen oder bei Amazon Produktempfehlungen anhand der Facebook-Interessen zu erhalten (siehe Abbildungen 5.2, 5.3 und 5.4). Dabei werden vom Portalbetreiber, sei es eine Nachrichtenseite wie Focus.de, eine Spieleseite oder ein Videoportal, ein Stück Code in die Website integriert und die Datenbank mit dem Social Network verbunden. Dies ist bereits in einem ersten Schritte in wenigen Stunden möglich. Der Like-Knopf von Facebook ist zwar in Minuten integrierbar, reicht hierfür allerdings nicht. Danach ist es möglich, sein Angebot an die Nutzer, die sich auf der Seite mit ihrem Social-Network-Profil einloggen, anzupassen und Content und Produkte zu empfehlen.

Yelp, Amazon oder Foursquare können hier als innovative Beispiele gesehen werden. Früher wurden solche kombinierten Einzelservices „Mashups" genannt. Heute werden ganze Seiten miteinander verbunden und Twitter lebt davon, dass Nutzer-Posts über ihre API auf die Plattform geschickt werden.

Abbildung 5.2: Amazon and Facebook Connect (Quelle: amazon.com)

Abbildung 5.3: Profildaten

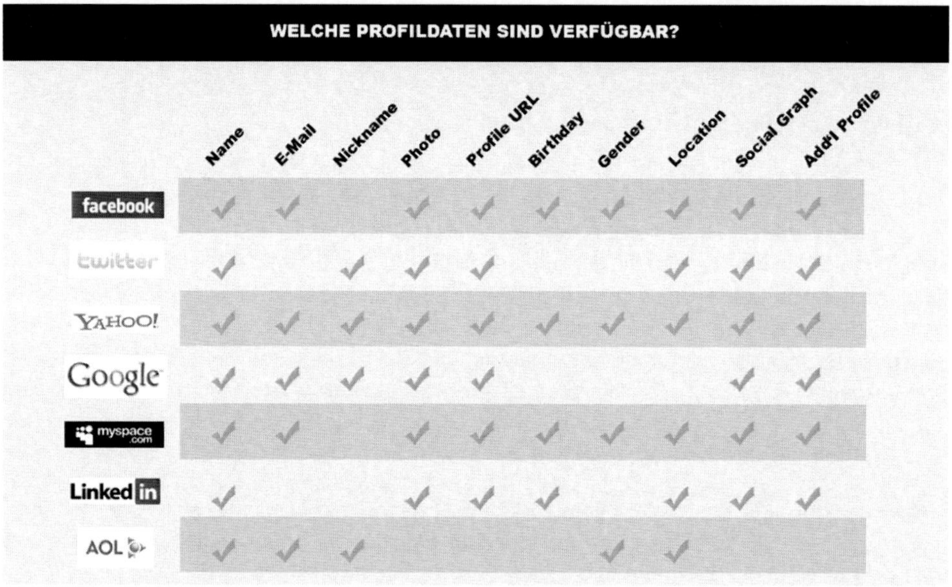

WELCHE PROFILDATEN SIND VERFÜGBAR?

	Name	E-Mail	Nickname	Photo	Profile URL	Birthday	Gender	Location	Social Graph	Add'l Profile
facebook	✓	✓		✓	✓	✓	✓	✓	✓	✓
twitter	✓		✓	✓	✓			✓	✓	✓
YAHOO!	✓	✓	✓	✓	✓	✓	✓	✓	✓	✓
Google	✓	✓	✓	✓	✓				✓	✓
myspace.com	✓	✓		✓	✓	✓	✓	✓	✓	✓
LinkedIn	✓			✓	✓	✓		✓	✓	✓
AOL	✓	✓	✓				✓	✓		

Abbildung 5.4: Single-Sign-onTechnologien

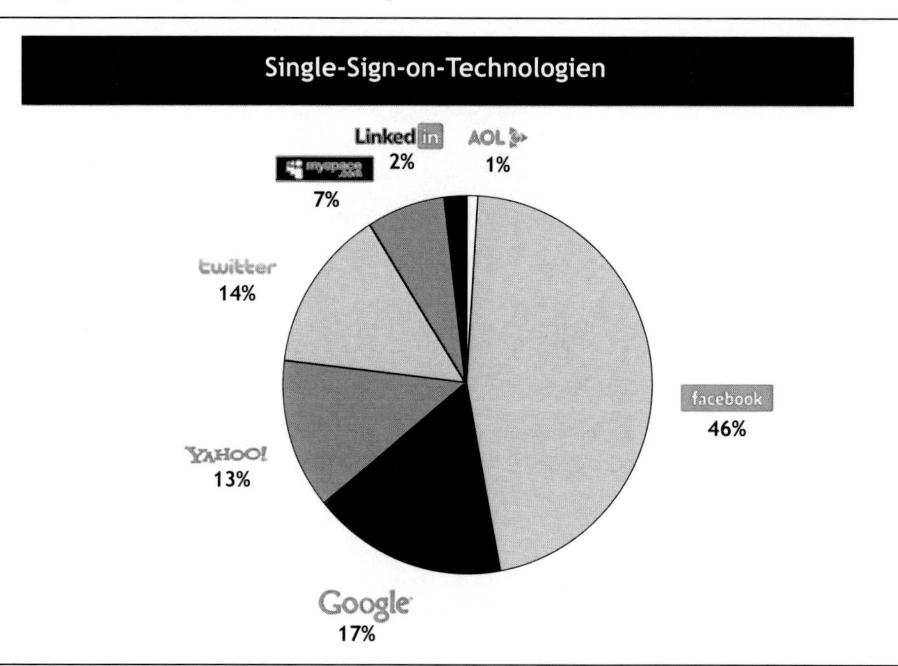

Neue Geschäftsmodelle auch für Twitter-Werbung?

Auf das werbefinanzierte Geschäftsmodell von Twitter, das mit Sicherheit aus Werbeposts und Datenverkauf (Social-Media-Monitoring-Diensten) besteht, soll an dieser Stelle nicht weiter eingegangen werden. Der Vollständigkeit halber soll jedoch erwähnt werden, dass auch hier noch großes Potenzial besteht. Zumindest besteht auch bei Twitter ein Großteil des (potenziellen) Geschäftsmodells aus Werbeeinnahmen. Heute hat noch niemand ein alternatives Geschäftsmodell gefunden, mit dem es möglich ist, die Nutzer weiterhin zu animieren, Nachrichten zu posten und auch noch in irgendeiner Form zu zahlen. Dennoch sollte bedacht werden, dass es in den neunziger Jahren möglich war, unbegrenzt und kostenlos SMS via ICQ zu verschicken und auch die Preisanpassungen (stark steigend) keine negativen Auswirkungen auf die Nutzung hatte.

Single Sign-on und Personalisierungsdienste wie beispielsweise Wadja.com werden im Jahr 2011 immer öfter in die Portalseiten wie Spiegel, Focus oder T-Online eingebaut werden, da die Datenmasse immer größer wird und das Filtern anhand des sozialen Graphs, Crowdsourcing und Early Adoptern zum Standard werden muss. Das Tagging von Artikeln und die damit verbundene kontextsensitive Targeting-Technologie sind heute noch ausreichend. Morgen muss jedoch hier noch mehr geschehen, da die Datenmasse stark steigt. Laut einer IBM Studie verdoppelt sich die Anzahl an Informationen 2010 alle elf Stunden.[4]

Die Bedeutung von Login/Single-Sign-on-Services wird im Zuge neuer Datenschutzgesetze und Opt-ins für das Setzen von Cookies noch wichtiger, da es dann möglich wird, die Menschen gezielt anzusprechen und Werbung, Inhalt, und Produktempfehlungen an die realen Interessen und sozio-demografischen Merkmale der Nutzer anzupassen. Das personalisierte Web wird immer deutlicher sichtbar und Standard-Websites werden der Vergangenheit angehören. Heute lesen die Menschen ihre persönlichen News in Netvibes, iGoogle, ihrem RSS Reader oder den Facebook Feed noch vor dem Klick auf die Nachrichtenseiten.

5.3 Zahlen und Fakten

In den vergangenen Jahren hat sich das Internet stark gewandelt und der Ausgangspunkt sind heute nicht mehr nur Google und E-Mail-Dienste, sondern Social Networks und Entertainment-Seiten wie das Videoportal YouTube oder die Musikplattform Myspace.

Die Entwicklung der Nutzungsdauer zeigt eindrucksvoll, wie sich schon seit 2006 die Internetnutzung immer weiter verändert, hin zu immer mehr Social-Web-Diensten (siehe Abbildung 5.5).

[4] IBM White Paper, 2006.

Abbildung 5.5: Nutzungsdauer (Quelle: ComScore, 2010)

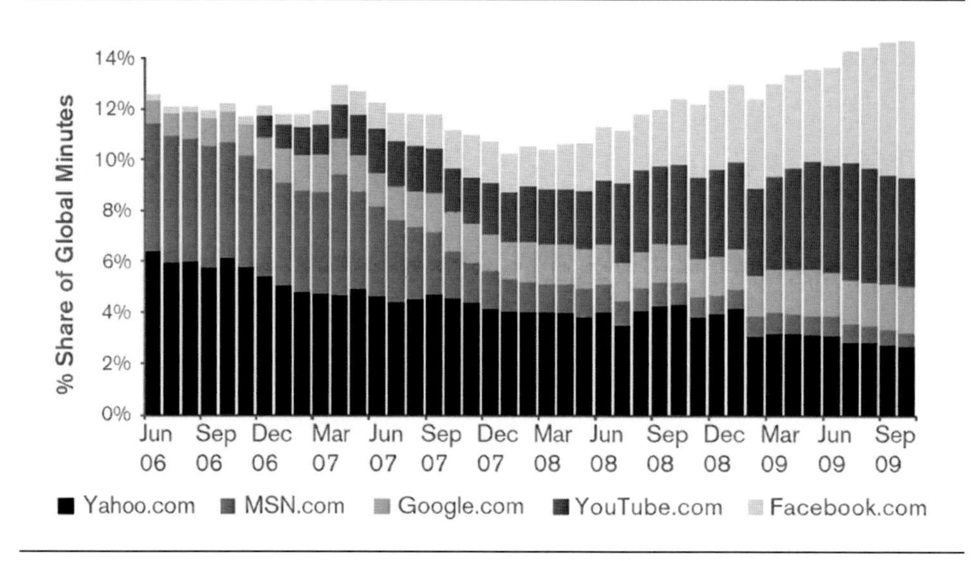

Abbildung 5.6: Marktwachstum Social Web (Quelle: Forrester, 2009)

	2009	2010	2011	2012	2013	2014	CAGR
Mobile Marketing	$391	$561	$748	$950	$1,131	$1,274	27%
Social Media	$716	$935	$1,217	$1,649	$2,254	$3,113	34%
Email Marketing	$1,248	$1,355	$1,504	$1,676	$1,867	$2,081	11%
Display Advertising	$7,029	$8,395	$9,846	$11,732	$14,39	$16,900	17%
Search Marketing	$15,393	$17,765	$20,763	$24,299	$27,786	$31,588	15%
Total	$25,577	$29,012	$34,077	$40,306	$47,378	$54,956	17%
Percent of all ad spend	12%	15%	15%	17%	19%	21%	

Auch beim allgemeinen Marktwachstum hat der Social-Web-Bereich die Führung übernommen und wächst mit 34 Prozent weit schneller als Display, Search und sogar mobile (vergleiche Abbildung 5.6). Außerdem muss angemerkt werden, dass Display und Social sich dauerhaft eigentlich kaum noch trennen lassen und mit „Google TV-Ads" bald auch der TV-Bereich mit dem Netz verschmelzen wird. Das gesamte Marktwachstum mit durchschnittlich 17 Prozent bis 2014 ist überdurchschnittlich.

Abbildung 5.7: Medienkonsum-Werbeausgaben (Quelle: Morgan Stanley, 2010)

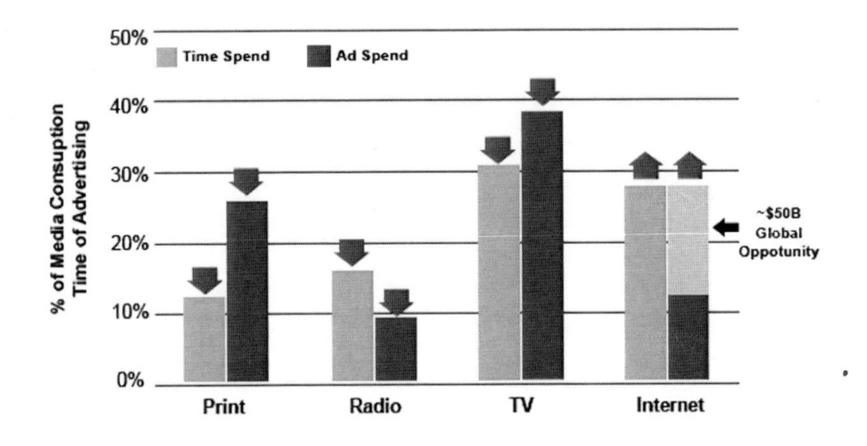

Nach den beiden Krisenjahren geht es statistisch und gefühlt wieder aufwärts und das von Mary Meeker von Morgan Stanley schon Anfangs 2010 prognostizierte Potenzial von 50 Milliarden US-Dollar im Online-Bereich sollte bald sichtbar werden, da immer mehr Menschen weit mehr Zeit im Netz verbringen als vor dem Fernseher oder heute die Medien parallel nutzen (siehe Abbildung 5.7).

Crossmedia-Dienstleister nutzen in der Zwischenzeit ihre Kompetenz und steuern die Werbung über alle Kanäle aus. Diese werden in den nächsten Jahren den Markt outperformen. Mobile Datenleitungen und Flatrates begünstigen diesen Trend. Wenn die Mediabudgets aus dem TV-Bereich nicht ins Internet abwandern, so wandert doch das Internet sehr schnell in das TV-Gerät, und bald werden wir Google TV OS erleben dürfen. 2011 kommen die ersten Sony-Geräte mit dem Google-Betriebssystem nach Europa. Die Telekom hat hier mit dem Entertain-Paket eine sehr gute Position, einen neuen Markt zu monetarisieren. Ob sie jedoch die Geschwindigkeit hat, mit Google und den anderen Internetfirmen aus dem Silicon Valley mitzuhalten, bleibt abzuwarten. Außerdem hat zum Beispiel Foursquare angekündigt, sein Angebot nun auch ins Fernsehgerät zu bringen. Die Chancen sind groß und die Innovationen werden auf die alten Märkte und die Wertschöpfungskette für TV-Werbung eine zerstörerische Wirkung haben.

5.4 Die Zukunft des Mobile Social Web

Für die Monetarisierung der Internetseiten, die sich heute oftmals im Besitz der traditionellen Verleger wie Burda, Bertelsmann oder Springer befinden, ist jede technologische Innovation scheinbar zunächst mehr eine Bedrohung als eine Möglichkeit, ein neues Geschäft zu generieren. Schon im Web 1.0 haben die risikofreudigen Start-ups aus Kalifornien mit viel Wagniskapital durch die bessere Technik und die richtige Strategie die alten Verlage überrannt. Der Markt für SEM ist heute doppelt so groß wie der Markt für Display-Werbung, und in Deutschland hat Google quasi eine Monopolstellung.[5] Ein Grund ist hier natürlich die hohe Effizienz der Werbung bei Google.

Der Innovationsdruck wächst und der Markt für mobile Dienste und der Social-Media-Trend fordern die alten Marktteilnehmer wieder heraus. Alte Geschäftsmodelle werden durch neue Plattformen und mobile Dienste kannibalisiert. Für das Online-Marketing bedeutet dies wieder Verschiebungen von Budgets und die schon sehr komplexe Wertschöpfungskette wird immer weiter fragmentiert. Viele Analysten sprechen daher von einer anstehenden Konsolidierungsphase im Jahr 2011, da sich zu viele Teilnehmer auf dem Markt befinden.

Die Netzwerkeffekte als Grundlage des Erfolgs von Social-Media-Angeboten und viralem Marketing

Die Anbieter müssen Zukäufe tätigen und Strategien für mobile Dienste definieren. Trotz der scheinbar übermächtigen Stellung von Facebook auch in Deutschland ist es möglich, durch die lokalen Netzwerkeffekte und ein gutes Produkt auf dem deutschen Markt extrem profitabel zu werden und die gleichen Hebel, die Myspace, Facebook und StudiVZ erfolgreich gemacht haben, können auch in Zukunft genutzt werden.

Es muss dessen ungeachtet klar verdeutlicht werden, dass ein Like-Button allein noch kein Social-Media-Angebot ist und deswegen niemand mehr verkauft oder mehr Werbung auf dem Portal schaltet. Vielmehr muss grundlegend mit einer ganzheitlichen Strategie in die Infrastruktur investiert werden, um dem Nutzer die Personalisierung des Angebots zu ermöglichen. Es müssen Möglichkeiten geschaffen werden, die massenhaften Informationen zu destillieren. Agenturen und Publisher investieren hier immer weiter in Technik und bauen intern Kompetenz auf, und es werden immer mehr Bereiche automatisiert, da das Inventar für die Werbung heute vielfach unterschiedlich bedient werden muss, ob mobile Seite, iPhone, iPad, Android-App, Win7-App, Google-TV-App, Social Networks oder einfach nur eine normale Website. Jeder möchte eigene Banner-Formate, eigene Kampagnen

[5] Kawajaga, 2010.

und eigene Preismodelle. Diese Komplexität kann nur durch extreme Automatisierung reduziert werden.

Für die Verleger hat dieser Trend ein Umdenken zur Folge, da die einfache Buchung für ein Umfeld kaum noch sinnvoll ist, da sich alle Inhalte dynamisch erstellen lassen und die Individualisierung des Inventars und der Seiten immer komplexer wird.

Die technischen Herausforderungen für den Publisher, ein attraktives Angebot zu platzieren, werden immer komplexer. Durch den Einbruch im Printbereich wird es jedoch nötig sein, immer weiter in die Technologie zu investieren. Online-Werbung wird den Großteil der Einnahmen ausmachen und alle anderen Kanäle wie Virtual Goods oder E-Commerce immer nur als Zusatzgeschäft dienen, wenn man von den Browserspieleherstellern einmal absieht, die sehr erfolgreiche Geschäftsmodelle mit Item Selling aufgebaut haben.

Vielmehr möchten viele Werber schon heute ihre Zielgruppe erreichen, und wenn die Seiten immer weiter personalisiert werden, gibt es keine Umfelder mehr. Jeder Nutzer erhält sein persönliches Angebot. Vor allem durch die mobilen Services wie Groupon, Foursquare oder Twitter werden Location Based Services die mobilen Services beleben.

Der Trend 2010, die Zeitung einfach auf das iPad zu transferieren und nun Geld dafür zu verlangen, wird spätestens dann keine Lösung mehr sein, wenn Anbieter mit kostenlosen Versionen der gleichen Nachricht auf den Markt drängen. Für einen Bruchteil des Marktes mögen die Geschwindigkeit und der Zugang zur Information es wert sein, Geld für Artikel zu zahlen, aber für die Masse genügt das Suchen bei Google noch, um den gleichen Artikel woanders kostenlos zu lesen.

Aus diesen Trends ergibt sich die Herausforderung: Wie monetarisiert man die Angebote im Social Web?

5.5 Die Menschen stehen im Mittelpunkt - Von der Umfeldbuchung zum Werben direkt bei der Zielgruppe

Die Vermarkter und großen Vertriebsdienstleister der Medienhäuser stehen vor der Herausforderung, wie sie die neue Art des Internets verkaufen sollen, wenn die einfache Buchung für ein Umfeld kaum noch sinnvoll ist, da sich alle Inhalte dynamisch erstellen lassen und die Individualisierung des Inventars und der Seiten immer komplexer wird. Dies wird zwar im Jahr 2011 noch nicht vollständig erkennbar, doch beim Blick auf die amerikanischen Internetseiten oder Entertainment-Portale ist heute schon die Veränderung sichtbar, und immer mehr Portale integrieren die Personalisierungsfeatures.

Inhalte und Werbung können so anhand von Alter, Interessen und des Geschmacks des Freundeskreises (Stichwort: Social Graph – Beziehungen zwischen den Nutzern der Social Networks) angepasst werden. Neue Zielgruppen-Targeting-Technologien wie Social Media

Targeting anhand des anonymisierten Nutzerprofils und Algorithmen zur Optimierung des Inventars (Yield Optimization) spielen hier eine große Rolle auf Seiten der Publisher.

Facebook, Yelp, Amazon und viele andere werden den Markt verändern, und die deutschen Publisher geraten unter Zugzwang. Da sie bisher keine Risiken eingehen wollten, werden sie unter steigendem Wettbewerbsdruck dazu gezwungen werden, neue Technologien zu integrieren, wenn Nutzer und Werber nach neuen Möglichkeiten verlangen, die sie bei Facebook, StudiVZ und Co. schon längst bekommen.

Gerade die deutschen Social Networks sind hier im Vorteil, da sie den strengeren deutschen Datenschutzbestimmungen genügen. Die VZ-Gruppe geht hier einen innovativen Weg und entwickelt eine übergreifende VZ-ID, die es ermöglicht, Content und Werbung anhand des anonymisierten Profils präzise auszusteuern.[6]

Mit den neuen universellen IDs ist es möglich, auch auf Drittseiten die Werbung anhand der VZnet-Interessen zu targeten. Damit wird die Relevanz der Werbung extrem gesteigert. Dies wird spätestens dann eine allgemein akzeptierte Lösung, wenn Facebook seine Werbeplattform für Drittanbieter öffnet und ein mit Google AdSense vergleichbares „Facebook AdSense"anbietet und nun auch vom Werbekuchen der Publisher etwas abhaben möchte.

Man könnte meinen, dass alle auf Facebook warten, statt selbst aktiv zu werden. Dass die Umfeldbuchung für ein erstes werbefinanziertes Geschäftsmodell eine gute Möglichkeit war, die Organisationsstruktur von traditionellen Verlagen und Vermarktern für den Online-Bereich zu nutzen, wird für die nächste Generation des Internets nicht mehr hilfreich sein.

Da sich die Mediaagenturen und Kunden weiterentwickeln, müssen auch die Vermarkter nachziehen. Die in den USA alltägliche Buchung auf Zielgruppen wird sich, unterstützt durch Targeting-, Bidding- und Reporting-Technologien, durchsetzen. Wenn Vermarkter heute schon ausreichend Targeting-Möglichkeiten anbieten würden, wären eigene Targeting-Ansätze der Agenturen gar nicht nötig gewesen.

5.6 Demand-Side-Plattformen und Datentechnologie

Auf Seiten der Social Networks scheint die Welt in Bewegung und immer mehr Seiten verlieren Nutzer an Facebook und müssen viel schneller Innovationen angehen oder ihre Positionierung überdenken, um wettbewerbsfähig zu bleiben. Die Konkurrenz ist nur einen Klick entfernt, aber die jüngeren Nutzer klicken nun einfach schneller, was den Wettbewerb um die Aufmerksamkeit der Nutzer verschärft.

Auf Seiten der Werber und Agenturen ist die Hälfte der Marketingkosten immer noch verschwendet, aber nun weiß man, welche Hälfte es ist, und kann mit hohem technischem Aufwand optimieren. Der Marketingprozess wird immer weiter technisiert.

[6] http://www.vzlog.de/2010/11/vz-id-als-universelles-login/.

Mit den Trading Desks und Demand-Side-Plattformen können Conversions optimiert werden und die Messung des Kampagnenerfolgs wird immer transparenter.

In den nächsten Jahren werden Datentechnologien Einzug in den Marketingprozess halten, die in die bestehenden Systeme wie Adserver integriert werden oder diese komplett ersetzen können.

Auf Seiten der Publisher werden Sell-Side-Plattformen und Yield Optimization die Umsätze optimieren. Grundsätzlich sind die Seiten darüber hinaus stetigen Veränderungen unterworfen. Durch die veränderte Nutzung müssen auch Targeting-Technologien auf Seiten der Publisher verändert werden, da Ansätze wie kontextbasierte Werbung und Behavioural Targeting nicht greifen. Google hat dies Problem seit Längerem erkannt und versucht, einzelne Wertschöpfungsstufen einfach zu übernehmen, wie die mobile Startseite oder das Google OS für TV-Geräte, um den Nutzer nicht an die Social Networks zu verlieren.

Die beim Behavioural Targeting anzutreffenden statistischen Prognoseverfahren sind für Social Networks zu ineffizient, da sie das Werbeumfeld interpretieren, aber nicht den individuellen Nutzer beachten, der hier surft. Nutzer geben außerdem in ihren Profilen ihre Interessen sehr genau an – man kann also den Nutzer identifizieren und über moderne Technologien Zielgruppen zuordnen.

Für Content-Seiten sind semantisches und Behavioural Targeting die beste Lösung und ermöglichen bessere Ergebnisse als herkömmliche Bannerwerbung. Beim Besuch einer redaktionellen Bundesliga-Seite sind Fußball und Sport für den Nutzer von Interesse – für eine genaue Zielgruppenbeschreibung reicht das aber nicht aus (Ist der Nutzer aktiver oder passiver Fußballer, arm oder reich?).

Auf Web-2.0-Seiten und besonders Social Networks schreibt der Nutzer selbst in sein Profil, was ihn interessiert, bewegt und welche Einstellung er hat, und ermöglicht dadurch eine sehr viel effizientere Ansprache. Myspace und Facebook als technologische Innovatoren haben erkannt, dass der Nutzer selbst im Mittelpunkt der Seite steht und folglich auch im Mittelpunkt der Marketingaktivitäten stehen muss. Sie erlauben Werbetreibenden, die interessierten Nutzer direkt zu erreichen, und ermöglichen somit effiziente Kampagnen, ohne dass dafür eine Hochrechnung aus Erhebungen wie in traditionellen Medien nötig wäre.

Die hohe Nutzungsintensität der Social Networks auch in Bezug auf Nutzungsdauer kann also nur von speziellen, modernen Targeting-Technologien über die Auswertung der selbstbeschriebenen Interessen der Nutzer effizient erfolgen – dies wird in Abschnitt 5.8 detailliert erläutert. Zuvor wird das Zusammenspiel von Targeting-Technologien mit dem Datenschutz und den neuen Datenschutzgesetzen aus dem Jahr 2011 beschrieben.

5.7 Datenschutz im Social Web

Der Datenschutz wurde 2010 durch Google Street View und die sich dauernd ändernden Privatsphäre-Einstellungen bei Facebook auf eine harte Probe gestellt. Die Legislative fordert klarere Bestimmungen für die neuen Wege im Internet von Social Networks bis

Augmented Reality (computergestützte Erweiterung der Wahrnehmung beispielsweise mit einem Smartphone mit lokalen Infos zu Produkten). Eigentlich sind die Gesetze heute relativ klar, sie lassen allerdings durch allgemeine Formulierungen noch Interpretationsspielraum.

Vor allem geht es um das Spannungsfeld zwischen dem rechtlichen Rahmen und der Befindlichkeit der Nutzer. Heute sieht das Datenschutzrecht vor, dass der Nutzer beim Gebrauch seiner persönlichen Daten durch Dritte zustimmen muss (sogenanntes Opt-in, siehe Abbildung 5.8).

Abbildung 5.8: Datenverarbeitung im Web

ANONYMISIERT	PSEUDONYMISIERT	MIT ZUSTIMMUNG/OPT-IN DES NUTZERS
• Kein Name und keine E-Mail-Adresse dürfen weitergegeben werden • Werbung auf Gruppen, nicht auf Einzelpersonen bezogen • Nur aggregierte Daten • Kein Opt-in für Werbung nötig	• Nur temporäre Speicherung • Keine persönlichen Daten • Bsp.: E-Commerce-Shop Personalisierung wie der neue Levis-Shop	• Nutzer stimmt aktiv der Weitergabe seiner Daten zu – alles darf verwendet werden • Bsp.: Facebook Connect

Die Weiterverwendung persönlicher Nutzerdaten hat im Falle von Verstößen schwere rechtliche Konsequenzen. Es ist zu erwarten, dass die Bestimmungen in der Zukunft tendenziell verschärft werden. Wenn die Nutzer, wie im Falle einer App oder beim Single Sign-on noch ihre Einwilligung geben, können Daten in Form eines Schlüssels auch in einem Cookie hinterlegt werden.

Facebook hinterlegt heute verschlüsselt die Nutzer-IDs in Cookies und kann somit den Nutzer auch auf Drittseiten identifizieren. Dieses Vorgehen eröffnet eine völlig neue Möglichkeit für Facebook, die aber rechtlich umstritten ist, da sich der Nutzer verfolgt vorkommen kann wie beim Re-Targeting oder bei Google's E-Mail-Dienst Gmail („Google liest meine E-Mails?"). Hier ist also Transparenz der Hersteller über den Verbleib der Daten der Schlüssel.

Drittanbieter können beispielsweise bei Open Social oder Apps ein Opt-in vom Nutzer einholen und bei der Installation der App mitteilen, welche Daten der App zur Verfügung gestellt werden. Eine Weitergabe der Daten an Dritte ist untersagt. Beispielsweise wurde der Datenhändler Rapleaf wegen eines Verstoßes von Facebook von der Plattform verbannt, als Rapleaf die Daten verkaufte, die über Facebook gewonnen wurden.

Die EU-Kommission wird 2011 neue Regelungen zur Änderung der EU-Datenschutzrichtlinie vorschlagen, die danach in nationale Gesetze zu übertragen sind. Im gleichen Zug wird in Deutschland versucht, ein komplett neues Datenschutzgesetz zu verabschieden. Institutionen wie das Safer Internet Forum der EU diskutieren heute völlig offen mit Betreibern, Nutzern, staatlichen Institutionen und Wissenschaftlern über Lösungen, die für mehr Klarheit und Transparenz sorgen.

Facebook hat schon 2010 einige Verbesserungen an den Datenschutzeinstellungen vorgenommen, doch vor allem die VZ-Gruppe geht hier mit guten Beispiel voran und hat als einziges Netzwerk von Stiftung Warentest das Urteil „sehr gut“ für seine Bestimmungen bekommen, da der Nutzer sehr transparent auf die Nutzung der Daten hingewiesen wird.

Für den Nutzer sind klare Regelungen unter Anwendung technischen Sachverstands notwendig. Ziel muss es sein, Transparenz zu schaffen und dem Nutzer mitzuteilen, was mit den Daten passiert und wer Zugriff darauf hat. Nutzer müssen eigenständig entscheiden können, ob sie ihren Datensatz inklusive Religion und politischer Einstellung preisgeben wollen, um einen Bauernhof auf Facebook (Das bekannte Spiel „Farmville“ des Herstellers Zynga) zu managen (siehe Abbildung 5.9).

Abbildung 5.9: Datenverarbeitung

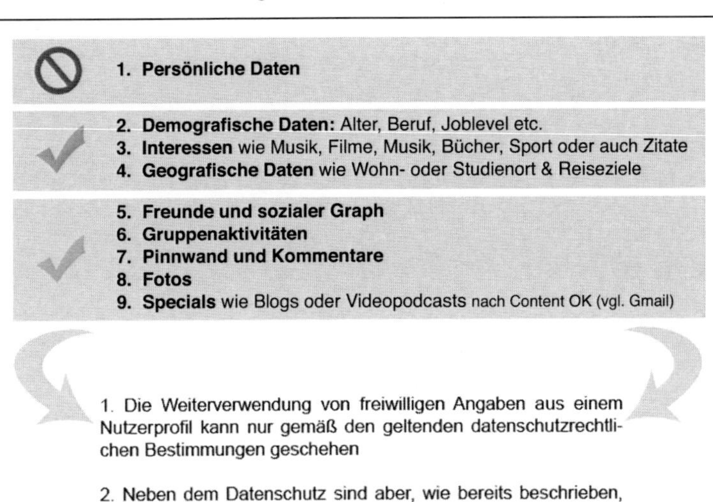

Die Grenze wurde hier oft überschritten und es ist klar, dass politische Einstellung, Religion und persönliche Daten wie die Telefonnummer auf keinen Fall zu kommerziellen Zwecken genutzt werden dürfen. Dazu bedarf es eigentlich auch keiner Gesetzesänderung, da dies heute schon im Gesetz verankert ist. Auch heute lässt sich für das Online-Marketing folgende Teilung vornehmen, worauf in den Kapiteln 6 und 7 über Datenschutz explizit eingegangen wird.

Folglich werden die neuen Gesetzesänderungen eher die Graubereiche zwischen den drei Fällen abdecken und hier mehr Klarheit schaffen, was nicht zuletzt den Ruf der Branche verbessern wird und den europäischen Anbietern einen Wettbewerbsvorteil gegenüber den amerikanischen Anbietern verschafft, da deren Datenhandel mit den EU-Gesetzen oft nicht vereinbar ist.

Dienste wie Facebook Connect, die neue Graph API oder auch Open Social erlauben die Personalisierung von Angeboten auch außerhalb der Communitys

Abbildung 5.10: Facebook Connect (Quelle: Facebook)

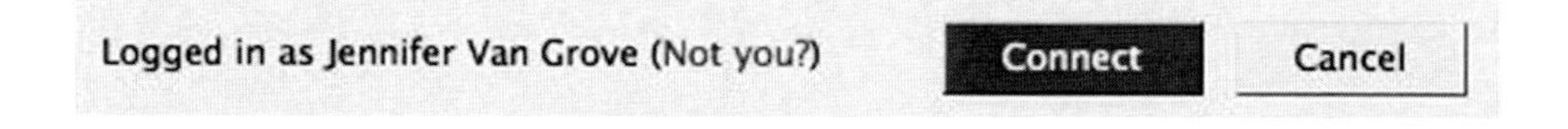

Hier lassen grundsätzlich zwei Arten unterscheiden:

Mit Opt-in des Nutzers

Mit Opt-in wird der Nutzer zum Beispiel in einem E-Commerce Shop gefragt, ob er sich mit seinen Facebook-Daten einloggen will. Der Nutzer kann dann zustimmen und seine Daten werden aus Facebook ausgelesen (über die Connect-Schnittstelle).

Ohne Opt-in des Nutzers

Ohne Opt-in des Nutzers dürfen heute keine personalisierten Daten weitergegeben werden. Maximal ist es möglich, pseudonymisierte Daten temporär zu nutzen, wobei zum Beispiel das Geschlecht oder das Alter genutzt wird, um den Online-Shop auf Männer oder Frauen zuzuschneiden. Personalisierte Daten dürfen jedoch nicht genutzt oder gespeichert werden.

Beispiel: Die Facebook Graph API erlaubt die Verarbeitung von zum Beispiel Geschlecht oder Alter (kein Name oder E-Mail-Adresse!). Websites nutzen User-Daten für statistische oder Werbezwecke, wobei hier die Einhaltung aller Datenschutzregelungen besonders wichtig ist. Die Akzeptanz der Nutzer ist hier allgemein groß und das xAuth Protokoll oder open Social sind hier schon Standard. Twitter lebt geradezu von den öffentliche Posts über die API.

Beispielsweise hat das Technologieunternehmen ADTELLIGENCE schon vor der Entwicklung ihrer Social-Media-Targeting-Plattform weitreichende Forschung und juristische Prüfungen vorangetrieben, wie man hier eine sehr nutzerfreundliche Targeting-Lösung anbieten kann, die von den Nutzern akzeptiert wird und gleichzeitig die Möglichkeiten der Plattformmonetarisierung der Betreiber verbessert, da die Klickraten von Werbung, die mit den Interessen der Nutzer abgestimmt ist, weit höher ist, als bei den Targeting-Technologien aus der alten Welt.

5.8 Social (Media)Targeting - Die nächste Generation des Targeting im Social Web

Social Targeting wird in den nächsten Jahren alte Targeting-Technologien ablösen, da hier die Zielgruppe und die realen Interessen der Menschen in den Vordergrund gestellt werden, was von den Werbetreibenden schon lange gewünscht wird. Facebook hat 2010 mit der Targeting-Möglichkeit der Selbstbuchungsplattform den Markt hierfür geöffnet und ADTELLIGENCE integriert Lösungen in vielen europäischen Social Networks.

Wie funktioniert die neue Form des Social Targeting?

Abbildung 5.11: Targeting Engine

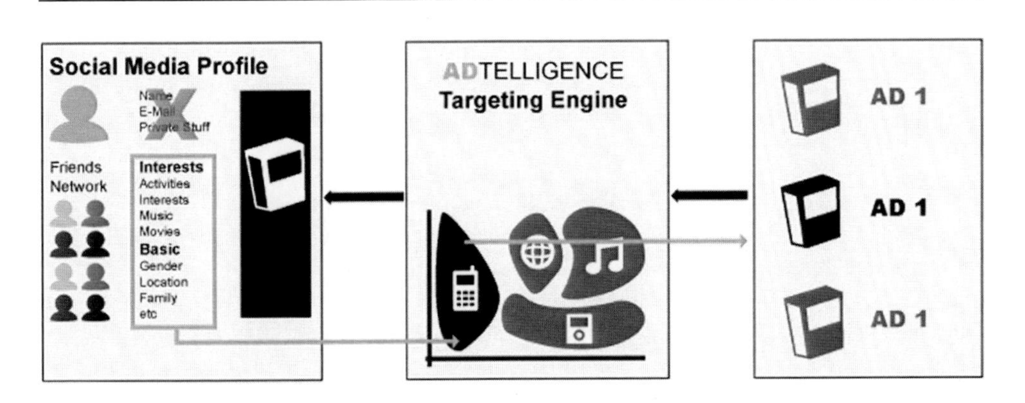

Dazu werden nur anonymisierte Daten wie Interessen oder demografische Informationen übermittelt – es werden, wie schon in Abschnitt 5.7 erläutert, keine persönlichen Daten wie Name oder E-Mail-Adresse benötigt. Die Interessen der Nutzer werden mit der Zielgruppendefinition des Werbekunden abgeglichen, wodurch Streuverluste beim Erreichen der

Zielgruppe minimiert werden. Die Werbung ist dann immer direkt an den Nutzer angepasst. Es werden hier immer alle Daten sofort aggregiert und kein Profil einzeln gespeichert, um eine Anonymisierung zu erreichen (siehe Abbildung 5.11).

Wo liegen die Unterschiede zu den klassischen Behavioural-Targeting-Ansätzen?

Ziel ist es, Interessen-Targeting von sozialen Netzwerken mit der klassischen Art der Zielgruppendefinitionen zu verschmelzen und einen integrierten Ansatz zu ermöglichen. Targeting anhand sozio-psychografischer Merkmale ist grundsätzlich nicht neu. Die Markt-Media-Studie „Typologie der Wünsche" des Burda-Konzerns oder die Sinus-Milieus bieten dies seit Jahren anhand statistischer Modelle.

Neu ist hier, dass es sich um reale Daten handelt, was eine völlig neue Dimension des Targeting ermöglicht und Streuverluste quasi völlig eliminiert, da die Nutzer selbst angeben, was ihre Interessen sind oder wo sie sich gerade befinden.

Jedem Werbetreibenden soll ermöglicht werden, seine eigene Zielgruppe mit allen Details individuell zu bestimmen und die festgelegte Gruppe exakt zu erreichen, ohne statistische Hochrechnungen. Die Resultate sind hohe Klickraten und neue Optimierungs- und Auswertungsmöglichkeiten.

Eine Integration in die Online-Marketing-Wertschöpfungskette bei Agenturen oder den Betreibern ermöglicht es, jede Kampagne nur noch den Nutzern zu zeigen, die zu 100 Prozent der vorher festgelegten Zielgruppe entsprechen. Der Abgleich zwischen Nutzerprofilen und Zielgruppen erfolgt mittels hochperformanter Datenbanken, die über Web Services und die Seiten oder an die Demand-Side-Plattformen der Agenturen angeschlossen werden.

Ideale Targeting-Möglichkeiten in Social Networks und auf Seiten mit Single-Sign-on-Technologien

Werbetreibende kennen in der Regel ihre Zielgruppe sehr genau und haben diese durch Marktforschung genau in jeder Datenausprägung identifiziert – nur ihren Weg und Aufenthaltsort im Netz haben sie bisher, wie in klassischen Medien auch, nur annäherungsweise bestimmen können.

In Social Networks allerdings geben Millionen Nutzer nicht nur sozio-demografische Daten, sondern auch Interessen und weitere Informationen freiwillig an – diese mit der Zielgruppenbeschreibung abzugleichen, ist einer der Vorteile von Lösungen, wie sie beispielsweise ADTELLIGENCE für Social Networks anbietet. Eine solche Lösung funktioniert mit allen erdenklichen Daten, angefangen beim Alter über Lieblingsfilme bis hin zu Hobbys. Hierzu wurde eine technisch hoch performante Datenbankumgebung aufgebaut, die viele Millionen Seitenaufrufe innerhalb von Sekunden ermöglicht. Was tun aber andere Anbieter von Web-2.0-Seiten, zum Beispiel Musikportale oder Video- Seiten?

Heute ist es möglich zum Beispiel durch Kenntnis des Musikgeschmacks des Nutzers auf seinen Lebensstil zu schließen: Wer kauft eher eine Lebensversicherung? Der „Tokio-Hotel"- oder „Coldplay"-Hörer? Bereits hierüber lassen sich das Alter und weitere Angaben des Hörers auf Musikseiten wie Last.fm oder Spotify genau bestimmen.

5.9 Wo liegen die Vorteile von Social Targeting?

Social Targeting ist extrem präzise und transparent und bietet sehr viele Möglichkeiten der Optimierung für Werber und Publisher. Ob Geo-Targeting, Interessen-Targeting mit semantischen Datenbanken und Synonymerkennung oder einfach nur Vorlieben wie Bücher oder Musik: Das Targeting erreicht eine neue Dimension in Sachen Präzision. Massenwerbung gehört hier der Vergangenheit an, und der Trend geht zu einer Massenpersonalisierung. Facebook sammelt hier die Interessen der Nutzer über die Like-Buttons ein.

Was sind die Vorteile von Social Targeting für Werbetreibende?

1. Jeder Werbekunde kann für jedes seiner Produkte eigene Zielgruppen anlegen und diese extrem präzise erreichen. Die Folgen sind gesteigerte Klickraten und bessere Conversions.
2. Der komplette Marketingprozess kann mit einer Targeting-Lösung wie der ADTELLIGENCE-Social-Media-Advertising-Plattform (siehe Abbildung 5.12) voll automatisiert werden, von der Zielgruppenerstellung, Kampagnen- und Bannerverwaltung bis hin zu Reporting und Payment und Rechnungsstellung. Ein voll automatisierter und transparenter Prozess ermöglicht es, schon während der Kampagne Daten über den Verlauf und das Kundenfeedback quasi in Echtzeit zu filtern und zu analysieren. Die Zielgruppendefinition, die zuvor durch Marktforschung und Studien entstanden ist, kann in Echtzeit geprüft und optimiert werden. Bereits während der Kampagne kann Feedback über den Erfolg bei den Kunden einfließen. Dies ermöglicht eine völlig neue Art des Marketing im Social Web: Ein voll automatisierter Marketingprozess von der Zielgruppendefinition über die Mediaplanung bis hin zur Auslieferung und Optimierung.

Abbildung 5.12: Social-Media-Advertising-Plattform

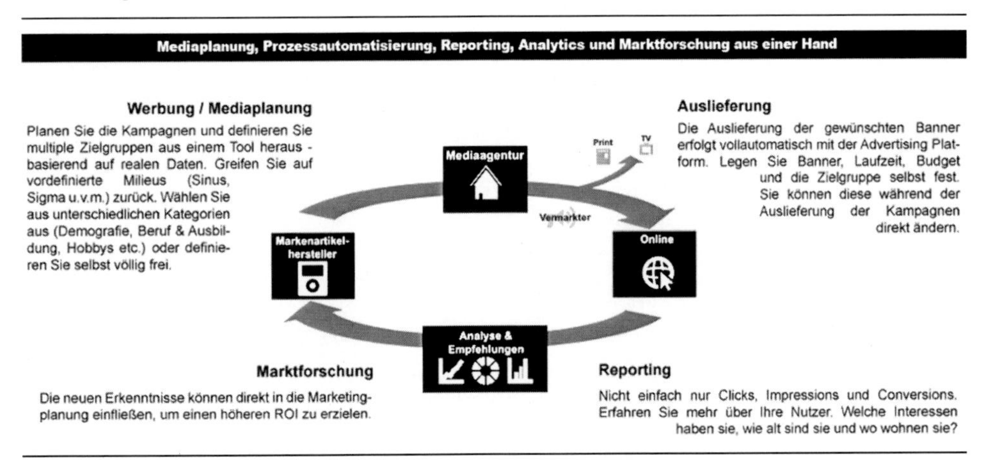

Wie profitieren Mediaagenturen vom Social Targeting?

Mediaagenturen können durch die extrem genauen Targeting-Möglichkeiten die Kundenzufriedenheit steigern und die Effektivität der Kampagnen immer weiter erhöhen. Die

Kampagneneffektivität kann in Echtzeit überprüft und gegebenenfalls nachjustiert werden. Für Kunden und Mediaagenturen stehen ausführliche Reporting-Tools zur Verfügung, und das Reporting kann in den AdServer oder die Demand-Side-Plattformen integriert werden. Testkampagnen an verschiedene Zielgruppen sowie Szenario-Modelle sind einfach und kostengünstig umsetzbar und hohe Klickraten zeigen sofort den Erfolg. Mehrstufige Kampagnen sind möglich, um Kunden zunächst anzuteasern und anschließend immer konkreter zu testen, welche Werbemittel Kunden mit spezifischen Interessen besonders ansprechen.

Vorteile für E-Commerce-Shops

Abbildung 5.13: Sales-Funnel-Optimierung

E-Commerce-Portale können durch die Personalisierung ihren Sales Funnel weiter optimieren und neue Zielgruppen ansprechen. Die Abbildung 5.13 zeigt die Unterschiede zum SEM bei Google, wo Nutzer aktiv Produkte suchen, oder zu Re-Targeting-Technologien wie Criteo. In beiden Fällen suchen die Menschen schon aktiv nach einem Produkt. Social Targeting ermöglicht es dagegen, neue Zielgruppen auf den Shop zu bringen und Nutzer anzusprechen, die nicht aktiv nach einem Produkt suchen.

Wie profitieren Vermarkter und Betreiber eines Social Networks oder einer Community von den neuen Targeting-Möglichkeiten?

Social Targeting ermöglicht es, das Inventar weit effizienter zu vermarkten, da jede Zielgruppe vollautomatisch angesprochen werden kann. Die Werbeeinnahmen können um ein Vielfaches steigen. Durch einen Mehrwert für seine Kunden kann der Betreiber nicht nur neue Kunden gewinnen, sondern die eTKPs mit Bestandskunden deutlich erhöhen, da die Klickraten deutlich steigen werden.

Die Vermarktung der Seiten und Social Networks als Ganzes kann durch eine feinjustierte Zielgruppenvermarktung abgelöst werden. Selbst profitable Affiliate-Modelle sind damit zielgruppengenau möglich. Damit wird der Nachteil einer sehr großen, heterogenen Nutzermasse in einen Vorteil verwandelt.

Social Networks können so zu einer Cash Cow im Portfolio des Betreibers werden. Darüber hinaus können Vermarkter und Betreiber ihren Kunden künftig detaillierte Reportings über die Wirksamkeit von Kampagnen in einzelnen Zielgruppen liefern. Außerdem können Vermarkter ihre Social Networks als Kern ihres Portfolios von Seiten verwenden, um Werbung auch auf anderen Seiten wie zum Beispiel Focus oder Spiegel auszusteuern. Durch Open Social wird das Social Targeting zum Kern eines werbefinanzierten Geschäftsmodells für die Vermarkter.

Geo-Targeting 2.0 - Vorteile für lokale Werbung

Abbildung 5.14: Geo-Targeting

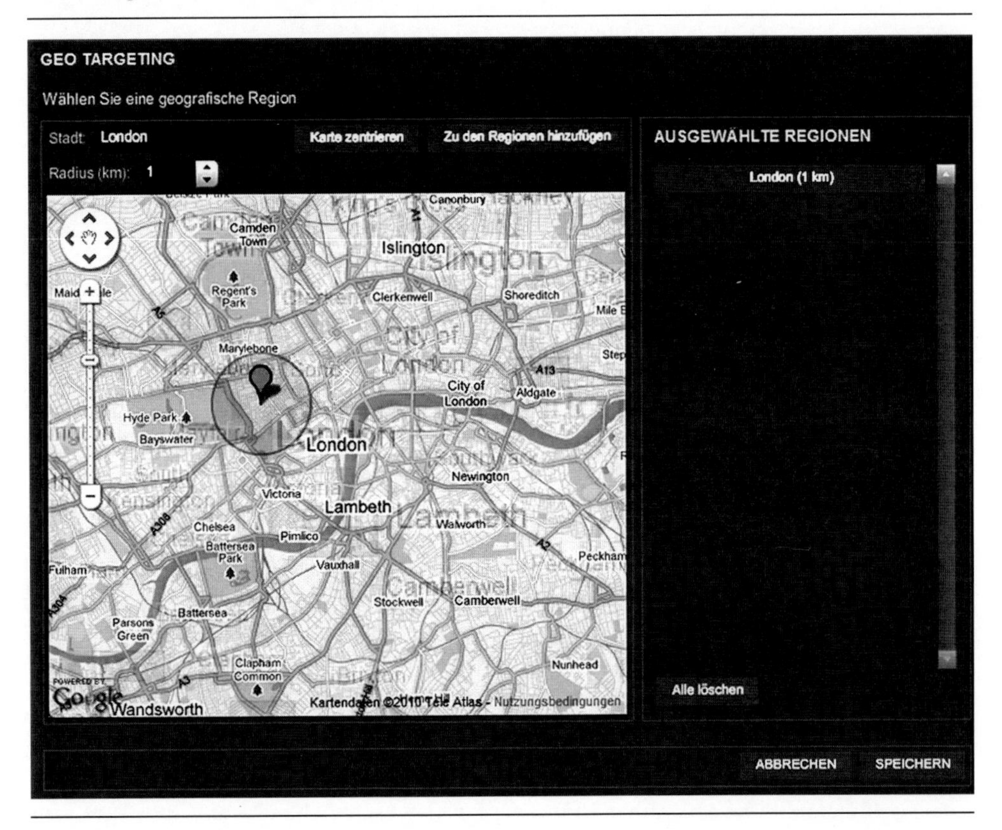

Nachdem Groupon Ende 2010 ein Übernahmeangebot von Google über sechs Milliarden US-Dollar ausgeschlagen hat, ist nun die Attraktivität des Marktes für lokale Werbung und Kleinanzeigen allgemein bekannt geworden. Durch neue Geo-Targeting-Dienste wie Foursquare, Facebook oder Google Places, die Werbung anhand des Standorts bis zu zehn Meter genau aussteuern können, öffnet sich auch im Bereich der mobile Werbung ein neuer Markt, der in Zukunft noch weiter umkämpft sein wird. Außerdem geben Nutzer der Communitys ihre Wohnorte freiwillig an, was das Geo-Targeting anhand der IP Adresse (und deren Unschärfe) nun ablösen wird (siehe Abbildung 5.14).

Die Marktforschung wird nun in den Marketingprozess integriert

Abbildung 5.15: Sales Funnel

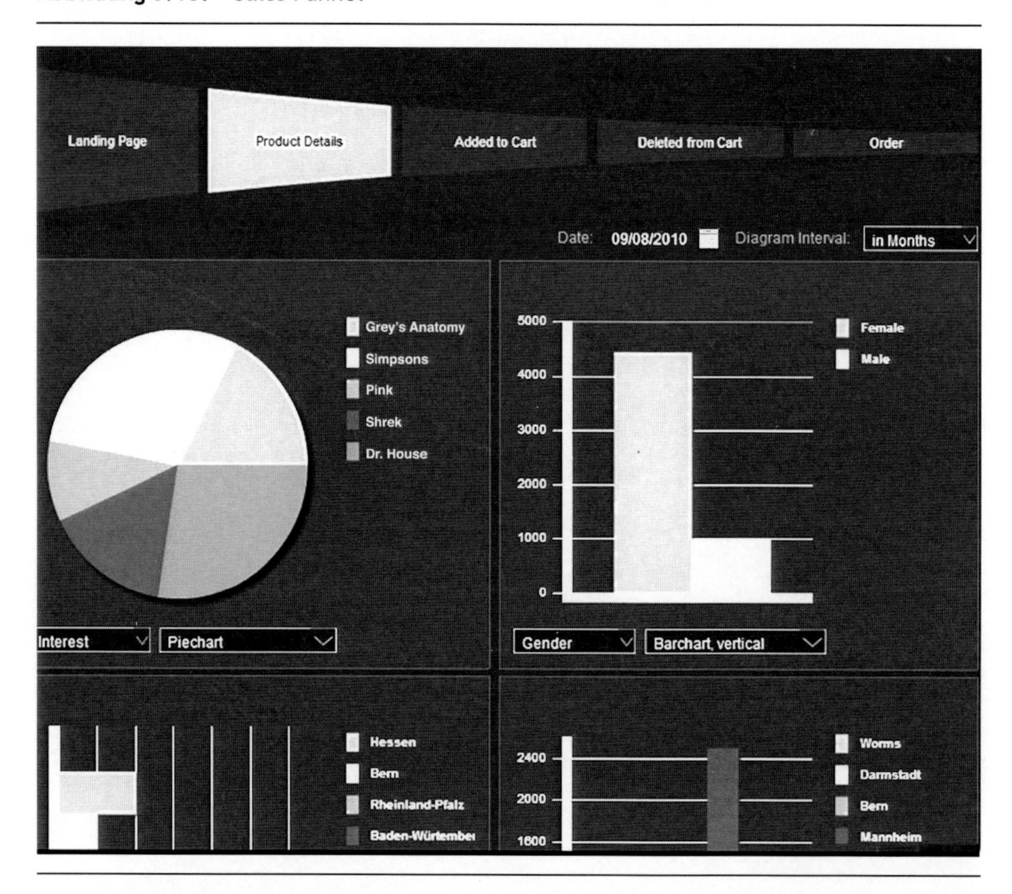

Durch die neue Datenqualität können die aggregierten Daten der Kampagne auch für die Marktforschung genutzt werden und die Werbetreibenden können analysieren, wer sich wo wirklich für die Produkte interessiert. Das Technologieunternehmen ADTELLIGENCE bietet hier die Möglichkeit, den Sales Funnel von E-Commerce-Shops anhand der Zielgruppe zu optimieren (siehe Abbildung 5.15). Amazon bietet schon die übergreifende Personalisierung an und Anbieter wie Divolution können Seiten dynamisch anhand der Zielgruppen erstellen. E-Commerce Analytics – von der Buchung bis zur dynamischen Startseitenanpassung – ist keine Zukunft mehr und kann einfach in die Shops implementiert werden. Von Facebook-Apps über Games bis hin zu ganzen E-Commerce-Portalen können hier die Angebote weiter optimiert werden.

Shopbetreiber können beispielsweise mit einer Targeting-Lösung wie der ADTELLIGENCE-Social-Media-Advertising-Plattform herausfinden, welche Produkte Kunden wirklich interessieren. Amazon empfiehlt heute schon Bücher, die auch von anderen Käufern gekauft wurden usw. Diese Art der Empfehlung ist auch für Marktforschung und Kampagnen verwendbar.

Man bekommt detaillierte Einblicke in die Wünsche der Kunden und Zielgruppen und muss keine neuen und teuren Marktforschungsstudien erheben. Zusätzlich hat man die Möglichkeit, auf die Zielgruppe abgestimmte Analysen zu erhalten, um zukünftige Kampagnen effizienter zu gestalten und Cross-Selling-Effekte effizienter zu nutzen – man erfährt mehr über den Kunden.

Die nächste Generation der Marktforschung wird eine Mischung aus quantitativ im Netz erhobenen Statistiken und qualitativer Auswertung von Meinungen sein, um daraus Schlüsse ziehen zu können: Wie bewerten Menschen meine Kampagne in den verschiedenen Städten in Deutschland? Wer kauft wirklich in meinem Shop?

Durch die neue Innovation auf dem Gebiet der Targeting-Technologie wird der Markt fragmentierter, aber die Werbung wird spannender für die Menschen, und die Kreativagenturen können für einzelne Zielsegmente einzelne Werbemittel entwerfen.

Wie können die Nutzer in Social Networks davon profitieren?

Die Menschen profitieren von sehr relevanter Werbung und weniger hohem Werbeaufkommen. Die Technik kann nicht nur für Werbung, sondern auch für Content-Empfehlungen genutzt werden. Durch hohe Transparenz und klare Kommunikation, welche Daten wie genutzt werden und welcher Mehrwert auf Nutzerseite entsteht, wird die Akzeptanz der Nutzer erlangt.

Durch den gezielten Werbeeinsatz wird jeder Nutzer weniger und vor allem zielgenauere Werbung erhalten. Zielgenauere Werbung bedeutet Werbung, die für jeden Nutzer von Relevanz und Interesse ist.

Social Targeting wird zum festen Bestandteil im Online-Marketing

Social Networks, Vermarkter, Mediaagenturen, Werbetreibende und auch die Nutzer können durch die neuen Möglichkeiten des Social Targeting stark profitieren und ADTELIGENCE unterstützt hier durch seine Social-Media-Advertising-Plattform die Marktteilnehmer. Das Dilemma, das Agenturen und Vermarkter bisher in der Existenz von Social Networks gesehen haben, dass nämlich die gesamte Community als eine Gruppe angesprochen werden musste, ist durch die neue Social-Targeting-Technologie nicht mehr existent. Die heterogene Zielgruppe eines Social Networks wird zu einem Vorteil und Alleinstellungsmerkmal für die Betreiber und ermöglicht es,

- höhere Responseraten zu erreichen und höhere TKPs zu realisieren,
- die Effizienz von Kampagnen zu maximieren und Streuverluste zu minimieren,
- Kampagnenoptimierung, Reporting und Marktanalyse in Echtzeit zu erhalten,
- Menschen in Social Networks mit wirklich relevanter Werbung zu erreichen und
- Einnahmen für den Betreiber zu erhöhen.

Auch eine Kombination mit bisherigen Technologien wie semantischem Re-Targeting oder Behavioural Targeting ist denkbar, jedoch nur unter Berücksichtigung des Datenschutzes.

5.10 Fazit: Neue Technologien für das Social Web und Data Driven Advertising

Die Zukunft des Online Marketing liegt ganz klar auf Seiten der Technologie. Durch die Masse an Information wird es immer wichtiger, die relevanten Informationen und den Inhalt zu filtern. Genauso wie es für den Inhalt gilt, gilt dies für die Werbebotschaft.

Facebook sieht die Zukunft der Online-Werbung im Social Targeting. Folgendes Zitat von dem bekannten Konferenzsprecher und Berater Terence Kawaja unterstreicht noch einmal, welches Ausmaß der neue Social-Targeting-Ansatz bietet: *"Its early days are unproven fully, but Facebook believes that's the holy grail"* (GCA Savian, 2010).

Die Abwanderung von Google-Mitarbeitern zu Facebook und dessen extrem gestiegene Umsätze dürften schon 2010 den Beweis geliefert haben, dass das Modell funktioniert. Die Wettbewerber können nun entweder Facebook den Markt überlassen, wie einst Google, oder selbst aktiv werden. Agenturen werden immer mehr Technologien einkaufen und ihr USP wird der „Managed Service" für ihre Kunden sein, um aus dem beratenden und planenden Geschäft einen Service-Dienstleister für Marketingtechnologien und Cross-Media-Kampagnen zu machen, da immer mehr Kanäle mit unterschiedlichen Werbeformen angesprochen werden müssen.

Social Targeting wird dazu beitragen, schnelle Erfolge bei der Werbung zu erzielen und zukünftig auch die anderen Erlössäulen zu unterstützen.

Werbung wird immer noch die Haupterlösquelle eines Social Networks sein – und langfristig immer eine wichtige Säule bleiben. Durch Social Targeting können Werbekunden attraktive Zielgruppen geliefert werden und bereits heute damit attraktive Umsätze erzielt werden.

Auch für virtuelle Güter sowie E-Commerce-Integrationen können Targeting-Verfahren wertvolle Erkenntnisse liefern: Welchem Nutzer mache ich welches Angebot? Auch der heute fast jungfräuliche Bereich der Marktforschungsansätze wird durch Targeting erst attraktiv – Kunden einen Zugang zur maßgeschneiderten Zielgruppe zu bieten.

Letztlich bietet sich Targeting auch zur Optimierung des gesamten Social Networks an – die Entscheidung, welchem Nutzer welche Inhalte und Informationen geliefert werden, kann durch Targeting deutlich effizienter werden. Die Nutzer von Social Networks diskutieren gerne über ihre Wünsche und Interessen – diese Daten müssen erhoben und ausgewertet werden, um Erkenntnisse zu gewinnen und das Risiko falscher strategischer Schritte zu minimieren.

Höhere Klickraten, höhere Conversion Rates und zufriedenere Nutzer? Dies sollten die Ziele sein. Bis dahin ist es jedoch noch ein weiter Weg. Statt Facebook nach einer Beteiligung an den Werbeeinnahmen zu bitten, wie einst Google, sollten Publisher selbst an der Zukunft ihrer Online-Portale arbeiten, um nicht ihre eigene Zukunft in andere Hände zu legen.

Die Mediaagenturen haben den Trend erkannt, nutzen immer mehr Technologien und fordern die Vermarkter heraus. Die Publisher müssen hier nun nachziehen, denn am Ende bekommen auch sie einen großen Teil des Umsatzes. Die Alternative wäre, das Feld Facebook zu überlassen, wobei dann zwei amerikanische Unternehmen gleich mehrere Stufen der Wertschöpfung kontrollieren. Die Nachfrage nach den neuen Social-Targeting-Möglichkeiten steigt weit schneller an als auf allen anderen Seiten. Dies liegt nicht zuletzt daran, dass die neuen Targeting-Möglichkeiten eine sehr gute Möglichkeit für die Monetarisierung der Websites bieten. Dies sollte von den deutschen Verlagen als Chance gesehen werden, um aus den „Lousy Pennies" doch ein paar Euro mehr und ein profitables Geschäft zu machen, da es das Printgeschäft irgendwann komplett ersetzen muss.

5.11 Zusammenfassung

Das Social Web, Augmented Reality, mobile Services und die Personalisierung der Angebote werden das Nutzungsverhalten der Menschen ändern und die Menschen werden entscheiden, welche Services sich dauerhaft durchsetzen werden. Das Internet ist ein aktives Medium und die Nutzer werden durch ihre Zeit, die sie den einzelnen Diensten widmen, selbst entscheiden, wohin die Reise geht. Nicht zuletzt wird sich das attraktivere Angebot durchsetzen. Aus den USA kamen im Jahr 2010 neue Impulse, Facebook hat sich global als neue Startseite im Netz mit über 600 Millionen Mitgliedern etabliert und wird als Vorreiter auch das Online-Marketing verändern. Social Targeting und Seitenpersonalisierung durch Single-Sign-on-Technologien wie Open Social werden die nächsten Jahre genauso bestimmen wie Location Based Services von Groupon und Foursquare bis zu mobilen Diensten wie Google Street View oder Google Goggles, wo reales Leben mit dem Internet verschmilzt.

Das Online-Marketing profitiert einmal mehr von den neuen Impulsen, und die extrem präzisen Social-Targeting-Technologien, die Werbung anhand realer (anonymisierter) Nutzerprofile aussteuern, werden von Analysten als „the next big thing" angesehen. Google hinkt diesem Trend hinterher, aber da ein Großteil der Mediabudgets immer noch im TV-Bereich ausgegeben wird, versucht Google mit Google-TV-Ads und einem eigenen Betriebssystem nun das Internet zum TV zu bringen, wenn die Budgets eben nicht ins Internet wandern. Die Digital Convergence und Verschmelzung von Internet und traditionellen Medien schreiten immer schneller voran.

Die Fragmentierung der Endgeräte von iPad über mobile und Notebook bis TV stellt das Online-Marketing vor eine neue Herausforderung, bei der jedoch keine skalierbare Einheitslösung in Sicht ist. Auch hier wird die Automatisierung durch viel Technologie die Branche verändern. Die Personalisierung des Internets macht auch bei der Hardware nicht halt. *"The Social Web may still be in its early phases, but it is likely to transform the fundamental businesses of the Internet far more rapidly than the incumbents anticipate,"* schreibt Accel Partners schon 2009.[7] Für das Online-Marketing bietet das Social Web durch die realen Daten und neuen Targeting-Optionen neue Möglichkeiten, die Vorteile gegenüber den traditionellen Medien zu demonstrieren.

[7] Accel Partners, 2009.

Literatur

Accel Partners (2009): The rise of the social web. http://www.accel.com/download.php?file_id=80.

Blog VZ Log (2010): VZ als universelles Login. http://www.vzlog.de/2010/11/vz-id-als-universelles-login.

Blog VZ Log (2010): Stiftung Warentest testet Datenschutz und Nutzerrechte: VZ-Netzwerke sind Testsieger. http://www.vzlog.de/2010/03/stiftung-warentest-vznet.

ComScore (2010): When Money Moves to Digital, Where Should It Go?, ComScore, Whitepaper, Sept. 2010. www.comscore.com.

Forrester (2009): US Interactive Marketing Forecast – 2009 To 2014, Cambridge, MA.

GP Bullhound; o. V. (2010): The social Media Explosion. www.gpbullhound.com/.

IBM Global Technical Services white paper (2006): The toxic terabyte: How data-dumping threatens business efficiency. http://www-3.ibm.com/systems/resources/systems_storage_solutions_pdf_toxic_tb.pdf.

Kawaya, T. (2010): Parsing the Mayhem: Developments in the Advertising Technology Landscape, IAB Network and Exchanges.

Meeker, M./Devitt, S./Wu, L. (2010): Internet Trends. http://www.morganstanley.com/institutional/techresearch/pdfs/Internet_Trends_041210.pdf.

VDZ White Paper/Altendorf, M./Mehls, T. (2009): Monetarisierung von Social Networks. http://www.vdz.de/publikationen-newmedia.html.

Zweiter Teil
Rechtliche Rahmenbedingungen

Dr. Frank Eickmeier /
Dr. Petra Hansmersmann, LL.M. (New York),
Rechtsanwälte der Kanzlei Unverzagt von Have

6 Datenschutzkonforme Nutzerprofile im Internet

6.1 Überblick

Wer der Frage nach datenschutzkonformen Nutzerprofilen im Internet nachgeht, stößt auf eine geradezu verwirrende Vielzahl von datenschutzrechtlichen Bestimmungen, die es für diesen Fall zu berücksichtigen gilt. Hintergrund ist der Umstand, dass das Datenschutzrecht im Internet zersplittert ist und letztlich aus vier Quellen gespeist wird, nämlich den Bundes- und Ländergesetzen zum Datenschutz, dem Telemediengesetz und den einschlägigen europarechtlichen Richtlinien zum Datenschutz.

Die Geschichte des Datenschutzrechtes in Deutschland ist dabei noch jung. Das Bundesdatenschutzgesetz (BDSG) trat am 1. Januar 1978 in Kraft. Auf dieser Grundlage wurden bis 1981 in allen Bundesländern Landesdatenschutzgesetze erlassen. Nachdem das BVerfG durch das Volkszählungsurteil vom 15. Dezember 1981 neue Vorgaben gesetzt hatte, war der Gesetzgeber gezwungen, das BDSG grundlegend zu novellieren. Dieses neue BDSG trat am 1. Juni 1991 in Kraft. Im Oktober 1995, fast 20 Jahre nachdem das Europäische Parlament die EU-Kommission dazu aufgefordert hatte, wurde in Brüssel die sogenannte Datenschutzrichtlinie verabschiedet.[1] Die Umsetzung dieser Richtline in Deutschland erfolgte 2001 in Form eines geänderten BDSG.

Das BDSG ist schließlich erneut, und zwar 2009, durch Gesetzesbeschlüsse des Deutschen Bundestages mit drei weiteren Novellen geändert worden: Am 29. Mai 2009 hat der Bundestag mit der „Novelle I" die Tätigkeit von Auskunfteien und ihrer Vertragspartner (insbesondere Kreditinstitute) sowie das Scoring neu geregelt. Die lange und heftig diskutierte „Novelle II" ist am 3. Juli 2009 vom Bundestag verabschiedet worden. Durch sie wurden unter anderem Fragen des Listenprivilegs beim Adresshandel, Neuregelung für Markt- und Meinungsforschung, aber auch Beschäftigtendatenschutz und die sogenannte Auftragsdatenverarbeitung neu geregelt. Einen Tag zuvor hatte der Bundestag die „Novelle III" als kleinen Unterpunkt im Rahmen des Gesetzes zur Umsetzung der EU-Verbraucherkreditrichtlinie verabschiedet und dabei § 29 BDSG um zwei Absätze ergänzt.

Auf der Ebene der EU ist neben der 2006 erlassenen Richtlinie über die Vorratsdatenspeicherung[2] insbesondere das sogenannte Telekom-Paket[3] zu erwähnen. Dieses **„Telekom-Paket"**, eigentlich ein „Richtlinienpaket zur Novellierung des Regulierungsrahmens für Telekommunikationsnetze", ist ein Bündel aus fünf Richtlinien auf EU-Ebene, mit denen eine europäische Telekommunikationsrahmengesetzgebung geschaffen werden sollte. **Die Auswirkungen für die Onlinebranche dürften immens sein.** Die EU führte – von der Onlinebranche fast unbemerkt – nämlich nicht nur Neuregelungen zur Regulierung des Telekom-Marktes ein, sondern quasi durch die „Hintertür" auch eine weitreichende Regelung zum Einsatz von Cookies, die auch als das neue „Cookie-Law" bezeichnet wird.

---

[1] Richtlinie 95/46/EG.

[2] 2006/24/EG.

[3] Richtlinie 2002/58/EC.

Das Telemediengesetz (TMG) als das für die Onlinebranche wichtigste Gesetz trat am 1. März 2007 in Kraft. Das TMG fasst weitestgehend in einem Gesetz die wirtschaftsbezogenen Regelungen für Telemedien zusammen, die zuvor auf drei verschiedene Regelwerke verteilt waren. Lediglich einige ergänzende Vorschriften zu inhaltlich geprägten Telemedien wurden statt in das TMG in den Rundfunkstaatsvertrag (RStV) in seiner neunten Änderungsfassung aufgenommen.[4] Von Bedeutung für die hier relevante Frage von Nutzerprofilen im Internet sind die §§ 12ff. des TMG, die weitreichende Regelungen zu datenschutzrechtlichen Fragestellungen enthalten.

6.2 Grenzüberschreitende Fragestellungen

Aufgrund der zunehmenden Globalisierung kommt es nicht selten zu grenzüberschreitenden Sachverhalten. Man denke nur an eine in den USA ansässige Mediaagentur, die Targeting-Maßnahmen auf kooperierenden deutschen Websites durchführt. Bei derartigen internationalen Sachverhalten stellt sich schnell die Frage, welches Datenschutzrecht überhaupt auf solche Konstellationen angewendet wird. Man spricht hier auch vom sogenannten „Kollisionsrecht".

Eines steht dabei fest: Vertragliche Vereinbarungen können diese Fragen nur begrenzt regeln. Sie haben nämlich in der Regel **keinen Einfluss** auf das anwendbare Datenschutzrecht.[5] Aus der Sicht des deutschen (Kollisions-)Rechts kommt es vielmehr allein darauf an, **wo** die für die Datenverarbeitung **verantwortliche Stelle sitzt**. Deutsches Recht ist dann anwendbar, wenn die verantwortliche Stelle ihren Sitz in Deutschland hat. Daher unterliegt jede verantwortliche Stelle, die in Deutschland personenbezogene Daten erhebt, verarbeitet oder nutzt, regelmäßig dem BDSG.[6]

Die verantwortliche Stelle ist die Einrichtung, die die personenbezogenen Daten verarbeitet oder – zum Beispiel im Wege der Auftragsdatenverarbeitung – durch Dritte verarbeiten lässt und über den Zweck und das Ziel der Verarbeitung entscheidet. Das bedeutet in praktischer Konsequenz, dass das deutsche Datenschutzrecht zur Anwendung gelangt, wenn zum Beispiel ein Unternehmen mit Sitz in Deutschland Daten in den USA oder ein Unternehmen mit Sitz in den USA Daten über deutsche Rechner verarbeiten lässt. Dagegen ist deutsches Recht nicht anwendbar, wenn das Unternehmen seinen Sitz außerhalb der EU hat und nur dort Datenverarbeitung betreibt. Wie diese Frage beim Einsatz des sogenannten „Like Buttons" von Facebook – bekanntlich ein US-Unternehmen – auf deutschen Websites zu beurteilen ist, wird derzeit diskutiert.[7] Zu Recht wird in diesem Fall die Anwendbarkeit des BDSG nicht in Frage gestellt.

---

[4] Siehe dort die §§ 54ff.

[5] Art. 27, 28 EGBGB.

[6] Vergleiche Jotzo, 2009, S. 232.

[7] Vergleiche zum Beispiel Hoeren, 2009, S. 232; Ernst, 2010, S. 1917.

6.3 Die rechtlichen Rahmenbedingungen

6.3.1 Das Bundesdatenschutzgesetz

Das BDSG bildet die Grundlage und damit den Rahmen aller datenschutzrechtlichen Fragestellungen, auch solcher im Internet. Den wesentlichen Regelungskomplex aus der Sicht der Onlinebranche bildet dabei die Vorschrift über die Erhebung, Verarbeitung und Nutzung von „personenbezogenen Daten".

6.3.1.1 Abgrenzung zum TMG

Zunächst ist allerdings der Frage nachzugehen, wie das BDSG vom Telemediengesetz (TMG) abzugrenzen ist. Die Antwort darauf gibt § 1 Abs. 3 BDSG, denn danach gilt: „Soweit andere Rechtsvorschriften des Bundes auf personenbezogene Daten ... anzuwenden sind, gehen sie den Vorschriften dieses Gesetzes vor." Der Gesetzgeber hat damit klargestellt, dass insbesondere die im Onlinebereich relevanten Regelungen der §§ 11ff. TMG Vorrang genießen gegenüber den Vorschriften des BDSG. Auf die Vorschriften des BDSG ist also immer nur dann zurückzugreifen, wenn Spezialgesetze, hier etwa das TMG, keine Regelungen treffen. Das ist zum Beispiel bei der Frage, was personenbezogene Daten sind, der Fall. Außerdem regelt das TMG beispielsweise nicht die Verarbeitung von Daten juristischer Personen, die Datenverarbeitung in Dienst- und Arbeitsverhältnissen sowie die Kommunikation von und zwischen Unternehmen.[8]

6.3.1.2 Personenbezogene Daten

Der Begriff der „personenbezogenen Daten" ist der Dreh- und Angelpunkt des gesamten BDSG. Praktisch alle Vorschriften des BDSG, aber auch die der Spezialgesetze, zum Beispiel des TMG, finden nur dann Anwendung, wenn es um die Verarbeitung von personenbezogenen Daten geht. Werden dagegen keine personenbezogenen Daten erhoben, gespeichert oder verarbeitet, sondern nur anonyme Daten, finden weder die Regelungen des BDSG noch die des TMG Anwendung. Dies hat für die Onlinebranche weitreichende Auswirkungen. Denn dort, wo zum Beispiel Behavioural Targeting unter Erhebung, Speicherung und Verarbeitung von anonymen Daten durchgeführt wird, befindet man sich außerhalb des Anwendungsbereiches des BDSG und des TMG.[9] Das hat zur Folge, dass Onlinemarketingmaßnahmen, die unter Einsatz von anonymen Daten durchgeführt werden, einen deutlich größeren rechtlichen Spielraum genießen, als dies bei der Erhebung, Speicherung und Verarbeitung von personenbezogenen Daten der Fall wäre. Besonders relevant ist dieser Aspekt bei der Erhebung, Speicherung und Verarbeitung von IP-Adressen, die nach der herrschenden Meinung derzeit als personenbezogene Daten rechtlich qualifiziert werden (siehe Abschnitt 6.3.1.5).

[8] § 11 Abs. 1 und 2 TMG.

[9] Kritisch dazu die Art. 29-Datenschutzgruppe, 2010, S. 9ff.

Personenbezogene Daten sind gem. § 3 Abs. 1 BDSG Einzelangaben über persönliche oder sachliche Verhältnisse einer bestimmten oder bestimmbaren natürlichen Person. Damit besagt das BDSG zunächst, dass vom BDSG nur Daten von natürlichen Personen erfasst werden. Anders als in vielen europäischen Staaten fallen unter das BDSG dagegen nicht die Daten juristischer Personen, wie etwa die eines eingetragenen Vereins, einer GmbH oder einer AG. Selbst sensibelste Daten über ein Unternehmen (Gewinn und Verlust, Anzahl der Mitarbeiter, Umsatz etc.) sind daher nicht durch die Bestimmungen des BDSG geschützt, sondern allenfalls durch wettbewerbsrechtliche Normen, zum Beispiel durch das Gesetz gegen unlauteren Wettbewerb (UWG). Zu den persönlichen und sachlichen Verhältnissen einer Person zählen so unterschiedliche Aspekte wie körperliche und geistige Eigenschaften, ihre Verhaltensweisen und Beziehungen, aber auch und in erster Linie die identifizierenden Angaben, also zum Beispiel Name, Anschrift, Staatsangehörigkeit, Beruf und biometrische Daten.

Das BDSG erfasst aber auch alle solche Daten, die eine Person nur „bestimmbar" machen. Die „Bestimmbarkeit" einer Person setzt voraus, dass grundsätzlich die Möglichkeit besteht, in irgendeiner Form ihre Identität festzustellen. Mögliche Identifizierungsmerkmale, die zur Bestimmbarkeit einer Person führen und damit unter das BDSG fallen, sind zum Beispiel Daten wie die Telefonnummer, das Autokennzeichen oder die Reisepassnummer.[10] Welche Informationen dabei eine Person tatsächlich bestimmbar machen, lässt sich nicht allgemein beurteilen, sondern kann nur jeweils im Hinblick auf die konkreten Umstände des Einzelfalles beurteilt werden. Die Bestimmbarkeit einer Person hängt unter anderen auch davon ab, wie einfach oder wie schwierig es ist, die für eine Identifizierbarkeit notwendigen Kenntnisse zu erlangen.

6.3.1.3 Anonyme Daten

Personenbezogene Daten sind von anonymen Daten abzugrenzen. Anonyme Daten unterliegen nicht dem BDSG und auch nicht dem Anwendungsbereich des TMG. Anonymisieren ist gem. § 3 Abs. 6 BDSG das Verändern personenbezogener Daten derart, dass die Einzelangaben über persönliche und sachliche Verhältnisse nicht mehr oder nur mit einem unverhältnismäßig großen Aufwand an Zeit, Kosten und Arbeitskraft einer bestimmten oder bestimmbaren natürlichen Person zugeordnet werden können. Das Anonymisieren personenbezogener Daten zielt daher darauf ab, die ursprünglichen Beziehungen zwischen diesen Daten und einer bestimmten Person, auf die sie sich beziehen, aufzulösen.

Dabei unterscheidet das Gesetz zwischen zwei Arten des Anonymisierens. Zum einen liegt ein Anonymisieren vor, wenn personenbezogene Daten dergestalt verändert werden, dass Einzelangaben über persönliche oder sachliche Verhältnisse schlichtweg nicht mehr einer bestimmten oder bestimmbaren Person zugeordnet werden können. Zum anderen liegt nach dem Willen des Gesetzgebers ein Anonymisieren auch dann vor, wenn die Daten so

[10] Vergleiche Buchner, 2010, § 3 BDSG, Rd-Nr. 11ff.; Art. 29-Datenschutzgruppe, 2007, (WP 136), S. 10ff.

verändert werden, dass sie nur noch „mit einem unverhältnismäßig großen Aufwand an Zeit, Kosten und Arbeitskraft" einer Person zugeordnet werden können. Nach Ansicht der Art. 29-Datenschutzgruppe soll dabei die bloß hypothetische Möglichkeit, eine Person zu bestimmen, noch nicht ausreichen, um diese Person als „bestimmbar" anzusehen und damit ein personenbezogenes Datum anzunehmen.[11]

6.3.1.4 Pseudonymisierte Daten

Gemäß § 3 Abs. 6a BDSG ist Pseudonymisieren das Ersetzen des Namens und anderer Identifikationsmerkmale durch ein Kennzeichen zu dem Zweck, die Bestimmung des Betroffenen auszuschließen oder wesentlich zu erschweren. Der Begriff des Pseudonymisierens ist erst 2001 in das BDSG aufgenommen worden. Von praktischer Bedeutung ist dieser Begriff insbesondere im Bereich des Online-Marketing, da § 15 Abs. 3 TMG relevante Regelungen für pseudonymisierte Daten enthält. Die Grenze zwischen anonymen und pseudonymen Daten ist fließend. Während das Anonymisieren von Daten darauf abzielt, die Zuordnung zu einer Person endgültig gegenüber jedem auszuschließen, verbleibt beim Pseudonymisieren eine Zuordnungsregel, die es zumindest dem Kenner der Regel ermöglicht, die Pseudonymisierung wieder rückgängig zu machen und den Personenbezug der pseudonymisierten Daten wiederherzustellen.[12] In der Literatur wird allerdings auch die Auffassung vertreten, dass ein Pseudonymisierungsverfahren, ein sogenanntes irreversibles Pseudonymisierungsverfahren, so gestaltet werden kann, dass von einem Kennzeichen überhaupt nicht mehr auf eine konkrete Person rückgeschlossen werden kann und daher dann eine Re-Identifizierung für niemanden mehr möglich ist. Solche pseudonymisierten Daten unterfallen dann ebenso wie anonymisierte Daten nicht mehr dem Schutz des BDSG.[13]

6.3.1.5 Sonderproblem IP-Adressen

Eine nach wie vor aktuelle Frage ist, ob IP-Adressen vor dem Hintergrund der dargelegten Definitionen anonyme Daten darstellen oder ob sie bestimmbare Daten im Sinne von § 3 Abs. 1 BDSG sind. IP-Adressen sind technische Grundlagen der Internetkommunikation. Sie identifizieren als Absender- und Zieladresse die an das Internet angeschlossenen Rechner und ermöglichen so den Austausch von Datenpaketen zwischen diesen.[14]

Unterschieden wird zwischen statischen und dynamischen IP-Adressen. Statische IP-Adressen sind einem bestimmten Rechner fest zugeordnet. Ist daher der Inhaber dieses Rechners eine natürliche Person, ist ein Personenbezug im Sinne von § 3 Abs. 1 BDSG regel-

[11] Art. 29-Datenschutzgruppe, 2007, S. 17; Buchner, 2010, § 3 BDSG, Rd-Nr. 44.

[12] Roßnagel und Scholz, 2000, S. 721 (724); Buchner, 2010, § 3 BDSG, RD-Nr. 47.

[13] Art. 29-Datenschutzgruppe, 2007, S. 21; Buchner, 2010, § 3 BDSG, Rd-Nr. 48.

[14] Bäumler, Breinlinger und Schrader, 2001, I 670, S. 1.

mäßig zu bejahen.[15] Dynamischen IP-Adressen fehlt diese Zuordnung jedoch, denn sie werden Internetnutzern von ihren Access-Providern bei jedem Einwählgang neu zugeordnet. Gleichwohl wird nach derzeit überwiegender Meinung in der Literatur auch bei dynamischen IP-Adressen ein Personenbezug angenommen, da die Access-Provider das Datum, den Zeitpunkt und die Dauer der Internetverbindung und die dem Internetnutzer zugeteilte dynamische IP-Adresse festhalten.[16]

Im Bereich des Online-Marketing ist es inzwischen nicht unüblich, zur Aufhebung des Personenbezugs von IP-Adressen sogenannte „Anonymizer" einzusetzen. Hierbei handelt es sich um Technologien, die die empfangenen IP-Adressen derart anonymisieren, dass zukünftig eine Rückverfolgbarkeit oder Re-Identifizierbarkeit des Users praktisch und theoretisch ausgeschlossen wird. Werden IP-Adressen in dieser Form verändert oder genauer gesagt anonymisiert, verlieren sie ihren Status als personenbezogenes Datum, mit der Folge, dass die Erhebung, Verarbeitung und Speicherung solcher inzwischen anonymen Daten nicht mehr in den Anwendungsbereich des BDSG und des TMG fällt. Ob es bereits ausreicht, die letzten drei Ziffern einer IP-Adresse zu verändern, wird derzeit uneinheitlich beurteilt.[17]

6.3.1.6 Aggregierte Daten

Auch bei zusammengefassten (aggregierten) anonymen Daten und Datensammlungen stellt sich die Frage, ob diese dem BDSG unterliegen. Maßgeblich ist die Legaldefinition des § 3 Abs. 6 BDSG und damit die Frage, ob die Daten „nicht mehr oder nur mit einem unverhältnismäßig großen Aufwand an Zeit, Kosten und Arbeitskraft einer bestimmten oder bestimmbaren natürlichen Person zugeordnet werden können". Dieser Personenbezug ist daher relativ und damit aus der Sicht der datenverarbeitenden Stelle zu bestimmen. Es kommt daher unter Berücksichtigung des konkreten Einzelfalles darauf an, mit welchem wirtschaftlichen und technischen Aufwand ein Personenbezug theoretisch wiederhergestellt werden könnte. Nach herrschender Meinung und der einschlägigen Literatur sind daher Sammelangaben über Personengruppen, aggregierte oder anonymisierte Daten jedenfalls dann keine Einzelangabe im Sinne von § 3 Abs. 1 BDSG, wenn kein Rückschluss auf eine einzelne Person mehr möglich ist und damit eine Re-Identifizierbarkeit ausgeschlossen ist.[18]

[15] Dammann, 2006, BDSG, § 3 Rd-Nr. 63; Buchner, 2010, § 3 BDSG, Rd-Nr. 17.

[16] So auch die Art. 29-Datenschutzgruppe, 2000, S. 17; ebenso: AG Berlin RDV 2007, 257; AG Wiesbaden RDV 2009, 80; AG Wuppertal RV 2009, 78; dagegen: Meyerdierks, 2009, S. 8; Eckhardt K&R, 2007, S. 607.

[17] Vergleiche unter anderem Beschluss des sogenannten Düsseldorfer Kreises vom 26. September 2009, S. 2; Stellungnahme der Art. 29-Datenschutzgruppe, 2010, S. 9ff.

[18] Hoeren, 2010, S. 361; Gola und Schomerus, 2009, BDSG § 3 Anm. 2.2.

6.3.1.7 Erhebung, Verarbeitung und Nutzung von Daten

Die Bestimmungen des BDSG, aber auch die des TMG, finden nur dann Anwendung, wenn eine datenschutzrechtlich relevante Handlung vorgenommen wird. Der Gesetzgeber hat im § 3 BDSG definiert, welche Handlungen vom BDSG erfasst werden.

Erhebung von Daten, § 3 Abs. 3 BDSG

Das Erheben von Daten ist gem. § 3 Abs. 3 BDSG das Beschaffen von Daten über den Betroffenen. Ein Erheben personenbezogener Daten setzt nicht zwingend voraus, dass die Daten nach dem Beschaffen auch tatsächlich gespeichert werden. Auf welche Weise die Erhebung geschieht – ob durch mündliche Befragung, schriftliche Anforderung von Informationen oder automatisierten Abruf von Daten – ist unerheblich. Das Erheben von Daten setzt allerdings ein aktives Handeln der erhebenden Stelle voraus. Es reicht deshalb nicht aus, wenn eine datenverarbeitende Stelle unaufgefordert Informationen erhält, zum Beispiel durch Bewerbungsschreiben oder unaufgefordert zugesandte personenbezogene Informationen.

Verarbeiten von Daten, § 3 Abs. 4 BDSG

Verarbeiten personenbezogener Daten ist gem. § 3 Abs. 4 BDSG das Speichern, Verändern, Übermitteln, Sperren und Löschen personenbezogener Daten. Unter „Speichern" personenbezogener Daten versteht der Gesetzgeber das Erfassen, Aufnehmen oder Aufbewahren personenbezogener Daten auf einem Datenträger zum Zwecke ihrer weiteren Verarbeitung oder Nutzung. Unter „Verändern" ist das inhaltliche Umgestalten gespeicherter personenbezogener Daten zu verstehen. „Übermitteln" ist das Bekanntgeben gespeicherter oder durch Datenverarbeitung gewonnener personenbezogener Daten an einen Dritten in der Weise, dass die Daten an einen Dritten weitergegeben werden oder der Dritte zur Einsicht oder zum Abruf bereitgehaltene Daten einsieht oder abruft. Unter „Sperren" personenbezogener Daten versteht man das Kennzeichnen gespeicherter personenbezogener Daten, um ihre weitere Verarbeitung oder Nutzung einzuschränken. Unter „Löschen" ist das Unkenntlichmachen gespeicherter personenbezogener Daten zu verstehen. „Nutzen" ist nach dem Willen des Gesetzgebers jede Verwendung personenbezogener Daten, soweit es sich nicht um Verarbeitung handelt.

6.3.1.8 Einwilligung

Die Erhebung, Verarbeitung oder Nutzung von personenbezogenen Daten ist gesetzlich untersagt, wenn nicht ausdrücklich eine Einwilligung des Betroffenen oder eine gesetzliche Erlaubnis vorliegt. Dieser das gesamte Datenschutzrecht prägende Grundsatz wird als „Verbot mit Erlaubnisvorbehalt" bezeichnet.[19]

Die Einwilligung ist gem. § 4a BDSG nur wirksam, wenn sie auf der freien Entscheidung des Betroffenen beruht. Er ist dabei auf den vorgesehenen Zweck der Erhebung, Verarbeitung oder Nutzung sowie, soweit nach den Umständen des Einzelfalles erforderlich, auf die Folgen der Verweigerung der Einwilligung hinzuweisen. Die Einwilligung bedarf dabei der

[19] § 4 Abs. 1 BDSG.

Schriftform, soweit nicht wegen besonderer Umstände eine andere Form angemessen ist. Soll die Einwilligung zusammen mit anderen Erklärungen schriftlich erteilt werden, so ist sie besonders hervorzuheben. Das gilt auch für Gewinnspiele, deren Teilnahmeberechtigung von der Einwilligung des Teilnehmers in die Verwendung für Werbezwecke abhängig wird. Diese Frage ist allerdings in der Rechtsprechung umstritten.[20] Es ist – bisher – nicht erforderlich, dass der Betroffene seine Einwilligung gesondert erklärt, indem er zum Beispiel eine zusätzliche Unterschrift leistet oder ein dafür vorgesehenes Feld ankreuzt (in Form einer sogenannte Opt-in-Erklärung). Eine in den allgemeinen Geschäftsbedingungen enthaltene Klausel muss allerdings in drucktechnisch deutlicher Gestaltung besonders hervorgehoben werden und kann nicht im „Kleingedruckten" versteckt werden.[21]

Zu berücksichtigen ist allerdings, dass neben der Einwilligung in die Datenverarbeitung und der Nutzung aus datenschutzrechtlicher Sicht auch die Anforderungen des Gesetzes gegen unlauteren Wettbewerb (UWG) zu berücksichtigen sind. Die Übermittlung und Nutzung für die werbliche Ansprache durch SMS oder E-Mail stellen gem. § 7 Abs. 2 Nr. 3 UWG jedoch eine unzumutbare Belästigung dar, die nur dann nicht rechtswidrig ist, wenn eine spezifische Einwilligung vorliegt, die den wettbewerbsrechtlichen Ansprüchen genügt. Es ist daher zwar nicht aus datenschutzrechtlicher Hinsicht ein Opt-in erforderlich, in den meisten Fällen wohl aber aus wettbewerbsrechtlicher Sicht. Dies hat der BGH in der sogenannte Payback-Entscheidung[22] klargestellt. Er hat darauf hingewiesen, dass hier aufgrund der besonderen wettbewerbsrechtlichen Komponenten eine ausdrückliche Einwilligung erfolgen muss (Opt-in-Lösung). Die damalige Klausel, die der BGH zu überprüfen hatte, lautete wie folgt:

„Einwilligung in Werbung und Marktforschung …

Mit meiner Unterschrift erkläre ich mich einverstanden, dass die von mir oben angegebenen Daten sowie die Rabattdaten (Waren/Dienstleistungen, Preis, Rabattbetrag, Ort und Datum des Vorgangs) für an mich gerichtete Werbung (z. B. Informationen über Sonderangebote, Rabattaktionen) per Post und mittels ggf. von mir beantragter Services (SMS oder E-Mail-Newsletter) sowie zu Zwecken der Marktforschung ausschließlich von der L-Partner GmbH und dem Partnerunternehmen gem. Nr. 2 der beiliegenden Hinweise zum Datenschutz gespeichert und genutzt werden. … (hier ankreuzen, falls die Einwilligung nicht erteilt wird)."

Der Bundesgerichtshof hielt diese Klausel für unwirksam, da sie nur eine Opt-out-Lösung enthielt. Eine solche Klausel sei zwar mit den wesentlichen Grundgedanken der §§ 4, 4a BDSG im Hinblick auf die Zusendung von Werbung per Post zu vereinbaren. Aus § 4a BDSG ergebe sich auch nicht, dass die Einwilligung nur dann wirksam wäre, wenn sie aktiv erklärt würde. Dies gelte aber nicht für eine Einwilligung, die sich auf Werbung per SMS oder E-Mail beziehe. Hier finde vielmehr § 7 Abs. 2 Nr. 3 UWG Anwendung. Und diese Vorschrift verlange entsprechend der Datenschutzrichtlinie für elektronische Kommunikation[23] eine Einwilligung im Wege einer gesonderten Erklärung (Opt-in-Erfordernis).

---

[20] Vergleiche nur: Taeger, 2010, § 4a BDSG, Rd-Nr. 23.

[21] BGH NJW 2008, 3055 – Payback; OLG Brandenburg CR 2006, 490.

[22] BGH NJW 2008, 3055.

[23] RL 2002/58/EG.

Eine wirksame Einwilligung setzt im Übrigen voraus, dass die Zweckbestimmung der beabsichtigten Datenverwendung oder die Empfänger einer beabsichtigten Datenübermittlung präzise benannt werden. Eine nur pauschale Einwilligung wäre unwirksam. Die Erklärung muss so bestimmt sein, dass die Art der personenbezogenen Daten und der Zweck der Erhebung oder Verwendung sowie im Falle der Übermittlung etwaige Empfänger hinreichend genau benannt werden.[24] Der BGH hat in seinem „Payback"-Urteil einige diesbezügliche Anforderungen an die Bestimmtheit solcher Erklärungen konkretisiert, und zwar insofern, als das Gericht in dem zu entscheidenden Fall die Bestimmtheit der Informationen über den angegebenen Nutzungszweck, die Adressaten der Übermittlung und die Form der beabsichtigten werblichen Ansprache als ausreichend anerkannte. Die im Vorangegangenen dargelegte Einwilligungsklausel war also – mit Ausnahme des fehlenden Opt-in-Erfordernisses – durchaus hinreichend deutlich und damit bestimmt genug formuliert.

Nur am Rande sei erwähnt, dass die Erhebung und Verwendung sensitiver Daten (hierbei handelt es sich um besondere Arten personenbezogener Daten, wie zum Beispiel die rassische oder ethnische Herkunft, politische Meinungen, religiöse oder philosophische Überzeugungen) voraussetzt, dass auf die Sensitivität und besondere Schutzwürdigkeit der Daten ausdrücklich und in besonderer Weise Bezug genommen wird.[25]

Sofern die jeweilige Marketingaktion ausschließlich per Post realisiert werden soll, ohne dass also auf elektronische Mittel wie SMS oder E-Mail zurückgegriffen wird, sind derartige Opt-out-Lösungen wie in der bereits erwähnten Payback-Klausel auch mit dem neu gefassten § 28 BDSG vereinbar. Nach dieser Vorschrift, die erst im Jahr 2009 neu gefasst wurde, ist die Verarbeitung oder Nutzung personenbezogener Daten für Zwecke des Adresshandels oder der Werbung zulässig, sofern der Betroffene eingewilligt hat. Soll eine solche Einwilligung zusammen mit anderen Erklärungen schriftlich erteilt werden, ist sie nach § 28 Abs. 3a Satz 2 BDSG in drucktechnisch deutlicher Gestaltung besonders hervorzuheben. Der Bundesgerichtshof hatte in seinem Urteil vom 11. November 2009[26] folgende Klausel zu beurteilen:

„Einwilligung in die Beratung, Information (Werbung) und Marketing

Ich bin damit einverstanden, dass meine bei Happy Digits erhobenen persönlichen Daten (Name, Anschrift, Geburtsdatum) und meine Programmdaten (Anzahl gesammelte Digits und deren Verwendung; Art der gekauften Waren und Dienstleistungen; freiwillige Angabe) von der D-GmbH … als Betreiberin des Happy Digits Programms und ihren Partnerunternehmen zu Marktforschungs- und schriftlichen Beratungs- und Informationszwecken (Werbung) über Produkte und Dienstleistungen der jeweiligen Partnerunternehmen gespeichert, verarbeitet und genutzt werden. … sind Sie nicht einverstanden, streichen Sie diese Klausel … "

Der BGH hat entschieden, dass diese Klausel wirksam ist. Unter dem Gesichtspunkt datenschutzrechtlicher Bestimmungen sei diese Klausel nicht zu beanstanden. An dieser Rechts-

[24] Simitis, BDSG, § 4 a, Rd-Nr. 77.

[25] § 4a Abs. 3 BDSG.

[26] NJW 2010, 864.

lage hat sich nach Auffassung des BGH auch durch die Neufassung des § 28 Abs. 3 Nr. 1 BDSG nichts geändert. Die fragliche Klausel sei in der Mitte des eine Druckseite umfassenden Formulars platziert gewesen und als einziger Absatz der Seite mit einer zusätzlichen Umrandung versehen, so dass sie schon deshalb Aufmerksamkeit auf sich zöge. Überdies ließ sich der fettgedruckten Überschrift schon aufgrund des verwendeten Worts „Einwilligung" unmittelbar entnehmen, dass sie ein rechtlich relevantes Einverständnis des Verbrauchers mit Werbungs- und Marketingmaßnahmen enthalte. Der BGH hatte die Klausel allerdings nicht unter dem Gesichtspunkt des § 7 UWG zu beurteilen, da die fragliche Klausel sich nicht auf eine Verwendung der Daten für Werbung im Wege elektronischer Post bezog. Trotz der Happy-Digits-Entscheidung des BGH ist deshalb davon auszugehen, dass es bei der Verwendung von elektronischer Post nach wie vor bei einer ausdrücklichen Einwilligung, also einem strikten Opt-in, verbleibt.

6.3.2 Das Telemediengesetz (TMG)

Das Telemediengesetz (TMG) fasst wesentliche für Telemedien geltende Bestimmungen in einem Gesetz zusammen, die früher gesondert für sogenannte Teledienste im Teledienstegesetz (TDG), im Teledienstedatenschutzgesetz (TDDSG) sowie im Mediendienstestaatsvertrag (MDStV) enthalten waren. Das TMG gilt gem. § 1 TMG für alle elektronischen Informations- und Kommunikationsdienste, soweit es sich nicht um Telekommunikationsdienste und/oder Rundfunk nach § 2 des Rundfunkstaatsvertrages handelt. Es betrifft also insbesondere den Onlinebereich. Wichtige für die Gestaltung von Nutzerprofilen relevante Vorschriften befinden sich in den §§ 11ff. TMG.

6.3.2.1 Grundsätze

Nicht anders als im allgemeinen Datenschutzrecht ist die Erhebung und Verarbeitung personenbezogener Daten im Onlinebereich nur zulässig, soweit sie gesetzlich gestattet ist oder der Betroffene einwilligt (§ 12 Abs. 1 TMG). § 12 Abs. 2 TMG regelt auch, dass ein Diensteanbieter für die Bereitstellung von Telemedien erhobene personenbezogene Daten für andere Zwecke nur verwenden darf, soweit es das TMG oder eine andere Rechtsvorschrift, die sich ausdrücklich auf Telemedien bezieht, erlaubt oder der Nutzer ausdrücklich eingewilligt hat.

Hinsichtlich einer wirksamen Einwilligungserklärung im Online-Bereich stellt § 13 TMG einige weitere zusätzliche Anforderungen auf, die stets zu berücksichtigen sind.

Der jeweilige Diensteanbieter hat zunächst den Nutzer zu Beginn des Nutzungsvorgangs über Art, Umfang und Zweck der Erhebung und Verwendung personenbezogener Daten in allgemein verständlicher Form zu unterrichten, sofern eine solche Unterrichtung nicht bereits erfolgt ist. Bei einem automatisierten Verfahren, das eine spätere Identifizierung des Nutzers ermöglicht und eine Erhebung der Verwendung personenbezogener Daten vorbereitet, ist der Nutzer zu Beginn dieses Verfahrens zu unterrichten. Der Inhalt einer solchen Unterrichtung muss für den Nutzer jederzeit abrufbar sein.

Die jeweilige Einwilligung kann elektronisch erklärt werden, wenn der Diensteanbieter sicherstellt, dass

- der Nutzer seine Einwilligung bewusst und eindeutig erteilt hat,
- die Einwilligung protokolliert wird,
- der Nutzer den Inhalt der Einwilligung jederzeit abrufen kann und
- der Nutzer die Einwilligung jederzeit mit Wirkung für die Zukunft widerrufen kann.

Näheres regelt § 13 Abs. 2 TMG. Überdies hat gem. § 13 Abs. 3 TMG der jeweilige Diensteanbieter den Nutzer vor Erklärung der Einwilligung auf das Recht hinzuweisen, dass er seine Einwilligung jederzeit mit Wirkung für die Zukunft widerrufen kann. Auch diese Information muss für den Nutzer jederzeit abrufbar sein.

Schließlich hat ein Diensteanbieter gem. § 13 Abs. 4 TMG durch technische und organisatorische Vorkehrungen sicherzustellen, dass Nutzungsprofile, die für Zwecke der Werbung, der Marktforschung oder zur bedarfsgerechten Gestaltung von Telemedien bei Verwendung von Pseudonymen erstellt worden sind, nicht mit den Angaben zur Identifikation des Trägers des Pseudonyms zusammengeführt werden können.

6.3.2.2 Nutzungsdaten, § 15 TMG

Gem. § 15 Abs. 1 TMG darf ein Diensteanbieter personenbezogene Daten eines Nutzers nur erheben und verwenden, soweit dies erforderlich ist, um die Inanspruchnahme von Telemedien zu ermöglichen und abzurechnen. Nutzungsdaten sind insoweit Merkmale zur Identifikation des Nutzers, Angaben über Beginn und Ende sowie den Umfang der jeweiligen Nutzung und Angaben über die vom Nutzer in Anspruch genommenen Telemedien.[27]

Auch ist klarzustellen, dass die Erhebung von anonymen Daten nicht unter den Anwendungsbereich des TMG fällt. Ebenso wie bereits zu den Bestimmungen des BDSG dargelegt, findet bei der Erhebung, Verarbeitung und Nutzung von anonymen Daten weder das BDSG noch das TMG Anwendung.

Eine Besonderheit regelt allerdings § 15 Abs. 3 TMG. Danach darf ein Diensteanbieter für Zwecke der Werbung, der Marktforschung oder zur bedarfsgerechten Gestaltung der Telemedien Nutzungsprofile bei Verwendung von Pseudonymen erstellen, sofern der Nutzer dem nicht widerspricht. Wie bereits dargelegt, ist das Pseudonymisieren das Ersetzen eines Namens und anderer Identifikationsmerkmale durch ein Kennzeichen zu dem Zweck, die Bestimmung des Betroffenen auszuschließen oder wesentlich zu erschweren.[28] Setzt ein Diensteanbieter derartige Technologien ein, hat er den Nutzer auf sein Widerspruchsrecht im Rahmen der ohnehin gem. § 13 Abs. 1 TMG durchzuführenden Information hinzuweisen. Üblicherweise geschieht dies im Rahmen einer Datenschutzerklärung, die sich heutzutage bereits auf vielen Websites befindet. Einem Diensteanbieter ist also das Erstellen

[27] Vergleiche auch Lerch et al., 2010, S. 454; Ott, 2009, S. 448.

[28] § 3 Abs. 6a BDSG.

pseudonymisierter Nutzungsprofile nach der gesetzlichen Wertung so lange gestattet, bis der Nutzer erklärt, hiermit zukünftig nicht mehr einverstanden zu sein. Ein möglicher Widerspruch eines Nutzers berührt die Wirksamkeit der zuvor vorgenommenen Verwendungen des Nutzungsprofils allerdings nicht, sondern wirkt nur für die Zukunft.[29] Man spricht hier auch von einer sogenannten „Opt-out-Regelung" des Gesetzgebers.

6.3.3 Gesetz gegen den unlauteren Wettbewerb (UWG)

Das Gesetz gegen den unlauteren Wettbewerb (UWG) besitzt im Onlinebereich neben den bereits erwähnten datenschutzrechtlichen Bestimmungen eine eigenständige Bedeutung. Wie im Rahmen der Ausführungen zum Payback-Urteil des BGH bereits dargelegt, sieht § 7 Abs. 2 UWG vor, dass eine unzumutbare Belästigung und damit ein wettbewerbswidriges Verhalten beim Einsatz von E-Mails oder SMS immer dann vorliegt, wenn nicht zuvor eine ausdrückliche Einwilligung des Adressaten eingeholt wurde. Diese Regelung soll gem. § 7 Abs. 3 UWG nur dann nicht gelten, wenn

- ein Unternehmer im Zusammenhang mit dem Verkauf einer Ware von dem Kunden dessen elektronische Postadresse erhalten hat,
- der Unternehmer die Adresse zur Direktwerbung für eigene ähnliche Waren oder Dienstleistungen verwendet,
- der Kunde der Verwendung nicht widersprochen hat und
- der Kunde bei der Erhebung der Adresse und bei jeder Verwendung klar und deutlich darauf hingewiesen wird, dass er der Verwendung jederzeit widersprechen kann, ohne das hierfür andere als die Übermittlungskosten nach den Basistarifen entstehen.

Diese Regelung lehnt sich an den Wortlaut von Art. 13 Abs. 1 der Datenschutzrichtlinie für elektronische Kommunikation, 2002/48/EG, an. § 7 Abs. 2 UWG statuiert damit bei jeder elektronischen Kommunikation ein striktes Opt-in-Erfordernis, sofern sich eine Kommunikationsmaßnahme auf Neukunden bezieht. Nur im Rahmen bestehender Kundenbeziehungen soll es einem Händler möglich sein, für den Absatz ähnlicher Waren und Dienstleistungen per E-Mail zu werben, ohne dass zuvor die Einwilligung des Kunden eingeholt werden muss (Opt-out-Modell). Dies gilt nur so lange, bis dieser die weitere Nutzung untersagt. Jede elektronische Werbung innerhalb einer Kundenbeziehung ist deshalb nur dann zulässig, wenn der Kunde bei Erhebung der Adresse und jeder weiteren Verwendung klar und deutlich darauf hingewiesen wird, dass er der Verwendung jederzeit widersprechen kann.

6.3.4 EU-rechtliche Regelungen

Das europäische Datenschutzrecht war noch Anfang der neunziger Jahre in den einzelnen Mitgliedsstaaten unterschiedlich ausgestaltet. Dies war der Anlass für den europäischen Gesetzgeber, den Schutz personenbezogener Daten in einer ersten grundlegenden europäischen Datenschutzrichtlinie zu regeln. Es handelt sich hierbei um die Richtlinie 95/46/EG

[29] So auch zutreffend Zscherpe in: Taeger, 2010, § 15 TMG, Rd-Nr. 55.

vom 24. Oktober 1995 zum Schutz natürlicher Personen bei der Verarbeitung personenbezogener Daten und zum freien Datenverkehr. Diese Richtlinie wurde am 2. Juli 2002 durch die Richtlinie 2002/58/EG über die Verarbeitung personenbezogener Daten und den Schutz der Privatsphäre in der elektronischen Kommunikation (sogenannte Datenschutzrichtlinie für elektronische Kommunikation) und durch die Richtlinie über die Vorratsdatenspeicherung[30] vom 15. März 2006 ergänzt. Diese Richtlinien sind in der Bundesrepublik Deutschland weitestgehend im Datenschutzgesetz (BDSG), dem Telemediengesetz (TMG) und den Länderdatenschutzgesetzen umgesetzt worden.

Eine bedeutsame Neuerung ergab sich durch das sogenannte Telekom-Paket der EU, genauer gesagt durch die Richtlinie 2009/136/EG vom 25. November 2009. Durch diese Richtlinie wurde eine für die Onlinebranche bedeutsame Änderung herbeigeführt, da sie zu einer Neufassung von Art. 5 Abs. 3 der Richtline 2002/58/EG (Datenschutzrichtlinie für elektronische Kommunikation) führte. Der neue Art. 5 Abs. 3 lautet wie folgt:

„Die Mitgliedsstaaten stellen sicher, dass die Speicherung von Informationen oder der Zugriff auf Informationen, die bereits im Endgerät eines Teilnehmers oder Nutzers gespeichert sind, nur gestattet ist, wenn der betreffende Teilnehmer oder Nutzer auf der Grundlage von klaren und umfassenden Informationen, die er gem. der Richtlinie 95/46/EG u.a. über die Zwecke der Verarbeitung erhält, seine Einwilligung gegeben hat. Dies steht einer technischen Speicherung oder dem Zugang nicht entgegen, wenn der alleinige Zweck der Durchführung der Übertragung einer Nachricht über ein elektronisches Kommunikationsnetz ist oder wenn dies unbedingt erforderlich ist, damit der Anbieter eines Dienstes der Informationsgesellschaft, der vom Teilnehmer oder Nutzer ausdrücklich gewünscht wurde, diesen Dienst zur Verfügung stellen kann."

Man bezeichnet diese Änderung der Datenschutzrichtlinie für elektronische Kommunikation auch als „Cookie-Law". Die wesentliche Änderung, die durch die Neufassung von Art. 5 Abs. 3 eingeführt wurde, dürfte darin bestehen, dass der Einsatz von Cookies („... die Speicherung von Informationen im Endgerät eines Teilnehmers"), nur gestattet ist, wenn der betreffende Teilnehmer „auf der Grundlage von klaren und umfassenden Informationen" seine Einwilligung gegeben hat.

Dabei stellt sich derzeit die Frage, wie der deutsche Gesetzgeber den Begriff „Information" auslegen wird. Beschränkt er den Begriff der „Information" auf den Begriff der „personenbezogenen Daten", so würde sich an der geltenden Rechtslage in Deutschland nichts ändern. Denn schon jetzt bedarf die Speicherung personenbezogener Daten, insbesondere in Cookies, der vorherigen Einwilligung des Nutzers. Folgt er aber dem eigentlichen Ziel der Richtline und fasst er den Begriff der „Information" weiter, wird dies dazu führen, dass die Speicherung sämtlicher Cookie-Inhalte zukünftig grundsätzlich einwilligungsbedürftig wäre, und zwar unabhängig davon, ob der Inhalt der Cookies personenbezogen ist oder nicht. Dies gilt freilich nur, wenn das Unternehmen seinen Sitz innerhalb der EU hat und auch dort Datenverarbeitung betreibt.

Welche Auswirkungen eine derart weite Auslegung der Richtlinie durch den deutschen Gesetzgeber hätte, liegt auf der Hand: Man kann davon ausgehen, dass die bei Weitem

---

[30] Richtlinie 2006/24/EG.

größte Zahl der Online-Nutzer eine solche Einwilligung nicht erteilen wird. Das gesamte Online-Marketing, insbesondere der Einsatz von Nutzerprofilen, wäre damit zukünftig, auch wenn die Daten nur anonym erstellt würden, abhängig von der Einwilligung des Nutzers. Aber nicht nur das: Schlechthin jeder Einsatz von Cookies im Online-Marketing wäre zukünftig einwilligungsbedürftig. Dann würden aber nicht nur das Behavioural Targeting, sondern auch andere Geschäftsmodelle im Online-Bereich nicht mehr funktionieren. Analytics-Programme wären ebenso undenkbar wie die Geschäftsmodelle des Performance-Marketing und vieles mehr. Es bleibt daher abzuwarten, wie der Gesetzgeber auf diese Neufassung des Art. 5 Abs. 3 der Richtline 2002/58/EG reagiert. Die Stellungnahme der Art. 29-Datenschutzgruppe zur Werbung auf Basis von Behavioural Targeting vom 22. Juni 2010[31] geht deutlich in Richtung einer weiten Auslegung der EU-Richtlinie. Bei der sogenannten „Art. 29-Datenschutzgruppe" handelt es sich um eine Arbeitsgruppe, die gem. Art. 29 der Richtlinie 95/46/EG eingesetzt wurde. Sie ist das unabhängige Beratungsgremium der Europäischen Union in Datenschutzfragen.[32]

6.4 Anonyme Nutzerprofile

6.4.1 Definition Nutzerprofil

Eine Definition des Begriffs „Nutzerprofil" findet sich erstaunlicherweise weder im TMG noch im BDSG. § 15 Abs. 3 TMG erlaubt einem Diensteanbieter jedoch zum Zwecke der Werbung und der Marktforschung sowie zur bedarfsgerechten Gestaltung der Telemediendienste die Erstellung von pseudonymisierten Nutzerprofilen, sofern der Nutzer nicht widerspricht.

Unter einem Nutzerprofil wird jede Art von systematisch zusammengefassten Nutzungsdaten verstanden, die Aussagen über das Verhalten und die Gewohnheiten eines Nutzers bei seiner konkreten Nutzung des jeweiligen Telemediendienstes enthalten.[33] Derartige Nutzungsprofile werden im Regelfall durch die Speicherung der Besuche bestimmter Seiten einer Website sowie der Folge der Klicks innerhalb einer Website erstellt. Üblicherweise erfolgt dies durch Einsatz von Cookies auf dem Rechner des Users. Insbesondere Anbieter von Behavioural-Targeting-Diensten erfassen über diese Art und Weise das Surfverhalten von Nutzern auf einer Website bzw. oft auch übergreifend, über mehrere Websites hinweg.

Unter „Werbung auf Basis von Behavioural Targeting" versteht man dabei Werbung, die auf der Beobachtung des Verhaltens von Personen über einen Zeitraum hinweg basiert. Werbung auf Basis von Behavioural Targeting versucht, die Charakteristika des Verhaltens

[31] WP 171.

[32] Die Stellungnahmen der Art. 29-Datenschutzgruppe sind abrufbar unter http://ec.europa.eu/justice_home/fsj/privacy/index_ee.htm.

[33] So zum Beispiel Zscherpe in: Taeger, 2010, § 15 TMG, Rd-Nr. 59.

durch die Handlungen (wiederholte Besuche von Websites, Interaktion, Schlüsselwörter, Produktion von Onlineinhalten usw.) zu untersuchen, um ein konkretes Nutzungsprofil zu erstellen und den betroffenen Personen dann Werbung zu senden, die auf ihre aus den Daten erschlossenen Interessen zugeschnitten ist.[34]

Die meisten Technologien, die Nutzungsprofile einsetzen, bedienen sich dabei einer Form der clientseitigen Verarbeitung. Sie nutzen dabei Informationen vom Browser und dem Endgerät des Nutzers. Die dabei wichtigste Tracking-Technologie, die für die Überwachung der Nutzer im Internet eingesetzt wird, basiert dabei auf sogenannten „Tracking-Cookies". Diese Cookies ermöglichen es, das Internetsurfverhalten eines Nutzers über einen kurzen oder längeren Zeitraum hinweg zu verfolgen. Einige Werbenetzwerke ersetzen dabei die herkömmlichen Tracking-Cookies zunehmend durch neuere Technologien, wie zum Beispiel Flash-Cookies. Solche Flash-Cookies können nicht über die normalen Datenschutzeinstellungen eines Web-Browsers gelöscht werden, sie werden deshalb problematischer beurteilt. Die Stellungnahme der Art. 29-Datenschutzgruppe weist darüber hinaus darauf hin, dass solche Flash-Cookies auch dafür eingesetzt werden können, herkömmliche Cookies zu ersetzen, die von der betroffenen Person gelöscht worden waren. Diese Praxis ist als „Respawning" bekannt geworden. Im Detail läuft die Technologie des Behavioural Targeting wie folgt ab:

Üblicherweise platziert der Betreiber eines Werbenetzwerkes einen sogenannten Tracking-Cookie auf dem Endgerät der betroffenen Person, wenn diese das erste Mal eine Website aufruft, die eine Werbung des Netzwerks einblendet. Dieser Cookie, eine kleine Datei, enthält einen in der Regel kurzen alphanumerischen Text, der durch den Betreiber des Netzwerks auf dem Endgerät der betroffenen Person gespeichert und später abgerufen wird. Im Zusammenhang mit der Werbung auf Basis von Behavioural Targeting ermöglicht es der Cookie dem Betreiber des Werbenetzwerks, einen ehemaligen Besucher zu erkennen, der die Website erneut besucht oder der eine andere Website besucht, die eine Partnerschaft mit dem Werbenetzwerk hat. Solche wiederholten Besuche ermöglichen es dem Betreiber des Werbenetzwerks, ein Nutzerprofil des Besuchers zu erstellen, das dann zum Einblenden personalisierter Werbung verwendet wird. Da diese Tracking-Cookies von einer anderen Partei als dem eigentlichen Webserver platziert werden, der den Hauptinhalt der Website darstellt, werden sie in der Regel als „Third-Party-Cookies" bezeichnet.

Die Cookies und damit auch die in ihnen enthaltenen Nutzerprofile haben in der Regel unterschiedliche Lebensdauern. Es gibt sogenannte „Session-Cookies", die also nur für eine kurze Zeit „leben" und nach dem Verlassen der konkreten Website wieder gelöscht werden. Häufiger sind aber „persistente" oder „dauerhafte" Cookies, die in der Regel beim Behavioural Targeting eingesetzt werden und üblicherweise ein Ablaufdatum besitzen, welches in der Zukunft liegt.[35]

[34] So die Art. 29-Datenschutzgruppe, 2010, WP 171, S. 5ff.

[35] Ausführlich dazu die Stellungnahme 2/10 der Art. 29-Datenschutzgruppe, 2010, WP 171, S. 7ff.

Das Unternehmen „Phorm" aus England ging dabei noch einen Schritt weiter. Es hatte über seine Technologie namens „Web Wise" eine Dienstleistung für Werbung auf Basis von Behavioural Targeting angeboten, das „Deep-Packet-Inspection" nutzt, um die von Internetnutzern besuchten Seiten zu untersuchen. Während ein einziges Werbenetzwerk normalerweise nur einen Teil des Internetsurfverhaltens der betroffenen Person überwachen kann, da die Tracking-Fähigkeit auf die Anbieter von Online-Inhalten beschränkt ist, mit denen es verlinkt ist, schaffte „Phorm" eine beinahe vollständige Überwachung, indem dieses Netzwerk eine Partnerschaft mit einem Internetdienstleister einging, um den Browserinhalt des Nutzers zu überwachen und Tracking-Cookies bei jedem unverschlüsselten Web-Verkehr einzufügen.

Die Art. 29-Datenschutzgruppe unterscheidet dabei zwischen zwei unterschiedlichen Formen von Nutzerprofilen: Sogenannte „prädiktive Profile" werden erstellt, indem das individuelle und das kollektive Nutzerverhalten über einen längeren Zeitraum hinweg beobachtet werden, insbesondere durch Überwachung der besuchten Seiten und der angesehenen und angeklickten Werbung, und daraus Rückschlüsse gezogen werden. Sogenannte „explizite Profile" werden dagegen aus personenbezogenen Daten erstellt, die die betroffenen Personen selbst beispielsweise bei der Registrierung an einen Webdienst liefern. Beide Ansätze können auch kombiniert werden. Darüber hinaus können prädiktive Profile später in explizite Profile umgewandelt werden, wenn beispielsweise eine Person Anmeldedaten für eine Website angibt. Werbenetzwerke erstellen üblicherweise prädiktive Profile, indem sie Tracking-Techniken, cookiebasierte Technologien und Data-Mining-Software miteinander kombinieren. Zum Beispiel das Geschlecht und die Altersgruppe können über die von der betroffenen Person besuchten Seiten und über die Werbung erschlossen werden, die von der betroffenen Person bevorzugt angeklickt wird. Ein Profil, das auf der Analyse der auf dem Endgerät der betroffenen Person gespeicherten Cookies basiert, kann mit Hilfe von erhobenen Daten angereichert werden, die von dem Verhalten von betroffenen Personen abgeleitet werden, die in anderen Zusammenhängen ähnliche Verhaltensmuster aufweisen.

6.4.2 Datenschutzrechtliche Beurteilung

Sofern Nutzerprofile anonym erstellt wurden, sind diese in datenschutzrechtlicher Hinsicht basierend auf der aktuellen Gesetzeslage in Deutschland nicht zu beanstanden. Besteht eine echte Anonymität, ist also die Re-Identifizierbarkeit eines Users ausgeschlossen, werden keine personenbezogenen Daten erhoben, so dass der Einsatz solcher anonymer Nutzerprofile rechtmäßig ist. Es finden weder die Bestimmungen des BDSG noch die des TMG Anwendung. Nach dem aktuellen Stand der Rechtslage in Deutschland bedarf der Einsatz von anonymen Nutzerprofilen insbesondere auch nicht der vorherigen Einwilligung des Nutzers. § 12 TMG fordert diese Einwilligung nur, wenn personenbezogene Daten erhoben werden.[36]

---

[36] Vergleiche auch Lerch et al., 2010, S. 454; Ott, 2009, S. 448.

Sofern in dem jeweiligen (anonymen) Tracking-Cookie keinerlei personenbezogene Informationen enthalten sind, bewegt sich der Einsatz dieses Cookies ebenfalls außerhalb des Anwendungsbereiches von § 12 TMG. Praktische Konsequenzen hat dies bei der Speicherung von IP-Adressen in dem jeweiligen Tracking-Cookie. Wie bereits dargelegt, handelt es sich nach der heute herrschenden Meinung bei IP-Adressen in der Regel um personenbezogene Daten. Dies gilt sowohl für statische als auch für dynamische IP-Adressen.[37]

6.4.3 Pseudonymisierte Nutzerprofile

Der Einsatz von pseudonymen Nutzerprofilen orientiert sich an § 15 Abs. 3 TMG. § 15 Abs. 3 TMG gestattet, wie bereits mehrfach erwähnt, die Erstellung von pseudonymisierten Nutzungsprofilen zum Zwecke der Werbung und Marktforschung sowie zur bedarfsgerechten Gestaltung der Telemediendienste, sofern der Nutzer dem nicht widerspricht. Die Anforderungen an ein Pseudonym sind an § 3 Abs. 6a BDSG zu orientieren. Danach kann das entsprechende Nutzungsprofil durchaus umfassende personenbezogene Informationen über einen Nutzer enthalten, sofern dieser ohne Kenntnis der Zuordnungsregel nicht mehr identifizierbar ist.

Der entsprechende Diensteanbieter, der die jeweilige Zuordnungsregel erstellt hat, verfügt allerdings über die theoretische Möglichkeit, den Nutzer zu Re-Pseudonymisieren. Dieser nachträglichen, missbräuchlichen Identitätsfeststellung des Nutzers aufgrund dieser bei dem jeweiligen Anbieter bestehenden Zuordnungsmöglichkeit beugt § 15 Abs. 3 Satz 3 TMG vor. Danach ist es untersagt, einmal erstellte Nutzungsprofile später mit den Daten über den Träger des Pseudonyms zusammenzuführen. Dies steht im Einklang mit dem Beschluss des sogenannten „Düsseldorfer Kreises" vom 26./27. November 2009. Es handelt sich hierbei um einen Beschluss der obersten Aufsichtsbehörden für den Datenschutz im nicht-öffentlichen Bereich. Der Düsseldorfer Kreis wies in seiner Erklärung noch einmal darauf hin, dass

- den Betroffenen eine Möglichkeit zum Widerspruch gegen die Erstellung von Nutzungsprofilen einzuräumen ist;
- die pseudonymisierten Nutzungsdaten nicht mit den Daten über den Träger des Pseudonyms zusammengeführt werden dürfen; sie müssen vielmehr gelöscht werden, wenn ihre Speicherung für die Erstellung der Nutzungsanalyse nicht mehr erforderlich ist oder der Nutzer dies verlangt;
- die Anbieter in deutlicher Form auf die Erstellung von pseudonymen Nutzungsprofilen auf die Möglichkeit zum Widerspruch im Rahmen ihrer Datenschutzerklärung auf ihrer Internetseite hinweisen müssen;
- personenbezogene Daten eines Nutzers nur mit einer Einwilligung erhoben werden dürfen;
- die Analyse des Nutzungsverhaltens unter Verwendung vollständiger IP-Adressen (einschließlich einer Geolokalisierung) aufgrund der Personenbeziehbarkeit dieser Daten

[37] Zu Letzterem allerdings anderer Meinung Moos in: Taeger, 2010, § 12 TMG, Rd-Nr. 7ff. unter Berufung auf ein Urteil des AG München, RDV 2009, S. 76.

nur mit einer bewussten und eindeutigen Einwilligung zulässig sei. Liege eine solche Einwilligung nicht vor, sei die IP-Adresse vor jeglicher Auswertung so zu kürzen, dass eine Personenbeziehbarkeit ausgeschlossen ist.

- Der Düsseldorfer Kreis wies weiter darauf hin, dass, sofern pseudonyme Nutzungsprofile durch einen Auftragnehmer erstellt werden, darüber hinaus die Vorgaben des Bundesdatenschutzgesetzes zur sogenannten Auftragsdatenverarbeitung durch die Anbieter anzuhalten sind.

6.5 Personenbezogene Nutzerprofile

Im Gegensatz zu den anonymen Nutzerprofilen erlauben die personenbezogenen Nutzerprofile einen Rückschluss auf den jeweiligen Nutzer, da die gesammelten Nutzungsdaten weder pseudonymisiert noch anonymisiert werden. Da die Nutzungsdaten dabei also mit den personenbezogenen Daten des Nutzers verbunden werden können, sind die personenbezogenen Nutzerprofile in rechtlicher Hinsicht anders zu beurteilen als die anonymen Nutzerprofile. Die dabei zu beachtenden Maßstäbe werden im Folgenden skizziert.

6.5.1 Rechtliche Anforderungen an die Einwilligung des Nutzers

Um personenbezogene Nutzerprofile in rechtlich zulässiger Weise erstellen zu können, reicht es nicht aus, dem Nutzer die Möglichkeit zum Opt-out anzubieten. Erforderlich ist vielmehr eine Einwilligung der entsprechenden Nutzer zur Erstellung derartiger Profile.

Die insofern einzuholende Einwilligung des Nutzers hat dabei gewissen Anforderungen zu entsprechen. Maßstab für online erteilte Einwilligungen ist dabei § 13 TMG.

Erforderlich ist demnach, dass der Diensteanbieter den Nutzer informiert über

- Art, Umfang und Zweck der Erhebung und Verwendung der Nutzungsdaten in Verbindung mit den Daten zur Person des Nutzers,
- eine eventuelle Übermittlung an Dritte (außerhalb der EU),
- das Einwilligungserfordernis für diese Nutzung durch den Nutzer,
- die jederzeitige Widerrufbarkeit der Einwilligung, wozu auch die Adresse, an welche der Widerruf gerichtet werden kann, mitzuteilen ist,
- die Tatsache, dass die Einwilligung vor Erhebung von Nutzungsdaten eingeholt werden muss sowie dass der Inhalt der Einwilligung jederzeit abrufbar sein muss und
- die Anforderungen des § 13 Abs. 2 TMG, denen zufolge die Einwilligung
  - bewusst und eindeutig,
  - protokolliert,
  - jederzeit abrufbar und
  - mit Wirkung für die Zukunft widerrufbar erfolgen muss.

Erforderlich ist demnach, dass der Nutzer eine informierte Einwilligung, einen sogenannten „Informed Consent", erteilt. Vor Erteilung der Einwilligung muss der Websitesbetreiber dem Nutzer also die vollständigen Informationen zu Art, Umfang und Zweck der Datenerhebung und Nutzung vollständig angeben sowie einen ausdrücklichen Hinweis auf die Widerrufbarkeit dieser Einwilligung geben. Werden diese Informationen nicht vor dem Erteilen der Einwilligungserklärung bereitgehalten, ist die Einwilligung unwirksam.

6.5.2 Form der Einwilligung

Die Form der Einwilligung kann in unterschiedlicher Weise ausgestaltet werden. Zu berücksichtigen ist dabei, dass gem. § 13 Abs. 2 Nr. 1 TMG die Einwilligung des Nutzers „bewusst und eindeutig" erteilt werden muss. Dies ist der Fall, wenn ein durchschnittlich verständiger Nutzer erkennen kann und muss, dass er rechtsverbindlich einer Verarbeitung seiner personenbezogenen Daten zustimmt.[38]

Bei der elektronisch erteilten Einwilligung ist insofern zu berücksichtigen, dass hinsichtlich des Mediums Internet gewisse technikspezifische Gefahren bestehen, die bei der Ausgestaltung der Form zu berücksichtigen sind. Teilweise wird in der Rechtsprechung die Ansicht vertreten, dass eine „bewusste und eindeutige Erteilung" der Einwilligung jedenfalls dann vorliegt, wenn der Übermittlungsbefehl in bestätigender Weise wiederholt wird.[39] Eine solche bestätigende Wiederholung wäre zum Beispiel gegeben, wenn ein Nutzer die Einwilligung zunächst aktiv durch das Setzen eines Häkchens erteilt und im Anschluss daran nochmals auf ein daraufhin erscheinendes Pop-up-Fenster zur Bestätigung klicken muss. Zum Teil wird allerdings auch bereits eine einmalige Handlung als ausreichend erachtet, zum Beispiel durch das einmalige Setzen eines Häkchens.[40]

Unserer Auffassung nach ist zwar der Übereilungsschutz beim Medium Internet zu berücksichtigen, da durch einfachen Tastendruck beziehungsweise bloßen Klick Erklärungen abgegeben beziehungsweise Handlungen vorgenommen werden. Dennoch muss es aber ausreichen, eine wirksame Einwilligung zu erteilen, indem einmalig ein entsprechendes Häkchen bei einer solchen Einwilligungserklärung gesetzt wird, ohne dass eine nochmalige Bestätigung erforderlich ist. Denn auch in diesem Fall kann der durchschnittlich verständige Nutzer, auf den bei dieser Beurteilung abzustellen ist, erkennen, dass er rechtsverbindlich in die Erhebung und Verarbeitung seiner personenbezogenen Daten einwilligt.

Zu berücksichtigen ist ferner, dass die Beweislast für das Vorliegen einer wirksamen Einwilligungserklärung bei dem Diensteanbieter liegt.[41] Dies bedeutet, dass der Diensteanbieter im Zweifelsfall in der Lage sein muss nachzuweisen, dass eine erteilte Einwilligung auch wirklich von dem namentlich benannten Nutzer abgegeben worden ist und nicht durch

[38] Vergleiche OLG Brandenburg CR, 2006, S. 490 und S. 492; Moos in: Taeger, 2010, § 13 TMG, Rd-Nr. 17.

[39] Vergleiche OLG Brandenburg CR, 2006, S. 490 und S. 492.

[40] Vergleiche Spindler und Schuster, TMG, § 13 Rd-Nr. 6.

[41] Zscherpe, MMG 2004, S. 723 und S. 725.

einen Dritten, der sich dessen Namen und Kontaktdaten bedient hat. Um dies im Zweifelsfall belegen zu können, sollten derartige elektronische Einwilligungen im Rahmen des sogenannten „Double-Opt-in"-Verfahrens eingeholt werden. Dabei muss die zuvor bereits durch das Setzen eines Häkchens online erteilte Einwilligung nochmals ausdrücklich bestätigt werden. Dies erfolgt in der Regel dadurch, dass der Diensteanbieter nach der Registrierung eine E-Mail an die bei der Registrierung angegebene E-Mail-Adresse versendet, in der ein Link zur Bestätigung der gemachten Angaben enthalten ist. Erst nachdem dieser Bestätigungslink angeklickt wurde, ist der Registrierungsvorgang erfolgreich abgeschlossen. Das Einholen einer Einwilligung durch dieses „Double-Opt-in"-Verfahren ist auch von den Gerichten als ausreichender Nachweis für eine wirksam erteilte Einwilligung angesehen worden.[42]

6.5.3 Einwilligung durch entsprechende Bestimmungen in Allgemeinen Geschäftsbedingungen beziehungsweise Datenschutzerklärungen

Die Vorschrift des § 13 Abs. 2 Nr. 1 TMG setzt nicht voraus, dass eine wirksame Einwilligungserklärung nur separat erteilt werden kann. Daher kann grundsätzlich die Einwilligung auch im Zusammenhang mit dem Akzeptieren von Allgemeinen Geschäftsbedingungen oder mit der Bestätigung einer Datenschutzerklärung erteilt werden.

Voraussetzung dafür ist allerdings, dass auf die damit verbundene Einwilligung zur Datenverarbeitung ausdrücklich gesondert und in hervorgehobener Weise hingewiesen wird.[43] In der Praxis sollte solch ein hervorgehobener Hinweis zugleich mit einem Hyperlink zu der entsprechenden Regelung in den Allgemeinen Geschäftsbedingungen verbunden werden. Die entsprechende Passage in den Allgemeinen Geschäftsbedingungen muss dann sämtliche der bereits zuvor genannten Bedingungen erfüllen, insbesondere also auch ausreichend konkrete Informationen zum Verwendungszweck sowie zur Widerrufsmöglichkeit enthalten.

Nicht ausreichend wäre es hingegen, in die Allgemeinen Geschäftsbedingungen eine derartige Einwilligungserklärung einzufügen, die nicht besonders hervorgehoben ist bzw. auf die nicht gesondert hingewiesen wird.[44]

Bei der Einbindung der Einwilligung in Allgemeine Geschäftsbedingungen sind zudem auch die in den §§ 305ff. BGB normierten Voraussetzungen zu beachten. In Bezug auf formularmäßig erklärte Einwilligungen in Werbung sind die Regelungen insbesondere auch der Inhaltskontrolle gem. § 307 BGB unterworfen. Eine Klausel ist nach § 307 Abs. 3 BGB

[42] Vergleiche zum Beispiel LG Berlin, K&R 2007, S. 430; AG München, MMR 2007, S. 473.

[43] Vergleiche Moos in: Taeger, 2010, § 13 TMG, Rd-Nr. 19; Habel, 2010, S. 722.

[44] So auch Moos in: Taeger, 2010, § 13 TMG, Rd-Nr. 19 mit Verweis auf LG Dortmund, JUR PC Web-Dok. 94/2008, Abs. 42.

unwirksam, wenn eine Bestimmung mit wesentlichen Grundgedanken der gesetzlichen Regelung, von der abgewichen wird, nicht zu vereinbaren ist.

In der bereits zitierten „Payback"-Entscheidung hat der BGH dazu festgestellt, dass eine „Opt-out"-Erklärung, mit der der Werbung unter Verwendung von E-Mail und SMS zugestimmt wird, den Regelungen des § 7 Abs. 2 Nr. 3 UWG widerspricht, der verlangt, dass die Einwilligung zu solchen Werbemaßnahmen mittels einer gesonderten Erklärung, also als „Opt-in"-Erklärung, erteilt wird.[45]

Bei der Erstellung von Nutzerprofilen erfolgt jedoch kein Versand von Werbung per SMS oder E-Mail an die Nutzer. Vielmehr wird lediglich personalisierte Werbung auf bestimmten Websites platziert, ohne dass die Nutzer auf anderen Kommunikationswegen direkt kontaktiert werden. § 7 Abs. 2 UWG gelangt insofern nicht zur Anwendung. Da auch andere gesetzliche Regelungen, von denen durch derartige Nutzerprofile abgewichen werden könnte, nicht ersichtlich sind, dürfte damit den Anforderungen der Inhaltskontrolle im Regelfall genüge getan sein.

6.5.4 Nutzung der vom Nutzer bei sozialen Netzwerken eingestellten Daten

Nachdem sich ein Nutzer bei einem sozialen Netzwerk wie zum Beispiel Facebook oder StudiVZ registriert hat, ist er in der Lage, selbst Informationen in sein Profil einzustellen, wie zum Beispiel eine Auflistung seiner Interessen und Hobbys, Angaben zu seinem Lebenslauf bzw. beruflichen Aktivitäten, Fotos, Links zu Videos etc. Insbesondere die Nutzung dieser vom Nutzer selbst eingestellten Daten ist für die Werbeindustrie interessant, da auf diese Art und Weise weitere aussagekräftige Informationen über die Interessen und Vorlieben der Nutzer gesammelt werden können, die es ermöglichen, Werbung zielgerichtet auf deren Seiten zu platzieren.

Bei diesen vom Nutzer selbst eingestellten Daten handelt es sich nicht um Bestandsdaten im Sinne des § 14 TMG, da diese Daten nicht für die Begründung, inhaltliche Ausgestaltung oder Änderungen des Vertragsverhältnisses zwischen dem Nutzer und dem Diensteanbieter erforderlich sind. Als Erlaubnisnorm für die Verarbeitung dieser Daten kommt vielmehr § 29 BDSG in Betracht, der die geschäftsmäßige Datenerhebung, Speicherung und Nutzung zum Zwecke der Übermittlung, insbesondere auch zu Webezwecken, regelt.

Zwar speichern die Social Communitys die Daten ihrer Nutzer bei der Registrierung zunächst einmal für eigene Zwecke, wofür § 28 Abs. 1 Satz 1 Nr. 1 BDSG als rechtliche Grundlage einschlägig ist. Die von den Nutzern selbst eingestellten Daten, die zum Abruf bereitgehalten und übermittelt werden, unterliegen aber dem Anwendungsbereich des § 29 BDSG, da dieses Datenmaterial nicht zur Erfüllung eigener Geschäftszwecke erforderlich ist.[46] In Betracht kommt der Erlaubnistatbestand des § 29 Abs. 1 Satz 1 Nr. 1 BDSG, wonach

[45] Vergleiche BGH, MMR 2008, S. 731 und S. 733ff. – „Payback".

[46] BGH, NJW 2009, S. 2888 und S. 2891 – „spickmich.de"; vergleiche auch Taeger, 2010, § 29 Rd-Nr. 13 m.w.N.

die Datenerhebung, Speicherung, Veränderung und Nutzung zulässig sind, wenn kein Grund zu der Annahme besteht, dass der Betroffene ein schutzwürdiges Interesse an dem Ausschluss der Erhebung, Speicherung oder Veränderung hat. Wenn die Daten direkt beim Betroffenen erhoben werden, ist davon auszugehen, dass ein derartiges schutzwürdiges Interesse nicht besteht, weil die betroffene Person von der Erhebung Kenntnis hat und die Preisgabe der Daten zudem auch verhindern könnte.[47] Dies ist bei sozialen Netzwerken, bei denen die Nutzer die Daten selbst in ihr Profil stellen, regelmäßig der Fall.

§ 29 BDSG legt hinsichtlich der rechtmäßigen **Erhebung, Speicherung und Nutzung** von personenbezogenen Daten die folgenden Voraussetzungen fest:

- Der Betreiber der Plattform muss über Art, Umfang und Zweck der Verarbeitung und Nutzung der Daten informieren,[48] wodurch zugleich eine Zweckbindung vorgenommen wird.
- Eine entsprechende Einwilligung des Betroffenen ist erforderlich.[49]
- Eine solche Einwilligung kann gem. § 29 Abs. 1 Satz 2 BDSG i.V.m. § 28 Abs. 3a BDSG elektronisch erklärt werden, soweit die bereits skizzierten Voraussetzungen eingehalten werden (insbesondere muss die elektronische Einwilligung protokolliert und jederzeit für den Betroffenen abrufbar sein und der Betroffene muss über die jederzeitige Widerrufbarkeit der Einwilligung informiert werden).
- Bereits **vor** Erteilung der Einwilligung muss der Betroffene über die jederzeitige Widerrufbarkeit der Einwilligung entsprechend § 13 Abs. 2 Nr. 4 a und Abs. 3 TMG informiert werden.
- Ferner muss die Einwilligung „bewusst und eindeutig" erfolgen, wozu es ausreichend sein dürfte, bei dem Setzen eines Häkchens auf die entsprechende Passage der AGBs durch Hyperlink zu verweisen.

Die Zulässigkeit der **Übermittlung** der Daten richtet sich hingegen nach § 29 Abs. 2 BDSG. Gemäß § 29 Abs. 2 BDSG ist die Zulässigkeit der Übermittlung an Dritte dabei an drei Voraussetzungen geknüpft:

- Die Übermittlung muss im Rahmen des bei der Datenerhebung festgelegten Zwecks erfolgen.
- Zudem muss der Dritte, an den die Daten übermittelt werden, ein berechtigtes Interesse an ihrer Kenntnis glaubhaft dargelegt haben.
- Ferner darf es keine Anhaltspunkte dafür geben, dass der Betroffene ein schutzwürdiges Interesse an dem Ausschluss der Übermittlung hat.

---

[47] Taeger in: Taeger und Gabel, § 29 Rd-Nr. 32; vergleiche auch zum Beispiel Ernst, 2010, S. 1917; Lerch et al., 2010, S. 454; Ott, 2009, S. 448.

[48] § 29 Abs. 1 Satz 2 BDSG i.V.m. § 28 Abs. 1 Satz 2 BDSG.

[49] § 29 Abs. 1 Satz 2 BDSG i.V.m. § 28 Abs. 3 BDSG.

Ein berechtigtes Interesse eines Dritten kann jedes von der Rechtsordnung nicht missbilligtes Interesse sein. Dies kann sowohl ein wirtschaftliches Interesse sein als auch ein ideelles, humanitäres oder sonstiges Interesse.[50]

Wie bereits dargelegt, ist im Regelfall ferner auch nicht von einem überwiegenden schutzwürdigen Interesse des Betroffenen auszugehen, welches zum Ausschluss der Übermittlung führen würde.

Gem. § 29 Abs. 4 BDSG sind dann bei der Verarbeitung und Nutzung der übermittelten Daten die Anforderungen des § 28 Abs. 4 und 5 BDSG zu beachten. Der Empfänger der übermittelten Daten hat daher die Zweckbindung bei der Verarbeitung zu berücksichtigen und darf die Daten dementsprechend nur für den Zweck verarbeiten und nutzen, der bei der Prüfung der Zulässigkeit der Übermittlung zugrunde gelegt wurde. Wenn der Betroffene der Verwendung für Zwecke der Werbung widersprochen hat, ist der Empfänger darauf hinzuweisen. Diese Sperrung ist dann auch vom Datenempfänger zu beachten. Unter Beachtung dieser Voraussetzungen ist demnach eine Nutzung der von dem Nutzer selbst eingestellten Daten zu Werbezwecken zulässig.

In der Regel erfolgt allerdings bei der Schaltung von personalisierter Werbung im Rahmen von sozialen Netzwerken bereits keine Übermittlung der personenbezogenen Daten an die Werbetreibenden, sondern diese definieren vielmehr unterschiedliche Zielgruppen, an welche die personalisierte Werbung ausgeliefert werden soll. Dafür ist aber die Übermittlung der personenbezogenen Daten an sich nicht erforderlich, so dass diese bei dem Diensteanbieter verbleiben und ausschließlich von diesem erhoben, gespeichert und genutzt werden. Dies hat zur Folge, dass der Diensteanbieter als verantwortliche Stelle i. S. d. § 3 Abs. 7 BDSG für die Einhaltung der datenschutzrechtlichen Bestimmungen verantwortlich ist.

6.6 Zusammenfassung

Als Fazit kann festgehalten werden, dass es für die datenschutzrechtliche Beurteilung eines Nutzerprofiles entscheidend darauf ankommt, welchen Inhalt das jeweilige Nutzerprofil hat. Dies gilt unabhängig von der Frage, wo ein solches Nutzerprofil eingesetzt wird, ob der Einsatz also „nur" auf der Website eines Anbieters geschieht oder innerhalb eines sozialen Netzwerkes (oder wie beim „Like-Button" von Facebook sogar plattformübergreifend). Von wesentlicher Bedeutung für die datenschutzrechtliche Beurteilung ist in erster Linie die Frage, ob ein Nutzerprofil personenbezogene Inhalte beinhaltet oder nicht. Fehlt es an einer Personenbeziehbarkeit, werden also anonyme Nutzerprofile erstellt, bewegt sich der Nutzer eines solchen Systems außerhalb des Datenschutzrechtes. Er ist dann nach dem derzeitigen Stand der Rechtsprechung nicht an die Bestimmungen des BDSG oder des TMG gebunden. Dies gilt auch für solche Nutzerprofile, die erst durch die Einschaltung eines „Anonymizers" anonym geworden sind. Werden dagegen in einem Nutzerprofil personenbezogene Daten gespeichert, zum Beispiel die IP-Adresse, gelten uneingeschränkt die

[50] Weichert in: Däubler et al., 2010, BDSG § 29, Rd-Nr. 32.

Bestimmungen des BDSG und insbesondere des TMG. Die untenstehende Tabelle fasst die zentralen Prüfungsschritte für die Anwendbarkeit der jeweiligen datenschutzrechtlichen Vorgaben und der sich daraus ergebenden Einwilligungsregelung nochmals zusammen.

Tabelle 6.1: Überblick über die Anwendbarkeit des BDSG und des TMG bei Nutzerprofilen

	Anwendbarkeit	Einwilligung erforderlich?
Anonymes Profil	Weder BDSG noch TMG	Weder Opt-in noch Opt-out
Pseudonymes Profil	§ 15 TMG Abs. 3, BDSG	Opt-out
Personenbezogenes Profil	BDSG, TMG	Opt-in

Literatur

Alle Gesetze zum Thema Datenschutz: http://www.datenschutz.de/recht/gesetze/.

Artikel-29-Datenschutzgruppe (2000): Arbeitsdokument Privatsphäre im Internet – Ein integrierter EU_Ansatz zum Online-Datenschutz. http://ec.europa.eu/justice/policies/privacy/docs/wpdocs/2000/wp37de.pdf.

Artikel-29-Datenschutzgruppe (2007): Stellungnahme 4/2007 der Artikel-29-Datenschutzgruppe zum Begriff „personenbezogene Daten". http://ec.europa.eu/justice/policies/privacy/docs/wpdocs/2007/wp136_de.pdf.

Artikel-29-Datenschutzgruppe (2010): Stellungnahme 2/2010 der Artikel-29-Datenschutzgruppe zur Werbung auf Basis von Behavioural Targeting. http://ec.europa.eu/justice/policies/privacy/docs/wpdocs/2010/wp171_de.pdf.

Bäumler, H./Breinlinger, H. (2001): Datenschutz von A bis Z, Neuwied: Luchterhand.

Buchner, B. (2010): Kommentierung der §§ 2, 3, 27, 31, 45, 46 BDSG, in: Taeger, J./Gabel, D.: Kommentar zum BDSG und zu den Datenschutzvorschriften des TKG und TMG, Frankfurt a. M.: Recht und Wirtschaft.

Dammann, U.: Kommentierung von § 3 Rd-Nr. 63, in: Simitis, S. (2006): Bundesdatenschutzgesetz, 6. Auflage, Baden-Baden: Nomos.

Däubler, W./Klebe, T./Wedde, P./Weichert, T. (2010): Bundesdatenschutzgesetz – Kompaktkommentar zum BDSG und anderen Gesetzen, 3. Auflage, Frankfurt a. M.: Bund.

Direkter Link zu BDSG: http://www.gesetze-im-internet.de/bdsg_1990/.

Direkter Link zu TMG: http://www.gesetze-im-internet.de/tmg/.

Ernst (2010: Social Plugins – Der „Like"-Button als datenschutzrechtliches Problem, NJOZ 2010.

Gola, P./Schomerus, R. (2009): BDSG Bundesdatenschutzgesetz: Kommentar, 10. Auflage, München: Beck.

Habel (2010): Digitale Evolution – Herausforderungen für das Informations- und Medienrecht, in: Taeger, J. (Hrsg.): Digitale Evolution – Herausforderungen für das Informations- und Medienrecht, Tagungsband Herbstakademie DSRI 2010.

Hoeren, T. (2010): Internetrecht. http://www.uni-muenster.de/Jura.itm/hoeren/materialien/Skript/Skript_Internetrecht_September%202010.pdf.

Jotzo, F. (2009): Gilt deutsches Datenschutzrecht auf für Google, Facebook & Co. bei grenzüberschreitendem Datenverkehr?, MultiMedia und Recht 2009, S. 232–237.

Lerch, H./Krause, B./Hotho, A./Roßnagel, A./Stumme, G. (2010): Social Bookmarking-Systeme – die unerkannten Datensammler – Ungewollte personenbezogene Datenverabeitung?, MultiMedia und Recht 2010, S. 7.

Meyerdierks, P.: Sind IP-Adressen personenbezogene Daten? MultiMedia und Recht 2009, S. 8.

Ott, J. (2009): Schutz der Nutzerdaten bei Suchmaschinen – Ich weiß, wonach du letzten Sommer gesucht hast …, MultiMedia und Recht 2009, S. 42.

Roßnagel, A./Scholz, P. (2000): Datenschutz durch Anonymität und Pseudonymität – Rechtsfolgen der Verwendung anonymer und pseudonymer Daten. MultiMedia und Recht 2000, S. 721–731.

Taeger, J. (2010): Kommentar zum BDSG – und zu den Datenschutzvorschriften des TKG und TMG, Verlag und Recht und Wirtschaft, Frankfurt a. M.: Recht und Wirtschaft,

Prof. Dr. Ralf B. Abel
Fachhochschule Schmalkalden

7 Zulässigkeit von Online-Marketing auf der Basis von Erkenntnissen aus sozialen Netzwerken

7.1 Überblick

Soziale Netzwerke und sonstige offene Internetquellen sind für Werbetreibende von besonderem Interesse. Sie enthalten zum einen vielfältige Informationen, die über Vorlieben und Interessen der Nutzer sehr genaue Auskunft geben und sowohl einzeln als auch im Wege der Verknüpfung eine individuell zugeschnittene Werbeansprache ermöglichen. Zum anderen kann, da sie der Nutzer selbst eingegeben hat, von der Richtigkeit der meisten Daten ausgegangen werden. Wer sich nicht für Fußball interessiert, wird dies auch nicht als sein Hobby angeben oder mit Freunden und Bekannten darüber im Internet fachsimpeln. Es gibt also zwei gewichtige Gründe, Online-Werbekampagnen auf Informationen aufzubauen, die aus diesen Quellen stammen. Einer derartigen Nutzung stehen allerdings erhebliche datenschutzrechtliche Hindernisse entgegen. Sowohl die öffentlichen Datenschutzbeauftragten als auch die Verbraucherverbände wenden sich entschieden gegen die Nutzung von Daten durch Dienste wie Google, Facebook und andere. Sie kritisieren vor allem die Erstellung von Persönlichkeitsprofilen, „deren Nutzung dem Netznutzenden ein Mysterium bleibt“.[1] Das gilt erst recht für Kontaktprofile von Nichtnutzern, wie sie etwa Facebook vornimmt.[2] Der Gesetzgeber verfolgte bereits mit den Novellen des BDSG im Jahr 2009 unter anderem das Ziel, einem als grenzenlos empfundenen Datenhandel und einer entsprechenden Datennutzung Einhalt zu gebieten und für den Betroffenen mehr Transparenz zu schaffen. Im Mittelpunkt der gesetzgeberischen Überlegungen stand dabei das Informations- und Kontrolldefizit des Einzelnen, der den Verbleib und die Verknüpfung seiner personenbezogenen Daten nicht mehr nachvollziehen kann.

Bei der Nutzung der sozialen Netzwerke und ähnlicher internetgestützter Dienste hinterlässt der Nutzer zahllose Informationen, die Aufschluss über Freizeitgestaltung, Konsumverhalten, politische und religiöse Ansichten, die Privatsphäre und das private Umfeld geben. Meist ist allerdings unklar, wer diese Daten sammelt, wo sie gespeichert werden, wer unter welchen Voraussetzungen auf sie zugreifen darf und wem sie unter welchen Voraussetzungen und für welche Zwecke weitergegeben werden. Hinzu kommt: Das Internet ist global. Dabei haben Persönlichkeitsrechte in Bezug auf Daten in den verschiedenen Rechtskulturen der Welt einen unterschiedlichen Stellenwert. Außereuropäisch ist vieles erlaubt, was in Europa unzulässig wäre. Die Durchsetzung deutscher oder europäischer Rechtsvorstellungen ist schon für eine einflussreiche Staatengemeinschaft wie die EU nicht oder nur schwer möglich, wie die Beispiele Verarbeitung von Fluggastdaten oder Zugriff auf Bankdaten (SWIFT) belegen. Der Einzelne ist oder fühlt sich hier machtlos. Dies wiederum führt zu heftigen öffentlichen Reaktionen, beispielsweise gegenüber Google Street View, und in deren Folge zu einer oft restriktiven Haltung von Datenschutzaufsichtsbehörden und auch von politischen Instanzen. Beides wirkt sich wiederum auf die Gestattung von Marketingmaßnahmen innerdeutsch, aber auch im europäischen und nationalen Kontext aus.

---

[1] Weichert, Datenschutz beim Online-Marketing, www.datenschutzzentrum.de/Material/Themen/Divers/onlmark.htm.

[2] Vergleiche Hamburgischer Beauftragter für Datenschutz und Informationsfreiheit vom 8. April 2010, veröffentlicht durch Senatskanzlei Hamburg, Quelle: Juris.

In gesetzgeberischer Hinsicht sind neuerdings auch die Aktivitäten des Europarats zu berücksichtigen. Am 30.11.2010 hat das Ministerkomitee eine neue Empfehlung zu Profiling und Datenschutz verabschiedet, die sich an alle 47 Mitgliedsstaaten des Europarats richtet und die Grundlage für die Modernisierung des Übereinkommens zum Schutz des Menschen bei der automatischen Verarbeitung personenbezogener Daten (Konvention 108) bilden soll. Ziel ist unter anderem die Gewährleistung eines wirksamen Datenschutzes von Personen und die Schaffung fairer Verfahren in Situationen, in denen große Datenmengen verarbeitet werden, wie etwa bei der Aufzeichnung über Kundengewohnheiten. Targeting-Maßnahmen sollen beispielsweise angemessene Informationen für den jeweiligen Nutzer enthalten.[3]

7.2 Rechtsrahmen - Gesetzliche Grundlagen

7.2.1 Wesentliche Rechtsvorschriften

Im deutschen Recht richtet sich die datenrechtliche Zulässigkeit des Online-Marketing in erster Linie nach dem Bundesdatenschutzgesetz (BDSG), das im Allgemeinen für jede Verwendung personenbezogener Daten durch nichtöffentliche Stellen und damit auch für die Datenverarbeitung in der Wirtschaft gilt.

Neben den Bestimmungen des BDSG kommen für die Nutzung online erhobener Daten für Marketingzwecke auch die bereichsspezifischen Vorschriften des Telemediengesetzes (TMG) in Betracht. Dessen Datenschutzbestimmungen[4] gehen den allgemeinen Vorschriften des BDSG vor.[5] Sie sind anwendbar auf Telemedien. Darunter sind alle elektronischen Informations- und Kommunikationsdienste zu verstehen, die nicht ausschließlich der Telekommunikation oder dem Rundfunk dienen.[6] Hierzu gehören Suchmaschinen, Online- Rollenspiele (beispielsweise „Second-Life") und nicht zuletzt soziale Netzwerke.

Weitere bereichsspezifische Normen, die bei Marketingmaßnahmen zu beachten sein können, sind Vorschriften des Telekommunikationsgesetzes (TKG) und des Wettbewerbsrechts im UWG. Sie sind als eine gesonderte Rechtsmaterie nicht Gegenstand dieses Beitrags.

[3] Council of Europe CM/Rec. (2010) 13E/23 November 2010, https://wcd.coe.int/wcd/ViewDoc.jsp?id=1710949&Site=CM&BackColorInternet=C3%20C3C3&BackColorIntranet=EDB021&BackColorLogged=F5D383.

[4] §§ 11ff. TMG.

[5] § 1 Abs. 3 BDSG i. V. m. § 12 Abs. 4 TMG.

[6] § 1 Abs. 1 TMG.

7.2.2 Zusammenspiel nationaler und internationaler Normen

Allgemeines

Online-Marketing und insbesondere Targeting beschränken sich nicht auf nationale Grenzen, sondern finden ihrer Natur nach vielfach in grenzüberschreitenden Bezügen statt. Medienagenturen, Websitesbetreiber, Werbetreibende, Nutzer und Werbevermittlungsdienste können in unterschiedlichen Staaten, innerhalb und außerhalb der EU, tätig werden. So kann beispielsweise der Vermittlungsdienst in Deutschland seinen Sitz haben, die Verarbeitung ganz oder teilweise in Spanien durchführen, der Werbekunde eine niederländische Firma sein und der End-User von seiner österreichischen Ferienwohnung aus surfen.

Tracking und Advertising sind ebenso global wie das Internet. Auf **weltweiter** Ebene gibt es freilich **kein** allgemein verbindliches Datenschutzrecht. Anknüpfungspunkt ist vielmehr das jeweilige nationale Recht, dessen Anwendbarkeit durch die allgemein anerkannten Kollisionsregeln im Einzelfall bestimmt wird. Diese sind allein maßgeblich, da sich die Anwendbarkeit eines bestimmten nationalen Datenschutzrechtes nicht vertraglich vereinbaren lässt.[7]

Das gilt im Grundsatz auch für die **Europäische Union**.

Anwendbarkeit des BDSG im europäischen Kontext

Die Europäische Union hat einen für ihre Mitgliedsstaaten verbindlichen **Rechtsrahmen** für den Datenschutz in Form von **Richtlinien** geschaffen, die den Datenschutz allgemein und bei elektronischer Kommunikation regeln (Datenschutz-Richtlinie – DSRL –[8] und E-Kommunikations-Datenschutzichtlinie[9]). Weitere Richtlinien, das sogenannte „Telekom-Paket", beinhalten eine europäische Telekommunikationsrahmengesetzgebung und enthalten mittelbar auch datenschutzrechtliche Bestimmungen mit Auswirkungen auf die Werbewirtschaft. Diese Richtlinien verpflichten die nationalen Gesetzgeber zu einer inhaltlich deckungsgleichen Umsetzung in die jeweilige einzelstaatliche Rechtsordnung.

Der **Anknüpfungspunkt** des europäischen und deutschen Datenschutzrechts ist die **„verantwortliche Stelle"**. Das ist jede Person oder Stelle, die die datenschutzrelevante Handlung für sich selbst oder durch andere im Auftrag vornehmen lässt[10] oder, in der Terminologie der DSRL, wer die Entscheidungsgewalt über den Zweck und die Mittel der Datenverarbeitung hat.[11] Damit besteht das maßgebliche Anknüpfungsmerkmal darin, dass eine Stelle **Verfügungsmacht** über Daten besitzt.

---

[7] Art. 27, 28 EGBGB.

[8] Die wichtigste und hier daher hauptsächlich in Bezug genommene ist die allgemeine EU-Datenschutz-Richtlinie: RL 95/46/EG vom 24. Oktober 1995 zum Schutz natürlicher Personen bei der Verarbeitung personenbezogener Daten und zum freien Datenverkehr, ABl. EG Nr. L 281 vom 23. November 1995, S. 31.

[9] Richtlinie 2002/58/EG vom 12. Juli 2002 über die Verarbeitung personenbezogener Daten und den Schutz der Privatsphäre in der elektronischen Kommunikation (Datenschutzrichtlinie für elektronische Kommunikation).

[10] § 3 Abs. 7 BDSG.

[11] Art. 2 Abs. 1d.

Das **BDSG** beruht, ebenso wie die anderen Vorschriften zum Datenschutz, auf dem **Territorialprinzip**. Jede verantwortliche Stelle, die **in Deutschland** personenbezogene Daten erhebt, verarbeitet oder nutzt, unterliegt daher grundsätzlich dem deutschen Recht.

Freilich relativiert Art. 4 der EU-DSRL dieses an sich geltende Territorialprinzip durch ein **modifiziertes Sitzprinzip**. Die internationale Anwendbarkeit des BDSG ist entsprechend in dessen § 1 Abs. 5 geregelt, der der Umsetzung der DSRL dient. Die Bestimmung legt einerseits fest, wann das BDSG bei grenzüberschreitenden Sachverhalten innerhalb der EU/des EWR anwendbar ist und zum anderen, unter welchen Voraussetzungen das BDSG für Sachverhalte gilt, bei denen die verantwortliche Stelle ihren Sitz in einem Drittland hat. Es handelt sich damit um eine spezialgesetzliche Kollisionsnorm, die in ihrem Anwendungsbereich den allgemeinen Kollisionsnormen vorgeht.[12]

Danach richten sich bei Tätigkeiten ausländischer Stellen aus anderen Mitgliedstaaten im Inland die anzuwendenden nationalen Vorschriften nicht nach dem am Ort des Datenumgangs geltenden Recht, sondern nach dem Recht des Ortes, an dem die hierfür verantwortliche Stelle ihren Sitz hat. Dies gilt jedenfalls immer dann und so lange, wie die auswärtige Stelle keine Niederlassung im Inland hat. Mit dieser Regelung soll erreicht werden, dass ein international tätiges Unternehmen sich nicht mit vielen unterschiedlichen Datenschutzrechten auseinandersetzen muss, sondern sein Handeln an den gewohnten heimischen Bestimmungen ausrichten kann.

Anwendbarkeit des TMG im europäischen Kontext

Die internationale Anwendbarkeit des TMG für den Bereich des Datenschutzrechts ergibt sich aus den allgemeinen Kollisionsregeln. Das folgt aus Art. 1 Abs. 5b der E-Commerce-Richtlinie und stellt sicher, dass das durch die DSRL harmonisierte Datenschutzrecht der Mitgliedstaaten von den Bestimmungen der E-Commerce-Richtlinie unberührt bleibt.[13] Die Anwendung der in §§ 11ff. TMG enthaltenen Datenschutzvorschriften richtet sich daher nicht nach dem sonst im TMG vielfach geltenden Herkunftslandprinzip, sondern – mangels bereichsspezifischer Sondervorschriften – nach den allgemeinen Kollisionsvorschriften und damit nach § 1 Abs. 5 BDSG.[14]

Rechtsanwendung bei grenzüberschreitenden Sachverhalten

Es ist damit auf Sachverhalte mit Auslandsberührung folgendes Recht anzuwenden:

Innerhalb Deutschlands sind grundsätzlich die Datenschutzvorschriften des BDSG und TMG anwendbar, wenn verantwortliche Stellen personenbezogene Daten in Deutschland erheben, verarbeiten oder nutzen.[15] Unter verantwortlicher Stelle ist dabei eine natürliche

[12] Simitis und Dammann, 2006, § 1 Rn. 216.

[13] Richtlinie 2000/31/EG vom 8. Juni 2000 über bestimmte rechtliche Aspekte der Dienste der Informationsgesellschaft, insbesondere des elektronischen Geschäftsverkehrs, im Binnenmarkt („Richtlinie über den elektronischen Geschäftsverkehr"), Amtsblatt Nr. L 178 vom 17.07.2000, S. 1.

[14] Taeger und Gabel-Moos, 2010, Rn. 11.

[15] § 1 Abs. 2 BDSG.

oder juristische Person im Sinne einer eigenständigen juristischen Einheit zu verstehen, die ihren Sitz im Inland hat.

Bei grenzüberschreitender Datenverwendung gilt – in Deutschland wie auch in allen anderen Mitgliedsländern – das Territorialprinzip dann, wenn die in einem anderen EU-Staat tätige Stelle eine **Niederlassung** im **Inland** hat und von dieser Niederlassung aus agiert. Für die Datenerhebung, -verarbeitung und -nutzung durch diese Niederlassung gilt dann wieder deutsches Datenschutzrecht nach BDSG und TMG. Von einer Niederlassung ist dann auszugehen, wenn die Tätigkeit effektiv und tatsächlich von einer festen Einrichtung ausgeübt wird, ohne dass es auf die Rechtsform ankommt.[16] Eine Niederlassung besteht also überall dort, wo der Verantwortliche tatsächlich und effektiv seine Tätigkeit mittels einer festen Einrichtung ausübt. Wenn beispielsweise ein Unternehmer in seinem Büro in Hamburg Services plant und erstellt, die er von dort aus über das Internet europaweit verbreitet, so ist anerkannt, dass der Schwerpunkt seiner wirtschaftlichen Tätigkeit in Hamburg liegt, selbst wenn er hierzu einen Server in Spanien benutzt und seine Website weltweit aufgerufen werden kann.

Unterhält hingegen ein Unternehmen aus einem EU-Mitgliedstaat **keine Niederlassung** in Deutschland, gilt für seine Tätigkeit das Datenschutzrecht seines Sitzlandes. Das hat zur Folge, dass ein Dienstleister mit Sitz in London, der ausschließlich von dort aus agiert, für seine Tätigkeit in Deutschland nach britischem Datenschutzrecht zu beurteilen ist, während ein Hamburger Unternehmen, das seinerseits im Vereinigten Königreich ohne dortige Niederlassung tätig wird, deutschem Datenschutzrecht unterliegt. Hintergrund dieser Regelung ist die Vermutung, dass durch die von der DSRL angestrebte Vollharmonisierung des europäischen Datenschutzrechts in allen Mitgliedstaaten einheitliche Standards herrschen. Die Realität sieht oft anders aus, was die Kommission gegenwärtig zum Anlass für eine Überarbeitung der DSRL nimmt. Es bleibt abzuwarten, welche gesetzgeberische Konsequenz die EU aus der gegenwärtig unbefriedigenden Situation ziehen wird.

Anbieter mit Sitz **außerhalb der EU/des EWR** unterliegen den Regelungen von BDSG und TMG, wenn sie personenbezogene Daten in Deutschland erheben, verarbeiten oder nutzen, sofern nicht nur ein Datentransit durch das Inland durchgeführt wird.[17] Datenerhebung setzt dabei aktives Tun voraus, beispielsweise die Aufnahme von Häusern im Rahmen des Dienstes Google Street View. Daten werden erhoben, wenn sie gezielt für einen Zweck erfasst werden. Empfängt dagegen ein Anbieter unaufgefordert personenbezogene Daten, etwa per E-Mail, so unterliegen diese zunächst nicht dem BDSG, sondern erst dann, wenn der Anbieter die Daten in einer Datenbank speichert und sie damit verarbeitet.

Im Inland werden Daten dann „erhoben", wenn die verantwortliche Stelle auf Mittel zurückgreift, die sich im Hoheitsgebiet des betreffenden Mitgliedstaats befinden. Als Mittel in diesem Sinne gelten auch die von den inländischen Nutzern verwendeten Computer. Es ist überwiegend anerkannt, dass der im Drittland niedergelassene Verantwortliche den

[16] DSRL, Erwägungsgrund 19.

[17] § 1 Abs. 5 Satz 4 BDSG.

hierzu erforderlichen Einfluss auf den PC der Nutzer dann ausübt, wenn er sich personenbezogene Daten mit Hilfe von Cookies beschafft.[18] Das ist freilich nicht unumstritten.

Dem wird entgegengehalten, dass bei weltweit erreichbaren Internetangeboten dem Verantwortlichen nicht zugemutet werden könne, alle in Betracht kommenden Datenschutzrechte zu beachten. Auch müsse einem inländischen Nutzer klar sein, dass er sich in fremdem Rechtsraum bewege und deshalb nicht darauf vertrauen könne, dass seine nationalen Datenschutzstandards eingehalten würden. Von anderen wird die Sicht vertreten, dass sich das vom User genutzte Angebot an dessen Aufenthaltsstaat beziehungsweise an dessen Heimatmarkt richten müsse, um, wenn es sich dabei um Deutschland handelt, das BDSG anwendbar zu machen.

Insoweit lässt sich feststellen, dass die Anwendbarkeit eines bestimmten Rechts und insbesondere der Bestimmungen von BDSG und TMG für solche Sachverhalte noch nicht endgültig geklärt ist, bei denen ein Anbieter in einem Drittstaat Daten erhebt, speichert und nutzt, die von Usern in Deutschland eingegeben werden.

7.3 Datenschutzrechtliche Beurteilung

7.3.1 Personenbezug der verwendeten Daten

Ein nach wie vor ungelöstes Problem ist die Frage, ob, wann und wo beim Online-Marketing personenbezogene Daten verwendet werden. Diese Frage ist deshalb vorrangig, weil die Bestimmungen des BDSG und des TMG grundsätzlich nur auf personenbezogene Daten anwendbar sind. Fehlt dieses Merkmal, sind die Vorschriften dieser Gesetze nicht anwendbar.

Nach § 3 Abs. 1 BDSG sind personenbezogene Daten Einzelangaben über persönliche oder sachliche Verhältnisse einer bestimmten oder bestimmbaren natürlichen Person. Personen**bezug** besteht immer dann, wenn eine Person anhand eindeutiger Merkmale identifiziert werden kann, beispielsweise durch Namen und Adresse. Personen**beziehbarkeit**, die rechtlich dem Personenbezug gleich steht, gilt dann als gegeben, wenn aus den vorhandenen Daten auf eine bestimmte Person rückgeschlossen werden kann, mithin wenn eine natürliche (und im Bereich des Telekommunikationsgesetzes auch juristische) Person mittelbar identifizierbar ist. Dies könnte über Bilder, Wohnadressen, berufliche Tätigkeit und viele andere Parameter der Fall sein. Der Begriff der Personenbeziehbarkeit ist allerdings relativ, das heißt, er hängt davon ab, ob die verantwortliche Stelle sich das zur Identifizierung notwendige Zusatzwissen mit zumutbarem oder verhältnismäßigem Aufwand verschaffen kann. So ist beispielsweise die bloße Kenntnis von Kontonummer und Bankleitzahl, sofern diese nicht über Briefköpfe oder das Internet gefunden werden können, für ein Unterneh-

[18] Art. 29-Datenschutzgruppe, Arbeitspapier über die internationale Anwendbarkeit des EU-Datenschutzrechts bei der Verarbeitung personenbezogener Daten im Internet durch Websites außerhalb der EU (2002, WP 56, vom 30.05.2001, S. 11f.).

men ein Datum ohne Personenbezug. Für die Bank des Betroffenen handelt es sich hingegen um ein personenbezogenes Datum, weil die Bank aus diesen Angaben ohne Weiteres den Kontoinhaber ermitteln kann.

Für die Internetwirtschaft entscheidend ist die Frage, ob die Kenntnis einer IP-Adresse zur Personenbeziehbarkeit führt. Diese Frage ist zurzeit rechtlich noch ungeklärt. Auf der einen Seite wird ins Feld geführt, dass einem „normalen" Unternehmen keine hinreichenden Möglichkeiten zur Verfügung stehen, IP-Adressen auf eine bestimmte Person zurückzuführen. Dieser Umstand erschwert es beispielsweise den Rechteinhabern, Urheberrechtsverletzungen zu verfolgen, die im Internet durch nicht lizensierte Weitergabe geschützter Werke begangen wurden. Hier sehen sich die Rechteinhaber oft gezwungen, über staatsanwaltschaftliche Ermittlungsverfahren oder gerichtliche Herausgabeverlangen an die hinter den IP-Adressen stehenden Verletzer heranzukommen. Auf der anderen Seite steht die Auffassung, wonach statische und auch dynamische IP-Adressen letztlich den Effekt einer postalischen Anschrift hätten und deshalb immer eine Personenbeziehbarkeit herstellten. Diese Auffassungen vertreten vor allem die deutschen Aufsichtsbehörden für den Datenschutz und, diesen folgend, auch die auf europäischer Ebene eingerichtete Datenschutz-Arbeitsgruppe nach Art. 29 DSRL.

In der Rechtsprechung hatten zunächst Amtsgerichte in München und Berlin diese Frage entgegengesetzt beurteilt. In der Schweiz schloss sich das Schweizer Bundesgericht angesichts einer vergleichbaren Gesetzeslage der Auffassung an, dass es sich bei IP-Adressen um Personendaten handele.[19] Demgegenüber entschied das OLG Hamburg, dass IP-Adressen keinen Personenbezug im Sinne des deutschen Datenschutzrechts aufweisen.[20] Für das OLG Hamburg steht eindeutig fest, dass bei „IP-Adressen ein Personenbezug mit normalen Mitteln ohne weitere Zusatzinformationen nicht hergestellt werden" kann, da der Personenbezug erst durch die seitens einer Staatsanwaltschaft angeforderte oder zum Beispiel § 101 Abs. 8 UrhG gerichtlich angeordnete Auskunft des Providers ermöglicht wird. Hierbei beruft sich der Senat ausdrücklich auf die Entscheidung des Bundesgerichtshofs zur Haftung für ein offenes WLAN, in welcher der BGH die Ermittlung der IP-Adresse ausdrücklich als rechtmäßig angesehen hatte.[21]

Folgt man der Ansicht des OLG Hamburg und wendet sie auf den Einsatz von Tracking-Tools an, kann dies nur bedeuten, dass für den normalen Websitebetreiber, der über keinerlei Zusatzinformationen verfügt, eine IP-Adresse kein personenbezogenes Datum ist, wenn der Seitenbetreiber oder die mit ihm verbundenen sonstigen Dienstleister nicht über die Möglichkeit verfügen, sich die zur Re-Identifizierung erforderlichen Zusatzinformationen mit zumutbarem technischem oder finanziellem Aufwand zu beschaffen. Bei Bewertungsportalen und sozialen Netzwerken ist eine solche Annahme hingegen weniger naheliegend, da dort umfangreiches Zusatzwissen gespeichert ist. In der Tendenz ist deshalb damit zu rechnen, dass sich die Rechtsprechung bei der Nutzung von Daten aus sozialen Netzwerken

[19] Bundesgericht, Urteil vom 8. September 2010, – 1 C 285/2009 –.

[20] OLG Hamburg, Beschluss vom 3. November 2010, – 5 W 126/10 –.

[21] BGH, Urteil vom 12. Mai 2010, – I ZR 121/08 – Sommer unseres Lebens.

für Werbezwecke eher der Auffassung anschließt, dass es sich um personenbezogene oder personenbeziehbare Daten handelt und daher BDSG und TMG zur Anwendung kommen.

7.3.2 Differenzierung nach Verarbeitungsphasen

Für eine datenschutzrechtliche Beurteilung ist zwischen den Verwendungsphasen der Erhebung, Speicherung, Übermittlung und Nutzung personenbezogener Daten zu differenzieren.

Im konkreten Einzelfall ist es sinnvoll, zwischen Anbietern mit Sitz außerhalb der EU beziehungsweise des EWR, zum Beispiel in den USA, Anbietern mit Sitz innerhalb der EU und Anbietern mit Sitz in Deutschland zu unterscheiden. Denn schon bei der Feststellung des jeweils anzuwendenden Rechts können sich damit unterschiedliche rechtliche Grundbedingungen ergeben, wie die folgende Tabelle zeigt.

Tabelle 7.1: Datenschutzregeln bei internationaler Tätigkeit

	Sitz in Deutschland	**Sitz in der EU mit Niederlassung im Inland**	**Sitz in der EU ohne Niederlassung im Inland**	**Sitz im Drittland mit Niederlassung in Deutschland**	**Sitz im Drittland ohne Niederlassung in Deutschland**
Erheben	BDSG	BDSG	Heimatrecht	BDSG	h. M.: BDSG
Speichern	BDSG	BDSG	Heimatrecht	BDSG	Heimatrecht
Übermitteln	BSDG	BSDG	Heimatrecht	BSDG	Heimatrecht (für Empfänger in Deutschland: BDSG)
Nutzen	BDSG	BDSG	Heimatrecht	BDSG	Heimatrecht (wenn durch Stelle in Deutschland: BDSG)

Will ein soziales Netzwerk die bei ihm gewonnenen Erkenntnisse für Marketingzwecke einsetzen, ist somit jede dieser Phasen gesondert zu beurteilen. Im Mittelpunkt der Betrachtung soll dabei exemplarisch die wohl häufigste und übliche Konstellation stehen, bei der es um die Verwendung von Daten geht, die bereits im System vorhanden sind, sei es im Wege der Direktverarbeitung oder im Wege der Gewinnung neuer Information durch Verknüpfung vorhandenen Wissens.

7.3.3 Erheben und Nutzen

Beide Fälle, nämlich die Verwendung im System bereits gespeicherter Daten wie auch die Generierung neuer Erkenntnisse, fallen unter den Begriff des „Nutzens" i. S. v. § 3 Abs. 5 BDSG. Unter „Nutzen" wird beispielsweise die Weiterverwendung der vom User selbst eingegebenen oder hochgeladenen Angaben verstanden, ebenso wie die Auswertung von Interessen oder Freundesgruppen, die Analyse sozialer Interaktionsmuster oder die Anwendung ähnlicher Methoden der Informationsgewinnung.

Hat das soziale Netzwerk seinen Sitz oder eine Niederlassung in Deutschland, gilt deutsches Datenschutzrecht und damit **§ 28 Abs. 3 BDSG**. Nach dieser Vorschrift ist die Verarbeitung oder Nutzung personenbezogener Daten für Zwecke der Werbung zulässig, sofern der Betroffene eingewilligt hat oder die Ausnahmetatbestände des § 28 Abs. 3 Sätze 2 bis 5 BDSG vorliegen. In diesem Fall ist jedoch eine Nutzung nur zulässig, soweit schutzwürdige Interessen des Betroffenen dem nicht entgegenstehen (Satz 6).

Die „Auskunftei-Bestimmung" des § 29 BDSG kommt bei der internen Nutzung von Daten innerhalb des sozialen Netzwerks hingegen nicht zur Anwendung. Zwar haben neuerdings Rechtsprechung und Literatur[22] trotz der damit verbundenen rechtlichen Schwierigkeiten § 29 BDSG auf soziale Netzwerke angewendet. Allerdings geht es dort um die geschäftsmäßige Weiterleitung von Daten an Dritte, ohne dass das Netzwerk oder Bewertungsportal ein eigenes Geschäftsinteresse am Inhalt dieser Daten hat. Bereitet jedoch ein Bewertungsportal oder soziales Netzwerk die vorhandenen Daten für eigene Marketingzwecke auf, bleibt es bei dem der ursprünglichen Speicherung zugrundeliegenden Eigeninteresse, auf das nach gefestigter Ansicht § 28 BDSG anzuwenden ist.[23]

Betrachtet man die gesetzlichen Zulässigkeitsvoraussetzungen des § 28 Abs. 3 BDSG für die Nutzung personenbezogener Daten für Werbezwecke, wird deutlich, dass diese Bestimmungen ihrem Wesen nach auf den Adresshandel zugeschnitten sind. Die – aus gutem Grund zugunsten der Werbewirtschaft eingeführten – gesetzlichen Erlaubnistatbestände des § 28 Abs. 3 BDSG passen einfach nicht auf die Nutzung von Erkenntnissen innerhalb sozialer Netzwerke: Bei den vom User eingegebenen oder bei den neu gewonnenen Erkenntnissen aus vorhandenem Datenmaterial handelt es sich weder um Listendaten im Sinne von Satz 2 noch um zusammengefasste Listendaten im Sinne von Satz 4 noch um Empfehlungswerbung im Sinne von Satz 5. Ebenso wenig findet ein Hinzuspeichern zu Listendaten im Sinne von Satz 3 statt. Das hat zur Folge, dass die Nutzung personenbezogener Daten zu Webezwecken durch soziale Netzwerke **nur mit Einwilligung** des Betroffenen möglich ist.

Die Einwilligung wiederum ist **nur dann** wirksam, wenn die vom Gesetz aufgestellten strengen Voraussetzungen erfüllt sind. Eine Einwilligung muss bewusst und eindeutig erteilt und hinreichend bestimmt sein sowie auf Freiwilligkeit beruhen. Freiwilligkeit wird aber nur dann angenommen, wenn zuvor eine hinreichend klare und verständliche Information über Inhalt, Tragweite und Grenzen der Einwilligungserklärung sowie über die jederzeitige Widerrufbarkeit erteilt worden ist. Eine elektronische Einwilligungserklärung ist möglich, setzt aber die Protokollierung der Erklärung, deren jederzeitige Abrufbarkeit und deren Widerruflichkeit voraus.[24] Ein – einfaches – Opt-in durch bloßes Anklicken

[22] Vergleiche BGH, NJW 2009, 2888, 2891-„Spickmich.de"; Taeger und Gabel-Moos, 2010, § 29 Rn. 13.

[23] Vergleiche Taeger und Gabel-Moos, 2010, § 29 Rn. 13 m. w. N.

[24] § 38 Abs. 3a BDSG.

genügt also nicht. Liegt eine dieser Voraussetzungen nicht vor, führt das zur Unwirksamkeit der Einwilligungserklärung ex tunc, also von Anfang an, so dass die darauf gestützte Datennutzung ohne Rechtfertigung erfolgt ist.

Würde man anstelle des § 28 Abs. 3 BDSG die Auskunfteibestimmungen des § 29 BDSG zugrunde legen, ergäbe sich dasselbe Bild. Denn § 29 macht die rechtmäßige Nutzung personenbezogener Daten ebenfalls von der entsprechenden Einwilligung des Betroffenen abhängig.[25]

Soziale Netzwerke können Erkenntnisse aber nicht nur durch die Verarbeitung der bei ihnen durch den Betroffenen eingestellten Daten gewinnen, sondern auch durch die Auswertung deren Nutzungsverhaltens, zum Beispiel des Klickverhaltens. Auf diese Datenkategorien ist nicht das BDSG anzuwenden, sondern es gelten die Beschränkungen des TMG. Begrifflich handelt es sich dabei um sogenannte Nutzungsdaten. Nach § 15 Abs. 3 TMG darf der Dienstanbieter aus diesen Nutzungsdaten Nutzungsprofile für Zwecke der Werbung und Marktforschung erstellen. Dies ist jedoch ausschließlich in pseudonymisierter Form gestattet. Ferner darf der Nutzer dem nicht widersprechen. Voraussetzung hierfür ist die Aufklärung des Nutzers über ein entsprechendes Widerspruchsrecht, die vor der Erstellung der Profile erfolgt sein muss.

Es könnte dabei fraglich sein, ob die Gewinnung von neuen Informationen aus dem vorhandenen Wissen heraus überhaupt unter den Begriff des Nutzungsprofils i. S. v. § 15 TMG fällt. Dieser Begriff ist recht unklar und im Gesetz nicht weiter definiert. Er wird allerdings weit verstanden.[26] Das ist in der Sache auch richtig, denn würden die Auswertungen nicht unter diesen Begriff fallen, ließen sie sich auch unter keine sonstigen Erlaubnistatbestand des TMG subsumieren und wären damit mangels Rechtsgrundlage stets unzulässig.

Neben dem Opt-out-Verfahren verlangt der Gesetzgeber weiterhin die Pseudonymisierung, das heißt die Trennung von Nutzerprofil und den Angaben, die einen Personenbezug zulassen. Nutzungsprofile und Angaben über den Träger des Pseudonyms dürfen gem. § 15 Abs. 3 Satz 3 TMG später nicht mehr zusammengeführt werden. Dies ist durch den Einsatz entsprechender Verfahren sicherzustellen.

Somit lassen sich im Geltungsbereich des deutschen Rechts Erkenntnisse aus sozialen Netzwerken nur unter folgenden Voraussetzungen gewinnen:

- Handelt es sich um Erkenntnisse aus Nutzungsdaten, bedarf es eines vorgeschalteten Opt-out-Mechanismus und der Pseudonymisierung, um Erkenntnisse gewinnen und weiterverwenden zu können.
- Handelt es sich um Daten, die vom Nutzer selbst stammen, bedarf es einer förmlichen Einwilligung, die alle vom BDSG daran geknüpften Voraussetzungen erfüllt. Anderenfalls können diese Daten nur anonymisiert oder pseudonymisiert verarbeitet werden.

---

[25] § 29 Abs. 1 Satz 2 BDSG i. V. m. § 28 Abs. 3 BDSG.

[26] Vergleiche nur Taeger und Gabel-Zscherpe, TMG, § 15 Rn. 57ff.

7.3.4 Speichern und Übermitteln

Nach den Bestimmungen des BDSG können Daten nur dann zulässigerweise gespeichert und an Dritte übermittelt werden, wenn diese Daten zuvor auf rechtmäßige Weise gewonnen worden sind. Das hat zur Folge, dass ein weiteres Handling dieser Daten nur dann rechtlich zulässig ist, wenn die für eine gesetzeskonforme Datenerhebung und Datennutzung bestehenden, in den vorherigen Abschnitten näher beschriebenen Voraussetzungen erfüllt sind. Dieser Grundsatz wirkt sich auch und nicht zuletzt beim Marketing im Wege vernetzten Vorgehens mehrerer Dienstleister in unterschiedlichen Staaten beziehungsweise Jurisdiktionen aus.

Wie bereits gezeigt, findet das BDSG auch bei grenzüberschreitender Datenverarbeitung immer dann Anwendung, wenn ein Unternehmen Sitz oder Niederlassung in Deutschland hat, wobei der Begriff der Niederlassung weit zu verstehen ist. Wird ein soziales Netzwerk nur von einem anderen EU-Mitgliedsstaat aus tätig, gilt dessen Heimatrecht, das allerdings durch die Geltung der DSRL in wesentlichen Punkten den Bestimmungen des deutschen Rechts entsprechen sollte und dessen gleichmäßige Anwendbarkeit gegebenenfalls durch den Europäischen Gerichtshof überprüfbar ist. Hat ein Unternehmen wiederum seinen Sitz in einem Drittland und wird es von dort aus für Empfänger in Deutschland tätig, gilt das BDSG in dem Augenblick, in dem eine **Übermittlung** personenbezogener Daten **an Empfänger in Deutschland** stattfindet.

Die rechtliche Zulässigkeit einer solchen Übermittlung setzt voraus, dass kein Grund zu der Annahme besteht, dass der Betroffene ein schutzwürdiges Interesse an dem Ausschluss der Übermittlung hat.[27] Wann dies der Fall ist, hängt vom Einzelfall ab. Allerdings vertreten die deutschen Aufsichtsbehörden an anderer Stelle die Auffassung, dass auch eine nur generell-abstrakt vermutete Gefährdung schutzwürdiger Interessen des Betroffenen bestimmte Verarbeitungen unzulässig machen könne. In gleicher Weise könnte eine abstrakte Gefährdung der Betroffeneninteressen dann angenommen werden, wenn importierte Daten in einer Weise gewonnen worden sind, die zwar mit dem Heimatrecht des Netzwerks, nicht aber mit europäisch-deutschen Rechtsvorschriften kompatibel ist. Das kann zum Beispiel für Profile oder auch nur für Angaben über persönliche Vorlieben des Betroffenen gelten. Damit würden aus der Sicht eines im Inland ansässigen „Datenimporteurs", also zum Beispiel eines Werbetreibenden oder dessen Dienstleister, die Erhebung, Speicherung, weitere Verarbeitung oder Nutzung der von außen übermittelten Daten durchweg unzulässig.

Auch hier bieten sich daher Einwilligungslösungen an, die allerdings, wie bereits erörtert, an hohe formale Voraussetzungen geknüpft sind. Zudem ist der Betroffene auf sein Widerspruchsrecht hinzuweisen und ihm sind durch ein entsprechendes Verfahren die technischen Möglichkeiten zur Einlegung des Werbewiderspruchs einzuräumen.

[27] § 29 Abs. 2 Satz 1 Nr. 2 BDSG.

7.4 Zusammenfassung

Die Zulässigkeit von Online-Marketing auf der Basis von Erkenntnissen aus sozialen Netzwerken, Bewertungsplattformen und entsprechenden Internetquellen richtet sich auf nationaler deutscher Ebene in erster Linie nach den Bestimmungen des BDSG und des TMG. Zu beachten sind aber auch Vorschriften des Telekommunikationsgesetzes (TKG) sowie des Urheber- und Wettbewerbsrechts. Bei der heute vielfach üblichen grenzüberschreitenden Tätigkeit beziehungsweise grenzüberschreitenden Kooperationen von Werbetreibenden und Dienstleistern kann neben den Bestimmungen des deutschen Rechts auch das Heimatrecht einzelner Beteiligter zur Anwendung kommen, wobei freilich die Nutzbarkeit der gewonnenen Erkenntnisse zur werblichen Ansprache eines in Deutschland ansässigen Users wiederum von den Bestimmungen des deutschen Rechts abhängt. Zahlreiche rechtliche Einzelfragen sind bisher ungeklärt. Die deutschen und europäischen Aufsichtsbehörden wenden die Rechtsvorschriften durchweg restriktiv an. Die Tendenz der deutschen Gesetzgebung wie auch der europäischen Normsetzung bewegt sich zunehmend weg von allgemeinen gesetzlichen Erlaubnistatbeständen hin zu Einwilligungs- beziehungsweise Opt-In-Lösungen.

Literatur

Art. 29-Datenschutzgruppe (2002): Arbeitspapier über die internationale Anwendbarkeit des EU-Datenschutzrechts bei der Verarbeitung personenbezogener Daten im Internet durch Websites außerhalb der EU (2002, WP 56, vom 30. Mai 2001, S. 11f.).

Council of Europe CM/Rec. (2010): 13E/23 November 2010, https://wcd.coe.int/wcd/ViewDoc.jsp?id=1710949&Site=CM&BackColorInternet=C3%20C3C3&BackColorIntranet=EDB021&BackColorLogged=F5D383

EU-Datenschutz-Richtlinie 81995): RL 95/46/EG vom 24.10.1995 zum Schutz natürlicher Personen bei der Verarbeitung personenbezogener Daten und zum freien Datenverkehr, ABl. EG Nr. L 281 vom 23.11.1995, S. 31.

Hamburgischer Beauftragter für Datenschutz und Informationsfreiheit vom 08.04.2010: veröffentlicht durch Senatskanzlei Hamburg, Quelle: Juris.

Richtlinie 2000/31/EG vom 08.06.2000 über bestimmte rechtliche Aspekte der Dienste der Informationsgesellschaft, insbesondere des elektronischen Geschäftsverkehrs, im Binnenmarkt („Richtlinie über den elektronischen Geschäftsverkehr"), Amtsblatt Nr. L 178 vom 17.07.2000, S. 1.

Richtlinie 2002/58/EG vom 12. Juli 2002 über die Verarbeitung personenbezogener Daten und den Schutz der Privatsphäre in der elektronischen Kommunikation (Datenschutzrichtlinie für elektronische Kommunikation)

Simitis/Dammann (2006): BDSG, 6. Aufl., Baden-Baden: Nomos.

Taeger, J./Gabel-Moos, D. (2010): BDSG, Einführung zum TMG, Frankfurt a. M.: Recht und Wirtschaft.

Weichert: Datenschutz beim Online-Marketing. www.datenschutzzentrum.de/Material/Themen/Divers/onlmark.htm.

Dritter Teil
Kontrolle von Online-Marketing-Aktivitäten

Nicolai Andersen / Anja Schmitt
Deloitte Consulting GmbH

8 Thesen zur Steuerung von Online-Aktivitäten

8.1 Controlling-Methoden für schnelllebige Geschäftsmodelle - ein Widerspruch?

Die Online-Welt ist durch Pioniere entstanden, denen es gelang, Konsumentenbedürfnisse zu erahnen. Sie waren in der Lage, die Besonderheiten der Internettechnologie als Erfolgsfaktoren ihrer Geschäftsmodelle zu nutzen. Sie hatten verrückte Ideen, waren schnell und haben aus dem Bauch entschieden. Diese Pioniere brauchten keine Berichte mit Kennzahlen für ihre Entscheidungen. Sie hätten auch gar keine Zeit gehabt, sich um die Entwicklung eines Berichtswesens oder gar eines Steuerungskonzeptes zu kümmern.

Diese Online-Welt ist in den letzten Jahren immer mehr mit einer Offline-Welt verschmolzen, in der Geschäftsmodelle über lange Zeit sehr stabil waren und in der standardisierte Berichte zur Entscheidungsunterstützung schon lange etabliert sind. Dieselben Beteiligungsmanager, die über Jahre die Entwicklung von Auflagengrößen und Druckkosten oder Gesprächsminuten analysiert haben, fordern nun Informationen ein, die es ihnen ermöglichen sollen, Entscheidungen für Online-Geschäftsmodelle zu untermauern.

In diesem Beitrag wird anhand von fünf Thesen diskutiert, inwiefern der Wunsch nach stärkerer Steuerung der Online-Geschäfte durch vorhandene Muttergesellschaften die Entwicklung der Online-Aktivitäten unterstützen kann, wenn die Steuerung sinnvoll umgesetzt wird. Die Thesen basieren im Wesentlichen auf den Erkenntnissen einer Delphi-Studie mit unterschiedlichsten Experten für die Steuerung von Online-Aktivitäten speziell in Medienunternehmen.[1]

8.1.1 Die Steuerung von Online-Geschäften stellt viele Unternehmen vor große Schwierigkeiten

Online-Geschäfte entstehen meist in einem kulturellen Umfeld, das Geschwindigkeit und Innovationskraft fördert, in Konzernen oftmals separiert vom „klassischen" Kerngeschäft. Sie teilen sich daher vielfach den sprichwörtlichen Entrepreneur-Geist „freiheitsliebender Geschäftsmodelle". Die stereotypen Charakteristika von Controlling scheinen dies nur zu bremsen: hierarchische Strukturen, überholte Methoden, umständliche Prozesse sowie daraus resultierende Entscheidungen scheinbar lediglich auf Basis „abgehobener" Controlling-Kennzahlen.

Das eigentliche Problem in der Steuerung der Online-Geschäftsmodelle resultiert aber nicht aus diesen Controlling-Stereotypen, sondern gemäß den Erkenntnissen der Delphi-Studie aus drei wesentlichen Schwächen der derzeit verwendeten Steuerungsansätze:[2]

---

[1] Vergleiche Deloitte, 2010, S. 6–7.

[2] Vergleiche Deloitte, 2010, S. 4.

- Unterschiedliche Charakteristika von Online-Unternehmen werden nicht differenziert.
- Steuerungsinhalte sind zu wenig ausgewogen und betrachten nicht alle wesentlichen Chancen und Risiken.
- Die notwendigen Rahmenbedingungen in Organisation, Prozessen und IT-Systemen sind nicht gegeben.

8.1.2 Der Bedarf an adäquater Steuerung steigt auch im Online-Geschäft

Ungeachtet dieser Schwierigkeiten steigt jedoch der Bedarf an einer adäquaten Steuerung. Zum einen werden Online-Geschäfte häufig nach einer Gründungsphase an einen Investor ganz oder teilweise veräußert, zum anderen haben diese Aktivitäten für Unternehmen der Offline-Welt längst eine große Bedeutung. Die Beteiligungen und Geschäftsfelder bedürfen somit einer regelmäßigen Steuerung, sowohl im Interesse des jeweiligen Online-Geschäfts als auch im Interesse des Konzernverbundes.[3]

Neben den regelmäßigen Steuerungsaufgaben kommt auch der Ad-hoc-Entscheidungsunterstützung eine wachsende Bedeutung zu. Die dafür notwendigen Business Cases müssen methodisch Teil der Unternehmenssteuerung sein. Es ist aus Sicht des Beteiligungs-Controlling nicht mehr ausreichend, über wenige Kennzahlen den Geschäftserfolg einzelner Online-Tochtergesellschaften zu messen. Das Controlling muss die operativen Einheiten vielmehr in die Lage versetzen, Entscheidungen nicht nur auf Basis qualitativer Erwägungen, sondern auch auf Basis quantitativer Parameter zu fällen.[4]

Als Beispiel sei hier die Bewertung von Mehrfachnutzungsstrategien erwähnt. Gelingt es für ein Vorhaben zur Inhaltserstellung nicht, einen positiven Ergebnisbeitrag nachzuweisen, wird diese Investition möglicherweise nicht durchgeführt. Da der positive Ergebnisbeitrag oft nicht in der Erstnutzung, sondern in der Zweit- oder Drittverwertung erzielt wird, steigt die Notwendigkeit einer transparenten mehrstufigen Ergebnismessung.[5]

Ein weiteres Beispiel ist die Entscheidung über Investitionen in Social-Media-Aktivitäten. Nachdem die Social-Media-Nutzung im privaten Umfeld stetig an Beliebtheit gewonnen hat, nimmt derzeit die Relevanz auch für Unternehmen stark zu. Unternehmen verhalten sich aber in Bezug auf Social-Media-Aktivitäten häufig zurückhaltend, da ihnen eine Möglichkeit zur Bewertung des finanziellen Erfolgs ihrer Initiativen als Argumentationsgrundlage fehlt. Auch für diesen Fall sind geeignete Methoden und Kennzahlen zur Online-Steuerung unabdingbar.[6]

---

[3] Vergleiche Böning-Spohr und Hess, 2000, S. 19ff.

[4] Vergleiche Deloitte, 2008, S. 5ff.

[5] Vergleiche Böning-Spohr, 2005, S. 49f.

[6] Vergleiche Többens und Schmitz-Axe, 2010, S. 427–431.

8.2 These 1: Die Steuerung muss individuelle Geschäftsspezifika berücksichtigen

8.2.1 Eine Differenzierung nach Geschäftsmodell, Erlöszweck und Reifegrad ist notwendig

Online-Geschäfte wurden eingangs bereits als „freiheitsliebende Geschäftsmodelle" bezeichnet. Damit wird implizit unterstellt, dass Online-Geschäft nicht gleich Online-Geschäft ist. Ungeachtet unterschiedlicher Ansätze zur Klassifizierung besteht in der Literatur Einigkeit darin, dass es eine Vielzahl unterschiedlicher Online-Geschäfts- und Erlösmodelle gibt, denen einzig die Tatsache gemein ist, dass sie sich des Internets als Kanal zum Konsumenten bedienen. Es ist somit zu erwarten, dass im (Beteiligungs-)Controlling eine Vielzahl unterschiedlicher Kennzahlen verwendet werden, um den Besonderheiten der jeweiligen Online-Aktivitäten gerecht zu werden.[7]

Die Delphi-Studie hat gezeigt, dass aber oft das Gegenteil der Fall ist: Insbesondere auf Holding-Ebene wird oftmals eine Harmonisierung der Kennzahlen für alle Online-Aktivitäten angestrebt. Die Ausrichtung der Steuerung geht also dahin, Online-Geschäfte gesamtheitlich zu führen. Dies gilt nicht nur für klassische monetäre Kennzahlen, sondern auch für nicht-monetäre internetspezifische Kennzahlen.[8]

Der Wunsch nach Vereinheitlichung führt in zweierlei Hinsicht zu Problemen: Zum einen werden die Besonderheiten einzelner Geschäfts- und Erlösmodelle nicht adäquat abgebildet. Zum anderen wird implizit davon ausgegangen, dass sich sämtliche der betrachteten Online-Geschäfte in der gleichen Phase ihres Lebenszyklus befinden. In beiden Fällen kann es in der Folge zu Fehlsteuerungen kommen, insbesondere dann, wenn die Kennzahlen verschiedener Online-Aktivitäten und Reifegrade miteinander verglichen werden.[9]

8.2.2 Führungsphilosophie und Steuerungsinhalte müssen zueinander passen

In der Literatur wird bereits seit längerem der Einfluss der übergeordneten Holding-Ebene zur Ausgestaltung der Steuerungsinhalte diskutiert. Der Umfang notwendiger Steuerungsinformationen hängt neben dem Diversifikationsgrad der Geschäftsmodelle vor allem stark mit der Führungsphilosophie im Konzern zusammen.[10]

Ein Konzern, in dem die Holding den Charakter einer Beteiligungsgesellschaft hat, die ihren Online-Aktivitäten große Freiheiten in der Gestaltung des Geschäfts lässt, kann nicht

[7] Vergleiche Morgner und Schmidt, 2001, S. 41ff.

[8] Vergleiche Deloitte, 2010, S. 8.

[9] Vergleiche Stoi, 2002, S. 149ff.; Hassler, 2008, S. 38ff.

[10] Vergleiche Weber et al., 2001, S. 7ff.

erfolgreich darin sein, über detaillierte Kennzahlenanalysen den Erfolg des Online-Geschäfts zu messen. Genauso sollte sich ein Konzern, in dem die Holding sehr operativ agiert und Einfluss auf Geschäftsentscheidungen der Online-Einheiten nimmt, die Mühe machen, detaillierte Kennzahlen und Zusammenhänge zu verstehen. Sie kann sich nicht darauf zurückziehen, operative Entscheidungen auf Basis weniger aggregierter Kennzahlen zu treffen. Dieses Zusammenspiel von Führungsphilosophie und Detailgrad passt gemäß den Ergebnissen der Delphi-Studie bei der Steuerung von Online-Geschäften oft nicht zusammen.[11]

Dieses Problem ist in zweierlei Hinsicht von Bedeutung: Zum einen ist grundsätzlich festzustellen, dass Online-Geschäftsmodelle gewisse Freiheitsgrade benötigen, um sich erfolgreich entwickeln zu können. Eine zu detaillierte Steuerung durch die Holding kann dies behindern. Zum anderen ist es in manchen Fällen sinnvoll, auch aus Sicht der Holding selektiv in operative Entscheidungen mit einzusteigen, etwa um konzernweite Synergien oder Qualitätsstandards sicherzustellen.[12]

Ursache für die beschriebene Diskrepanz ist in erster Linie ein fehlender oder unzureichender Abstimmungsprozess zwischen allgemeiner Führungsphilosophie des Konzerns und operativen Ebenen. Der Detailgrad der Kennzahlen kann unter diesen Umständen nicht bewusst und geeignet gewählt und für einzelne Themengebiete und/oder einzelne Online-Geschäfte nicht individuell festgelegt werden.

8.3 These 2: Die Steuerung muss sinnvolle Schwerpunkte setzen

8.3.1 Steuerungsinhalte müssen ein ausbalanciertes Bild ergeben

Die Erkenntnis, dass ein Unternehmen zur Steuerung nicht nur monetäre Kennzahlen verwenden sollte, sondern auch eine gewisse Anzahl von nicht-monetären Kennzahlen, die ausgewogen alle relevanten Themenbereiche des Geschäfts abbilden, ist nicht neu. Sowohl im Rahmen der Diskussionen des Balanced-Scorecard-Konzepts in den neunziger Jahren als auch durch Unternehmenswertkonzepte, denen eine Werttreiberanalyse zugrunde liegt, wird eine Ausgewogenheit der verwendeten Kennzahlen als wichtiger Grundpfeiler der Unternehmenssteuerung betont.[13]

Auch Steuerungskonzepte für Online-Geschäfte müssen diesem Anspruch gerecht werden: Die zur Steuerung verwendeten Kennzahlen dürfen keinen ausschließlichen Fokus auf Themengebiete haben, die vermeintlich „internettypisch" sind und sich einfach messen lassen.

[11] Vergleiche Deloitte, 2010, S. 10f.

[12] Vergleiche Weber et al., 2001, S. 7ff.

[13] Vergleiche Kaplan und Norton, 2006, S. 22ff.

Diese Ausgewogenheit ist aber gemäß den Erkenntnissen der Delphi-Studie oft nicht gegeben. Erstaunlicherweise gilt dies ebenso für Muttergesellschaften, die für die Steuerung ihres traditionellen Geschäfts durchaus Kennzahlen aus vielen unterschiedlichen Themengebieten verwenden.[14] Zwei „typische Fehler" müssen bei der Ausgewogenheit vermieden werden:

1. Web-Analytics-Kennzahlen dürfen nicht überbetont werden. Sie sind zwar sehr internetspezifisch, jedoch nicht hinreichend geschäftsmodellspezifisch und damit nur bedingt geeignet bzw. müssen in Relation gesetzt werden – auch wenn sie sich verhältnismäßig einfach messen lassen und greifbar wirken.
2. Die Vernachlässigung von klassischen monetären Kennzahlen, etwa in Kostenanalysen oder Deckungsbeitragsrechnungen, führt zu einem Verlust von Transparenz. Sie gehören aber in der Offline-Welt zum Standardrepertoire der Unternehmenssteuerung und sind ebenso bei der Steuerung von Online- Aktivitäten unbedingt erforderlich.[15]

8.3.2 Die Bedeutung individueller Erfolgsfaktoren und Risiken muss beachtet werden

Neben der Ausgewogenheit der zur Steuerung verwendeten Kennzahlen ist ein weiterer wichtiger Grundsatz das Fokussieren auf strategisch relevante Themen. Zur Steuerung sollten nicht Kennzahlen für alle denkbaren Sachverhalte verwendet werden, sondern ausschließlich für Themen, die für den Erfolg des Unternehmens kritisch sind. Im Umkehrschluss sollten dabei aber auch wirklich alle strategisch relevanten Themen über Kennzahlen abgedeckt werden. Sowohl in der Balanced Scorecard als auch in den Werttreiberbäumen zur Unternehmenswert-Dekomposition werden die Kennzahlen der obersten Ebene durchgängig auf detaillierte Kennzahlen für operativere Fragestellungen heruntergebrochen.[16]

Einige der wesentlichen strategischen Themenfelder, die bei Nicht-Berücksichtigung zu Gefahrenpotenzial der Fehlsteuerung führen, sind:

1. **Brand Value:** Es gibt wenige Internetseiten, die sich auf den ersten Blick für den Konsumenten von den inhaltlichen Angeboten her deutlich von ihren Wettbewerbern differenzieren. Costs per Visit können aber signifikant reduziert werden, wenn der Anteil des organischen, also unbezahlten Traffics, gegenüber dem anorganischen, also durch Marketingaufwendungen bezahlten Traffic, zunimmt. Daher kann langfristiger Unternehmens-Erfolg nur dadurch erreicht werden, dass der Traffic durch Direkteingabe der Internetadresse in den Browser einen möglichst hohen Anteil einnimmt. Folglich ist die Markenbekanntheit ein entscheidender strategischer Erfolgsfaktor, der gemessen werden sollte.[17]

---

[14] Vergleiche Deloitte, 2010, S. 18–20.

[15] Vergleiche Gentner und Andersen, 2009, S. 679f.

[16] Vergleiche Kaplan und Norton, 2006, S. 22ff.

[17] Vergleiche Deloitte, 2010, S. 12f.

2. **Customer Lifetime Value:** Kundenanalysen sind bedeutend für die langfristige Erfolgssteuerung der meisten Online-Geschäfte. Die über die Dauer der Kundenbeziehung mit dem Kunden erzielten Erlöse und die der Gewinnung und Bindung dieses Kunden zurechenbaren Kosten ergeben eine Wertgröße als Basis für Geschäftsentscheidungen. Fehlt diese Information, kann dies etwa zu Investitionen in die falschen Kundenbeziehungen führen.[18]
3. **Long Haul Value:** Online-Aktivitäten müssen im Sinne einer crossmedialen Steuerung im Gesamtkontext der Medienkonzerne betrachtet werden. So kann beispielsweise eine Produktion erst bei einer Erfolgsbetrachtung über mehrere Nutzungsstufen profitabel erscheinen, eine Investition würde in diesem Fall bei isolierter Betrachtung des Online-Geschäfts fälschlicherweise unterlassen.[19]
4. **Value at Risk:** Das Management existenzieller Risiken ist auch für das Online-Geschäft kritisch. Dabei sollte aber beachtet werden, dass ein Risiko nicht grundsätzlich zu vermeiden ist, sondern sogenannte „Rewarded Risks“, die gleichzeitig die Chance mit sich bringen, überdurchschnittlich zum Geschäftserfolg beizutragen können. Wird jedoch beispielweise die Qualität von User Generated Content nicht hinreichend nachgehalten, droht dem Online-Geschäft ein den Erfolg nachhaltig gefährdender Reputationsschaden.[20]

8.4 These 3: Die Steuerung muss flexibel sein

8.4.1 Die Dynamik des Online-Marktes muss bei der Steuerung berücksichtigt werden

Geeignete Rahmenbedingungen zu schaffen, ist eine wesentliche Voraussetzung, um sinnvoll steuern zu können. Es reicht nicht aus, Energie und Mühe auf die Auswahl geeigneter Kennzahlen zu legen, wenn das Arbeiten mit diesen Kennzahlen in der Unternehmenssteuerung prozessual, systemtechnisch oder organisatorisch behindert wird.

Online-Geschäfte werden in der Regel als separierte Start-ups, zumindest jedoch organisatorisch und häufig auch gesellschaftlich eigenständig, gegründet und aufgebaut.[21] Für diese Geschäftsmodelle sind die „klassischen“ Steuerungsprozesse von Medienunternehmen zu starr: Betrachtet man die Komplexität des Geschäftsmodells und die Dynamik des Geschäftsumfeldes von Online gegenüber Print oder TV, zeigen sich deutliche Unterschiede. Online-Geschäftsmodelle sind weniger komplex als Print oder TV, da sie ohne aufwendige Produktionsstätten auskommen können. Sie können demzufolge aber auch leicht kopiert werden. Gleichzeitig ist die Dynamik, also Veränderungsgeschwindigkeit, des

[18] Vergleiche Weber und Lissautzki, 2004, S. 33–37; Weber und Lissautzki, 2006, S. 277ff.

[19] Vergleiche Böning-Spohr, 2005, S. 49.

[20] Vergleiche Deloitte Research.

[21] Vergleiche Morgner und Schmidt, 2001, S. 41ff.

Geschäftsumfeldes deutlich höher, da in der Online-Welt viel schneller neue Wettbewerber entstehen und wieder verschwinden, als dies in der Print- und TV-Welt der Fall ist.

Abbildung 8.1: Relative Komplexität und Dynamik einzelner Medien-Geschäftsmodelle

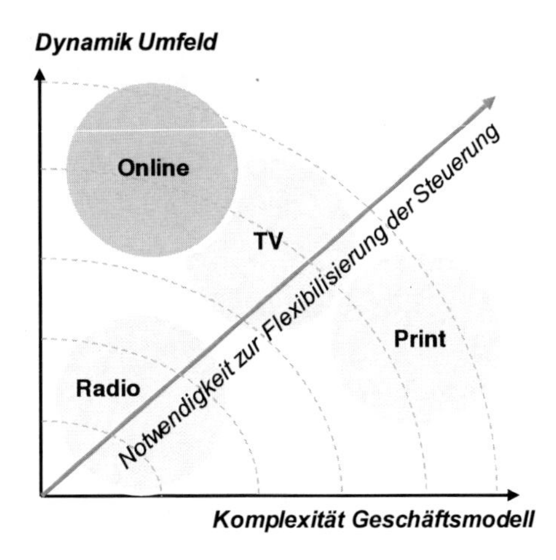

Diese Andersartigkeit des Geschäfts führt zu anderen Anforderungen an die Steuerung. Sie muss deutlich flexibler und situationsgetriebener gestaltet werden: Je komplexer das Geschäftsmodell, desto flexibler und situationsgetriebener müssen die Inhalte der Steuerung werden. Je dynamischer das Marktumfeld, desto flexibler und situationsgetriebener müssen die Steuerungsprozesse sein.[22]

In der Medienbranche, deren Wandel auf das Entstehen und Einbinden der Internetgeschäftsmodelle zurückzuführen ist, liegt es nahe, dass die eingesetzten „traditionellen" Steuerungsprozesse oftmals nicht mehr sinnvoll sind oder sogar ein Hindernis darstellen.[23]

8.4.2 Die Controlling-Organisation muss den Qualifikationsanforderungen gerecht werden

Flexibilität ist nicht nur in den Prozessen notwendig, sondern auch in der Controlling-Organisation. Sie muss durch ihren Aufbau und ihre Qualifikation in der Lage sein, geeignete Steuerungsmethoden flexibel einzusetzen.[24]

[22] Vergleiche Deloitte, 2010, S. 27; Weber und Lindner, 2003, S. 7ff.; bezüglich Customer Lifetime Value vergleiche Weber und Lissautzki, 2004, S. 7ff.

[23] Vergleiche Gentner und Andersen, 2010, S. 18ff.

[24] Vergleiche Weber et al., 2001, S. 12ff.

Das kann aufgrund der Größe der Online-Geschäfte schwierig sein: Viele Einheiten sind schlichtweg zu klein, als dass sie es sich auf den ersten Blick leisten können, Ressourcen für umfangreiche Controlling-Aufgaben bereitzustellen, die dem Informationsbedürfnis der eigenen Geschäftsführung und dem Informationsbedürfnis eines übergeordneten Beteiligungs-Controlling genügen. In größeren Konzernen kann auch die mangelnde Erfahrung im Controlling der Online-Geschäfte auf Seiten des Beteiligungs-Controlling zu Problemen führen:

- Der „typische" operative Controller in den Online-Einheiten hat oftmals keine Ausbildung und keine Erfahrung mit klassischen Controlling-Fragestellungen wie zum Beispiel Kostenrechnung oder Bilanzanalyse.
- Der „typische" Beteiligungs-Controller in der Holding hat oftmals keine Erfahrung mit den Spezifika der Online-Geschäftsmodelle und ist daher nicht in der Lage, spezifische Kennzahlen sinnvoll zu interpretieren.

Es ist daher notwendig, Controlling-Aufgaben vor allem über geeignete Qualifikationsmaßnahmen im Unternehmen auch auf Personen zu verteilen, die nicht im klassischen Sinne Teil einer Controlling-Organisation sind.

8.5 These 4: Die Steuerung muss mit geeigneten Controlling-Methoden aufgebaut werden

Im Folgenden werden exemplarisch vier Controlling-Methoden vorgestellt, die den Aufbau einer für das Online Geschäft geeigneten Steuerung unterstützen können.

8.5.1 Das Lebenszykluskonzept als Baustein zur Berücksichtigung individueller Geschäftsspezifika

Beim Lebenszykluskonzept wird davon ausgegangen, dass ein Geschäftsmodell eine typische Entwicklung vom Markteintritt bis zur Desinvestition nimmt. Die Entwicklung lässt sich anhand von Phasen beschreiben, die die Ableitung von Handlungsempfehlungen etwa bezüglich des erforderlichen Steuerungsfokus ermöglichen. Hier am Beispiel von Online-Geschäftsmodellen:

1. **Die Gründungs-/Markteintrittsphase** zielt darauf ab, durch den Aufbau von Knowhow, der Infrastruktur und Inhalten sowie der Marke und ihrer Bekanntheit die Marktfähigkeit des Online-Geschäfts zu begründen. Der Steuerungsfokus sollte auf marktbezogenen Inhalten und Strukturen liegen, wie etwa Top of Mind.
2. **Die Bestätigungsphase** zielt darauf ab, das Unternehmen durch Ausbau des Images und Neukundensubventionen so schnell wie möglich zur kritischen Größe zu führen, um im Markt wahrgenommen zu werden. Der Steuerungsfokus sollte stark auf Kundenkennzahlen liegen, so etwa Number of Unique Users.
3. **Die Wachstumsphase** zielt darauf ab, über die Bindung von Kunden und Produktinnovationen den Umsatz mit der Kundenbasis zu steigern. Der Steuerungsfokus sollte auf umsatzbezogenen Kennzahlen liegen, beispielsweise ARPU.

Abbildung 8.2: Steuerungsfokus im Lebenszyklus eines Online-Geschäftsmodells

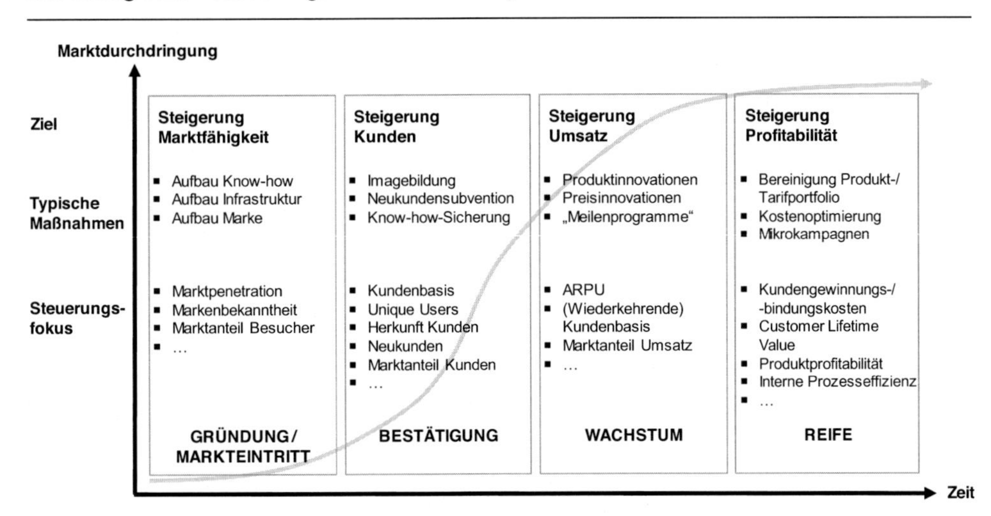

4. **Die Reifephase** beinhaltet, dass das Unternehmen bei nahezu konstanter Kunden- und Umsatzbasis gezwungen ist, etwa über Bereinigung des Produktportfolios und Kostenoptimierungen, die Profitabilität zu steigern. Der Steuerungsfokus sollte auf ganzheitlichen/renditebezogenen Kennzahlen liegen, wie etwa Customer Lifetime Value.

8.5.2 Die KPI-Klassifikationsmatrix als Baustein zur Festlegung ausgewogener Steuerungsinhalte

Die KPI-Klassifikationsmatrix veranschaulicht die Eignung und Balance von Kennzahlen in Bezug auf das Geschäftsmodell. Zur Erstellung der Matrix werden die verwendeten Kennzahlen anhand von zwei Dimensionen klassifiziert, zum einen, inwieweit sie internetspezifisch, und zum anderen, inwieweit sie geschäftsmodellspezifisch sind. Hierbei ist stets eine ausgewogene Verteilung der Kennzahlen empfehlenswert.

Der Quadrant „Advanced Online Controlling" beschreibt diejenigen Kennzahlen, die sowohl internetspezifisch als auch geschäftsmodellspezifisch sind. Er ist der bedeutendste, da hier letztlich die strategisch wichtigsten Differenzierungen eines Online-Geschäfts zu seinen Wettbewerbern gemessen werden können. Die Identifikation geeigneter Kennzahlen ist nicht trivial, da die Menge möglicher Kennzahlen hier (noch) nicht so umfangreich ist wie in den übrigen Quadranten. Über kreative Ansätze, Sachverhalte in Relation zu betrachten, können aber Schritte in die richtige Richtung gegangen werden – zum Beispiel über Kennzahlen, die der Idee des Customer Lifetime Value folgen, etwa Kundensegmentkonzentrationen beschreiben oder auf RFM[25]/Scoring-Modelle setzten. Aber auch die anderen Quadranten haben ihre Rechtfertigung zur Steuerung und sollten daher besetzt sein.

[25] Recency Frequency Monetary Value, vergleiche Cornelsen, 2000, S. 150–151.

Abbildung 8.3: Kennzahlenklassifikation anhand des Spezifitätsgrads

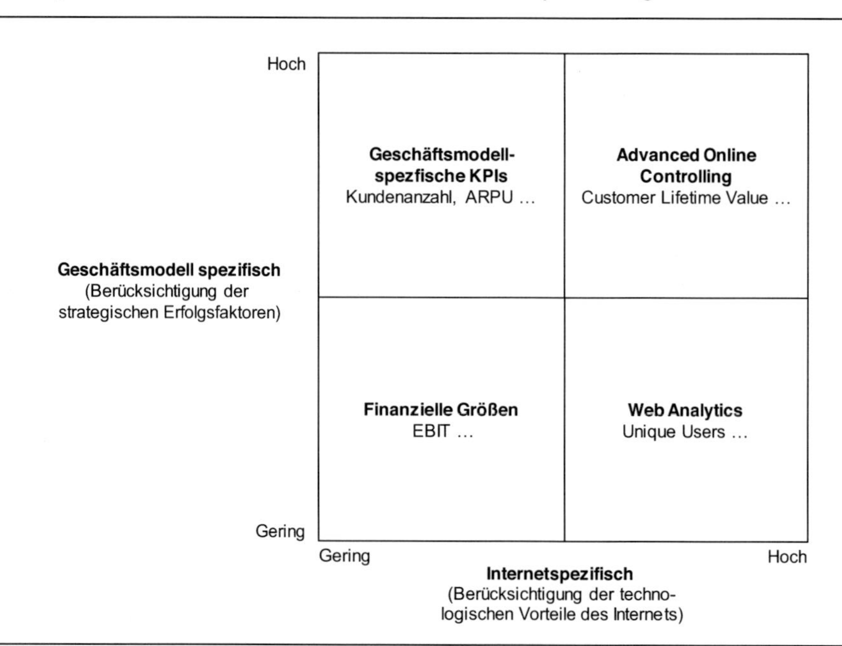

8.5.3 Kundensegmentierung als Baustein zur Betrachtung strategischer Erfolgsfaktoren

Der Customer Lifetime Value (CLV) ist eine ganzheitliche Steuerungsgröße, welche in der Literatur hinreichend diskutiert wird und eine unmittelbar ersichtliche Strategierelevanz besitzt.[26] Der CLV ist dabei nicht nur eine sinnvolle Größe für das B2C-Geschäft, also eine Betrachtung des Wertes einzelner Konsumenten, sondern durchaus auch für das B2B-Geschäft.

Es bestehen zwar für Online-Geschäfte Probleme in der Erhebung, die aber nicht grundsätzlich gegen eine Verwendung des CLV-Gedankens in der Steuerung sprechen: So muss die „Lifetime" im CLV nicht notwendigerweise als die Dauer der tatsächlichen Kundenbeziehung eines Individuums betrachtet werden, sondern kann auch die Dauer einer bestimmten Aktivität sein. Am Beispiel von Online-Games kann möglicherweise der individuelle Konsument, der in verschiedenen Spielen unter unterschiedlichen Spielernamen aktiv ist, nicht identifiziert werden, da er regelmäßig Cookies löscht. Ein „Gesamt"-CLV dieses Konsumenten über alle Spiele ist somit nicht ermittelbar. Ermittelbar ist aber durchaus der CLV dieses Konsumenten innerhalb eines Spieles, in dem er über seinen Spielernamen identifizierbar ist.

Nicht nur für den CLV, sondern auch im Spannungsfeld von ARPU, Customer und Churn ist eine sinnvolle Segmentierung der Kunden ein Muss. Auch für diese Segmentierung gilt, dass sie strategische Erfolgsfaktoren des Online-Geschäfts widerspiegeln sollte. Es sind die

[26] Vergleiche Dwyer, 1989, S. 11ff.; Weber und Lissautzki, 2004, S. 19.

unterschiedlichsten Segmentierungen denkbar, die aber alle das Ziel haben müssen, werthaltige Kunden von weniger werthaltigen Kunden zu unterscheiden:

- **Alter der Kundenbeziehung** (neue gegenüber wiederkehrenden Kunden),
- **Intensität der Kundenbeziehung** (häufig wiederkehrende gegenüber sporadisch wiederkehrenden Kunden oder aktive gegenüber passiven Kunden),
- **Intention des Kunden** (Informationen suchen, Angebote evaluieren oder Geschäft durchführen[27]),
- **Herkunft des Kunden** (Search-Engine-Marketing, E-Mail-Marketing oder Browser-Direkteingabe).

8.5.4 Event based Controlling als Baustein zur Flexibilisierung der Steuerungsprozesse

Im Event based Controlling wird die Idee einer Fallbasierung von bedarfsweise ausgelösten Szenariorechnungen und Planungen auf die Gesamtheit der Steuerungsprozesse ausgedehnt. Dazu gehört, etwa bei Forecasting-Prozessen fallgetrieben vorzugehen und auch stärker „Reporting by Exception" zu betreiben. Bestimmte Ereignisse, die eine Auswirkung auf das Unternehmensergebnis haben, werden danach klassifiziert, ob sie planbar sind und ob sie von außen oder von innen eintreffen. So ist zum Beispiel ein neuer strategischer Planungszyklus ein internes Ereignis, das gut im Voraus planbar ist und dementsprechend über einen detaillierten Forecast vorbereitet werden kann. Demgegenüber gibt es unplanbare externe Ereignisse, wie zum Beispiel den plötzlichen Einbruch der Werbeanbuchungen, die einen Forecast erfordern, der ein gezieltes Gegensteuern ermöglicht. Dieser Forecast sollte dementsprechend so schnell wie möglich erfolgen und auf die Themengebiete fokussieren, die durch das Ereignis betroffen sind. Andere Themengebiete werden nicht in den Forecast einbezogen.[28]

Generell sollte versucht werden, die Prozesse so flexibel wie möglich zu halten und regelmäßig zu hinterfragen. Das gilt auch für den Prozess der Festlegung von Steuerungsinformationen: Auch Kennzahlen sollten regelmäßig hinterfragt werden, ob sie noch den Anforderungen des zu steuernden Geschäftsmodells gerecht werden.

8.6 These 5: Die Steuerung muss regelmäßig überarbeitet werden

Für den Erfolg der Steuerung ist es notwendig, Inhalte und Prozesse an sich verändernde Gegebenheiten anzupassen und einen Prozess zu etablieren, der eine regelmäßige Überprüfung der Steuerungsinhalte vorsieht. Dafür sind sechs Schritte notwendig:[29]

---

[27] Vergleiche Eichsteller, 2008, S. 585ff.

[28] Vergleiche Gentner und Andersen, 2010, S. 18ff.

[29] Vergleiche Gläser, 2008, S. 749.

1. **Auswahl von typischen Kennzahlen für Geschäfts- und Erlösmodelle:** Online-Aktivitäten werden gemäß ihrem Erlösmodell klassifiziert. Wichtig ist dabei zu beachten, dass eine Website unterschiedliche Modelle beinhalten kann. Sie sollte dann auf die einzelnen Komponenten heruntergebrochen werden, wobei das primäre Geschäftsmodell höher zu priorisieren ist als flankierende. Entlang der Dimensionen Erlösmodell sowie Steuerungsperspektive (Kunde, Erlöse, Kosten, Qualität) wird eine Matrix aufgespannt und diese mit einer Basismenge an typischen Kennzahlen befüllt.
2. **Ergänzung in Abhängigkeit von Positionierung und Reifegrad:** Die abgeleitete Basismenge sollte um Kennzahlen ergänzt werden, die sich aus einer Bewertung der strategischen Bedeutung und des Reifegrades des Online-Geschäfts ergeben.

Abbildung 8.4: Generische Kennzahlen je strategischer Klassifizierung und Lebenszyklusphase

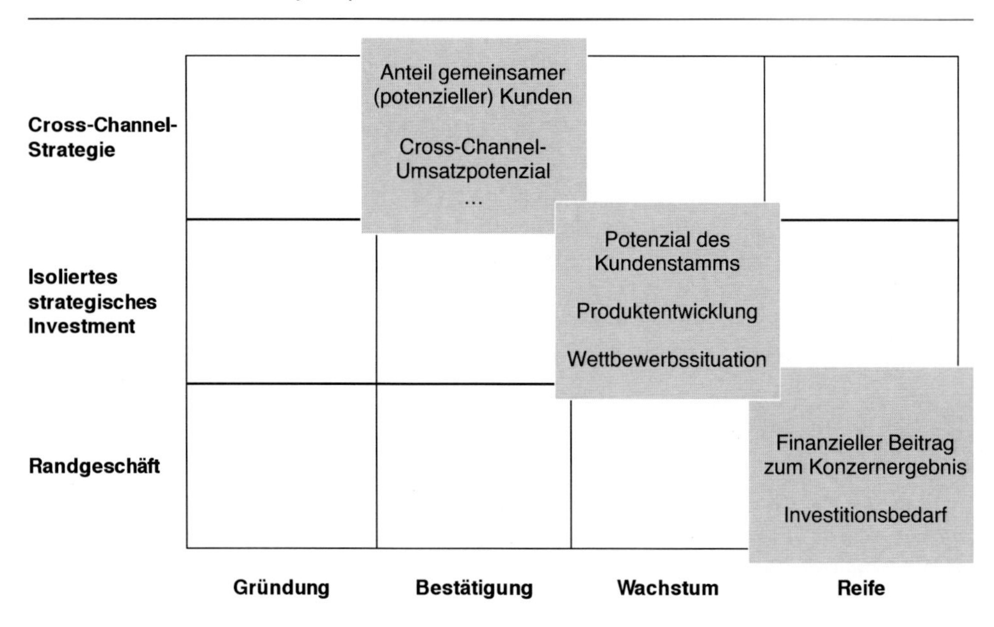

3. **Zuordnung der Kennzahlen zu strategischen Erfolgsfaktoren:** Die Erfolgsfaktoren sollten strukturiert aus Werttreibern abgeleitet und detailliert heruntergebrochen werden. Hierzu eignet sich etwa ein branchenspezifischer Werttreiberbaum, welcher die zentrale Unternehmenswertgröße über monetäre Werttreiber in Erfolgsfaktoren des Geschäftsmodells dekomponiert. Den so identifizierten Erfolgsfaktoren werden die Kennzahlen der Basismenge zugeordnet. Für diejenigen strategischen Erfolgsfaktoren, denen keine Kennzahlen zugeordnet werden können, werden weitere sinnvolle Kennzahlen erarbeitet.[30]

[30] Vorgehen analog der Deloitte Value Map™ Methodik, vergleiche Deloitte, 2010, S. 31.

4. **Festlegung der primären und sekundären Steuerungsdimensionen:** Generell gilt, dass mit möglichst wenigen Steuerungsdimensionen das Geschäftsmodell möglichst gut abgebildet werden sollte. Hierbei kann es erforderlich sein, traditionelle Steuerungsstrukturen wie etwa legale Einheiten durch fortschrittlichere Strukturen, etwa Kundengruppen oder, bei ausgeprägter Cross-Channel-Strategie im Konzern, insbesondere Marken zu ersetzten.
5. **Filterung der möglichen Steuerungsgrößen:** Aus der Kombination von Kennzahlen und Steuerungsdimensionen ergibt sich die Menge an potenziellen Steuerungsgrößen. Diese Menge sollte schrittweise auf ihre Eignung geprüft und dabei nach Kriterien gefiltert werden:
   - **Aussagekraft:** Kann die Steuerungsgröße genutzt werden, um die Kernfragen zu beantworten und signifikante Ziele abzuleiten?
   - **Kontrollierbarkeit:** Ist die Steuerungsgröße durch den jeweiligen Verantwortlichen beeinflussbar?
   - **Hierarchisierbarkeit:** Kann die Kennzahl über die festgelegten Steuerungsdimensionen aggregiert und detailliert werden?
   - **Messbarkeit:** Ist die Steuerungsgröße korrekt messbar?
   - **Eindeutigkeit:** Ist die Steuerungsgröße eindeutig interpretierbar, also vor allem nachvollziehbar und verständlich?
   - **Datenverfügbarkeit:** Kann die Steuerungsgröße in der gewünschten Frequenz mit vertretbarem Aufwand erhoben und berichtet werden?
6. **Operationalisierung in Steuerungsprozessen und -systemen:** Der Erfolg eines Steuerungsmodells steht und fällt damit, dass es konsequent umgesetzt und gelebt wird. Wenn hemmende Rahmenbedingungen in Systemen, Prozessen oder der Organisation bestehen, müssen diese angepasst werden.

Abschließend sei jedoch noch einmal auf die vielleicht wichtigste Einsicht hingewiesen: Online-Geschäftsmodelle sind freiheitsliebende Geschäftsmodelle. Sie sinnvoll zu steuern erfordert „Klasse statt Masse" in der Auswahl geeigneter Kennzahlen.

Literatur

Böning-Spohr, P./Hess, T. (2000): Grundfragen eines Controlling Systems für Online Anbieter, in: Arbeitsberichte, Nr. 6/2000, Göttingen: Institut für Wirtschaftsinformatik, Professur für Anwendungssysteme und E-Business, Universität Göttingen.

Böning-Spohr, P. (2005): Instrumente für die Quantifizierung von Mehrfachnutzungsstrategien, in: ZfCM, Sonderheft 2/2005, S. 49–60.

Böning-Spohr, P./Hess, T. (2000): Grundfragen eines Controlling Systems für Online Anbieter, in: Institut für Wirtschaftsinformatik, Professur für Anwendungssysteme und E-Business (Hrsg.): Arbeitsberichte Nr. 6/2000, Universität Göttingen: Göttingen.

Cornelsen, J. (2000): Kundenwertanalysen im Beziehungsmarketing: Theoretische Grundlegung und Ergebnisse einer empirischen Studie im Automobilbereich, Nürnberg: GIM Gesellschaft für Innovatives Marketing e. V. 2000, zugleich Dissertation Universität Erlangen-Nürnberg.

Deloitte (Hrsg.) (2008): Voll im Bild? Steuerung von Medienunternehmen im digitalen Zeitalter, Düsseldorf.

Deloitte (Hrsg.) (2010): Klasse statt Masse? Kennzahlen zur Steuerung des Online-Geschäfts, Düsseldorf.

Dwyer, F.R. (1989): Customer Lifetime Valuation to Support Marketing Decision Making, in: Journal of Direct Marketing, Vol. 3, 4, S. 8–15.

Eichsteller, H. (2008): Kundenkapitalbezogene Bewertung von Web 2.0-Portalen, in: Schwarz, T. (Hrsg): Leitfaden Online-Marketing, Waghäusel: Marketing-Börse, S. 585–592.

Gentner, A./Andersen, N. (2009): Voll im Bild? Steuerung von Medienunternehmen im digitalen Zeitalter, in: Controlling – Zeitschrift für erfolgsorientierte Unternehmenssteuerung, 21. Jahrgang 2009, Heft 2.

Gentner, A./Andersen, N. (2010): Event-driven Forecasting in der Medienindustrie, in: Controlling – Zeitschrift für erfolgsorientierte Unternehmenssteuerung, 22. Jahrgang 2010, Heft 1.

Gläser, M. (2008): Medienmanagement, München: Vahlen.

Hassler, M. (2008): Web-Controlling optimiert Online-Präsenz, in: is report, Heft 9/2008, S. 38–41.

Kaplan, R.S./Norton, D.P. (2006): Strategien (endlich) umsetzen, in: Harvard Business Manager, 1/2006, S. 22–35.

Morgner, R./Schmidt, N. (2001): Kennzahlenorientiertes Beteiligungscontrolling in der Medienindustrie, in: Controlling, Heft 1, Januar, S. 41–47.

Stoi, R. (2002): New Economy Controlling, in: Gleich, R. et al. (Hrsg.): Controllingfortschritte: Prof. Dr. Péter Horváth zum 65. Geburtstag, München: Vahlen, S. 149–170.

Többens, T./Schmitz-Axe, A. (2010): Social Media Return on Investment (RoI) – Lässt sich der finanzielle Erfolg von Social-Media-Initiativen quantifizieren?, in: KnowTech Magazin, S. 427–438.

Weber, J./Hunold, C./Prenzler, C./Thust, S. (2001): Controllerorganisation in deutschen Unternehmen, in: Advanced Controlling, Band 18, Vallendar.

Weber, J./Lindner, S. (2003): Neugestaltung der Budgetierung mit Better and Beyond Budgeting? – Eine Bewertung der Konzepte, in: Advanced Controlling, Band 33, Vallendar.

Weber, J./Lissautzkis, M. (2004): Kundenwert-Controlling, Vallendar: WHU.

Weber, J./Lissautzkis, M. (2006): Erfolgsorientierte Unternehmenssteuerung mit Kundenwerten, in: Controlling, 18. Jg., 6/2006.

Wirtz, B.W. (2009): Medien- und Internetmanagement, 6. Aufl., Wiesbaden: Gabler.

Prof. Dr. Christoph Bauer
Hamburg School of Business Administration

9 Controlling von Online-Marketing

9.1 Bedeutung des Online-Marketing

Das Online-Marketing hat sich in den letzten Jahren von einem ergänzenden Marketingkanal hin zu einem selbständigen, stark genutzten Medium entwickelt. Die klassische Online-Werbung wird nach den Erwartungen des BVDW im Jahr 2010 um 23 Prozent wachsen und die gesamte Online-Werbung um 19 Prozent.[1] Damit wächst die Online-Werbung weiterhin deutlich überproportional zu der gesamten Werbewirtschaft, für die ein Wachstum von –2,5 Prozent bis zu +1 Prozent für 2010 erwartet wird.[2] Auch wenn die Finanzkrise in der Wirtschaft noch nicht ganz verarbeitet ist, gibt es 2010 schon wieder einen Boom der Online-Werbung.

In Summe wurde im Jahr 2010 Online-Werbung im Volumen von über fünf Milliarden Euro geschaltet. Aber selbst mit diesem Volumen wird immer noch unterproportional Online-Werbung geschaltet, denn der Anteil der Online-Werbung an den gesamten Werbeerlösen liegt bei ca. 18 Prozent, währen der Anteil der Online-Nutzung an der gesamten Mediennutzung bei ca. 30 Prozent liegt. Dies zeigt, dass auch für die nächsten Jahre eine weiterhin überproportionale Entwicklung der Online-Werbung zu erwarten ist.

Die mit Abstand wichtigsten Werbekunden im Internet sind Telekommunikationsanbieter und Betreiber von Online-Diensten. Zu den großen Online-Werbetreibenden gehören ebenso die Handels- und Versandbranche und die Medien- und Entertainment-Branche. Selbst die Kfz-Branche und der Finanzsektor gehören inzwischen zu den fünf größten Branchen, die das Medium Online-Werbung nutzen.[3]

Die bereits große und weiter steigende Bedeutung des Online-Marketing führt auch dazu, dass sich weitere betriebswirtschaftliche Fragen stellen. Da sich das Online-Marketing von einem Randmedium zu einer klassischen Medienform entwickelt hat, beschäftigen sich auch die Controller immer stärker mit den verschiedenen Einsatzmöglichkeiten und Formen des Online-Marketing. Dies ist auch nicht nur für die Pioniere des Online-Marketing in den Unternehmen der Telekommunikationsbranche und in den Online-Diensten notwendig. Vielmehr gehören zu den großen Online-Werbetreibenden inzwischen auch viele klassische Branchen, so dass das Controlling des Online-Marketing inzwischen intensiv zu betrachten ist.

Damit das Controlling von Online-Marketing systematisch entwickelt werden kann, werden in diesem Beitrag deshalb zunächst die Formen des Online-Marketing systematisiert. Auf der Basis der verschiedenen Formen des Online-Marketing werden mögliche finanzielle und nicht-finanzielle (operative) Zielgrößen des Online-Marketing-Controlling dargestellt und weiterentwickelt. Diese Zielgrößen werden in ein Gesamtmodell zur Steuerung des Online-Marketing so weit wie möglich eingebracht, damit eine gesamthafte Steuerung des Online-Marketing erreicht werden kann.

---

[1] BVDW, 2010.

[2] ZAW, 2010.

[3] BITKOM, 2010.

Abschließend werden Thesen über die Herausforderungen des Controlling von Online-Marketing aufgestellt, die den Bedarf an der weiteren Entwicklung des Controlling von Online-Marketingaktivitäten aufzeigen.

9.2 Methoden im Online-Marketing

9.2.1 Klassische Formen des Online-Marketing

Die klassischen Formen des Online-Marketing umfassen die Suchwortvermarktung, Display-Vermarkung, Rubrikenanzeigen sowie E-Mail-Marketing.

Das Affiliate-Marketing bezeichnet eine direkte Marketingform, bei der ein kommerzieller Online-Marketing-Anbieter seine Vertriebspartner erfolgsorientiert durch eine Provision vergütet. Der Werbetreibende stellt seine Werbemittel über eine Linkadresse zur Verfügung, die der Affiliate auf seinen Seiten zur Bewerbung der Angebote des Kooperationspartners verwenden oder über andere Kanäle (zum Beispiel Suchmaschinenvermarktung, E-Mail-Marketing) einsetzen kann. Häufig wird das Affiliate-Marketing als separate Form des Online-Marketing angesehen. Es bedient sich einer anderen technologischen Basis, tritt aber für den Internetnutzer in der Regel als Display-Vermarktung in Erscheinung. Deshalb wird hier keine separate Kategorie des Affiliate-Marketing betrachtet, auch wenn es inzwischen eine sehr große Verbreitung gefunden hat.

Der Online-Werbemarkt hat in den europäischen Ländern ein Volumen von rund 15 Milliarden Euro erreicht. Den größten Anteil am Werbekuchen hat die Suchwortvermarktung mit rund 6,7 Milliarden Euro Aufkommen, dann folgen Display-Marketing mit 5,4 Milliarden Euro und Rubrikenanzeigen mit 3,4 Milliarden Euro. E-Mail-Marketing wird wegen des deutlich geringeren Volumens häufig nicht separat ausgewiesen. E-Mail-Marketing hat ein Volumen von ca. 0,3 Milliarden Euro (IAB 2010). Im Jahr 2010 ist der Online-Werbemarkt in Deutschland um rund zehn Prozent gewachsen und für 2011 bis 2014 wird ebenfalls ein Wachstum von über zehn Prozent per anno erwartet, was deutlich über der Inflationsrate liegt.[4]

Zum Display-Marketing zählen grafische Werbemittel wie Banner, Pop-ups und Streaming Ads. Suchwortmarketing, das heißt die Marketingausgaben zur Buchung spezieller Suchwörter in einer Suchmaschine, und Affiliate-Marketing sind nicht eingeschlossen. Ausgewiesen ist der hochgerechnete Nettoumsatz inklusive eventueller Agenturgebühren. Im Gegensatz zum deutlich höheren Bruttoumsatz gibt der Nettoumsatz nicht die Summe der Listenpreise wieder, sondern berücksichtigt unter anderem geschätzte Rabatte und Agenturprovisionen. Der Unterschied zwischen Brutto- und Nettoumsatz, das heißt der Unterschied zwischen formell ausgewiesenen und tatsächlich gezahlten Anzeigenpreisen, kann 50 Prozent vom Bruttoumsatz betragen, da hohe Rabatte weit verbreitet sind. Selbst unter den öffentlich verfügbaren Zahlen über die Größe des Online-Marketing gibt es große Abweichungen, von denen die größte den Unterschied von Brutto- und Nettoausgaben betrifft.

[4] PwC, 2010.

Eine einheitliche Ermittlung der Marktzahlen ist hier sehr wünschenswert, scheitert aber bisher an unterschiedlichen Vorstellungen der einzelnen Marktteilnehmer.

9.2.1.1 Suchmaschinenmarketing

Zum Suchmaschinenmarketing gehört das Schalten von Suchwortanzeigen (zum Beispiel Google-, Yahoo- oder Bing-Adwords), die bei den Suchmaschinenanbietern gebucht werden. Es umfasst alle Maßnahmen zur Gewinnung von Besuchern für einen Internetauftritt. Suchmaschinenmarketing gliedert sich in die Teildisziplinen Suchmaschinenoptimierung (Search Engine Optimization, SEO) und Suchmaschinenmarketing im engeren Sinn (Search Engine Marketing, SEM beziehungsweise Paid Listing).

Ziel des Suchmaschinenmarketing ist die Erhöhung der Sichtbarkeit auf den Ergebnislisten der Suchmaschinen. Dazu gehören vor allem Optimierungsmaßnahmen wie beispielsweise eine Website auf einem der vordersten Plätze bei den Suchmaschinenergebnissen erscheinen zu lassen.

Die Suchmaschinenergebnisse stehen in direkter Konkurrenz mit den Suchanfragen (ein Keyword beziehungsweise Keyword-Kombination). Jede Teildisziplin beruht auf Rankingfaktoren, die eine bestimmte Gewichtung innerhalb der Suchmaschinenalgorithmen aufweisen. Es gibt aber auch die Möglichkeit des Keyword-Advertising, das heißt, für bestimmte Suchbegriffe eine Position auf der ersten Seite der Suchmaschinenergebnisse zu kaufen (bezahlte Listings). Bei den großen Suchmaschinen (zum Beispiel Google, Yahoo und Bing) werden die bezahlten Suchtreffer in Blocks zusammengefasst und damit optisch von den unbezahlten Ergebnissen separat dargestellt. Suchmaschinenmarketing wird regelmäßig auktionsbasiert, in der Regel nach Cost per Click, vergütet.

9.2.1.2 Display-Marketing

Unter Display-Marketing werden die Ausgaben für grafische Werbung in Form von Werbebannern verstanden, die direkt oder über Agenturen auf Websites geschaltet werden.

Die übliche Art der Bannerwerbung ist die Einbindung eines Werbebanners auf einer Internetseite. Zur Bannerwerbung gehören zahlreiche Formate wie Skyscraper, Content Ad und Rectangle. Auch Pop-ups und Pop-under werden zur Bannerwerbung gezählt. Skyscraper sind Banner, die besonders hoch und meist links am Rand der Website angebracht sind. Content Ad ist eine Werbeform, die möglichst gut mit dem Inhalt der Website verbunden ist, mit der Folge, dass ein User manchmal erst im Nachhinein bemerkt, dass er Werbung statt Inhalt der Website gelesen hat. Ein Rectangle ist ein quadratisches Banner, das direkt im redaktionellen Umfeld der Websites platziert wird. Dadurch sollen eine hohe Aufmerksamkeit für die Werbebotschaft beim Nutzer und gute Responseraten für den Werbekunden erreicht werden.

Die Verwendung sogenannter Pop-ups oder Pop-under führt zu einem Überlagern der Website oder zu einer nachgelagerten Werbung, wenn eine Website geschlossen wird. Das Pop-up erscheint unmittelbar über der Hauptseite, während das Pop-under im Hintergrund geöffnet wird und der Nutzer es zu sehen bekommt, wenn er das Hauptfenster des Browsers schließt.

Durch die zunehmende Verbreitung von Pop-up-Blockern können kaum noch Verbraucher erreicht werden, weshalb diese Werbeformen inzwischen von weniger Werbetreibenden, aber dafür mit höherem Volumen genutzt werden. Eine abgewandelte Form der Pop-ups sind sogenannte Hover Ads, die unter sich den eigentlichen Inhalt der Website verdecken, um so die Aufmerksamkeit des Benutzers auf sich zu ziehen.

Die Vergütung bei Display-Werbung erfolgt nach Zahl der Kontakte (CPM, Cost per Mille) in der Regel für Branding-Kampagnen oder erfolgsorientiert (Performance-based, zum Beispiel CPC, Cost per Click).

9.2.1.3 Rubrikenanzeigen

Rubrikenanzeigen, im Printbereich auch Kleinanzeigen genannt, sind Anzeigen, die nicht mit dem Inhalt eines Mediums in Beziehung stehen. Es handelt sich um Anzeigen in einem festen, früher „kleinen" Format, das von den anbietenden Unternehmen und Privatpersonen mit in der Regel standardisiertem Inhalt versehen wird. Dies führt dazu, dass über Rubrikenanzeigen hinweg nach einheitlichen Kriterien gesucht werden kann.

Während Display-Marketing und Suchmaschinenmarketing eng mit den Inhalten einer Website bzw. eines Portals verknüpft sind, gilt dies für Rubrikenanzeigen nicht. Für sie ist das redaktionelle Umfeld nahezu bedeutungslos, denn der Leser sucht in Rubrikenanzeigen konkrete Angebote. Deshalb ist bei diesen Anzeigen im Internet die Größe des Markplatzes, in dem die Anzeigen geschaltet werden, bedeutsam. Ferner ist von Bedeutung, wie standardisiert die Anzeigen erstellt werden, so dass die Interessenten die Angebote nach einer Vielzahl von Kriterien durchsuchen können. Die größten Marktplätze für solche Anzeigen sind Amazon und Ebay, aber es gibt auch viele spezialisierte Marktplätze für bestimmte Segmente, zum Beispiel mobile für Fahrzeuge sowie stepstone und monster für Stellenanzeigen. Die klassischen Felder für Rubrikenanzeigen, Automobile, Stellenangebote und Immobilien sind vom Printbereich her kommend sehr stark ins Internet gewandert.

Für die Vergütung für Rubrikenanzeigen gibt es verschiedene Modelle. Häufig ist eine feste Gebühr für die zeitlich befristete Einstellung einer Anzeige in einen Marktplatz zu zahlen. Es werden aber auch Modelle vereinbart, bei denen der Marktplatzbetreiber einen Anteil am Verkaufserlös des Gutes bekommt (zum Beispiel Ebay).

9.2.1.4 E-Mail-Marketing

E-Mail-Marketing erfolgt unter Einsatz von E-Mailings oder Newslettern, die direkt an die E-Mail-Adresse eines Internutzers versandt werden. E-Mail-Marketing gehört zum Dialogmarketing und ist eine inzwischen sehr weit verbreitete Form des Direktmarketing im Internet. Die Erfolge des E-Mail-Marketing hängen, ähnlich wie beim Direktmarketing über Postversand, sehr stark von der Adressqualität und der technischen Abwicklung ab.

Werbetreibende setzen eigene, aber auch gekaufte Interessentenlisten bzw. Adressen ein, damit sie möglichst hohe Response und Vertragsabschlüsse über das E-Mail-Marketing generieren können.

Der Aufwand und die Vergütung für das E-Mail-Marketing sind stark abhängig vom Provider und der Adressqualität, der eigentliche Versand der E-Mailings ist dabei kostenseitig von untergeordneter Bedeutung.

9.2.2 Neuere Formen des Online-Marketing

9.2.2.1 Social Web/Community-Marketing

Neben den klassischen Formen des Online-Marketing gibt es zahlreiche neuere Formen, die sich in den letzten Jahren entwickelt haben. Dazu gehören die im Rahmen der sogenannten Web-2.0-Anwendungen (soziale Netzwerke, Weblogs) von Nutzern generierten Inhalte. Insbesondere die sozialen Netzwerke haben ein Geschäftsmodell, das sehr von Online-Werbung abhängt.

Innerhalb der sozialen Netzwerke werden klassische Formen der Online-Werbung eingesetzt, aber es entwickeln sich auch neue Werbeformen beziehungsweise -formate auf den sozialen Netzwerken (zum Beispiel gesponsorte Werbeanzeigen).

Im Rahmen von Weblogs geben Nutzer Kommentare oder Bewertungen ab und publizieren häufig persönlich gehaltene Berichte. Auch in diesen Inhalten ist grundsätzlich Online-Marketing möglich, wird aber aufgrund der persönlich gehaltenen Inhalte weniger betrieben, da die Reichweite der Weblogs meist sehr begrenzt ist und nur sehr spezielle Inhalte präsentiert werden.

Da die Werbung auf sozialen Netzwerken sich erst weiterentwickelt, gibt es noch keine ausgereiften Preismodelle für die Online-Werbung. Grundsätzlich sind aber auch hier Vereinbarungen nach Tausenderkontaktpreis sowie erfolgsabhängige Bezahlungen einsetzbar.

9.2.2.2 Sonderformen im Online-Marketing

Sonderformen des Online-Marketing umfassen noch nicht stark verbreitete Werbeformen, wie zum Beispiel Video-Werbung, IntextAdvertising (Werbung im redaktionellen Text auf einer Website) und In-Game-Advertising (Werbung innerhalb von Online-Spielen). Diese Formen werden im Internet genutzt und haben in der Regel sehr spezielle Formate. Mobile Marketing zählt dann auch zu Online-Marketing, wenn die Werbung auf mobilen Portalen oder im Rahmen der Nutzung von sogenannten Smartphones über IP-basierte Technologien erfolgt. Hier ist die Abgrenzung von Online-Werbung zu anderen Werbeformen nicht mehr absolut trennscharf.

Auch die genannten Sonderwerbeformen werden über Tausenderkontaktpreise sowie erfolgsabhängige Modelle vergütet.

9.3 Zielgrößen im Controlling von Online-Marketing

In der Praxis vermischen sich die Begriffe Online-Marketing-Controlling oder Campaign-Controlling und Web-Controlling häufig. Es handelt sich aber um unterschiedliche Themenstellungen. Mit Web-Controlling bezeichnet man Methoden zur Erfolgskontrolle und Steuerung von Webauftritten, zum Beispiel durch Auswertung der Besucher- und Klick-Statistiken auf Homepage und Newsletter. Primär geht es um die Optimierung der Website im Hinblick auf eine ganz bestimmte Zielsetzung. Beim Marketing- oder Campaign-Controlling geht es primär um die Erfolgskontrolle von Online-Marketingaktivitäten.[5] Wie das klassische Unternehmenscontrolling sollte sowohl das Web-Controlling als auch das Marketing-Controlling regelmäßig durchgeführt werden. In der Praxis setzen jedoch erst relativ wenige Unternehmen ein professionelles Web-Controlling und noch weniger Marketing-Controlling ein.[6]

Das Web-Controlling gehört zum Bereich des operativen Controlling von Leistungserstellungsbereichen. In diesem Beitrag soll das Controlling von Online-Werbekampagnen, oder Controlling von Online-Marketing, weiter betrachtet werden.

9.3.1 Leistungskennzahlen

Das Controlling von Online-Marketing soll zunächst systematisiert werden nach Leistungskennzahlen und nach finanziellen Kennzahlen. Bei den Leistungskennzahlen werden operative Kennzahlen betrachtet, die nicht direkt monetär bewertet sind. Die Leistungskennzahlen, teilweise auch operative Kennzahlen genannt, dienen zur Messung der Effektivität der Werbung. Demgegenüber sind die finanziellen Kennzahlen monetär bewertet und werden auch zur Beurteilung der Effizienz der Werbung eingesetzt.

Die Leistungskennzahlen sind aus den Zielen der Werbung abzuleiten. Grundsätzlich unterscheidet man drei wesentliche Ziele der Werbung (im Internet): Markenwertsteigerung, Kundengewinnung und Kundenpflege.

Bei der Markenwertsteigerung möchte der Werbetreibende die Markenbekanntheit, die Markenbildung, aber auch die Aufladung der Marke weiterentwickeln. Typische operative Kennzahlen zur Steuerung des Markenwertes im Internet sind deshalb die folgenden Kennzahlen, die mit einer Marketingkampagne gesteigert werden sollen:

- Anzahl der Unique User in einem bestimmten Zeitraum (Woche, Monat etc.),
- Anzahl der Visits von Usern in einem bestimmten Zeitraum (Woche, Monat etc.).

Diese Kennzahlen sind noch allgemein, haben aber den Vorteil, dass es extern validierte Zahlen (zum Beispiel IVW-Tracking) gibt, so dass diese Kennzahlen sicher ermittelt werden können. Um die Nutzerzahlen spezifischer zu erheben, werden die Kennzahlen dann häufig auf die gewünschte Zielgruppe heruntergebrochen:

- Anzahl der Unique User aus der Zielgruppe im Zeitraum,
- Anzahl der Visits von Usern aus der Zielgruppe im Zeitraum.

[5] Böning und Hess, 2000.

[6] Deloitte, 2010.

Diese Kennzahlen sind dann nur mit dem regelmäßigen Einsatz von Marktforschungsmethoden messbar, wodurch zusätzliche Kosten entstehen.

Im Bereich der Markenbekanntheit ist aus dem Marketing eine Vielzahl von Kennzahlen bekannt, mit denen sich eine Marke zahlenmäßig darstellen lässt. Dazu gehören:

- Ungestützte und gestützte Markenbekanntheit,
- Markenwiedererkennung nach geschalteter Werbung (zum Beispiel Advertising Recall),
- Kaufabsicht – Intention to buy,
- Image (zum Beispiel: Funktionalität, Technikaffinität, Nutzungsmöglichkeiten, Sicherheit).

Diese Maßgrößen können nur sinnvoll dargestellt werden, wenn sie regelmäßig unter dem Einsatz von Marktforschungsmethoden erhoben werden, wodurch erhebliche Kosten entstehen können. Aber nur bei regelmäßigem Einsatz der Kennzahlen lassen sich Rückschlüsse auf den Erfolg einzelner Online-Marketing-Kampagnen ziehen, auch wenn hierbei immer berücksichtigt werden muss, dass es im gleichen Zeitraum noch andere Einflussgrößen geben kann.

Für Kundengewinnung ist als einfache Kennzahl die Anzahl der Neukunden geeignet. Diese Kennzahl kann bei entsprechender Ausgestaltung der Erfassungs- und Auswertungssysteme auch auf verschiedene Vertriebskanäle heruntergebrochen werden. Hier können die Stärken des Internets durch das (digitale) Erfassen der Neukunden sowie das Messen des weiteren Kaufverhaltens der Kunden genutzt werden. So lässt sich nicht nur die Anzahl der Neukunden, sondern auch Haltbarkeit, Umsatz und Deckungsbeitrag über die Lebenszeit des Kunden verfolgen und in Beziehung zu der eingesetzten Online-Werbung setzen.

Bei der Kundenpflege (CRM), die über Online-Kampagnen verbessert werden soll, sind Leistungskennzahlen, wie zum Beispiel Calls der Kunden im Callcenter, Zusatzkäufe (Upselling) und die Entwicklung eines Kunden (zum Beispiel Upgrading) messbar. Auch hier müssen ausgefeilte Systeme eingesetzt werden, damit die Entwicklung des Kunden und die Online-Werbekampagnen in Beziehung gesetzt werden können.

Beim Online-Marketing ist eine Vielzahl von Leistungskennzahlen möglich, mit denen die operative Leistung des Online-Marketing gemessen wird. Diese Kennzahlen lassen sich zusammenfassend folgendermaßen bewerten:

- Regelmäßige Erhebung gut möglich (monatlich/quartalsweise), teilweise aber hoher Aufwand,
- Vergleich zu Zielwerten/im Zeitablauf/mit Wettbewerb,
- Kennzahlen möglich für Neukunden/existierende Kunden gut unterscheidbar,
- Markenbekanntheit ist insbesondere für kleinere Unternehmen teuer und der konkrete Nutzen nur schwer feststellbar,
- Effizienzmessung kaum möglich.

Auch wenn die Leistungskennzahlen einige Nachteile aufweisen, sind mit ihnen schon gute Ergebnisse erzielbar und es kann eine erste Einschätzung des Online-Marketing erfolgen.

Für eine wirtschaftliche Betrachtung sind aber auch Finanzkennzahlen zur Messung der Effizienz zu entwickeln.[7]

9.3.2 Finanzielle Kennzahlen

Die finanziellen Kennzahlen umfassen mindestens eine Wertgröße in der Definition, so dass eine erste Aussage über die Effizienz des Online-Marketing möglich ist. Als Kennzahlen zur Effizienzmessung bei Messung der Markenbekanntheit, der Kundengewinnung und Kundenpflege werden häufig folgende Kennzahlen verwendet:

CPM – Cost per Mille (TKP) = Kosten je 1000 Kontakte

Der CPM ist das klassische Abrechnungsmodell in der Medienbranche und im Online-Marketing. Die Kennzahl wird insbesondere bei Messung der Markenbekanntheit eingesetzt, aber auch bei anderen Zielen, wenn keine spezifischeren Kennzahlen erhoben werden können.

CPC – Cost per Click = Kosten je Anzahl getätigter Clicks

CPC-Messungen werden vor allem beim Suchmaschinenmarketing, aber auch bei Display-Werbung, Rubrikenanzeigen und E-Mail-Marketing vorgenommen. Zur Messung des CPC ist es erforderlich, dass die Portalsysteme die Clicks so genau aufzeichnen, dass ein einzelner Klick in Bezug auf die Werbeform exakt erfasst wird, was inzwischen die meisten Systeme leisten. Bei der Beurteilung nach dem CPC ist zu berücksichtigen, dass ein Nutzer gegebenenfalls viele Informationen über ein Produkt erhalten hat, zur Messung des CPC aber in der Regel nur der letzte Klick zählt, der nicht entscheidend für die Kaufentscheidung sein muss.

CPL – Cost per Lead = Betrag je Adressengenerierung

Der CPL stellt eine Weiterentwicklung des CPC dar, indem nach dem Klick auf eine Seite verlinkt wird, auf der Adressen für die spätere Neukundenansprache generiert werden sollen. CPL werden sehr häufig bei der Einführung neuer Produkte oder bei der Neukundengewinnung eingesetzt.

CPO – Cost per Order = Betrag je Bestellung/Auftrag

Der CPO ist eine auf die (Online-)Marketing-Kampagne zurückzuführende Bestellung. Die Bestellung, auch als Conversion betrachtet, ist das eigentliche Ziel vieler Online-Marketingkampagnen insbesondere im E-Commerce-Bereich. CPOs werden wie der CPM und teilweise auch CPC bei allen Online-Werbeformen eingesetzt. Hierzu müssen aber ausgefeilte Registrierungssysteme vorliegen, damit die Bestellung/der Auftrag auf eine spezifische Marketingkampagne zurückzuführen ist. Aufgrund der Berücksichtigung des letzten Klicks für die Messung der Effizienz der Kampagnen entsteht häufig eine Unschärfe. Ferner lassen viele Marketing-Controlling-Systeme noch keine Dopplungsprüfung zu, so dass für manche Aufträge der doppelte oder sogar dreifache CPO gezahlt wird, denn die Klicks beziehungsweise Aufträge werden von verschiedensten Web-Systemen in unterschiedlichen Formaten geliefert.

[7] Gläser, 2008.

CPR – Cost per Registration = Betrag je Neukunde

Im Rahmen der Messung des CPR werden auf die (Online-)Marketing-Kampagne zurückzuführende Neukunden erfasst. Dies erfolgt ähnlich wie beim CPO, und auch hier müssen die Marketing-Controlling-Systeme sehr ausgefeilt aufgestellt sein.

Auch der CPR wird für „traditionelle" Formen des Online-Marketing genutzt, das heißt Display-Marketing, Suchmaschinen- und E-Mail-Marketing sowie Rubrikenanzeigen.

9.4 Steuerungsmodell für Online-Marketing

Die aufgezeigten finanziellen Kennzahlen geben einen ersten Hinweis auf die Effizienz der Online-Werbung, allerdings fehlt noch ein Maßstab, bis zu welcher ökonomischen Grenze ein Online-Marketing-Budget eingesetzt werden soll.

Zur Bestimmung der ökonomischen Grenze, bis zu der die Grenzwerbung noch erfolgreich ist, bietet sich das Konzept des Lifetime Value (LTV) an. Der Lifetime Value ist der diskontierte Zahlungsüberschuss, den ein Kunde in Summe über die Lebenszeit des Kunden generiert.

LTV (Lifetime Value) = Wert des Kunden/abgezinster Cashflow je Kunde

Der LTV lässt sich für Abonnentengeschäfte, die über Online-Werbung angetrieben werden, sehr gut ermitteln. Eine typische Anwendung ist hier die Online-Werbung über die traditionellen Marketingkanäle für das Mobilfunkgeschäft und für das ISP-Geschäft. Im Bereich E-Commerce ist der LTV deutlich schwieriger zu bestimmen, da Kunden häufig nur unregelmäßige Käufe tätigen. Dennoch kann auch hier ein LTV je Kunde ermittelt werden.

Der Vergleich des LTV mit der finanziellen Kennzahl CPR erlaubt eine Steuerung der Online-Werbung nach folgender Regel:

CPR < **LTV**

Auch durch die Ermittlung eines Return on Investment kann die Online-Werbung gesteuert werden:

RoI > **0**

RoI (Return on Investment) = LTV/CPR

Dabei muss der LTV immer größer als der CPR sein, damit die Online-Werbung einen höheren Wert je Kunde erbringt als sie kostet. Abbildung 9.1 zeigt schematisch eine quartalsweise Ermittlung eines Lifetime Value und den Vergleich mit dem Cost per Registration.

Dieses Steuerungsmodell für Online-Werbung ist logisch und mathematisch kein aufwendiges Modell, birgt aber sehr hohe Anforderungen in der praktischen Umsetzung. Denn unter anderem müssen die folgenden Größen je Kunde und je Vertriebskanal erhoben werden:

- CPR (Cost per Registration),
- Brutto-Kunde versus Kunde, der Mindestumsatz getätigt hat,
- Durchschnittsumsatz und Deckungsbeitrag über die Lebensdauer des Kunden,

- Haltbarkeit/Lebensdauer des Kunden über Kündigung je Quartal,
- Upselling-/Upgrading-Potential je Kunde.

Abbildung 9.1: Ermittlung des Lifetime Value (eigene Darstellung)

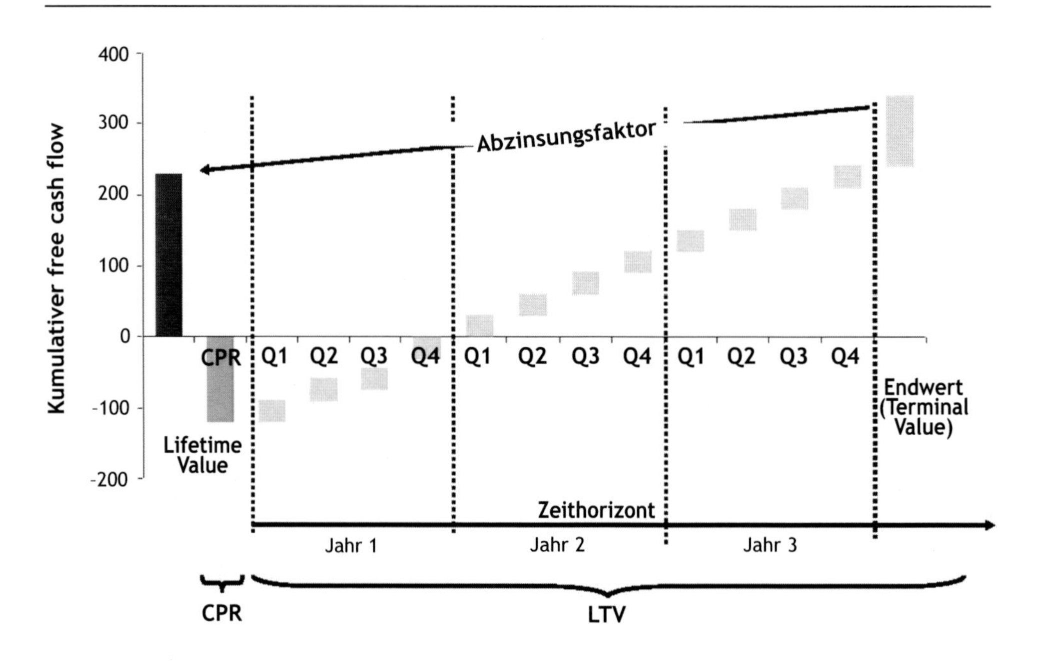

Diese Datenerhebung ist sehr aufwendig und verlangt ausgereifte IT-System und regelmäßige Kontrolle der sich laufend ändernden Marketingprozesse.

Der Abzinsungsfaktor zur Ermittlung des Lifetime Value ist ebenfalls zu bestimmen. Der Einfluss dieser Größe auf den LTV ist aber gegenüber der Vielzahl und Schwankungsbreite der operativ zu bestimmenden Größen eher gering. Der Messung von CPR und Cashflow je Kunde kommt dagegen entscheidende Bedeutung zu:

- Feststellung des Kanals, über den der Kunde gewonnen wurde,
- Kostenlose Anfangsnutzung berücksichtigen (Free Trial),
- Nur voraussichtlich dauerhafte Kunden einbeziehen,
- Laufende Kundendeckungsbeiträge (netto je Monat/Quartal) inklusive Upselling,
- Auf Kunden zu verteilende indirekte Kosten (Technik, Verwaltung etc.),
- Kundenkündigungen,
- Zahlungsausfälle.

Trotz der erheblichen Datenproblematik sind die Vorteile dieser Steuerung der Online-Marketing-Kampagnen sehr groß:

- Ermittlung der Effizienz der Online-Werbung für verschiedenste Vertriebskanäle (Display-, E-Mail-Marketing etc. – auch offline vergleichbar),
- Kündigungsverhalten der Kunden wird erhoben,
- Regelmäßige, sogar monatliche Effizienzkontrolle der Werbung möglich.

Ökonomisch und technisch zu bewältigen sind die Datenerhebung (zum Beispiel welcher Kunde kommt aus welchem Vertriebskanal), die Datenverarbeitung (welcher Kunde erbringt wie viel Umsatz und Deckungsbeitrag), Differenzierung des Cashflow nach Vertriebskanälen usw. Hierbei werden häufig neue wirtschaftliche Fragen aufgeworfen, wie etwa, woher die systematisch niedrigere Kundenhaltbarkeit in bestimmten Vertriebskanälen resultiert. Dabei wird auch deutlich, dass die Datenproblematik für Abonnentengeschäfte, die langfristig betrieben werden, gut lösbar ist, während beim E-Commerce die Daten schwieriger zu erheben sind, da es viele Einzelbestellungen und teilweise Wiederholungskäufe gibt.

Das vorgeschlagene Steuerungsmodell für Online-Werbung über den Vergleich von Lifetime Value (LTV) und Cost per Registration (CPR) ist kein wirklich neues Modell,[8] es hat schon breite Anwendung in anderen Marketingbereichen wie zum Beispiel im CRM-Bereich gefunden. Für Online-Marketing ist das Modell sehr eingängig und leicht verständlich, aber in der Umsetzung sehr datenaufwendig und mit eventuell großen Unschärfen versehen, wenn die Daten nicht genau genug erhoben werden können. Aber auch bei nicht exakter Datenerhebung hilft das Modell sehr bei der konzeptionellen Steuerung des Online-Marketing, wenn es dann nur auf der Basis von groben Aussagen eingesetzt werden kann.

9.5 Herausforderungen des Controlling im Online-Marketing

Ist die Anwendung des Lifetime Value beim Controlling von Online-Marketing schon aufwendig, so werden in absehbarer Zeit weitere Herausforderungen auf das Controlling zukommen. Hierzu gehören insbesondere das sogenannte Multi-Channel-Marketing („Cross Marketing") und die Datenintegration über mehrere Marketingkanäle.

Multi-Channel-Marketing, die Verknüpfung verschiedenster Marketingkanäle, ist eine aussichtsreiche Strategie zur Gewinnung von Kunden innerhalb der Handelsbranche. Ein Verständnis der Bedürfnisse und Vorlieben der eigenen Kunden ist ein entscheidender Geschäftsfaktor. Da Kunden sich nicht länger auf den Besuch im Ladenlokal beschränken, ist besonders das Zusammenführen der Offline- und Online-Welt eine wichtige Aufgabe, mit der sich das Kundenbeziehungsmanagement (CRM) beschäftigen muss. Der sich entwickelnde parallele Vertrieb von Produkten/Dienstleistungen über verschiedene Vertriebskanäle muss auch im Controlling abgebildet und gesteuert werden. Dadurch erhöhen sich die Anforderungen an die Marketing-Controlling-Systeme weiter.

Das Multi-Channel-Marketing führt dann zu einer Datenintegration über viele Marketingkanäle. Das bedeutet, dass idealtypisch Offline-Daten (zum Beispiel Treueprogramme, Mit-

[8] Dwyer, 1989; Weber und Lissautzkis, 2004.

gliedschaften oder Auftragskennzeichnungen) und Online-Daten (zum Beispiel Click Streams, Touchpoints auf den Websites) zusammen betrachtet werden müssen. Dies ist eine Entwicklung, die gerade erst begonnen hat und in die sich insbesondere das Direktmarketing in den nächsten Jahren deutlich weiterentwickeln wird. Es können dann Offline-Online-Verknüpfungen von Daten als ergänzende Kundeninformationen in das zentrale Data Warehouse gebracht und genutzt werden. Zum Beispiel lassen sich dann auch Erfahrungen aus den Offline-Daten (zum Beispiel soziodemografische Daten, Umsätze, gekaufte Produkte) beim Online-Marketing (Targeting) einsetzen.

9.6 Zusammenfassung

Online-Marketing ist noch eine junge Branche, die bisher wenig wissenschaftlich untersucht wurde. Viele Begrifflichkeiten und Marktdaten sind noch nicht ausreichend genau definiert. Das Controlling von Online-Marketing umfasst Leistungskennzahlen für die operative Steuerung und finanzielle Kennzahlen für die Messung der Effizienz des Online-Marketing. Mit dem Lifetime-Value-Konzept lässt sich ein Grenzwert für die Ausgaben im Online-Marketing ermitteln, so dass eine ganzheitliche Steuerung möglich ist. Allerdings können die LTVs von Kunden je Vertriebskanal nur mit sehr großem Aufwand ermittelt werden und sind häufig mit einer hohen Ungenauigkeit versehen. Zukünftig wird das Controlling von Online-Marketing sich noch stärker mit Multi-Channel-Marketing und der Verbindung von Offline- und Online-Daten auseinandersetzen müssen.

Literatur

Bitkom (2010): Online-Werbung legt auch 2010 deutlich zu, Juli, http://www.bitkom.org/de/themen/54866_64639.aspx.

Böning-Spohr, P./Hess, T. (2000): Grundfragen eines Controlling Systems für Online Anbieter, in: Institut für Wirtschaftsinformatik, Professur für Anwendungssysteme und E-Business (Hrsg.): Arbeitsberichte Nr. 6/2000, Universität Göttingen: Göttingen.

Bundesverband Digitale Wirtschaft (BVDW) e. V. (Hrsg.) (2010): OVK Online-Report 2010–02, Düsseldorf.

Deloitte (Hrsg.) (2010): Klasse statt Masse? Kennzahlen zur Steuerung des Online-Geschäfts, Düsseldorf.

Dwyer, F.R. (1989): Customer Lifetime Valuation to Support Marketing Decision Making, in: Journal of Direct Marketing, Vol. 3, 4, S. 8–15.

Gläser, M. (2008): Medienmanagement, München: Vahlen.

IAB Europe (2010): Europe's Online Ad Market continues to grow. www.iabeurope.eu/news/europe's-online-ad-market-continues-to-grow-despite-the-recession.aspx.

PwC (2010): PwC-Studie Global Media Outlook 2010–14. http://www.presseportal.de/pm/8664/1631450/pwc_pricewaterhousecoopers.

Weber, J./Lissautzkis, M. (2004): Kundenwert-Controlling, Vallendar: WHU.

Wirtz, B.W. (2009): Medien- und Internetmanagement, 6. Aufl., Wiesbaden: Gabler.

ZAW (2010): Medien verlieren 2 Milliarden Werbe-Euro netto: Werbemarkt sackt um 6 Prozent, Oktober, http://www.zaw.de/index.php?menuid=33.

Dr. Björn Castan
United Research AG

10 Qualitative Wirkungsmessung von Online-Marketing

10.1 Grundlagen der qualitativen Wirkungsmessung

Jede Disziplin des Marketing muss die Frage nach ihrer Effektivität und Effizienz beantworten können. Unternehmen, die sich aktiv im Online-Marketing oder im Social Web engagieren, streben an, hieraus einen nachweisbaren Nutzen zu generieren. Dieser Nutzen wird oft vereinfachend quantitativ, zum Beispiel in Form der Anzahl von Kontakten, Followern, Freunden, Fans, Anzahl positiver Posts etc. dokumentiert. Über diese quantitative Wirkung hinaus können Engagements im Online-Marketing aber auch qualitative Effekte erzeugen, die bei einer vollständigen Wirkungsanalyse nicht vernachlässigt werden dürfen. Die Kenntnis von Reichweiten im Online-Marketing ist für sich alleine nutzlos, solange man nicht weiß, welche Menschen denn wirklich erreicht werden und ob gerade diese auch erreicht werden sollen, da sie zur Zielgruppe passen.

Welche Qualität haben die tatsächlich erreichten Kontakte? Welche Wirkung wird durch Online-Marketingmaßnahmen bei den erreichten Personen in Bezug auf die Image- beziehungsweise Markenwahrnehmung erzeugt? Werden einstellungs- oder verhaltensändernde (zum Beispiel in Form einer Veränderung der Bewertung von Imageattributen oder von Neukundengewinnung) oder auch konservierende Effekte (zum Beispiel in Form von Kundenbindung) erzielt? Ein Musicalproduzent, der einen eigenen Kanal bei YouTube betreibt, wird sich für den Einfluss dieser Maßnahme auf das Buchungsverhalten interessieren (quantitativ). Aber welche Wirkung hat diese Maßnahme auf das Markenbild der Gesellschaft und des Produktes? Welche Imagewirkung wird durch Postings bei Facebook durch eine internationale Eisshow generiert? Welchen Einfluss haben E-Mail-Kampagnen und Onsite-Werbung auf die Markenwahrnehmung?

Die Ergebnisse qualitativer Forschung sind immer inhaltlicher Natur, nicht numerischer. Qualitative Forschung sucht nach Erklärungen, nicht nur nach Beschreibungen. Ursachen menschlichen Handelns und das Verstehen von Sinnzusammenhängen sind Erkenntnisziele qualitativer Forschung.

Für qualitative Untersuchungen der Wirkung von Online-Marketing können folgende Basisfragen einen Einstieg erleichtern:

- Wirken die Marketingmaßnahmen positiv, negativ oder neutral auf das Markenbild des Unternehmens?
- Welche emotionale Wirkung entsteht beim Rezipienten?
- Warum entsteht diese Wirkung?
- Welche wesentlichen Inhalte werden im Social-Media-Bereich über eine Firma oder ein Produkt geäußert und vor welchem Hintergrund kommen diese zustande?
- Welche Wirkung haben die erreichten Marketingeffekte auf das Image des Unternehmens?
- Welche Bedeutung kommt diesen Effekten im Wettbewerbsumfeld zu?
- Welche realen Auswirkungen zunächst auf den Rezipienten der Werbung und schließlich auf das werbende Unternehmen selbst können die Online-Marketingmaßnahmen erzeugen?

- Stimmt die Wahrnehmung der Marketingbotschaft durch die Rezipienten mit der gewünschten Wahrnehmung überein?
- Werden qualitative Kommunikationsziele durch Online-Marketingengagements erreicht? Und wenn nein, warum nicht?

Der qualitativen Forschung steht eine Vielzahl von Methoden zur Verfügung. Sie gliedern sich in die Oberbegriffe der Beobachtung und der Befragung von Probanden. Für qualitative Befragungen werden in der Regel Tiefeninterviews oder Gruppendiskussionen eingesetzt. Bei einer Evaluation von Social-Media-Aktivitäten sind die zur Verfügung stehenden Methoden insofern begrenzt, als insbesondere bei Blog- oder Forenbeiträgen die echte Identität der Verfasser in der Regel unbekannt ist. Diese Personen können folglich nur schwer befragt werden. Wenn Befragungen aus diesem Grund nicht möglich sind, beschränkt sich die qualitative Analyse daher auf eine nähere Untersuchung der Aussagen dieser Personen.

Batanic unterscheidet bei der qualitativen Onlineforschung drei Formen:

- Befragung,
- Beobachtung,
- Dokumentenanalyse.

Als Online-Befragungsmethoden werden die asynchronen (zeitlich versetzte Frage- und Antwortreaktionen) und die synchronen (direkte Abfolge von Fragen und Antworten im Echtzeitdialog) Befragungen unterschieden.

Zu den asynchronen Befragungstechniken gehören unter anderen:

- Onlinebefragungen, zu denen ausgewählte Personen per E-Mail eingeladen werden,
- Onlinebefragungen an Mailinglisten mit einem geschlossenen Listenkreis,
- Newsgroups-Befragungen,
- Befragungen in Foren, Blogs,
- Offene Onlinebefragungen, die für jedermann zugänglich sind.

Als synchrone Befragungstechniken kommen zum Beispiel in Frage:

- Webbasierte Chats,
- Instant Messenger,
- Webbasierte Videokonferenz.

Alle drei Techniken können entweder für einen Dialog zwischen zwei Personen oder auch für Gruppendiskussion mit einem Moderator eingesetzt werden.

Für die qualitative Analyse von Social-Media-Beiträgen wird am häufigsten die Methode der Beobachtung eingesetzt. Als Datenquelle dienen die als relevant definierten Beiträge. Diese können beobachtet, anschließend verdichtet, zusammengefasst, analysiert und schließlich interpretiert werden. Hierzu ist zunächst zu definieren, welche Informationen beziehungsweise Postings als relevant einzustufen sind. Ein Betreiber von Saunen und

Schwimmbädern wird zum Beispiel ein grundsätzliches Interesse an Beiträgen über diese beiden Inhalte haben. Für die Analyse kann es aber sinnvoll sein, beide Informationsbereiche getrennt voneinander zu untersuchen. In diesem Fall sind dann nur entweder die Beiträge zum Thema „Sauna" oder die Beträge zum Thema „Schwimmbad" zu untersuchen.

Das Wesen der Beobachtung besteht darin, nicht in den Verlauf der Äußerungen einzugreifen. Weder wird moderiert noch werden Beiträge kommentiert. Beobachtungsgegenstand sind ausschließlich die von Dritten frei formulierten Postings.

Die Dokumentenanalyse im Internet umfasst nach Batanic „all jene Forschungszugänge, die auf Webdokumenten basieren, welche kein Kommunikationsgeschehen im Sinne eines direkten Dialogs umfassen". Das heißt, es werden statische Dokumente untersucht, die kein Produkt eines Dialogs sind, sondern die für sich im Internet veröffentlicht und nicht kommentiert oder diskutiert werden.

An Bedeutung gewinnen in diesem Zusammenhang Analysen des Nutzerverhaltens von Computern, Software und Internetangeboten. In verschiedenen apparativen Verfahren werden unter anderem Augen- (Eyetracking) oder Mauszeigerbewegungen (Clicktracking) aufgezeichnet und die so angefertigten Nutzungsprotokolle analysiert. So entstehen unter anderem Aufmerksamkeitskarten (Attentionmapping), welche besonders häufig angezeigte Bereiche (Hotspots) beispielsweise einer Internetseite aufzeigen. Bei szenariobasierten Usability-Tests wird den Probanden eine Aufgabe, beispielsweise die Bestellung eines bestimmten Artikels in einem Online-Shop, zugewiesen. In Verbindung mit der Think-Aloud-Methode, bei der die Probanden ihre Gedanken bei jedem Arbeitsschritt verbal kommunizieren, lassen sich so der gesamte Bestellprozess analysieren und etwaige kritische Punkte und Bestellbarrieren identifizieren.

Exkurs Neuro-Marketing:

Beim Neuro-Marketing handelt es sich um eine junge Disziplin, die psychologische und neuro-physiologische Erkenntnisse zu Zwecken des Marketing aufgreift. Angenommen wird, dass klassische Methoden der Marktforschung wie Befragungen oder Gruppendiskussionen nicht ausreichen, um Einblicke beispielsweise in Entscheidungs- und Auswahlprozesse von Verbrauchern zu gewinnen. Diese werden oftmals – anders als beim Konstrukt des Homo oeconomicus vermutet – nicht bewusst und rational getroffen. Vielmehr gelten menschliches Denken und somit auch Entscheidungsprozesse als irrational, oft unlogisch und wirken dadurch leicht fremdbestimmt.

Das Neuro-Marketing setzt neurowissenschaftliche Methoden wie die funktionelle Magnetresonanztomographie ein, die es erlauben, physiologische Prozesse wie Aktivitäten in den verschiedenen Gehirnarealen darzustellen. Untersucht wird, wo und wie das Gehirn bei der Betrachtung von Stimuli, zum Beispiel in Form von Produkten, Markennamen, Logos, Gerüchen oder Tönen, reagiert.

Tabelle 10.1: Übersicht qualitative Wirkungsmessungen

Wirkungsdimensionen bei der qualitativen Evaluation von Online-Marketing:		
Emotionen Einstellungsänderungen Verhaltensänderungen Image- und Markenwahrnehmung Entscheidungs- und Auswahlprozesse		
Befragung:	**Beobachtung nutzergenerierter Kommunikation:**	**Dokumentenanalyse:**
Asynchrone Techniken Online-Befragungen Newsgroup-Befragungen Befragungen in Blogs, Foren Offene Online-Befragungen **Synchrone Techniken** Webbasierte Chats Instant Messenger Webbasierte Videokonferenzen Online-Gruppendiskussionen	Foren-Analyse Blog-Analyse Social-Community-Analyse Auswertung von Chatprotokollen	Analyse von Suchbegriffen Auswertung von Eye-Tracking-Protokollen Auswertung von Click-Tracking-Protokollen

10.2 Qualitative Kennzahlen

10.2.1 Imagewirkung

Jeder Maßnahme im Bereich des Online-Marketing sollten klar definierte Zielvorgaben vorausgehen. Ohne eindeutig definierte Zielsetzungen ist die Messung einer Zielerreichung und damit eine substanzielle Evaluation nicht möglich. Diese banal klingende Aussage wird in der Praxis jedoch häufig nicht hinreichend berücksichtigt. Schwammige Zielformulierungen wie „imagefördernde Wirkung wird angestrebt" sind selbst in Großunternehmen anzutreffen. Welche Imagedimensionen beeinflusst werden sollen, bleibt dabei offen.

Die Grundidee für das Anstreben einer Imagewirkung besteht in der Annahme, dass sich die Eigenschaften, die innerhalb der relevanten Zielgruppe mit einer Online-Marketingmaßnahme verbunden werden, auf deren Beurteilung des Absenders übertragen (Imagetransfer).

Die Beeinflussung der Beurteilung unterschiedlicher Imagedimensionen einer Marke zielt auf eine Einstellungsänderung oder Einstellungskonservierung beim Empfänger einer Werbebotschaft ab. Die Einstellung des Rezipienten gegenüber dem Werbetreibenden soll durch Online-Marketing in eine bestimmte Richtung beeinflusst werden. Wie in der klassischen Werbung hat sich auch für Online-Marketing die Erkenntnis durchgesetzt, dass sich eine positive Wahrnehmung einer Werbemaßnahme in einer sich ändernden Einstellung gegenüber dem werbenden Unternehmen niederschlagen kann. Diese Einstellungsänderung kann dann die Grundlage für ein verändertes Kauf- bzw. Wiederkaufverhalten (und auch Empfehlungsverhalten) in Form einer anderen Markenpräferenz sein.

Wenn eine Imagewirkung angestrebt wird, sollte diese detailliert auf ganz bestimmte Imagedimensionen abzielen. Diese Imagedimensionen ergeben sich aus dem Wertekosmos bzw. dem Leitbild eines Unternehmens. Das angestrebte Image eines Unternehmens sollte aus den Eigenschaften (Imagedimensionen) bestehen, welche die gewünschte Zielgruppe mit dem Unternehmen verbinden soll. Beispielsweise ein außergewöhnliches Design, Pünktlichkeit, Präzision, Zuverlässigkeit, hohe Qualität, herausragender Service, ökologisches Handeln. Wenn das Herbeiführen einer Imageveränderung erwünscht ist, sollten Sie sich dezidierte Gedanken darüber machen, in welchen Imagedimensionen dies geschehen soll. Möchten Sie innovativ oder eher konservativ wirken? Lieber elitär oder volksnah? Eher preisgünstig oder teuer? Eher regional, national, international oder global?

Zusätzlich sollten Sie darauf achten, dass die Imageziele entweder für ein bestimmtes Produkt, eine bestimmte Marke oder für das gesamte Unternehmen definiert werden. Dabei gilt: Weniger ist mehr! Die beste Möglichkeit, tatsächlich einen Imageeffekt zu erzielen, besteht darin, sich auf ein oder zwei Imagedimensionen zu beschränken, die dann intensiv beeinflusst werden. In der Praxis häufig anzutreffen sind überzogene Zielvorstellungen, die zu viele Imagedimensionen betreffen. Die anschließende Evaluierung ergibt dann voraussichtlich, dass diese nur in geringem Umfang tatsächlich tangiert wurden.

Imageziele können entweder sachlich oder emotional ausgelegt sein. Eine sachliche Ausrichtung wäre zum Beispiel der Wunsch, dass Solar- oder Windkraftanlagen als besonders umweltschonend wahrgenommen werden sollen. Eine emotionale Ausrichtung kann zum Beispiel erwünscht sein, wenn ein Unternehmen eine bestimmte Gefühlswelt erzeugen möchte, in die sich der Kunde eingebunden fühlt. Zum Beispiel wenn eine Versicherung das Gefühl von Sicherheit in verschiedenen Lebenslagen vermitteln möchte.

Ob mit Online-Marketingmaßnahmen tatsächlich eine imagebeeinflussende Wirkung erreicht wurde, kann gemessen werden, indem vor Beginn einer Maßnahme eine Nullerhebung über die zu beeinflussenden Imagedimensionen durchgeführt und während oder nach Ende der Maßnahme eine erneute Messung veranlasst wird. Alternativ können auch zwei gleichzeitige Befragungen durchgeführt werden: eine mit Personen, welche die zu evaluierende Marketingmaßnahme wahrgenommen haben, und eine innerhalb einer repräsentativen Kontrollgruppe, welche diese Marketingmaßnahme nicht kennt.

Social-Media-Angeboten wird oft eine meinungsbildende Wirkung zugeschrieben. Gezielt gesteuerte Unternehmensinformationen sollen positive Marken- und Imageeffekte erzielen können. Ob solche Effekte tatsächlich gezielt zu beeinflussen sind und auch wirklich erreicht werden, ist jedoch von vielen Faktoren abhängig. Eine generell imagefördernde Wirkung zu unterstellen, wäre jedoch fahrlässig.

10.2.2 Zielgruppenerreichung

Bei jedem Engagement im Bereich des Online-Marketing muss beachtet werden, dass definitionsgemäß ausschließlich Personen mit einem Internetzugang erreicht werden können. Nach dem Non-Liner-Atlas 2010 sind aktuell ca. 72 Prozent der deutschen Bevölkerung „online". Die Verteilung zwischen den Altersgruppen ist hierbei höchst unterschiedlich. Während inzwischen unter 30-Jährige nahezu vollständig online sind (96 Prozent), sind die Zielgruppen über 50 Jahre nach wie vor unterrepräsentiert (50 Prozent). Darüber hinaus erweisen sich Internetnutzer als überdurchschnittlich technik- beziehungsweise medienaffine Konsumenten. Lange wurde das Internet deutlich öfter von Männern als von Frauen genutzt. Diese Unterschiede glichen sich in den letzten Jahren deutlich an (2010: Männer 79 Prozent, Frauen 65 Prozent). Wer sich im Online-Marketing aktiv betätigen möchte, sollte diese Grenzen der Erreichbarkeit beachten.

Während quantitativ Reichweiten gemessen werden, interessiert sich die qualitative Forschung nicht dafür, wie viele, sondern welche Personen mit den Online-Marketingmaßnahmen erreicht wurden. Zu jeder Marketingkampagne gehört eine klare Zielgruppendefinition. Zielgruppen werden höchst unterschiedlich detailliert definiert. Zielgruppen sind stark produktabhängig. Stromanbieter wenden sich an alle Haushaltsentscheider im Liefergebiet und haben somit eine sehr breite Zielgruppe. Hersteller von Malt Whiskey wenden sich an eine ältere, männliche Zielgruppe, während die Produzenten von „Sex and the City" eher jüngere Frauen ansprechen. Oft werden Zielgruppen nach demografischen Kriterien wie zum Beispiel Alter, Geschlecht, Ortsgröße, Einkommen, Berufsgruppe, PLZ-Gebiet oder Bildungsgrad definiert. Verstärkt setzen sich in den letzten Jahren aber auch psychografische Zielgruppenkriterien durch. Über die demografischen Grenzen hinaus werden Lebenswelten definiert, die sich zum Beispiel durch Wertesysteme oder Gewohnheiten definieren. So werden „Hedonisten", „Lohas", Yuppis oder DINKs angesprochen, die sich durch unterschiedliche Persönlichkeitseigenschaften voneinander abgrenzen. Schließlich werden Zielgruppenabgrenzungen auch anhand von verhaltens- oder verwendungsorientierten Kriterien vorgenommen.

Online-Marketingkampagnen haben gegenüber klassischer Werbung den unschätzbaren Vorteil, auch anspruchsvoll definierte Zielgruppen ohne größere Streuverluste zu erreichen. Websites für Themeninteressierte, zum Beispiel am Kochen oder am Tanzen, bieten einen direkten Zugang zu diesen ganz speziellen Interessengruppen, der sonst allenfalls noch durch Fachzeitschriften zu erreichen wäre.

Forschungsgegenstand bei der qualitativen Zielgruppenerreichung ist ein Abgleich zwischen der angestrebten Zielgruppe und den tatsächlich erreichten Personen sowie eine Ursachenanalyse bei Abweichungen.

10.2.3 Aktivierende Wirkung

Um eine Wirkung im Sinne einer aktiven Einstellungs- oder Verhaltensänderung zu erzielen, ist es notwendig, dass der Rezipient einer Online-Marketingbotschaft diese mit einem bestimmten Unternehmen verbindet. Diese Verbindung kann zum Beispiel aus dem Gedächtnis abgerufen werden. Eine Zielsetzung der Online-Marketingmaßnahme muss daher sein, das Gedächtnis der Rezipienten zu erreichen. Da das menschliche Gedächtnis täglich aus Millionen von Reizen ausfiltern muss, welche gleich wieder vergessen werden und welche gespeichert werden, lautet die Zielsetzung, das Gedächtnis nicht nur zu erreichen, sondern die Botschaft dort auch möglichst langfristig zu verankern. Werden Informationen als bedeutend empfunden, werden sie im Langzeitgedächtnis mit bestehenden Wahrnehmungsmustern in Verbindung gebracht und sind für einen längeren Zeitraum abrufbar.

Die Messung einer aktivierenden Wirkung kann zum einen über Vorher-Nachher-Befragungen von Empfängern der Werbebotschaften erfolgen oder über Kontrollgruppen. Eine noch genauere Möglichkeit der Messung ist eine Beobachtung des tatsächlichen Verhaltens über ein Haushaltspanel über einen längeren Zeitraum (Längsschnittanalyse). Beispiel: Ein Musicalfan möchte seinen Eltern zu Weihnachten einen besonderen und gemeinsamen Erlebnisabend schenken. Während seines Auswahlprozesses, ob er zum Beispiel Theater-, Oper-, Konzert- oder Musicalkarten verschenken möchte, bekommt er eine E-Mail mit einem Rabattangebot eines Musicalproduzenten. Der Preisvorteil überzeugt ihn spontan in seiner Entscheidungssituation und er kauft die Musicaltickets. Hier liegt eine unmittelbar aktivierende Wirkung der Online-Marketingmaßnahme vor.

Über die bewussten Prozesse hinaus beschäftigt sich eine qualitative Wirkungsmessung auch mit unbewussten Wirkungsmechanismen von Online-Marketingmaßnahmen. Im Rahmen von Befragungen versuchen Testpersonen regelmäßig, Entscheidungen möglichst rational zu begründen. Oft werden Kaufentscheidungen aber tatsächlich eher emotional getroffen, ohne dass der Entscheider hierfür einen rationalen Grund benennen kann. Diesen Wirkungsmechanismen kann man sich methodisch im Rahmen von Tiefeninterviews und Gruppendiskussionen nähern.

10.2.4 Verhaltenskonservierende Wirkung

Sofern man mit dem aktuellen Verhalten seiner Zielgruppe rundum glücklich ist, gilt es, dieses auch für die Zukunft zu bewahren. Stammkunden, die immer wieder dieselben Produkte über einen längeren Zeitraum erwerben, sind ein hohes Gut für jedes Unternehmen. Um zum Beispiel das Verhalten seiner Kunden aus Kauf- und Wiederkaufhandlungen zu konservieren, gilt es einerseits, die Vorzüge der eigenen Produkte zu betonen sowie über Neuigkeiten und Wettbewerbsvorteile zu informieren. Andererseits ist es aber auch von hoher Bedeutung, die Anfälligkeit der aktuellen Käufer für einen Wechsel zum Wettbewerb möglichst maximal zu reduzieren, um eine Verhaltenskonservierung zu erreichen.

Menschen neigen zwar grundsätzlich tendenziell dazu, lieb gewonnene Gewohnheiten zu pflegen. Durch ein sich veränderndes Umfeld und einen sich verändernden Wettbewerb können jedoch Ereignisse ausgelöst werden, die zunächst zu einer einstellungsändernden Wirkung und anschließend zu einer Verhaltensänderung beim Kunden führen. Die Bewahrung eines bestimmten Verhaltens kann daher auch eine sinnvolle Kennzahl der Wirkung von Online-Marketing sein.

Eine Messung einer verhaltenskonservierenden Wirkung erfordert einen längeren Zeitraum, dessen Länge im Einzelfall zu definieren ist. Methodisch ist das Vorgehen analog zu der Messung einer aktivierenden Wirkung.

10.3 Qualitative Wirkungsmessung der Einzeldisziplinen im Online-Marketing

10.3.1 Suchmaschinenmarketing

Unter Suchmaschinenmarketing versteht man die gezielte, kostenpflichtige Werbung in Suchmaschinen (Adword Kampagnen). Quantitativ werden hier zum Beispiel Klicks oder direkte Kaufabschlüsse durch die Suchmaschinentreffer gemessen. Qualitativ ist von Bedeutung, welche Qualität die erreichten Kontakte tatsächlich aufweisen. Bewirbt zum Beispiel ein Marktforschungsinstitut das Stichwort „Mystery Shopping" (anonyme Testkäufe), so richtet es sich in erster Linie an Unternehmen, die diese Dienstleistung nachfragen. Tatsächlich wird dieser Suchbegriff aber von vielen jobsuchenden potenziellen Testkunden, die Testbesuche durchführen möchten, geklickt. Sie verursachen so hohe Kosten, die für den Absender allerdings nutzlos sind, da sie nicht in die angestrebte Zielgruppe der Werbebotschaft gehören. Die Qualität der erreichten Kontakte ist daher ein entscheidendes Kriterium, um die Wirkung von Suchmaschinenmarketing einschätzen zu können.

Für die Untersuchung der Qualität der Kontakte können entweder direkte Auswertungen der durch Suchtreffer realisierten Geschäftsvorfälle vorgenommen werden, bei denen die Anonymität aufgehoben ist. Für die Suchtrefferkontakte, die anonym bleiben, kommen methodische Onsite-Onlinebefragungen (nach Klick auf Suchtreffer) als einfachste Lösung in Frage.

Qualitative Untersuchungen der Wirkung von Suchmaschinenmarketing setzen sich zusätzlich mit der Frage auseinander, welche Suchbegriffe zu den als relevant eingestuften Themen überhaupt verwendet werden. Nach welchen Kriterien suchen die Interessenten über Suchmaschinen in Bezug auf ein Produkt, eine Marke oder ein Unternehmen? Und welche Suchbegriffe sind entscheidungsrelevant? Auswertungen über die verwendeten Suchbegriffe können in der Regel über die Suchmaschinenanbieter bezogen werden.

In dem eingangs erwähnten Beispiel des Suchbegriffs „Mystery Shopping" wurde eine Analyse der nutzergenerierten Suchbegriffe durchgeführt. Dabei konnten typische Suchbegriffe bzw. -phrasen sowohl von Jobsuchenden als auch potenziellen Kunden identifiziert werden. Im Anschluss wurden die Suchbegriffe (Keywords, Metatags) der Internetseite auf die Anforderungen beziehungsweise das Suchverhalten potenzieller Kunden angepasst. Im Resultat konnte der Anteil der Anfragen interessierter Kunden zu Ungunsten des Anteils Jobsuchender gesteigert werden.

10.3.2 Display-Marketing

Als klassische Onlinewerbung setzt Display-Marketing auf grafische Elemente wie Banner und Buttons oder werbliche Text- und Bildinhalte.[1]

[1] www.Onlinemarketing-Praxis.de.

Banner werden inzwischen in einer großen Zahl von Variationen angeboten, die Werbebotschaften auf Websites transportieren sollen. Bei der Messung qualitativer Wirkung werden insbesondere Imageeffekte und Zielgruppenkriterien untersucht. Methodisch stehen hier über die Möglichkeiten der Befragung hinaus auch Labortests zur Verfügung. In Labortests werden Probanden im Rahmen von qualitativen Intensivinterviews mit unterschiedlichen Formen des Display-Marketing konfrontiert und anschließend über deren Wirkung befragt. Oft wird in Labortests auch die Methode des „lauten Denkens" angewandt, bei der der Proband dem Interviewer seine spontanen Gedanken ungefragt mitteilt.

Im Rahmen eines Labortests ließ ein Anbieter exklusiver Herrenmode eine Reihe verschiedener Werbemotive prüfen, welche zuvor erfolgreich in der Print-Werbung (in Form einer Beilage in einer Tageszeitung) des Unternehmens eingesetzt wurden und überwiegend positive Reaktionen hervorgerufen haben. Im Labortest mit Kunden des Online-Shops des Herstellers fielen diese Motive nahezu vollständig durch.

Die Analyse ergab, dass die Rezipienten der Print-Werbung und die Besucher des Online-Shops verschiedenen Zielgruppen mit unterschiedlichen Anforderungen hinsichtlich der Bildsprache von Werbemitteln entstammen. Die Motive wirkten unter anderem zu „altbacken und spießig" auf die Nutzer des Online-Shops. Im Resultat wurde eine eigens für den Online-Shop kreierte Kampagne durchgeführt. Der Erfolg dieser Kampagne wurde sowohl durch Umsatzsteigerungen als auch die Ergebnisse einer nachgelagerten Besucherbefragung des Online-Shops bestätigt.

10.3.3 Affiliate-Marketing

Wikipedia definiert Affiliate-Systeme als „internetbasierte Vertriebslösungen, bei der meistens ein kommerzieller Anbieter seine Vertriebspartner erfolgsorientiert durch eine Provision vergütet. Der Produktanbieter stellt hierbei seine Werbemittel zur Verfügung, die der Affiliate auf seinen Seiten zur Bewerbung der Angebote des Kooperationspartners verwenden … kann."

Aus der Natur dieses Marketingmodells ergeben sich zwangsläufig wechselseitige Effekte zwischen den Vertriebspartnern. Hier sind an erster Stelle Imageeffekte zu nennen. Die Affiliate-Partner müssen darauf achten, dass sie aus der Sicht der Zielgruppe glaubwürdig zueinander passen. Hersteller hochqualitativer und hochpreisiger Produkte sollten sich Vertriebspartner suchen, die glaubwürdig auch hochwertige Produkte anbieten können. Spielen die Affiliate-Partner nicht in einer vergleichbaren Liga, besteht die Gefahr einer Imageschädigung für den jeweils hochwertiger positionierten Partner. Ein gutes Beispiel für gelungenes Affiliate-Marketing ist der Vertrieb von Musicaltickets von Stage Entertainment und damit verbundenen Kurzreisen durch die TUI. Hier kooperieren die Marktführer und beide Seiten profitieren dabei. Würden Tickets für hochwertige Musicalproduktionen auch über Online-Discountangebote vertrieben, bestünde die Gefahr, die Wertigkeit des Produktes zu mindern.

Darüber hinaus ist auch hier zu prüfen, ob der Affiliate-Partner einen Zugang zu der angestrebten Zielgruppe bietet und folglich auch qualitative Zielgruppenkriterien erfüllen kann.

Die qualitative Wirkung von Affiliate-Marketing lässt sich durch vergleichende Imageanalysen der Partner messen, vor Beginn eines Engagements und nach einer bestimmten Zeitdauer. Qualitative Imageanalysen werden in Form von Gruppendiskussionen und Intensivinterviews durchgeführt. Auch das Erreichen qualitativer Zielgruppenkriterien kann durch Befragung der Kunden gemessen werden, die über die Affiliate-Partner gewonnen werden. Eine qualitative Möglichkeit, sich dem Image eines Affiliate-Partners zu nähern, besteht darin, die Befragten mittels eines sogenannten projektiven Vorgehens einen Vergleich mit bekannten und klar abgrenzbaren Gruppen vornehmen zu lassen. Zum Beispiel sollen sich die Befragten vorstellen, das Produkt/die Marke/das Unternehmen wäre ein Auto. Welches Auto wäre es? Oder eine Einordnung als Tier. Da die den unterschiedlichen Automarken und Tierarten zugeschriebenen Imageeigenschaften gut erforscht sind, lassen sich valide Rückschlüsse auf die Imagewahrnehmung des so eingestuften Befragungsgegenstandes treffen. Ein Löwe steht zum Beispiel für Kraft und Dominanz, während ein Schaf eher mit einem schlichten Gemüt verbunden wird. „Der Mercedes" hat auch Einzug in den normalen Sprachgebrauch gefunden. Es wird damit ein Produkt von besonders hoher Qualität zu einem hohen Preis verbunden.

10.3.4 E-Mail-Marketing

Die Wirkung von E-Mail-Marketing wird oft quantitativ anhand von Responsequoten gemessen. Hier wird gemessen, wie viele Leser auf die Mail geklickt oder sie beantwortet haben oder ob die Mail eine Kaufhandlung ausgelöst hat. Zum E-Mail-Marketing gehört auch der Versand von Newslettern über das Internet. Möchte man die qualitative Wirkung dieser Marketingmaßnahmen messen, sind wiederum Einflussgrößen auf die Markenwahrnehmung zu untersuchen. Dieser Einfluss wird zum einen durch die Inhalte der Mails und zum anderen durch deren Gestaltung bedingt. Inhaltlich werden zum Beispiel die Seriosität und Verständlichkeit der Informationen beurteilt. Ungestaltete, einfache Text-Mails haben einen anderen Einfluss auf die Markenwahrnehmung des Empfängers als professionell gestaltete HTML-Mails, die auch mit Hilfe von Bilderwelten arbeiten.

Schließlich sind auch Crossover-Effekte, das heißt eine abstrahlende Wirkung vom E-Mail-Marketing auf das Verhalten in der Offline-Welt zu beachten. Ein Händler von Druckerpatronen, bei dem wir selbst Kunde waren, hat uns so lange und so oft mit Werbe-E-Mails bombardiert, dass wir schließlich auch offline nicht mehr bei ihm gekauft haben. Dieses Instrument ist folglich sehr sensibel einzusetzen und vor allem ausschließlich mit der ausdrücklichen Einwilligung der Empfänger.

Methodisch kann die qualitative Wirkung von E-Mail-Marketing entweder durch Onlinebefragungen der Empfänger oder durch persönliche Befragungen in Einzelinterviews, Fokusgruppen oder auch mit Hilfe von Laborinterviews durchgeführt werden.

Ein Anbieter von Finanzsoftware passte im Rahmen einer Neuausrichtung des Corporate Designs den E-Mail-Newsletter an und stellte fest, dass sich der Anteil von Zusatzverkäufen über dieses Medium drastisch verringerte, obwohl hinsichtlich Qualität und Anzahl der Zusatzangebote keine Veränderungen vorgenommen wurden. Darüber hinaus bestellten viele langjährige Empfänger den Newsletter ab, obwohl es keine inhaltlichen Änderungen gab.

Eine qualitative Befragung und ein Studiotest resultierten in der Erkenntnis, dass das neue Corporate Design des Unternehmens als jung, modern und dynamisch wahrgenommen wurde. Allerdings hafteten diesem Design auch eine fehlende Substanz sowie mangelnde Kontinuität und Erfahrung (in Finanzangelegenheiten) an, die zu einem kundenseitigen Vertrauensverlust führten. Eine Analyse der Bedürfnisstruktur der Newsletterempfänger und von Käufern von Finanzsoftware ergab, dass diese Zielgruppe extrem viel Wert auf Vertrauen, Konstanz, Sicherheit und Kontinuität legt und gerade in Bezug auf Finanzen extrem konservativ agiert. Das neue Corporate Design wurde zu Gunsten des altbewährten Designs, welches moderat überarbeitet wurde, verworfen. In der Folge stiegen die Zusatzverkäufe wieder und die Anzahl von Abbestellungen des Newsletters konnte reduziert werden.

10.3.5 Social-Web-/Community-Marketing

Als Social-Web-Marketing werden Werbeaktivitäten in Communitys wie zum Beispiel Facebook, Twitter, Xing, LinkedIn oder YouTube bezeichnet. Ein wesentliches Charakteristikum dieser Aktivitäten, im Gegensatz zu den Maßnahmen der klassischen Werbung, besteht in einem unmittelbaren, direkten und sehr schnellen Rückkanal. Beiträge oder Werbung in diesem Umfeld sind der spontanen und vor allem öffentlichen Bewertung durch die Empfänger ausgesetzt. Hieraus ergeben sich große Chancen, zum Beispiel wenn im positiven Fall das eigene Angebot weiterempfohlen wird und so kostengünstige Empfehlungen generiert werden.

Gleichzeitig setzen sich Unternehmen, die sich an Social-Media-Angeboten beteiligen, auch dem Risiko aus, öffentliche und harte Kritik hinnehmen zu müssen, die im schlimmsten Fall eine eigene Negativdynamik bekommt. Wichtig ist daher ein möglichst permanentes Monitoring, damit überhaupt bekannt ist, was über die eigenen Produkte oder das eigene Unternehmen in Social-Media-Angeboten geschrieben wird. Nur so lässt sich im Ernstfall auch kurzfristig auf stark negative Äußerungen proaktiv eingehen.

Sowohl bei der Beobachtung als auch bei der Dokumentenanalyse von Social-Media-Beiträgen besteht die wesentliche forschende Tätigkeit in der Analyse von Texten. Hierbei ist eine Vielzahl von Kriterien zu beachten, um eine saubere Untersuchung vornehmen zu können. Da eine gleichzeitige Wahrnehmung von non-verbaler Kommunikation nicht möglich ist, bilden zum Beispiel Ironie und Sarkasmus eine Herausforderung an den Forscher. Fraglich ist zunächst immer, wie eine Äußerung gemeint ist. Ist sie dem Wortlaut gemäß zu verstehen oder haben die Worte einen anderen Sinn, als die eigentliche Formulierung erwarten lässt? Beispiel: Ein Mann fragt seine Frau: „Schatz, was hast Du denn?" Antwort: „Nichts, es ist alles in Ordnung". Dem Forscher, der nur diesen Text liest und nicht den Gesichtsausdruck der Frau sieht, bleibt – isoliert betrachtet – verborgen, ob tatsächlich alles in Ordnung ist oder ob nicht in Wirklichkeit das Gegenteil gemeint ist.

Darüber hinaus können Worte auch mehrere Bedeutungen haben, zum Beispiel „Flügel". Meist lässt sich aus dem Zusammenhang erkennen, welche Bedeutung gemeint ist. Bei Formulierungen wie zum Beispiel: „Der Flügel muss gereinigt werden" (es kann ein Organ eines Vogels, ein Teil eines Flugzeugs, eines Gebäudes oder ein Musikinstrument gemeint sein) können Interpretationsschwierigkeiten auftreten, wenn sie nicht in einen Gesamtkontext eingebunden sind.

Mehrdeutig können aber auch Wortfolgen sein. Bei dem Satz: „Stefan fuhr seine Frau sturzbetrunken nach Hause" ist nicht eindeutig, ob Stefan oder seine Frau sturzbetrunken war. Aus diesem Beispiel ist gut ersichtlich, dass es bei der qualitativen Analyse von Text extrem wichtig ist, sich einem Sachverhalt nach Möglichkeit ergebnisoffen zu nähern und zu versuchen, sich von eigenen Vorprägungen nicht vorschnell zu einem Urteil verleiten zu lassen.

Bei der Analyse von Text stellt sich für den Analysten die Herausforderung, die relevanten Informationen zu filtern und zu verdichten. Die Filterung erfolgt durch Auslassen, Verallgemeinerung von Mehrfachaussagen, Auswahl von typischen Statements und Bündelung sich wiederholender Statements. Eine hohe Qualifikation des Analysten ist hierfür erforderlich, um für den Untersuchungsgegenstand relevante von irrelevanten Informationen zu trennen und anschließend interpretieren zu können. Die Auswertungsarbeit besteht zunächst darin, besonders auffällige, widersprüchliche und inhaltlich auffällig übereinstimmende Aussagen zu sammeln. Darauf folgen Inhaltsanalysen im engen und anschließend im weiteren Zusammenhang. Schließlich sind die Aussagen formal, inhaltlich und typisierend zu ordnen. Die Verständlichkeit der Analyse wird dadurch erleichtert, dass zu den jeweiligen Konklusionen möglichst einfache Beispiele gegeben werden, die stellvertretend für die gewonnenen Erkenntnisse stehen. Die Interpretation der Informationen erfolgt dann, indem identifiziert wird, welche tiefere Motivation hinter Aussagen steht und welchen Einfluss die Aussagen auf andere Interaktionspartner ausüben. Schließlich sind die gewonnenen Erkenntnisse in die größeren Zusammenhänge einzuordnen.

Verschiedene Zielgruppenanalysen eines Herstellers von Multifunktionsbekleidung ergaben, dass überwiegend junge, freizeitaktive und einkommensstarke Männer mit technischer Affinität und hohen Qualitätsansprüchen die hochpreisigen Produkte unseres Kunden kaufen.

Dem Medium Internet kommt im Auswahlprozess eine besonders wichtige Rolle zu, so dass man sich zur Durchführung einer Analyse nutzergenerierter Informationen und Kommunikation im Social Web, sprich sozialen Gemeinschaften, Blogs, Weiterempfehlungsplattformen etc. (User Generated Content, kurz UGC) entschied.

Untersucht wurden so vielfältige Einstellungen wie beispielsweise Bewertungen von Produktvorteilen und -nachteilen sowie hinsichtlich der Marke, Bewertungen des Images, die Nutzungsmotive oder auch Nutzungsbarrieren. Neben der Darstellung und Analyse von Einzelmeinungen (beispielsweise in Blogs) wurden auch soziale Interaktionen mehrerer Nutzer (beispielsweise in Outdoorforen) dokumentiert und analysiert.

Als klarer Vorteil dieser Methode erwies sich, dass ungefilterte und „authentische" Meinungen ohne sozial erwünschtes Antwortverhalten analysiert und Meinungsbildungsprozesse nachvollzogen werden konnten. Hinzu kommt, dass es sowohl hinsichtlich der kommunizierten Inhalte als auch der kommunizierenden Nutzer im Vergleich zu beispielsweise Fokusgruppen oder qualitativen Interviews nur sehr geringe Einschränkungen gab und so Nutzer erfasst wurden, die nicht als typische Nutzer der Produkte unseres Kunden galten.

Im Rahmen dieser Analyse wurden wiederholt in verschiedenen Foren und Blogs negative Erfahrungsberichte hinsichtlich der Qualität eines Produktes unseres Kunden gesichtet, wobei in diesem Kontext klar von dem Kauf des entsprechenden Produktes und weiterer Produkte dieses Herstellers abgeraten wurde. Neben dem monetären Schaden durch den Verkaufsausfall war eine Beschädigung des Images und Markennamens unseres Kunden zu befürchten, da die Produktqualität die elementare Rolle bei der Wahrnehmung der Marke spielt.

Herstellerseitige Untersuchungen ergaben, dass eine fehlerhafte Serie des Produktes ausgeliefert worden war, die sich gemessen an der insgesamt verkauften Stückzahl im Promillebereich befand. Eine sehr geringe Anzahl enttäuschter Käufer berichtete jedoch aktiv von ihren negativen Erfahrungen, wobei diese Meldungen auf verschiedenen Kanälen wiederholt und dadurch multipliziert wurden. Als Resultat entstand so ein falsches Bild hinsichtlich der Produktqualität des Herstellers.

Die Urheber dieser Meldungen wurden identifiziert und seitens unseres Kunden wurde ihnen der Sachverhalt erläutert sowie ein Austausch der fehlerhaften Ware angeboten, sofern dies noch nicht geschehen war. Darüber hinaus veröffentlichte das Unternehmen an den relevanten meinungsbildenden Stellen (Blogs, Foren, Communitys, Shoppingportalen) Stellungnahmen, die von der großen Mehrheit positiv aufgenommen wurden. So konnte ein weiterer Schaden in der Wahrnehmung unseres Kunden verhindert und die Zufriedenheit der bereits verärgerten Kunden wiederhergestellt werden. Als positiver Nebeneffekt wird der Markenname nunmehr ebenfalls stark mit den Prädikaten „kundenfreundlich" und „serviceorientiert" assoziiert.

Neben der qualitativen Analyse wurden im Rahmen einer quantitativ ausgerichteten Analyse alle relevanten Inhalte – auch jene, die über das Social Web hinausgehen – über unseren Kunden erfasst. Elektronische Suchmaschinen haben das gesamte Internet nach zuvor definierten Inhalten – beispielsweise dem Markennamen unseres Kunden – durchsucht, wobei eine Kategorisierung von Inhalten und deren Relevanz hilfreich war. Der Einsatz moderner Programme erlaubt mit Hilfe semantischer Analysen eine Kategorisierung von Beiträgen als Positiv- oder Negativkritik oder auch als Kaufempfehlung bzw. -warnung. Meinungsbildungsprozesse wurden im Zeitverlauf abgebildet und Meinungsführer identifiziert.

Im Gegensatz zu der qualitativen Inhaltsanalyse von Nutzerbeiträgen im Internet erlaubt die quantitativ ausgerichtete Untersuchung Aussagen über die Gesamtheit aller Inhalte zu einem Themenkomplex, wie beispielsweise zur Häufigkeit aller Beiträge zu einem bestimmten Produkt des Herstellers von Multifunktionsbekleidung, zur Häufigkeit positiver und negativer Beiträge und der „Geschichte" eines Themas (vom Aufkommen bis zum Verebben).

10.4 Zusammenfassung

Um ein ganzheitliches Verständnis von der Wirkung von Online-Marketing zu bekommen, sollten diese Maßnahmen nicht nur quantitativ, sondern auch qualitativ untersucht werden. Als Erkenntnisgewinn liefert die qualitative Wirkungsforschung tiefere Informationen über eine tatsächliche, aktivierende oder konservierende Wirkung auf die Zielgruppe. Sie liefert Informationen, ob die richtigen Personen erreicht wurden und was bei den Empfängern der Marketingbotschaften bewirkt werden konnte. Qualitative Wirkungsmessung erleichtert das Verständnis von Handlungsmotiven und Wirkungszusammenhängen und bietet in Ergänzung zu Reichweiten eine solide Informationsbasis für eine zukünftige Effektivitäts- und Effizienzsteigerung von Online-Marketingmaßnahmen.

Dem qualitativen Forscher steht hierfür methodisch ein erprobtes Instrumentarium zur Verfügung, das laufend weiterentwickelt und an die Bedürfnisse der aktuellen Entwicklungen, zum Beispiel im Bereich Social Media, angepasst wird.

Für eine Evaluation der Online-Marketingmaßnahmen sollten auch mögliche Wechselwirkungen mit Marketingmaßnahmen anderer Werbetreibender im selben Umfeld berücksichtigt werden. Setzen Wettbewerber ebenfalls E-Mail-Marketing ein? Wenn ja, wie grenzen sich die eigenen Maßnahmen ab? Welche anderen Werbetreibenden setzen Onsite-Werbung parallel zur eigenen Kampagne ein? Welche Aufmerksamkeit und welche Wirkung erzeugt die eigene Maßnahme im Vergleich zu anderen zum Beispiel Bannern auf derselben Website? Wie stark die Wirkung der eigenen Maßnahme ausgeprägt ist, wird durch andere Werbemaßnahmen im selben Umfeld beeinflusst. Hier gilt es, auf ein Umfeld zu achten, in dem dieser mögliche Einfluss möglichst gering ausfällt.

Literatur

Batanic, B./Gnambs, T. (2007): Qualitative Online-Forschung, in: Naderer/Balzer: Qualitative Marktforschung in Theorie und Praxis, Wiesbaden: Gabler.

Lammenett, E. (2007): Typo3 Online-Marketing-Guide, Wiesbaden: Gabler.

Lammenett, E. (2006): Praxiswissen Onlinemarketing, Wiesbaden: Gabler.

Pfannenmüller, J. (2010): Initiative neue soziale Nüchternheit, in: W&V 43/2010, Seite 22ff.

Theobald, A./Dreyer, M./Starsetzki, T. (2001): Online-Marktforschung, Wiesbaden: Gabler.

Harald Kratel
Geschäftsführer Madaus, Licht + Vernier Werbeagentur GmbH

Prof. Dr. Christoph Bauer
Hamburg School of Business Administration

11 Controlling von Online-Marketing bei Datingservices

11.1 Besonderheiten von Datingservices als Sonderform des E-Commerce

Bei Datingservices bzw. -sites geht es, wie bei allen E-Commerce-Sites, um die Schaffung von Marktplätzen. Auf den Marktplätzen sollen das verfügbare Angebot und die verfügbare Nachfrage möglichst groß sein und dann von dem Marktplatz zu einer Übereinstimmung, das heißt zu einer Transaktion, geführt werden. Je größer die Anzahl der Transaktionen ist, desto größer ist das Umsatzpotenzial.

Als Umsatzmodell werden bei Datingservices das Abonnementmodell oder auch transaktionsabhängige Modelle eingesetzt. Häufig versuchen Unternehmen, ein Abonnementmodell einzusetzen, da es einen langfristig sicheren Umsatz verspricht. Bei Datingservices ist die Kundenbindung aber manchmal nur für den Zeitraum der Suche nach einem Partner hoch, anschließend werden die Datingservices häufig von den Kunden gekündigt. Die Abonnementmodelle sind deshalb nicht so dauerhaft wie in anderen Medien, zum Beispiel bei Zeitschriften.

Demgegenüber können im transaktionsabhängigen Umsatzmodell bei der richtigen Transaktion tendenziell höhere Umsätze als beim Abonnementmodell erzielt werden, da den Kunden die Auswahl des „richtigen" Partners viel Wert sein kann. Aus diesem Grund ist bei vielen Datingservices auch das Transaktionsmodell gewählt worden.

Bei Datingservices geht es nicht um den Verkauf von physischen Gütern, sondern um die Schaffung eines Marktplatzes, der es den Besuchern ermöglicht „den Richtigen" beziehungsweise „die Richtige" zu finden. Die Bandbreite der Suche reicht dabei von neuen Freundschaften bis zu der „Liebe meines Lebens". Es haben sich verschiedene Internetmarktplätze gebildet, um diese grundverschiedenen Bedürfnisse zu befriedigen, was sich auch in unterschiedlichen Produkt-Features widerspiegelt. Die Suche ist meistens kostenlos, gekauft wird eine Mitgliedschaft, die es den Marktplatzbesuchern ermöglicht, mit jemandem zu kommunizieren, den man gefunden hat.

Bei Datingservices ist nicht nur der Kauf der Mitgliedschaft alleine wichtig, sondern auch die Präsenz und Aktivität der Besucher des Marktplatzes. Je mehr Suchende sich auf dem Marktplatz treffen können, desto besser. Die Suchenden kommen immer dann wieder, wenn sie glauben, dass sie auf diesem Marktplatz einen passenden Partner finden können. Es muss eine umfangreiche und aktuelle Datenbank zur Verfügung stehen, bei der die Suche schnell und übersichtlich zum Ziel führt.

Die Herausforderungen für erfolgreiche Datingservices lassen sich wie folgt zusammenfassen:

- die zwangsläufigen erheblichen Streuverluste machen es erforderlich, die Kosten je Neukunde und Kanal ständig im Auge zu behalten;
- bestimmend für den Lifetime Value ist im Wesentlichen die Haltbarkeit der Kunden (siehe auch die Ausführungen von Christoph Bauer in diesem Buch);
- je höher die Qualität der Marktplatzbesucher ist (Anzahl, Relevanz und Aktivität), desto größer ist auch der Lifetime Value;

- durch detaillierte und langfristige Analyse der Besucherströme (woher kommen die Kunden und was machen sie auf der Site) und entsprechend abgeleitete Maßnahmen lassen sich in diesem hoch kompetitiven Markt gute Erfolg erzielen.

11.2 Quantitatives Controlling von Datingservices

Das quantitative Controlling von Datingservices richtet sich auf das Controlling der Hauptblöcke der Unternehmenstätigkeit, das heißt auf Umsatz, laufende (operativen) Kosten und Kundengewinnungskosten. Diese Bestandteile des Controlling werden dann in einer Customer-Lifetime-Value-Betrachtung (LTV) zusammengeführt. Der LTV ist das Entscheidungskriterium beim Einsatz von Online-Marketing hinsichtlich Höhe des Online-Marketing und Einsatz in verschiedenen Vertriebskanälen (siehe auch Beitrag von Christoph Bauer in diesem Buch). Ferner wird der LTV auch für das laufende Kundenmanagement eingesetzt.

Beim Controlling des Umsatzes werden die folgenden wesentlichen Kennzahlen regelmäßig analysiert:

- Umsatz je Kunde und je Kundengruppe,
- Umsatzsteigerung gesamt und je Kundengruppe,
- Umsatz aus Abonnements und Transaktionen.

Diese Kennzahlen werden monatlich verglichen zum Plan, Vormonat und Vorjahresmonat, damit die Trends erkennbar sind.

Das Controlling des laufenden Geschäftes orientiert sich zunächst an der Bereitstellung der Technik, das heißt den Servern, Hosting-Kosten und Weiterentwicklungen der technologischen Basis. Neben der Kerntechnik sind in Datingservices auch die Kundenprozesse von großer Bedeutung. Im Controlling geht es dann darum, die Geschwindigkeit, Zuverlässigkeit und Sicherheit der Kundenprozesse zu erfassen. Dazu gehören die Anmeldung von Kunden, das „Matching" von Kunden sowie Abrechnungs- und Billingservices. Neben diesen Besonderheiten des Controlling findet wie in anderen Unternehmen auch ein Monitoring der administrativen Kosten statt.

Beim Controlling der Kundengewinnungskosten ist die wesentliche Aufgabe des Controlling eines Datingservices die Schaffung einer sehr detaillierten Datenbasis über die Marketingmaßnahmen.[1] Diese Datenbasis enthält über jeden Kanal die wesentlichen Informationen zu Kosten der Kundengewinnung, Konversionen, Umsatz und Haltbarkeit pro Neukunde. Ziel ist es, die stetige Optimierung des Marketing-Mix zu unterstützen.[2]

Wichtigste Kennziffer im Verhältnis zu den Kundengewinnungskosten ist dann der LTV, das heißt der abgezinste Wert des zukünftigen Cashflow eines Kunden, bestehend aus Umsatz und laufenden (operativen) Kosten.

---

[1] Link und Hildebrand, 1995.

[2] Busch et al., 2008.

Bei Datingservices haben die positiven Erfahrungen von eigenen Kunden eine sehr große Hebelwirkung auf den LTV, denn diese senken einerseits durch Empfehlungen an andere Kunden die Kundengewinnungskosten und führen andererseits dazu, das die bestehenden Kunden bei entsprechender Zufriedenheit eine geringere Kündigungsquote haben, was den laufenden Umsatz erhöht.

Die Haltbarkeit des Kunden ist einerseits durch das Modell des Datingservice definiert. Wenn man den Lebenspartner gesucht und gefunden hat, ist die Kündigungswahrscheinlichkeit hoch. Andererseits kann ein Datingservice auch auf Freundschaften oder Kontakte angelegt sein, für die ein Kunde viel öfter Bereitschaft zu weiteren Aktionen zeigt. Auch bei den Datingservices, die das Finden von Lebenspartnern zum Ziel haben, können durch zusätzliche Services (Freundschaftskontakte, Empfehlungen von Events usw.) wieder Aktivitäten von Kunden und damit Umsätze geschaffen werden. Nach dem Modell des LTV können für die Haltbarkeit von Kunden, zum Beispiel durch Benefits, Gelder ausgegeben werden, denn es ist in der Regel um ein Vielfaches günstiger, einen bestehenden, aber kündigungsgefährdeten Kunden zu halten, als einen neuen Kunden zu werben. Mit dem Modell des LTV lässt sich genau errechnen, welche Kosten zum Halten der bestehenden Kunden aufgewendete werden dürfen, bevor der LTV unter die aktuellen Kundengewinnungskosten sinkt.

Eine weitere Kennzahl, die eine große Wirkung auf den LTV hat, ist die Marge aus dem laufenden Geschäft, das heißt der Deckungsbeitrag aus der Differenz von laufendem Umsatz und laufenden Kosten in jedem Monat. Je höher die Aktivitäten der einzelnen Kunden sind, desto höher werden deren Umsätze für den Datingservice sein, was nicht zwingend zu höheren operativen Kosten führen muss. Gleichzeitig kann ein gutes Kostenmanagement zu eine weiter verbesserten Marge führen, die sich dann durch die Abzinsung im Rahmen des LTV-Konzeptes stark auf den LTV selbst auswirkt. In der Folge sind deutlich höhere Kundengewinnungskosten finanzierbar und damit ist mehr Kundenwachstum möglich.

Für die Steuerung der Vertriebskanäle wird das Verhältnis von Kundengewinnungskosten je Vertriebskanal zum Lifetime Value eines Kunden verwendet, den man über diesen Kanal gewonnen hat.[3] Auf dieser Basis werden die unterschiedlichen Marketing-Mix-Situationen der Vergangenheit analysiert und gegebenenfalls neue getestet, wenn nicht genügend unterschiedliche Marketing-Mix-Situationen aus der Vergangenheit rekonstruiert werden können.

Bei E-Commerce-Sites können die einzelnen Schritte über die gesamte Conversion-Kette, das heißt vom ersten Besuch der Site bis zur Anmeldung und regelmäßigen Nutzung, gemessen werden. Jeder unbekannte neue Besucher einer Site wird mit einem Cookie versehen. So wird sein Verhalten verfolgbar, vom ersten Besuch über die Registrierung bis hin zum ersten Kauf und darüber hinaus. Es gibt Tools, die es erlauben, eine hohe Transparenz der Nutzströme auf einer Website zu schaffen.[4] Damit erhält man eine Datenbasis, die weit über die eines stationären Handels hinausgeht.

---

[3] Berger und Nasr, 1998.

[4] AGOF, 2010.

Trotz dieser großen Datenbasis zeigen sich schnell Grenzen des quantitativen Controlling :

- Online-User löschen regelmäßig ihre Cookies. Die Schätzungen, wie viele es sind, liegen dabei mit fünf bis 30 Prozent weit auseinander.[5]
- Viele Vertriebskanäle sind nur schwer skalierbar. Selbst wenn günstige Vertriebskanäle geschaffen wurden, steigen häufig mit zunehmendem Einsatz der Marketingmittel die Kundengewinnungskosten in diesen Kanälen exponentiell an.[6] Ferner hängen die günstigen Kundengewinnungskosten oftmals neben dem Vertriebskanal von weiteren, auch qualitativen Faktoren ab, wie zum Beispiel Saisonalität, aktuelle Konkurrenzangebote, platzierte Promotionangebote, Aufmachung der Werbung usw.
- Ein häufig auftretender Fehler im Onlinemarketing ist, dass immer nur leichte evolutionäre Veränderungen vorgenommen und dann gemessen werden, statt signifikant unterschiedliche Ansätze gegeneinander zu testen. Dabei läuft man Gefahr, eine suboptimale Lösung stetig zu optimieren.
- Die Motivation für ein gemessenes Verhalten ist quantitativ nicht messbar.

Bei Datingservices gibt es die Besonderheit, dass sich die potenziellen Käufer bei mehreren konkurrierenden Angeboten kostenlos registrieren und sich erst nach einiger (Bedenk-)Zeit zum Kauf genau eines Angebotes entscheiden. Quantitativ lässt sich nur messen, wie viele User nach der Registrierung kaufen. Darüber hinaus lassen sich im Zeitvergleich noch Veränderungen der Conversion-Rate messen. Quantitativ nicht messen lässt sich hingegen, wie viele User bei der Konkurrenz kaufen, bzw. warum sich die Conversion-Rate verändert hat.

11.3 Ergänzung des Controlling um qualitative Maßnahmen

Aufgrund der dargestellten Begrenztheit des quantitativen Controlling sollte auch eine qualitative Betrachtung durchgeführt werden. Da die Nutzer über die Anmeldedaten und noch nicht angemeldete Interessenten über einen Cookie erreichbar sind, bieten sich zahlreiche qualitative Maßnahmen zur Ergänzung des quantitativen Controlling an.

Im qualitativen Controlling beschäftigt man sich zunächst mit dem Image des Datingservice. Das Image ist in seiner Qualität messbar durch Umfragen, in denen erhoben wird, welche Markenfaktoren dem Datingservice zugeschrieben werden. So kann bestimmt werden, ob dem Service Eigenschaften wie zum Beispiel hochqualitativ, niedrigpreisig, Anziehungskraft im Bereich Lebenspartnerschaften oder im Bereich Casual Dating etc. zugeschrieben werden. Wenn das Image durch Marketingmaßnahmen in eine bestimmte Richtung entwickelt werden soll, werden die Umfragen unter Kunden und Nichtkunden regelmäßig, in der Regel monatlich, erstellt, so dass Entwicklungstendenzen erkennbar sind.

[5] www.Unique-labs.de.

[6] G+J EMS Marktforschung/Studien, 2002.

Neben der Imagewirkung wird im qualitativen Controlling auch die Zielgruppenerreichung ermittelt.[7] Hierbei lässt sich mit Hilfe einer Kundenanalyse feststellen, ob die Kundenzielgruppe, die der Datingservice als Hauptzielgruppe definiert hat, auch die tatsächlich erreichte Zielgruppe darstellt. Diese Analysen werden für bestehende Kunden, für Neukunden und auch für die Werbung selbst erstellt. Bei der Werbung wird dann festgestellt, ob die Neukundenwerbung tatsächlich bei der geplanten Zielgruppe ankommt oder gegebenenfalls andere Personen erreicht werden.

In einem dritten Teil des qualitativen Controlling werden Wirkungen in der Zielgruppe selbst erfasst.[8] Diese gewünschten Wirkungen in der Zielgruppe können aktivierender Art oder auch verhaltenskonservierender Art sein. Wenn der Datingservice mehr Aktivität von einem Teil der Zielgruppe seines Service möchte, zum Beispiel von den älteren Mitgliedern der Zielgruppe, werden Maßnahmen zur Aktivitätssteigerung entwickelt und dann in regelmäßigen Abständen in der Wirkung überprüft. Waren Datingservices zunächst primär für jüngere Menschen eingerichtet, haben sich einige Services in ihrer Orientierung inzwischen auch deutlich in Richtung der älteren Bevölkerung orientiert, da diese Zielgruppen das Internet mehr und mehr nutzen und auch entsprechendes finanzielles Potenzial für einen Datingservice haben.[9]

Einen wichtigen Bereich des qualitativen Controlling stellt auch das Monitoring aller von Kunden geäußerten Meinungen und Empfehlungen dar. Zu den Maßnahmen gehören hier Kundenumfragen, Auswertungen von Blogs, Auswertungen von Produkttests (Kunden als Beta-Tester) usw. Diese Maßnahmen werden für spezifische Fragestellungen eingesetzt, zum Beispiel den Kundentest einer neuen Produktfunktion, wie auch für allgemeine Fragestellungen, wenn regelmäßig Feedback von Kunden über Blogs eingeholt wird.

Abschließend beschäftigt sich das qualitative Controlling auch mit dem Wettbewerb und der Position des eigenen Unternehmens im Wettbewerb. Für Datingservices sind hier insbesondere der Marktanteil, häufig gemessen als Anteil von aktiven Kunden, das Wachstum im Vergleich zu Wettbewerbern sowie die Produktinnovationen im Wettbewerbsvergleich bedeutend. Sie werden durch Überprüfen der neuen Produktfunktionen des eigenen Unternehmen im Vergleich zu Wettbewerbern erfasst. Wettbewerbsanalysen beziehen sich häufig auch auf Preise, Produkteigenschaften und Vertriebskanäle und werden in der Regel durch eigene Analysen erstellt.

Insgesamt gehören zu den Zielgrößen des qualitativen Controlling

- Analysen der Einstellungen, Motivation und Entscheidungsfindung von Nutzern und Nicht-Nutzern,
- Verhaltensanalysen von Nutzern und Nicht-Nutzern (zum Beispiel Nutzung konkreter Funktionen beziehungsweise Features des Service, Analyse der Nutzungswege („Eye-Tracking")),

[7] Vergleiche Björn Castan in diesem Buch.

[8] Vergleiche auch hier Björn Castan in diesem Buch.

[9] Vergleiche Susanne Fittkau und Ann-Kathrin Harms in diesem Buch.

- Analysen von Wünschen zur Weiterentwicklung der Produkte,
- Wettbewerbsanalysen hinsichtlich Markenauftritt, Preisgestaltung, Produktfunktionen und -innovationen, Nutzungsintensität, Kundenservice usw.

Mit diesen Zielgrößen wird einerseits die aktuelle Nutzung durch Kunden erfasst, es werden aber auch Erhebungen in Form von Fragebögen vorgenommen, mit denen zum Beispiel Einstellungen und Motivation von Kunden im Vergleich zu anderen Angeboten (Wettbewerb, Substitutionsprodukte) gemessen werden.

In der Praxis bieten sich gerade bei E-Commerce-Sites die folgenden Möglichkeiten an, die Transparenz des Nutzerverhaltens durch qualitative Maßnahmen zu erhöhen:

- Onlinebefragung der User, wenn sie auf der Site auftauchen.
- Bildung eines eigenen Nutzerpanels, das regelmäßig befragt wird.
- On- und Offlinebefragung von potenziellen Nutzern des Angebotes außerhalb der eigenen E-Commerce-Site.
- Schaffung von Freitext-Feedback-Möglichkeiten im Registrierungs-/Kaufprozess und regelmäßige Analyse dieser Einträge, insbesondere auf Veränderungen.
- E-Mail-Befragung anhand bekannter E-Mail-Adressen.
- Analyse der Blogeinträge und Einträge auf Vergleichsportalen zu dem eigenen Angebot und zu dem Angebot der direkten Konkurrenten.
- Ständige Konkurrenzanalyse: Was hat die Konkurrenz im Conversion-Prozess verändert und beibehalten (zum Beispiel neue Preismodelle, Veränderungen im Registrierungsablauf ...). Dies ist deshalb so einfach, weil man sich anonym bei jedem Konkurrenzangebot anmelden kann.

Auch hier gilt es, regelmäßig zu messen und insbesondere Veränderungen aufzuspüren und zu analysieren.

11.4 Zusammenfassung

Das quantitative Controlling von Datingservices, einem speziellen E-Commerce-Service, hat gegenüber anderen Unternehmen die Besonderheit, dass es stark auf Umsatz, Technik, Kundenprozesse und insbesondere Kundengewinnungskosten fokussiert ist. Denn dies sind die entscheidenden Faktoren für die Profitabilität eines Datingservices.

Neben dem quantitativen Controlling ist es wichtig, ergänzende qualitative Maßnahmen im Controlling anzusetzen. Mit den qualitativen Maßnahmen werden Einstellungen, Motivation und das Entscheidungsverhalten von Kunden erfasst, die für die Optimierung des Produktangebotes und des Marketing-Mix gut einsetzbar sind. Durch die leichte Erreichbarkeit der Kunden über das Onlinemedium lassen sich diese qualitativen Maßnahmen gut mittels Online-Umfrage oder auch Nutzer-Panel erfassen.

Ferner wird das quantitative Controlling durch regelmäßige Wettbewerbsanalysen ergänzt, die notwendig sind, da sich der Markt sehr schnell entwickelt und die eigenen Preisstrukturen, Produktfunktionen und Vertriebstätigkeiten laufend überprüft und optimiert werden müssen.

Wenn sich das Geschäftsmodell der Datingservices noch weiter entwickelt hat und die Konkurrenz noch größer wird, wird sich das Controlling auch stärker in Richtung der Prüfung der richtigen Marktposition (Marktanteil, Marktwachstum, regionale Präsenz usw.) orientieren. Das Controlling wird sich dann auch um Beteiligungen kümmern, wenn das Wachstum nicht mehr allein generisch generiert wird, sondern über Unternehmenskäufe, die jetzt schon vermehrt auftreten.

Literatur

AGOF (2010): AGOF Internet Facts 2010-III; Frankfurt, Dezember 2010. www.agof.de/index.1029.de.html.

Berger, P.D./Nasr, N.I. (1998): Customer lifetime value: marketing models and applications, Journal of Interactive Marketing, Vol. 12, 1, S. 17–30.

Busch, R./Fuchs, W./Unger, F. (2008): Integriertes Marketing, 4. Auflage, Wiesbaden: Gabler.

G+J EMS Marktforschung/Studien (2002): CPC/CPO Quo vadis.

Link, J./Hildebrand, V. (1995): Wettbewerbsvorteile durch kundenorientierte Informationssysteme, in: Journal für die Betriebswirtschaft, Vol. 45, 1, S. 46–62.

Return Path Inc New York, (2009): Forschungsergebnisse der Studie „Steigerung der Erträge durch Optimierung der Methoden für den E-Mail-Kontakt mit Onlinekunden".

Unique-labs.de: Die Verlässlichkeit von Cookies im Online Marketing stellt Web-Analytics-Anbieter vor neue Herausforderungen. http://unique-labs.de/die-verlasslichkeit-von-cookies-im-online-marketing/.

Vierter Teil
Trends im Online Targeting

Christian M. Laase
plista GmbH

12 Neue Wege im Online Targeting

„Die größte Gefahr für unser Geschäft ist, dass ein Tüftler irgendetwas erfindet, was die Regeln in unserer Branche vollkommen verändert, genauso, wie Michael und ich es getan haben."

Bill Gates

12.1 Das Problem: bestehende Ansätze im Targeting greifen oft zu kurz

Sowohl im Online-Marketing als auch Targeting bestimmen traditionelle Denkmuster klassischer Medien (wie Print und TV) noch heute das grundlegende Vorgehen der Werbetreibenden sowie die Umsetzung ihrer Kampagnen. Hierbei werden neue Möglichkeiten des Mediums Internet sowie sich stetig verändernde Verhaltensmuster der Nutzer nur unzureichend berücksichtigt.

Aufgrund stagnierender Innovation wird das Wachstum der Branche mittelfristig nahe dem organischen Wachstum des Internets begrenzt, was angesichts der zentralen Funktion und Bedeutung von Online-Marketing für das Medium wie auch der steigenden Bedeutung für die gesamte wirtschaftliche Wertschöpfung zu Problemen führen wird.

Dabei steigen auf der einen Seite die strategische Bedeutung einer gezielten Ansprache von immer kleineren, höher segmentierten Zielgruppen sowie die Mündigkeit und Anspruchshaltung der Konsumenten bezüglich werblicher Ansprache konstant. Auf der anderen Seite ist diese Entwicklung ebenso bei den Werbetreibenden zu sehen, die aufgrund wachsender wirtschaftlicher Herausforderungen zunehmend auf effizientere Lösungen für Marketing und Werbung angewiesen sind.

Der Trend geht aktuell dahin, bestehende Unzulänglichkeiten und grundlegende Probleme der Online-Werbung mittels immer ausgereifterer Targeting-Systeme abzufedern. Mag dies kurzfristig durchaus zu Erfolgen führen, ändert es langfristig nichts an den systematischen Schwächen bestehender Ansätze.

Der Bericht *„Die deutsche Internetwirtschaft 2009–2012"*[1] des Verbandes der deutschen Internetwirtschaft e. V. bringt es wie folgt auf den Punkt: *„Die Evolution in der Internetnutzung stellt das Marketing von Unternehmen jeder Art vor große Herausforderungen, bietet aber Wachstumschancen im On- und Offline-Marketing."*

Verhaltensbedingte Herausforderungen

Die Verbreitung eines neuen Mediums geht stets mit signifikanten Veränderungen der Nutzung einher. Dies trifft im besonderen Maße auch für das Internet zu und stellt so die Werbeindustrie vor neue Herausforderungen sowie Chancen. Eine abschließende Betrach-

[1] Verband der deutschen Internetwirtschaft e. V. und Little, 2010.

tung würde den Rahmen sprengen, jedoch können signifikante Änderungen bezüglich des Nutzungsverhaltens stellvertretend anhand zweier Beispiele aus der Studie *„The Digital Day – Mediennutzung 2011"* der Tomorrow Focus Media veranschaulicht werden:

Häufigkeit der Nutzung: Das Internet wird im Vergleich zu anderen Medien wie Fernsehen, Tageszeitungen oder Radio über den Tagesverlauf überdurchschnittlich stetig und oft genutzt. Über 63 Prozent der Befragten gaben an, das Internet mehrmals täglich zu nutzen.

Inhaltlicher Schwerpunkt: Anders als beim TV, welches von einem Großteil der Nutzer zu Unterhaltungszwecken genutzt wird, stehen bei über 67 Prozent der Internetnutzer die Informationsrecherche sowie Nachrichten im Vordergrund.

Welche Implikationen für gute Online-Werbung ergeben sich hieraus?

Während die Werbeaussteuerung im Print eine tageszeitliche Dimension vernachlässigen konnte, legt sowohl das Nutzungsverhalten als auch die technische Machbarkeit die Berücksichtigung dieses Parameters online für erfolgreiches Targeting nahe. Auch der inhaltliche Fokus, welcher im TV in Strategien wie „Product Placement" oder „Dauerwerbesendungen" seine Entsprechung findet, wird im Online-Bereich zwangsläufig zu einer Annäherung von Werbung und Information bzw. Werbung und Inhalten führen und diese Grenzen zusehends verwischen. Hierbei wird gute Werbung als Inhalt und – vice versa – guter Inhalt als Werbung wahrgenommen.

In der Wahrnehmungsstärke der Werbung durch den Nutzer ist das Internet inzwischen gleichauf mit dem Fernsehen.[2] Was sich auf den ersten Blick als positive Entwicklung darstellt, zeigt bei näherer Betrachtung die bereits genannte Unzulänglichkeit bzw. die Prävalenz überholter Paradigmen. Denn Fernsehwerbung wird zumeist als störend empfunden und so – trotz hoher Wahrnehmung durch den Nutzer – in ihrer Effektivität stark eingeschränkt. Das Internet bietet eine Vielzahl an neuen Möglichkeiten, sinnvolle Werbung dezent und in einem relevanten Kontext auszuliefern und genau diese Probleme und Begrenzungen klassischer Medien zu überwinden.

Neben den genannten Beispielen muss erfolgreiches Online Targeting in der Zukunft den gesamten Kanon sich wandelnder Verhaltensmuster der Nutzer bzw Kunden adressieren und diese mittels passender Lösungen in die Aussteuerung der Kampagnen integrieren.

12.2 Drei Säulen gezielter Kundenansprache

12.2.1 Den Menschen in seiner Gesamtheit verstehen

Technologie ist niemals kriegsentscheidend – Konzepte hingegen sind es. Nichtsdestoweniger beschränken sich bestehende Ansätze im Online Targeting (welches oft von reinen Technologieanbietern umgesetzt wird) auf eine überwiegend technische Sichtweise.

[2] Tomorrow Focus Media und Rothstock, 2010.

Technologie wird als Lösung und weniger als Werkzeug verstanden. Dabei sollten ausgereifte und innovative technische Lösungen, auch wenn sie definitiv ein unabdingbarer Bestandteil erfolgreichen Targeting sind, nicht alleine im Vordergrund stehen. Sie sollten es vielmehr zusammen mit vielversprechenden Konzepten ermöglichen, das Individuum zu verstehen und darauf aufbauend eine effektive Ansprache des Einzelnen ermöglichen.

Bestehende Ansätze im Online Targeting sowie das Grundverständnis der meisten Werbetreibenden orientieren sich oft an tradierten Konzepten wie der Sinus-Milieu-Studie oder vergleichbaren Paradigmen und setzen diese relativ gradlinig mittels Technologie um. Bei den Sinus-Milieus handelt es sich um ein klassisches Modell, das vom Institut Sinus Sociovision herausgegeben wird und Menschen nach ihren Lebensauffassungen und Lebensweisen in Clustern zusammenfasst. Demografische Eigenschaften wie Beruf, Bildung und Einkommen werden mit den realen Lebenswelten der Menschen, also ihren unterschiedlichen Lebensauffassungen und Lebensweisen, verknüpft. Welche grundlegenden Werte sind von Bedeutung? Wie sehen die Einstellungen zu Arbeit, Familie, Freizeit, Geld oder Konsum aus?

Natürlich reicht es bei der Positionierung einer Werbung oder eines Produktes nicht aus, sich auf ein einziges Modell zu verlassen. Weiter verallgemeinert dieser Ansatz durch die Cluster-Bildung stark und erschwert so die zielgenaue Ansprache des Einzelnen. Dabei sind wir gerade heute aufgrund technologischer Evolution und des neuen Mediums Internet an einem Punkt, an dem zeitgemäße Lösungen genutzt werden können, um das Individuum (anstelle eine Gruppe) in den Fokus zielgerichteter Werbeaussteuerung zu rücken. Vorbehaltlich der Bedingung, das technologische Potenzial in den genutzten Konzepten auch zu berücksichtigen.

Wie gliedert sich nun plista in den wissenschaftlichen Rahmen zielgruppenorientierter Werbung ein?

Ausgangspunkt des Online Targeting ist die Erhebung der benötigten Daten bzw. die damit einhergehende Profilierung der Endkunden. Dabei gilt es – unter Einhaltung datenschutzrechtlicher Vorgaben – ein möglichst wahrheitsgetreues, dynamisches Abbild der Interessen und Vorlieben der Nutzer zu erstellen und dieses mit den vorhandenen Kampagnen und Werbemitteln abzugleichen. Zum Status quo wird dies noch hauptsächlich über Werbeverhalten der Nutzer aufgebaut, das heißt Nutzerähnlichkeiten und die daraus abgeleitete Werbeaussteuerung erfolgen bei verbreiteten Targeting-Lösungen durch Klick-Tracking auf Werbemittel bzw. bei spezialisierten Lösungen wie dem Re-Targeting auf der Ansicht einzelner Produkte. Dies ist durchaus ein sinnvoller Ansatz, um eine grundlegende Nutzerprofilierung zu erhalten. Jedoch zeigt die Praxis, dass dieser Ansatz zunehmend an seine Grenzen stößt.

Das Problem ist offensichtlich: Nur ein sehr kleiner Bruchteil der Nutzer klickt tatsächlich auf Online-Werbung, und dies auch nur sehr selten. Die verfügbaren Daten sind folglich bezüglich Quantität und Qualität begrenzt, was sich auch auf den Erfolg der Werbeaussteuerung auswirkt.

Das grundlegende Konzept hinter dem präferenzbasierten Werbenetzwerk von plista ist die Überzeugung, dass neben dem Werbeverhalten insbesondere dem Informationsverhalten der Nutzer eine stetig steigende Bedeutung zukommt. Diese Art der Informationserhebung verspricht eine über den Faktor X (>1.000) dichtere Datenbasis und damit ein auch qualitativ enorm gesteigertes Potenzial für das Targeting. In der Umsetzung werden im plista-Werbenetzwerk sowohl in der Datenerhebung als auch in der Auslieferung der Empfehlungsobjekte Werbung und Inhalte parallel erfasst und für die Profilierung der Nutzer verwendet. Hierbei kommen neben mathematischen Verfahren wie dem „Collaborative Filtering" auch bewährte Ansätze wie kontextuelle Logik zum Einsatz. Als „Nebenprodukt" dieser Logik können qualitativ hochwertige wie mehrwertige Inhaltsempfehlungen an den Nutzer ausgeliefert werden, welche ihrerseits die Aufmerksamkeit auf die Werbemittel auf einem konstant hohen Level halten und „Abnutzungserscheinungen" herkömmlicher Werbeformate erfolgreich verhindern.

Neben diesem Ansatz, welcher den Kern der Auslieferungslogik und das maßgebliche Alleinstellungsmerkmal von plista bildet, werden weiter folgende Konzepte für eine kundenindividuelle Ansprache in der Werbeauslieferung herangezogen, welche von herkömmlichen Targeting-Lösungen oft nur unzulänglich bedient werden können:

- Ansprache von Individuen (statt Clustern bzw. Gruppen),
- Erhebung der Präferenzdaten nicht nur über das Werbeverhalten („Welche Werbung klickt der Nutzer?"), sondern insbesondere auch über das Informationsverhalten,
- Maschine-Learning beziehungsweise dynamische und auto-adaptive Algorithmen (per User, per Domain, per Kampagne etc.),
- Zeitrelevanz (von Präferenzaussagen, Objekten, tageszeitlicher Verlauf etc.),
- Popularitätsindex, Mainstream vs. Longtail-Interessen,
- Erfassung, Auswertung und Nutzung der Daten in Echtzeit,
- Korrelationen zwischen verschiedenen Domains, Ableitung von nutzbaren Targeting-Informationen aus diesen Korrelationen,
- Mood-Filtering (das Erkennen von schwankenden Stimmungen der Nutzer).

All dies erfordert bis dato eine sehr hohe technische Expertise und einen hohen Entwicklungsaufwand, ist jedoch zum aktuellen Zeitpunkt bereits gewinnbringend im Online Targeting einsetzbar. Viele dieser Ansätze finden in anderen Bereichen, wie zum Beispiel bei dem präferenzbasierten Musikdienst Last FM, bereits Anwendung und es gilt, diese auch im Bereich Online Targeting zu verstehen und zu nutzen.

Auch plista ist eine „Tech-driven Company", jedoch wurde der Weg ausgehend von zeitgemäßen Konzepten hin zur Technologie beschritten. Und auch heute bleiben innovative Konzepte für die möglichst umfassende Profilierung der Nutzer der Treiber für weitere Verbesserungen.

Wir gehen davon aus, dass die genannten Konzepte (neben weiteren) in Zukunft zunehmend an Bedeutung gewinnen werden, dass sich die berechtigte Anspruchshaltung bezüglich einer granularen Zielgruppenansprache auch bei den Werbetreibenden entsprechend verändern wird und dass der Schlüssel zu einem erfolgreichen Online Targeting in der konsequenten Nutzung neuer Möglichkeiten sowie in der Berücksichtigung sich stetig wandelnder Verhaltensmuster der Endkunden liegt.

12.2.2 Vom Marktschreier zu erfolgreicher Online-Werbung – Innovative Werbeformate: dezent, relevant und effektiv

Ein weiteres, zunehmend unzeitgemäßes Paradigma der Online-Werbung ist das Verständnis, wie ein Werbemittel auszusehen hat. Im Jahr 2008 gab es laut den Studien von Nielsen und der EIAA Mediascope[3] über zwölf Milliarden Werbekontakte jeden Monat alleine im deutschsprachigen Internet, wobei nur 18 Prozent der Nutzer diese Werbung ausdrücklich „nützlich" fanden. Weiter fordern über 50 Prozent „qualitativ hochwertige" Werbung.

Dies bestätigt auch eine ComScore-Studie, nach der sich die Anzahl der Nutzer, die überhaupt auf Werbebanner klickt, alleine von 2007 bis 2009 halbiert hat. Es lässt sich also ein vergleichbarer Trend wie in klassischen Medien, zum Beispiel Print (wo Werbung kaum wahrgenommen wird) oder TV (wo Werbung explizit als störend empfunden wird) erkennen. Dies führt zu signifikanten Problemen in der Online-Werbung, wo Effekte wie „Banner-Blindness" sowohl die Werbetreibenden als auch die Publisher massiv unter Druck setzen. Nicht umsonst ist die die Online-Werbeindustrie seit über zwei Jahren in einer Krise – oder eher in einer Innovationskrise.

Einen möglichen Erklärungsansatz liefert eine Studie von Yahoo[4], die in diesem Kontext die Akzeptanz von verschiedenen Werbemitteln ausgewertet hat. Die grundlegende Messgröße wurde in zwei Dimensionen erfasst und als „Acceptability Score" zusammengefasst:

Acceptability Score = Wirkung – Aufdringlichkeit

Das Fazit der Studie lässt sich wie folgt zusammenfassen:

- Nutzer wollen Mehrwert durch Werbung.
- Balance zwischen Wirksamkeit und Nutzererfahrung ist grundlegend.
- Innovation macht sich in Form höherer Aufmerksamkeit bezahlt (Formate nutzen sich durch „Gewöhnung" der Kunden ab).
- Kreativität wirkt Abnutzungseffekten entgegen.
- Targeting-Lösungen helfen, Zielgruppen mit höchsten Akzeptanzwerten zielgenau zu erreichen.

Der Ton macht die Musik. Und so ist es nicht verwunderlich, dass aktuell verbreitete Werbeformate nach IAB-Standards (Banner in verschiedensten Größen, Rectangles etc.) sowie auch „neue Formate" wie Expandables, Rollover und Banderolen den Nutzer eher nerven, als dass sie nützen. Dies schlägt sich unweigerlich auf den Erfolg der Werbung nieder. Alle diese Formate, auch wenn sie in verschiedenen Größen und Positionierung Anwendung finden, haben ein Problem gemeinsam: Sie entspringen der klassischen Mentalität der Print-Medien.

---

[3] The Nielsen Company, 2009.

[4] Yahoo!, 2009.

Eine evolutionäre Entwicklung der Werbemittel ist überfällig. Der Kunde verlangt zu Recht nach nützlicher, unaufdringlicher und kreativer Werbung mit Mehrwert. Nur so kann Werbung weiterhin die Aufmerksamkeit des Kunden auf sich lenken und die gewünschten Branding- oder Absatzziele der Werbetreibenden befriedigen. Das klassische „Push" wird zunehmend durch ein „Pull" ersetzt – wobei der inzwischen „mündige" Kunde anhand von Mehrwert, Format und Kontext verstärkt selbst entscheidet, welcher Werbung er seine Aufmerksamkeit schenkt.

Dies lässt sich heute, neben einem ausgeklügelten Targeting, nur dann bewerkstelligen, wenn man die Wünsche der Kunden bezüglich werblicher Ansprache ernst nimmt, berücksichtigt und entsprechende Werbemittel konzipiert und verwendet.

Das Werbenetzwerk von plista hat diese Entwicklung verstanden und konsequent in der Produktentwicklung berücksichtigt. So wird bei plista neben konventionellen Bannerformaten der Schwerpunkt insbesondere auf innovative Werbeformate gesetzt, die diesen Anforderungen gerecht werden. Alle Werbeformate von plista basieren dabei auf einer „Return-on-Pixel"-Philosophie, die begrenzte Flächen der Websites berücksichtigt und es ermöglicht, unter Einhaltung genannter Nutzerbedürfnisse neue, effiziente Werbeflächen zu schaffen, ohne bestehende Formate und die damit verbunden Einnahmen der Websitesbetreiber zu kannibalisieren.

In der Praxis haben sich neben dem Bewegtbild (plista VideoAds) insbesondere die präferenzbasierten (plista Recommendation Ads) sowie kontextuelle Werbeformate (plista In-Text) in Kombination mit mehrwertigen Inhaltsempfehlungen bewährt.

12.2.2.1 plista Recommendation Ads

Bei dem Format plista Recommendation Ads handelt es sich um eine erweiterte Umsetzung klassischer 3er-Text-Bild-Formate. Sie werden direkt im Lesefluss des Nutzers unter einem Artikel platziert und variabel in horizontaler oder vertikaler Ausrichtung eingebunden.

Neben Werbeanzeigen werden in diesem Format insbesondere nutzerindividuelle, das heißt präferenzbasierte Inhaltsempfehlungen weiterer Artikel in einem frei bestimmbaren Verhältnis (zum Beispiel 3 zu 1) angezeigt. Bei der Auswahl der Inhaltsempfehlungen kommt die gleiche Auslieferungslogik wie bei den Werbeanzeigen zum Tragen. Neben den Klicks auf die Werbemittel werden die zahlenmäßig häufigeren Klicks auf Inhalte zusätzlich für die Anreicherung der Targeting-Daten verwendet.

Durch die Platzierung der Werbung zwischen relevanten Inhalten wird die Aufmerksamkeit des Nutzers nachhaltig auf der Werbefläche gehalten und „Abnutzungserscheinungen" anderer Werbeformate durch den erzeugten Mehrwert für den Nutzer vermieden. Darüber hinaus erzeugt die Platzierung der Werbung in einem hochqualitativen, redaktionellen Umfeld eine zusätzliche Aufwertung der Werbung in der Wahrnehmung der Nutzer. Dies führt neben einem Anstieg nativer Seitenaufrufe und der durchschnittlichen Verweildauer der Nutzer auf der Seite nachweislich zu überdurchschnittlich hohen Klick- und Konversionsraten bei den Werbungen.

Abbildung 12.1: plista Recommendation Ads

Das könnte Sie auch interessieren

SAT-1-SPIELSHOW

Ihre perfekte Minute

Fünf Jahre ist es her, dass Ulla Kock am Brink ihre letzte Sendung moderiert. Nun versucht sie ein Comeback. In der Prime-Time. Es ist eine große Chance für ... **mehr**

Anzeige

Schön ist, was Spaß macht.

Eine Fahrt im Jetta hält, was sein außergewöhnliches Design und die dynamische Ausstattung versprechen. Vergleichen Sie .. **mehr**

hier werben

powered by plista 

In der Praxis werden mit diesem Format Klickraten von sechs bis zwölf Prozent auf die Inhaltsempfehlungen und zusätzlich 0,5 bis zwei Prozent Klickraten auf die einzelnen Werbemittel erzielt.

12.2.2.2 plista InText

Das Format plista InText nutzt mit kleinen Abwandlungen die gleiche Struktur wie die Recommendation Ads. Vergleichbar mit anderen In-Text-Werbemitteln werden Schlagwörter in einem Artikel gekennzeichnet und bei Aktivierung durch den Nutzer öffnet sich ein Popup, welches neben weiterführenden Inhaltsempfehlungen (nach kontextuellem Matching) auch passende Werbemittel in einem variablen Verhältnis enthält.

Durch die Anzeige mehrwertiger Inhaltsempfehlungen können auch in diesem Werbemittel eine signifikant höhere Aufmerksamkeit auf das Format sowie überdurchschnittlich hohe Klick- und Konversionsraten auf die Werbung realisiert werden. Zusätzlich werden inhaltlich verwandte Artikel aus dem Archiv der Seite empfohlen und können so ohne weiteren redaktionellen Aufwand zur zusätzlichen Monetarisierung durch bestehendes Werbeinventar der Seite genutzt werden. Eine Kannibalisierung bestehender Werbeflächen kann auch in diesem Format praktisch ausgeschlossen werden.

Auch bei diesem Format kommt es nicht zu den genannten Abnutzungserscheinungen. Empirisch konnte sogar das Gegenteil nachgewiesen werden: Mit zunehmender Gewöhnung an das Format kommt es aufgrund wachsenden Interesses und Konditionierung der Nutzer über die Zeit zu steigenden Klickraten.

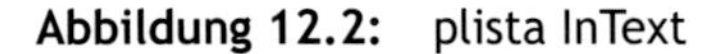

Abbildung 12.2: plista InText

12.2.2.3 plista VideoAds

Neben der Studie CLICK EFFECTS 2010 der Tomorrow Focus AG[5] sind sich auch andere Studien zunehmen einig darüber, dass dem Bewegtbild eine immer wichtigere Stellung im Umfeld des Online-Marketing zukommt. Dieser Trend wird sich mittelfristig noch verstärken.

Um auch in diesem stark wachsenden Marktsegment eine effiziente Lösung anbieten zu können, wurde mit plista VideoAds ein entsprechendes Bewegtbildformat geschaffen, welches die Vorteile der bestehenden Targeting-Logik vom plista sowie genannter Werbeformate mit den Vorzügen von Videowerbung vereint.

In Abgrenzung zu anderen Videoformate (wie Interstitials, Pre- und Post-Roll etc.) wurde auch hier das Augenmerk auf einen hohen Wirkungsgrad bei einer möglichst geringen Aufdringlichkeit gelegt. Die Werbemittel, welche beispielsweise innerhalb der Recommen-

[5] Tomorrow Focus Media und Rothstock, 2010.

dation Ads platziert werden, können so dezent in den normalen Lesefluss des Nutzers eingebettet werden. Erst bei Mouse-Over auf das Element wird das Video innerhalb des Werbeformates auf volle Größe skaliert und das Video abgespielt.

Neben den offensichtlichen Vorzügen für Seitenbetreiber und Nutzer hat das Format für den Werbetreibenden den zusätzlichen Vorteil, dass eine Video-Impression erst mit dem tatsächlich erfolgten Engagement durch den Nutzer entsteht und Streuverluste sowie blinde Auslieferung der Kampagnen drastisch reduziert werden.

Wird an klassischen Konzepten auch im Online-Bereich festgehalten, wird diese Entwicklung nicht mittels eines zeitgemäßen Verständnisses von Werbung bzw. Werbemitteln abgefangen und wird den Möglichkeiten des Mediums Internet nicht verstärkt in funktionierenden Produkten wie zum Beispiel den alternativen Werbemitteln von plista Rechnung getragen, wird die Online-Werbung ihr Potenzial weiterhin nur sehr begrenzt ausnutzen können. An diesem grundlegenden Umstand wird auch ein noch so ausgefeiltes Targeting-System nichts ändern können.

Abbildung 12.3: plista VideoAds

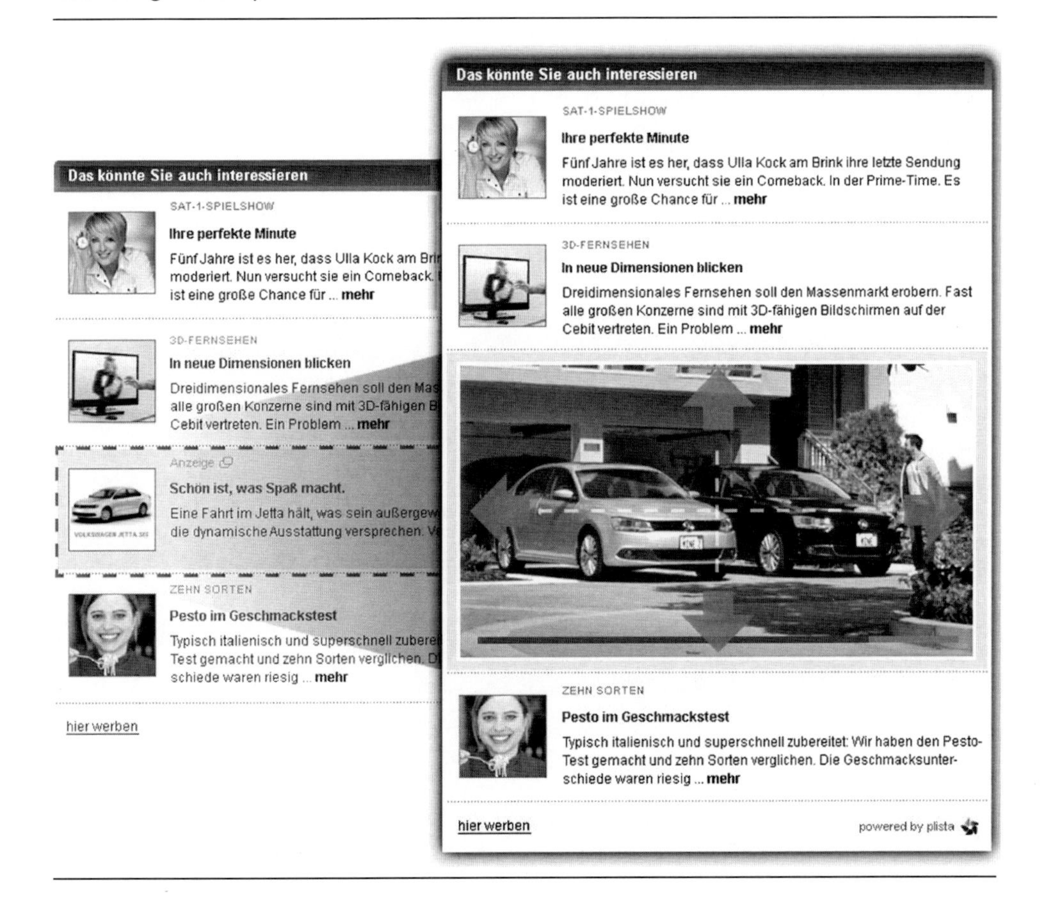

12.2.3 Die andere Seite der Medaille - Segmentierung von Endkunden versus Diversifizierung der Werbetreibenden

Eine zu Unrecht noch oft vernachlässigte Dimension bezüglich effektiver Aussteuerung von Werbung ist die Anzahl verfügbaren Kampagnen, beworbener Produkte bzw. der Werbetreibenden. Erfolgreiches Targeting steht und fällt mit der Vielseitigkeit des Inventars, weil sonst – auch bei sehr granularer Kenntnis über Vorlieben und Interessen der Kunden – keine passende Werbung ausgeliefert werden kann.

Die Ursache für diesen Umstand findet man im vorherrschenden Ökosystem der Online-Werbung, in der Budgets überwiegend großer Werbekunden mit einem geografisch nationalen Fokus zur Verfügung gestellt werden und das Segment kleiner und mittelständischer Unternehmen (KMUs) mit eher regionalen Absatzmärkten nur sehr zögerlich Online-Werbung in ihren Marketing-Mix integrieren kann. Dabei fallen 99,7 Prozent aller umsatzsteuerpflichtigen Unternehmen in Deutschland unter die kleinen und mittelständischen Unternehmen. Neben großen Unterschieden in der Größe und im Budget der kleinen und mittelständischen Unternehmen ist Online-Marketing insbesondere wegen mangelnden Fachwissens jedoch oft kein Thema.

Auf der anderen Seite bestehen insbesondere bei regional verbundenen Verlagen viele über Jahrzehnte gewachsene Beziehungen zu KMUs, welche historisch den Großteil des Anzeigengeschäfts dieser Verlage stellen. Der Transfer dieser Kundensegmente von Offline zu Online ist aktuell eine der großen Herausforderungen im Markt und wird maßgeblich das Überleben der meisten Verlage in einer digitalen Zukunft bestimmen.

Dieser Umstand ist in der Branche gemeinhin bekannt, doch fehlt es bis jetzt an praktikablen Lösungen, diese noch brach liegenden Budgets zu aktivieren beziehungsweise die Anzahl verfügbarer Kampagnen für eine zielgerichtete Aussteuerung zu erhöhen.

Als mögliche Antwort auf diese Herausforderungen wurden die plista Selbstbuchungsplattformen entwickelt. Diese in der Corporate Identity des Partners gestalteten Buchungssysteme kommen unter anderem erfolgreich bei regionalen Verlagen, Vermarktern sowie vertikalen Special-Interest-Netzwerken zum Einsatz und ermöglichen diesen, mit minimalem Aufwand unter eigenem Namen den Bereich Online-Marketing für sich nutzbar zu machen. Dabei bieten plista-Selbstbuchungsplattformen für alle beteiligten Akteure entscheidende Vorteile:

- eigenständige Vermarktungslösung und damit verbundene Umsatzsteigerungen für regionale Verlage, vertikale Netzwerke, größere Unternehmen etc.,
- einfache Überführung von Werbekunden und Budgets von Offline zu Online (insbesondere KMUs, regionale Werbekunden, Special Interest),
- einfacher und effektiver Zugang zum Online-Marketing für kleine und mittelständische Unternehmen, damit verbesserte Absatzchancen,
- maßgebliche Erschließung neuer Werbebudgets für die Online-Marketing-Branche,
- signifikante Erhöhung verfügbarer Kampagnen,
- nachweisliche Verbesserung und gesteigerte Effizienz bei der gezielten Aussteuerung von Online-Werbung.

Aufgrund einer relativ hohen Segmentierung der Kundengruppen kommt in diesem Zusammenhang der zielgenauen Aussteuerung der Werbung eine besondere Wichtigkeit zu. Daher sind granulare sowie für die Werbekunden intuitiv zu bedienende Targeting-Einstellungen ein wesentlicher Bestandteil dieser Selbstbuchungsplattformen.

Folgende Targeting-Einstellungen stehen den Werbekunden zur Verfügung:

- Kategorien beziehungsweise Channels
- Alter
- Geschlecht
- Geografisches Targeting (Länder, Städte, Postleitzahlenbereiche etc.)

Darüber hinaus ermöglicht das Targeting von plista, die Reichweite dieser Kampagnen zu erhöhen, indem die Aussteuerung neben genannten Targeting-Optionen auch über die verfügbaren Präferenzprofile erfolgt und so interessierte Nutzer über das gesamte Werbenetzwerk hinweg identifiziert und erfolgreich angesprochen werden können.

Weitere Ansatzpunkte der White-Label-Selbstbuchungsplattformen finden wir bei Corporate Satellits sowie lokalen Ablegern für verschiedene Ballungsgebiete (zum Beispiel plista Berlin-Satellit).

Abbildung 12.4: plista Satellit - Spiegel QC

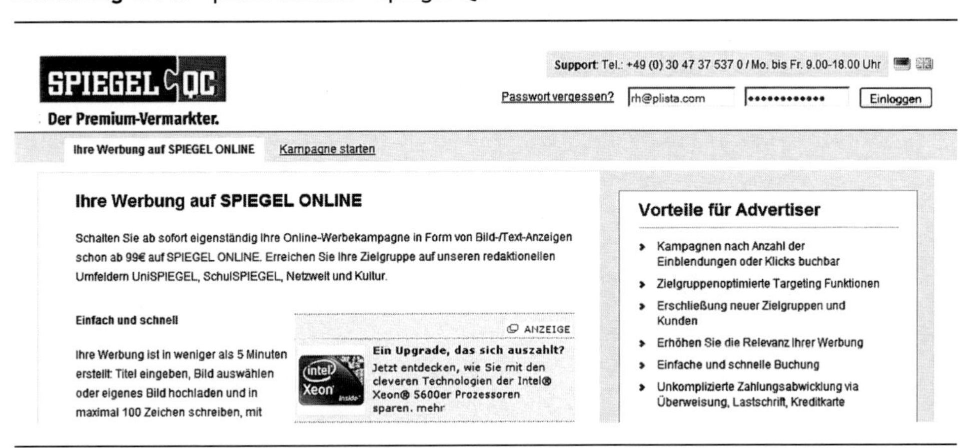

12.3 Zusammenfassung

Es ist offensichtlich, dass sich mit der Verbreitung eines neuen Mediums auch die Werbeindustrie entsprechend weiterentwickeln muss. Dies wurde in einigen Teilbereichen durchaus bewerkstelligt, jedoch wurden zumeist nur „ästhetische" Anpassungen vorgenommen und der grundlegende Paradigmenwechsel des Mediums Internet nicht ausreichend nachvollzogen.

Targeting in der Online-Werbung ist einer der vielversprechendsten Wege, die sich wandelnden Bedürfnisse sowohl von Werbetreibenden als auch von Endkunden zu befriedigen.

Jedoch dürfen bei aller technischen Verliebtheit und Expertise die dahinterstehenden Veränderungen der Verhaltensmuster aller Akteure nicht vernachlässigt werden. Die erfolgreiche Entwicklung von plista in den letzten Jahren hat unseren Glauben bestärkt, dass Innovation, Verständnis für die sich ändernden Bedürfnisse der Marktteilnehmer und schlussendlich eine effektive wie nachhaltige Werbeaussteuerung nicht ohne die Hinterfragung bestehender Paradigmen und Konzepte klassischer Medien erfolgen kann und dass eine rein technische Sicht auf Werbung und Targeting im Internet mittelfristig zu kurz greift.

Literatur

ComScore Inc. (2009): Natural Born Clickers. http://www.comscore.com/Press_Events/Press_ Releases/2009/10/comScore_and_Starcom_USA_Release_Updated_Natural_Born_Clickers_Study_Showing_50_Percent_Drop_in_Number_of_U.S_Internet_Users_Who_Click_on_Display_Ads.

European Interactive Advertising Association (2008): EIAA Mediascope Europe 2008. http:// www. eiaa.net/Ftp/casestudiesppt/EIAA_Mediascope_Europe_2008_Pan-european_Executive_Summary.pdf.

The Nielsen Company (2009): NIELSEN-Global Online Consumer Survey – July 2009. http://www.scribd.com/doc/24221838/NIELSEN-Global-Online-Consumer-Survey-July-2009.

Tomorrow Focus Media/Rothstock, K. (2010): CLICK EFFECTS 2010 – Analyse der Klickraten im TOMORROW FOCUS Netzwerk? http://www.tomorrow-focus-media.de/Dokumente/Studien/Deutsch/clickeffects_2010.pdf.

Tomorrow Focus Media/Rothstock, K. (2010): The Digital Day – Mediennutzung 2011. http://www.tomorrow-focus-media.de/Dokumente/Studien/Deutsch/Digital_Day.pdf.

Verband der deutschen Internetwirtschaft e.V./Little, A.D. (2010): Die deutsche Internetwirtschaft 2009–2012: Überblick, Trends und Treiber. http://public.eco-umfrage.de/Die_deutsche_Internet wirtschaft_2009-2012_eco_ADL.pdf.

Yahoo! (2009): Online-Werbeformate – Wissen, was wirkt: Yahoo! Insights-Studie zur Akzeptanz von Werbeformaten im Internet. http://de.media.yahoo.com/advertising_solutions/yahoo_insights/studien/registrierung/werbe formate.html.

Dr. Bernd Henning
nugg.ad AG

13 Brand Optimization

Kennen, mögen, wollen - messen, reporten, predicten

13.1 Prolog: Erfolgsgeschichte des Performance-Marketing

In der Online-Werbung koexistieren derzeit zwei unterschiedliche Herangehensweisen bei den Zielen und Abrechnungsmodellen. Einerseits die aus den klassischen Medien übernommene Logik der Abrechnung nach Anzahl der Werbemittelkontakte (also der Tausend-Kontakte-Preis (TKP)) oder aber die erfolgsabhängige Abrechnung mit sogenannten CpX-Modellen im Performance-Marketing.

Kosten entstehen den Werbekunden im Performance-Marketing in der Regel nur dann, wenn die Werbeschaltung erfolgreich war – wobei Erfolg definiert wird als Klick auf das Werbemittel (Cost per Click, CpC) oder als eine Adressgenerierung (Cost per Lead, CpL) oder gar als ein Online-Kauf (Cost per Sale, CpS) auf Basis des Klicks auf das Werbemittel.

Diese erfolgsbasierten Abrechnungsmodelle erfreuen sich bei den Werbekunden großer Beliebtheit. In den USA sind sie das dominierende Abrechnungsmodell – mit steigender Tendenz: Wurden 2004 erst 41 Prozent der Online-Werbespendings performancebasiert abgerechnet, so waren es 2009 bereits 59 Prozent. Der Umsatzanteil von TKP- und Hybridmodellen sank in diesem Zeitraum entsprechend von 59 auf 41 Prozent, also eine exakte Umkehr der Verhältnisse.[1]

Vergleichbare Zahlen für Deutschland und/oder Europa liegen nicht vor, aber auch hierzulande dürfte der CpX-Anteil am Online-Werbemarkt beträchtlich sein. Die große Nachfrage nach erfolgsbasierten Abrechnungsmodellen seitens der Werbekunden könnte auch darin begründet sein, dass die abgerechneten Erfolge eher selten sind. So liegen die Klickraten auf Standardwerbemittel weltweit im Promille-Bereich, in Deutschland im Jahr 2008 bei 0,13 Prozent.[2] Wenn der Werbekunde nur die Klicks bezahlt, zahlt er also zugleich auch etwa nur für jede tausendste Einblendung, 999 Promille bekommt er quasi geschenkt.

Mit den niedrigen Klickraten korrespondiert auch ein niedriger Klicker-Anteil: In den USA klickten 2009 innerhalb eines Monats nur 16 Prozent der User überhaupt auf Online-Werbemittel. Dieser Klicker-Anteil hat sich innerhalb von knapp zwei Jahren sogar halbiert.[3]

Das bekannteste Beispiel für Performance-Marketing ist wohl das Anzeigenprogramm von Google: Auch hier zahlen die Werbekunden nur dann, wenn ihre Anzeigen angeklickt wurden. Dieses Grundkonzept wird inzwischen zigfach kopiert und adaptiert. Die Erfolgskennzahlen (Anzahl Klicks, Leads, Sales) stehen den Werbekunden in der Regel in Echtzeit oder zumindest sehr zeitnah per Adserver Reports zur Verfügung. Jeder, der einmal selbst auf

[1] Vergleiche IAB, 2010, S. 12.

[2] Vergleiche ComScore, 2010, S. 4.

[3] Vergleiche ComScore, 2009, S. 5.

solche Adserver Reports zugreifen konnte, wird bestätigen, wie faszinierend diese Auswertungen sind.

Auf Basis dieser Daten können dann entsprechend zeitnah Maßnahmen ergriffen werden, um den Kampagnenerfolg zu erhöhen, beispielsweise durch Selektion bestimmter Werbeträger oder Keywords. Solche Optimierungsmaßnahmen können auch automatisiert werden, indem die Werbung beispielsweise nur oder zumindest verstärkt auf denjenigen Werbeträgern oder Belegungseinheiten ausgeliefert wird, auf denen besonders viele Clicks/Leads/Sales generiert wurden beziehungsweise die Cost per Click/Lead/Sale besonders attraktiv ist.

Solche erfolgsbasierten Vorgehensweisen eignen sich besonders gut für alle Werbekunden, deren Produkte entweder online bestellt werden können oder die online die Informationsinteressen ihrer potenziellen Endkunden befriedigen können. Entsprechend häufig sieht man im Internet beispielsweise Werbung für Finanz- und Reiseprodukte, die auch online bestellt werden können, oder Werbung für Autos, bei denen der Endkunde durch einen Klick auf das Werbemittel weitere Informationen über das beworbene Auto (beispielsweise Car-Konfigurator) erhalten kann.

Umgekehrt sieht man im Internet noch vergleichsweise wenig Werbung für Low-Involvement-Produkte aus dem Bereich schnelldrehender Konsumgüter wie Hygieneartikel und Snacks. Doch diese Fast Moving Consumer Goods (FMCG) prägen das Gesamtbild der TV-Werbung, eben diese Werbekunden lassen ein großes Wachstumspotenzial für den Online-Werbemarkt erhoffen.

13.2 Marktlücke Branding-Werbung

Die zuvor genannte erfolgsbasierte Abrechnung der Werbung nach Anzahl der Klicks, Leads oder Sales ist für solche schnelldrehenden Konsumgüter kaum sinnvoll, da sich der Kampagnenerfolg hier nicht adäquat in den Währungen Klicks, Leads oder Sales ausdrücken lässt. Im FMCG-Bereich wird daher zumeist kein Performance-Marketing, sondern sogenannte Branding-Werbung eingesetzt. Der Erfolg einer Werbekampagne beispielsweise für Deoroller oder Schokolade drückt sich nicht darin aus, wie viele User diese Artikel online bestellt oder sich online über sie informiert haben. Als erfolgreich gilt eine FMCG-Kampagne beispielsweise im Fernsehen dagegen letztlich dann, wenn als Folge der Werbeschaltung die Abverkäufe im klassischen stationären Einzelhandel positiv beeinflusst werden konnten.

Der direkte Nachweis einer solchen Abverkaufswirkung ist jedoch methodisch aufwendig und damit teuer, denn eine ausreichend hohe Zahl von Menschen muss dafür freiwillig und detailliert sowohl ihr Mediennutzungs- als auch ihr Einkaufsverhalten erfassen (lassen). Um diese Aufwände zu reduzieren, werden für Branding-Kampagnen auf den klassischen Werbeträgern häufig Werbewirkungsbefragungen zur Messung des Kampagnenerfolgs durchgeführt. Die Kampagne gilt dann als umso erfolgreicher, je mehr Menschen laut Befragungsergebnis das beworbene Produkt kennen, mögen und kaufen wollen, nachdem sie die Werbung gesehen haben. Die Abfrage dieses sogenannten Markendreiklangs aus Markenbekanntheit, -sympathie und -verwendung bzw. -kaufabsicht beziffert somit den Kampagnenerfolg.

Auch im Internet werden schon seit Langem solche Werbewirkungsbefragungen für Branding-Kampagnen durchgeführt. Sie sind aber vergleichsweise selten: Während für jede Performance-Kampagne jederzeit die Anzahl an Klicks, Leads und/oder Sales in Echtzeit abrufbar ist, gibt es nur für einen Bruchteil der Branding-Kampagnen überhaupt Werbewirkungsbefragungen, deren Ergebnisse in der Regel dann auch erst noch aufbereitet werden müssen und somit nicht in Echtzeit zur Verfügung stehen. Entsprechend lange dauert es, bis aus den Befragungsergebnissen Maßnahmen zur Erhöhung des Kampagnenerfolgs abgeleitet werden können. Da die meisten Kampagnen eine Laufzeit von nur wenigen Wochen haben, werden heute in der Regel auch keine unmittelbaren Kampagnenoptimierungen auf Basis der Werbewirkungsbefragungen durchgeführt. Die Learnings werden gegebenenfalls für spätere Kampagnen verwendet.

Damit unterscheiden sich die vergleichsweise seltenen Branding-Kampagnen im Internet in zwei zentralen Punkten von den dominanten Performance-Kampagnen:

1. Die Messung des Kampagnenerfolgs erfolgt im Performance-Bereich in Echtzeit und quasi standardisiert, im Branding-Bereich nicht.
2. Performance-Kampagnen können daher zeitnah, kontinuierlich und automatisch optimiert werden, Branding-Kampagnen nicht.

13.3 Branding Optimization

Die Targeting-Spezialisten der Berliner nugg.ad AG haben vor dem Hintergrund der immensen Umsatzpotenziale mit Branding-Werbung im Internet ihr Produktportfolio erweitert und umfangreiche Möglichkeiten der Branding Optimization entwickelt. Die beiden Hauptziele dabei sind entsprechend:

1. die Werbewirkung von Branding-Kampagnen in Echtzeit und standardisiert zu erfassen und
2. Branding-Kampagnen zeitnah, kontinuierlich und automatisch zu optimieren.

13.3.1 Erfassung der Branding-Wirkung

Zur Echtzeitmessung der Werbewirkung von Branding-Kampagnen wird von nugg.ad ein neuartiges Befragungsverfahren eingesetzt. Denn bislang wurden Werbewirkungsbefragungen meist als umfangreiche Online-Befragungen konzipiert, in denen nicht nur der Markendreiklang erfragt wird, sondern darüber hinaus das weiter ausdifferenzierte Markenimage, die Erinnerung an und die Bewertung des Werbemittels sowie demografische Angaben. Eine solche Befragung dauert somit relativ lange, womit beträchtliche Abbruchquoten einhergehen. Zuvor müssen die Befragten rekrutiert werden, wozu in der Regel zufällig ausgewählten Internetnutzern ein Layer-Werbemittel mit der Einladung zur Befragungsteilnahme eingeblendet wird, das dann zur eigentlichen Umfrage weiterleitet.

Die so erfragten Angaben zu Marke, Werbemittel und Demografie fließen dann in der Regel in eine Datenbank. Die Rohdaten können dort zwar in Echtzeit eingesehen werden, aber sie verfügen über keine Verbindung zum werbeausliefernden Adserver-System. Diese ist aber für eine automatische Optimierung nötig.

Nugg.ad hat daher eine Befragungsmethode zur Lösung der genannten Probleme entwickelt. Kernpunkte sind dabei:

1. konsequente Fokussierung auf den Markendreiklang (dadurch drastisch verkürzter Fragebogen),
2. Befragung bereits im Layer (kein Extra-Klick zum Öffnen des Fragebogens nötig) und
3. automatisiertes und standardisiertes Reporting der Befragungsergebnisse.

Abbildung 13.1 zeigt ein Beispiel für einen solchen Branding Measurement Layer.

Abbildung 13.1: Brand Measurement Layer von nugg.ad

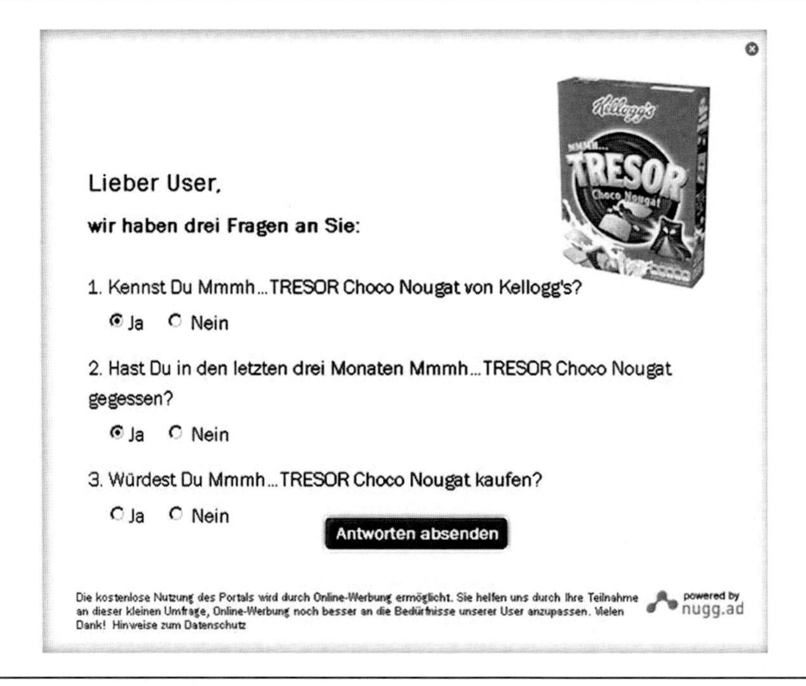

Berichtet werden kann dann also, wie sich die Markenbekanntheit, -sympathie und -verwendung bzw. -kaufabsicht im Vergleich von Usern mit und ohne Kampagnenkontakt verhält, dies zusätzlich aufgesplittet nach der Anzahl der Kampagnenkontakte.

Für den Kunden L'Oréal konnte so beispielsweise festgestellt werden, dass die höchste Steigerung der Brand Sympathy und auch der Kaufabsicht im Kontaktkorridor von vier bis sechs Kontakten erzielt wird (Abbildung 13.2).

Abbildung 13.2: Brand Measurement Ergebnis für L'Oréal Excell 10'

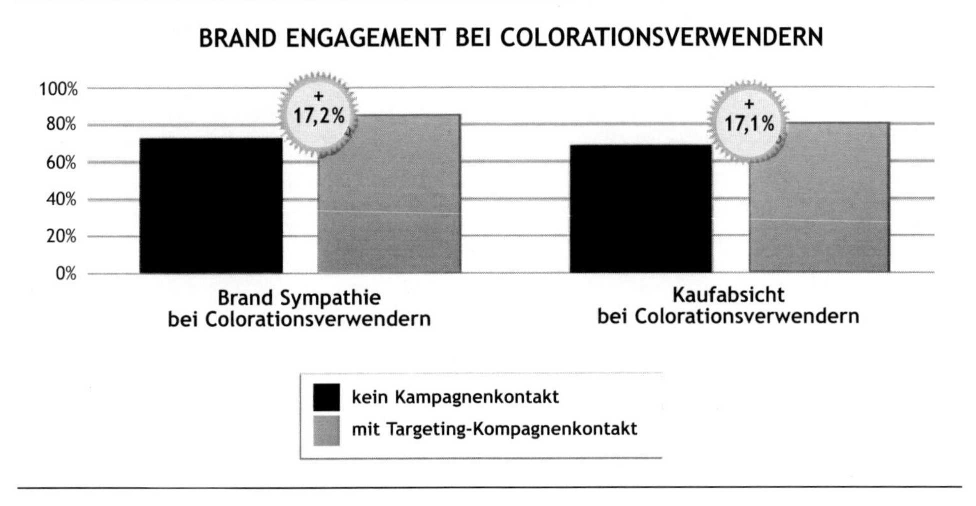

Zusätzlich zu den Ergebnissen der Branding-Befragung können diese auch mit den demografischen Merkmalen aus dem Predictive Behavioural Targeting von nugg.ad angereichert werden.[4] So lässt sich schnell erkennen, ob es gegebenenfalls Unterschiede zwischen Usern mit und ohne Produktverwendungsabsicht gibt, woraus interessante Rückschlüsse auf die Produktzielgruppe möglich werden.

Damit liegen für Branding-Kampagnen ähnlich wie für Performance-Kampagnen die wichtigsten Kennzahlen zur Beurteilung des Kampagnenerfolges in Echtzeit und standardisiert vor. Und es wird auch möglich, analog zum Cost per Click/Lead/Sale den Cost per Branding zu errechnen. Dazu werden die Kampagnenkosten eben nicht durch die Anzahl der Clicks/Leads/Sales dividiert, sondern durch die Anzahl der dank der Kampagne hinzugewonnenen User, die die Marke kennen, mögen oder kaufen wollen.

Zusätzlich zu den dargestellten Reporting-Möglichkeiten soll der Kampagnenerfolg nun auch noch zeitnah, kontinuierlich und automatisch optimiert werden.

13.3.2 Optimierung der Branding-Wirkung

Um die Wirkung einer Branding-Kampagne zu optimieren, können mindestens drei unterschiedliche Ansätze gewählt und gegebenenfalls kombiniert werden. Dabei handelt es sich um

1. Kontaktklassenoptimierung,
2. Targeting auf die demografische Zielgruppe,
3. Branding Optimizer (Targeting auf Brand-Affinität).

[4] Vergleiche Abschnitt 13.3.5.

13.3.3 Kontaktklassenoptimierung

Im Fall der Kontaktklassenoptimierung wird die Kampagne so ausgeliefert, dass bei möglichst vielen Usern die optimale Kontaktmenge erreicht wird, die sich aus dem bereits genannten Brand Measurement Reporting ablesen lässt. Dazu hat nugg.ad das sogenannten Frequency Targeting entwickelt. Dieses kombiniert das altbewährte Frequency Capping (zur Vermeidung von zu vielen Kontakten bei einem User) mit den eigens neu entwickelten Methoden zum Frequency Boosting und zum User Capping.

Das Frequency Boosting sorgt dafür, dass die Kampagne nur an solche User ausgeliefert wird, die innerhalb des Kampagnenzeitraums überhaupt die gewünschte Mindestmenge an Kontakten erreichen werden. Das User Capping flankiert dies, indem die Kampagne ab einem Schwellwert nur noch an User ausgeliefert wird, die bereits eine Mindestmenge an Kontakten hatten.

13.3.4 Targeting auf die demografische Zielgruppe

Aus den Branding Measurement Reports können neben der optimalen Kontaktmenge auch die Demografie-Predictions derjenigen User abgelesen werden, die das beworbene Produkt kennen, mögen oder kaufen wollen. Obwohl im Branding Measurement Layer nur der Markendreiklang abgefragt wird, kann nugg.ad diese demografischen Informationen schätzen und ergänzen. Zum besseren Verständnis wird daher an dieser Stelle kurz die grundlegende Vorgehensweise des Predictive Behavioural Targeting erläutert.

Die Kernkompetenz von nugg.ad ist das statistische Vorhersagen von Persönlichkeitsmerkmalen auf Basis von Nutzungsdaten und stichprobenhaften Befragungsdaten. Nugg.ad erfasst auf den Websites seiner Kunden für deren User in einem Cookie, wie oft sie welche Inhaltekategorien aufgerufen haben. Ein kleiner Teil der User (grob wenige Tausend von vielen Millionen Usern) wird zusätzlich zu einer Online-Befragung eingeladen (nicht zu verwechseln mit dem Branding Measurement Layer), in der Demografie und Produktinteressen erfragt werden. Für diese User liegen dann also sowohl erfragte als auch gemessene Informationen vor, so dass auf dieser Basis statistische Zusammenhänge zwischen der Nutzung bestimmter Inhaltekategorien einerseits sowie andererseits Demografie und Produktinteressen ermittelt werden können. Ein simples Beispiel sind die „CASPER“: User, die viel CArs, SPort und ERotik aufrufen, sind überdurchschnittlich häufig männlich.

Wenn nun ein User, der nicht befragt wurde, ebenfalls viel CArs, SPort und ERotik aufruft, dann liefert nugg.ad in Echtzeit die Prediction „User ist männlich“ an den Adserver des Websitesbetreibers. Nach diesem (hier natürlich stark verkürzt dargestellten) Verfahren kann nun auch für diejenigen User, die den kurzen Branding Measurement Layer ausgefüllt haben, eine Vorhersage ihrer Demografie getroffen werden. Anschließend kann die Branding-Kampagne mit einem Targeting auf eben diese demografische Zielgruppe optimiert werden. Abbildung 13.3 zeigt ein Beispiel aus dem Food-Bereich.

Abbildung 13.3: Zielgruppenanteil und Markenbekanntheit Knorr Vie

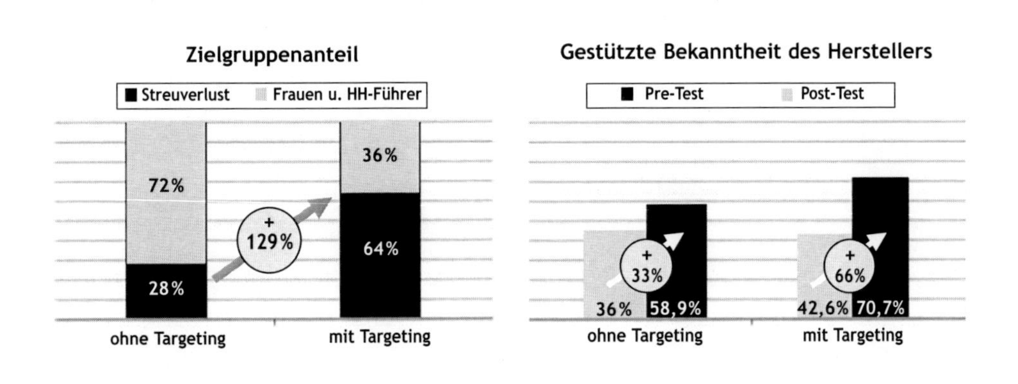

Für das Produkt „Knorr Vie" wurden als Zielgruppe vorab haushaltsführende Frauen definiert. Tatsächlich kann dank nugg.ad Targeting diese Zielgruppe mit einem drastisch reduzierten, hier nur noch halb so großen Streuverlust erreicht werden (36 statt 72 Prozent) und in Folge dessen auch die Werbewirkung verdoppelt werden (von +33 auf +66 Prozent).

13.3.5 Branding Optimizer

Mit dem Branding Optimizer verfolgt nugg.ad eine neue Strategie in der werblichen Ansprache von Markenzielgruppen. Statt den Umweg über die Demografie zu gehen, wird automatisch durch Machine-Learning-Algorithmen die optimale Zielgruppe für ein Markenprodukt gefunden. Diese kann dann – optional – anschließend demografisch beschrieben werden. Es handelt sich hier also um eine Umkehr der bisherigen Reihenfolge: Es wird nicht mehr a priori eine demografische Zielgruppe definiert, sondern die maschinell ermittelte Zielgruppe wird (optional) a posteriori demografisch beschrieben.

Methodisch funktioniert die Vorhersage von Brandingwerten genauso wie die Vorhersage demografischer Merkmale: Ein kleiner Teil der User wird befragt („Kennen, mögen, verwenden Sie diese Marke" analog zu „Sind Sie männlich oder weiblich?"). Für diese Befragten liegen auch die Nutzungsdaten vor, also die mittels Cookies gemessenen Häufigkeiten der Aufrufe unterschiedlicher Inhaltekategorien. Auf dieser Datenbasis wird dann ermittelt, wie gewichtig die Nutzung der unterschiedlichen Inhaltekategorien für die Vorhersage der Branding-Werte ist.

Die Ergebnisse für drei von nugg.ad auf diese Weise optimierte Branding-Kampagnen demonstrieren die Effektivität des Branding Optimizers. Tabelle 13.1 zeigt, wie erfolgreich die optimierten Kampagnen für die drei genannten Markenprodukte waren.

Tabelle 13.1: Ergebnisse der Branding Optimization für drei Kampagnen

Produkt	ohne Branding Optimizer	mit Branding Optimizer	Steigerung
DWS Investments (Brand Awareness)	55%	63%	+15%
HP Officejet Pro (Kaufbereitschaft)	30%	34%	+13%
Kellog´s Mmmh...TRESOR Choco Nougat (Brand Awareness)	52%	55%	+6%

In allen drei Fällen konnte also mit dem Branding Optimizer im Vergleich zur Parallelkampagne ohne Branding Optimizer der Anteil der User aus der gewünschten Zielgruppe erhöht werden.

13.4 Zusammenfassung

Je mehr Kampagnen mit Branding Measurement und Branding Optimizer laufen, desto leichter wird es auch, produktgruppenspezifische Default-Modelle einzusetzen. Dazu werden alle Kampagnen, die mit dem Branding Optimizer ausgeliefert werden, nach dem darin beworbenen Produkt klassifiziert und die Vorhersagemodelle in einer Datenbank gespeichert. Daraus können dann generalisierte, aber produktgruppenspezifische Modelle abgeleitet werden, die dann später bereits am ersten Tag der Kampagne als Default-Modelle eingesetzt werden. Auf diese Weise kann die Branding Optimization als selbstlernendes System voll automatisiert werden.

Vieles spricht dafür, dass schon bald die beiden Welten der Branding- und der Performance-Orientierung zusammenwachsen werden. Denn auch Branding kann als eine Form der Performance verstanden werden – die für die vielen budgetstarken Werbekunden aus dem FMCG-Bereich deutlich sinnvoller ist als der heutige Fokus auf Klicks, Leads und Sales. Mit dem nugg.ad Branding Measurement kann die Branding Performance fast genauso einfach gemessen und reportet werden wie Klicks, Leads und Sales. CpX kann so um „Cost per Branding" ergänzt werden. Hierzu werden die Kampagenkosten nicht durch die Anzahl der Klicks, Leads oder Sales dividiert, sondern durch die aus dem Branding Measurement ermittelte Anzahl der durch die Kampagne hinzugewonnenen Markenkenner bzw. -sympathisanten.[5] Und dieser Cost per Branding kann dann automatisch optimiert werden – ein Meilenstein in der Marketing-Entwicklung.

[4] Vergleiche Henning, 2010.

Abbildung 13.4: Selbstlernende Branding Optimization

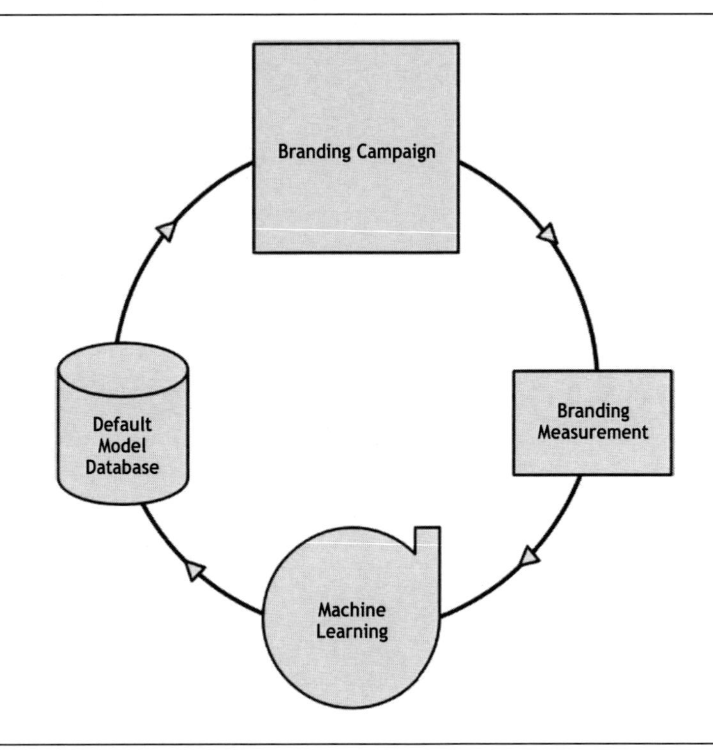

Literatur

ComScore (2009): The Click Remains Irrelevant:?Natural Born Clickers? Return. http://www.comscore.com/Press_Events/Presentations_Whitepapers/2009/The_Click_Remains_ Irrelevant.

ComScore (2010): How Online Advertising Works: Whither the Click in Europe? http://www.comscore.com/Press_Events/Presentations_Whitepapers/2010/How_Online_Advertisin_Works_Whither_the_Click_in_Europe.

Henning, B. (2010): Cost per Branding. http://www.predictive-behavioral-targeting.de/2010/06/cost-per-branding/.

IAB (2010): IAB Internet Advertising Revenue Report. http://www.iab.net/media/file/IAB-Ad-Revenue-Full-Year-2009.pdf.

Susanne Fittkau
Fittkau & Maaß Consulting GmbH

Prof. Dr. Ann-Kathrin Harms
Hamburg School of Business Administration

14 Zielgruppe 60 plus - Entwicklung, Akzeptanz und Nutzung ausgewählter Felder aus Online, Social und Mobile Media

14.1 Einleitung: Senioren - eine Online-Zielgruppe mit Zukunft

Bedeutung des Online-Seniorenmarketing

Im Internetmarketing und -vertrieb rücken Senioren immer mehr in den Fokus des Interesses von Website- und Webshop-Betreibern. Als spezielle Online-Zielgruppe verdienen sie zu Recht gesonderte Aufmerksamkeit – zum einen aufgrund der statistischen Wachstumstendenz dieses Nutzersegmentes, zum anderen, weil gerade im Internet technische Nutzungs- und Verständnisbarrieren bestehen, die Senioren bei ihrer Online-Nutzung beeinflussen oder gar beeinträchtigen könnten. Vor diesem Hintergrund erscheint eine demografiefeste Konzeption von Websites, Online-Marketing- und -Vertriebsaktivitäten unerlässlich.

Potenziale der Zielgruppe 60 plus

Bedingt durch eine steigende Lebenserwartung sowie rückläufige Geburtenraten wird die deutsche Gesellschaft zunehmend älter. Beschleunigt wird diese Entwicklung seit 2010 dadurch, dass die geburtenstarken Jahrgänge ins Rentenalter kommen.[1] In den meisten Industrienationen steigt der Anteil der älteren Menschen in der Bevölkerung – Deutschland nimmt hier eine Vorreiterrolle ein.[2] Ein beachtlicher Teil der älteren Konsumenten in Deutschland verfügt über eine solide finanzielle Ausstattung. Es ist davon auszugehen, dass sich deutlich über die Hälfte des gesamten Vermögens im Besitz der älteren Generation befindet.[3] In vielen Konsumbereichen beziehungsweise Gütergruppen tätigen Käufer im Seniorenalter bereits heute annähernd die Hälfte der Konsumausgaben – mit steigender Tendenz.[4]

Ziel dieses Beitrags ist es, das attraktive Segment der älteren Konsumenten bzw. Online-Nutzer im Hinblick auf ihre Einstellungen und Kaufgewohnheiten zu untersuchen. Einen besonderen Schwerpunkt bildet die Nutzung des Internet, von Social und Mobile Media sowie personalisierter Werbung. Weiterhin sollen Handlungsempfehlungen für Online-Marketing und -Vertrieb aufgezeigt werden. Dabei wird deutlich werden, dass es sich bei den Online-Senioren um eine heterogene Zielgruppe handelt, die keinesfalls als einheitliche Gesamtheit zu betrachten ist.

---

[1] Bundesministerium für Wirtschaft und Technologie, 2010.

[2] Wahl, 2008, S. 124.

[3] Gassmann und Reepmeyer, 2006, S. 33; Sauerbrey, 2008, S. 8.

[4] Bundesministerium für Familie, Senioren, Frauen und Jugend, 2007, S. 2ff.

14.2 Grundlegende Besonderheiten des Online-Seniorenmarketing

14.2.1 Zielgruppeneingrenzung und Heterogenität des Segments

In der Literatur findet sich eine Vielzahl von Begrifflichkeiten zur Benennung der Zielgruppe der Senioren.[5] Ungeachtet der Versuche, dieses Segment zu charakterisieren und abzugrenzen, weist es heute eine hohe Heterogenität auf, die ihre Typisierung erschwert.

In bisherigen Untersuchungsansätzen wird meistens die Altersgrenze 50 als Segmentierungskriterium herangezogen.[6] Determinierende Bedeutung hinsichtlich der unteren Altersgrenze haben jedoch insbesondere der Auszug der Kinder aus dem elterlichen Haushalt („Empty Nest") sowie der Übergang vom Berufsleben in den Ruhestand, wodurch sich das sechzigste Lebensjahr als die untere Altersgrenze anbietet. Zudem erfahren im Alter ab 60 Jahre häufig die für die Online-Nutzung notwendigen visuellen und kognitiven Fähigkeiten eine beginnende Einschränkung.[7] Aufgrund von Einschnitten in der biologischen Entwicklung sowie spezifischer Ereignisse im Lebenszyklus ab 60 Jahren erscheint die Eingrenzung 60 plus somit zweckmäßiger. Deshalb wird in der folgenden Abhandlung je nach Datenlage möglichst die untere Altersgrenze 60 verwandt. Hochaltrige gehören aufgrund deutlicher körperlicher und gesundheitlicher Beeinträchtigungen in der Regel nicht mehr zu den marketingrelevanten Zielgruppen. Diese Gruppe ist jedoch in der Minderzahl.[8]

Die Gruppe der aktiven, gesunden Älteren teilt sich aufgrund vielfältiger interdependenter Einflussfaktoren (vergleiche Abbildung 14.1) in heterogene Untergruppen, weshalb je nach Geschäftsfeld neben den demografischen auch sozio-ökonomische und spezifische psychografische Segmentierungsansätze heranzuziehen sind.[9] Folgende Faktoren tragen zur Heterogenität der Altersgruppe bei und sollten bei der Segmentierung Berücksichtigung finden.

- Biologisches Alter

  Alterungsprozesse, welche von Person zu Person je nach Lebensstil und Disposition sehr individuell ausfallen, können jedoch zu Veränderungen führen, welche im Online-Marketing Berücksichtigung finden sollten. Grundsätzlich kann mit zunehmendem Alter von abnehmendem Hör- und Sehvermögen ausgegangen werden (beispielsweise eine höhere Tendenz zur audiovisuellen Reizüberflutung und eine verminderte Farbwahrnehmung). Des Weiteren ist eine Veränderung der kognitiven Fähigkeiten zu berücksich-

---

[5] Seniorresearch, 2008, S. 3; Mayer, 2008, S. 5. Beispielsweise Best Ager, 50 plus, Golden Market, Reife Konsumenten, Junge Alte, Silver Ager, Silver Surfer, Silver Consumer oder Master Consumer.

[6] Vergleiche eine Übersicht bei Mayer, 2008, S. 29ff.

[7] Sauerbrey, 2008, S. 21ff.

[8] Grieger, 2008, S. 15.

[9] Für eine Übersicht zu Segmentierungsansätzen vgl. Pompe, 2007, S. 85ff.

tigen, beispielsweise verminderte Geschwindigkeit der Informationsverarbeitung, aber auch größere Abwägungstiefe sowie ein größeres Erfahrungswissen.[10] Weniger bekannt und für das Senioren-Marketing besonders wichtig sind altersspezifische Veränderungen in den Emotionssystemen im Gehirn: eine Reduktion des „Dominanz-Hormons" Testosteron und des „Neugier-Neurotransmitters" Dopamin sowie eine Zunahme des „Angst- und Stresshormons" Cortisol.[11]

- Generation

  Jede Kohorte mit gleichem Geburtszeitraum verbindet das Erleben ähnlicher Zeitpunkte der Sozialisation, analoge Wahrnehmungen zeitgeschichtlicher Ereignisse und parallele Lebensphasen.[12] Grundsätzlich weisen viele Konsummuster eine hohe biografische Kontinuität auf und lassen sich durch eine generationsspezifische Sozialisation erklären.[13]

- Zeitgeist

  Die Denk- und Fühlweise einer Epoche beeinflusst Konsumenten aller Altersschichten. Entsprechend der vorherrschenden „Jugendkultur" ist bei den Älteren eine Tendenz zu beobachten, sich in ihren Bedürfnissen und Verhaltensweisen immer mehr dem Verhalten der Jüngeren anzugleichen.

- Individuelle Lebensbedingungen

  Die individuellen Einstellungen und Präferenzen sind stark von soziodemografischen Faktoren wie Bildungsgrad, Einkommen, Beruf und Geschlecht beeinflusst. Ebenso besitzen Lebensphasen mit ihren spezifischen sozialen Rollen eine größere Bedeutung (Familienphase, Empty Nests, Großelternphase etc.).[14]

- Selbstwahrnehmung

  Auch individualpsychologische Faktoren beeinflussen das Verhalten in einem hohen Maße. Die Mehrheit der älteren Konsumenten fühlt sich beispielsweise etwa zehn bis 15 Jahre jünger, als es ihrem kalendarischen Alter entspricht.[15]

Die dargestellten Einflussfaktoren und Segmentierungsansätze deuten darauf hin, dass die Betrachtung soziodemografischer Einflussfaktoren allein nicht ausreicht, um eine Charakterisierung der Zielgruppe der Senioren vorzunehmen. Aufgrund des rein biologischen Alters lassen sich immer weniger Rückschlüsse auf das Lebensgefühl und das Konsumentenverhalten ziehen.[16] Vielmehr sind Lebenserfahrung, Wertevorstellungen und Einstellungen

[10] Hunke, 2006, S. 98f.; Lehr, 2006, S. 31; Mayer, 2008, S. 12ff.

[11] Häusel, 2008, S. 141.

[12] Meredith und Schewe, 1994, S. 22–29.

[13] Klesse et al., 2006, S. 43f.

[14] Grieger, 2008, S. 14.

[15] Grieger, 2008, S. 17.

[16] Hock und Bader unterscheiden hinsichtlich des Selbstbilds der Älteren ein „feel age", „look age", „do age" und „interest age", vergleiche Hock und Bader, 2001, S. 26.

der Senioren zu berücksichtigen. Es zeigt sich somit, dass es sich bei der Generation 60 plus keinesfalls um ein homogenes Marktsegment handelt, sondern durchaus um eine heterogene Gruppe.

Abbildung 14.1: Segmentierungsrelevante Einflussfaktoren bei älteren Konsumenten

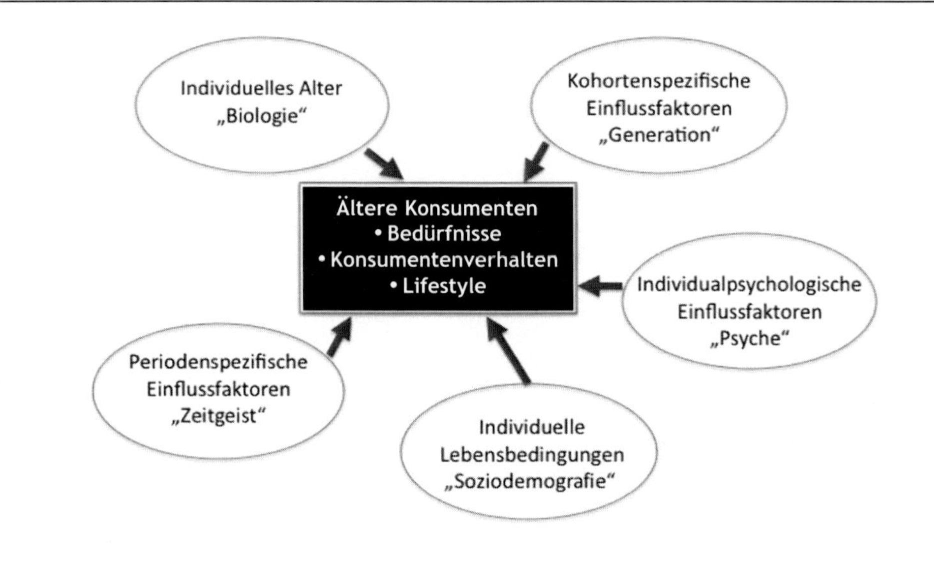

14.2.2 Grundlegende Anforderungen an das Online-Seniorenmarketing

Trotz der großen Unterschiede zwischen Untersegmenten bei den Senioren können übergeordnete Charakteristika identifiziert werden, welche für das Best-Ager-Marketing relevant sind.

Fundamentale Konsummuster

Biologische Alterungsprozesse können altersspezifische Veränderungen der Bedürfnisse und Konsummuster älterer Menschen bewirken. Es wird ein größerer Fokus gelegt auf Aspekte wie die Risikowahrnehmung hinsichtlich der Sicherung des materiellen Besitzes und der körperlichen Unversehrtheit, der Erhaltung der Selbstständigkeit, der Gesundheit, der Mobilität in Bezug auf Aktionsradius und Partizipation und der Bequemlichkeit. Des Weiteren wachsen grundlegende Ansprüche an Produkte und Dienstleistungen wie der Wunsch nach einem hohen Maß an Zuverlässigkeit, Qualität und Service.[17]

[17] Wildner, 2006, S. 40f.

Anforderungen an audiovisuelle Medien

Aus möglichen altersspezifischen biologischen Defiziten entstehen besondere Anforderungen an Gestaltung und Inhalte audiovisueller Medien. Online-Medien besitzen bei entsprechenden technischen Einstellungen (zum Beispiel Lautstärke und Schriftgröße) und aufgrund der Selbstabrufbarkeit der Informationen Vorteile hinsichtlich des Ausgleichs altersspezifischer Defizite gegenüber dem Fernsehen.[18] Online-Angebote können Bedürfnissen älterer Nutzer mittels klar lesbarer Schrift, ausreichendem Kontrast, ruhigen Bildführungen und verminderter Bedienungs- und Themenkomplexität entgegenkommen, welche auch für jüngere Zielgruppen attraktiv sein können (sogenanntes Universal Design).[19]

Fundiertes Informationsverhalten

Zu berücksichtigen ist, dass ältere Konsumenten aufgrund ihrer Lebenserfahrung und des größeren Maßes an Freizeit bei der Kaufentscheidung überlegt und genau vorbereitet vorgehen. Sie lassen sich mehr Zeit für intensive Recherchen in der Vorkaufphase und besitzen tendenziell eine kritische und qualitätsbewusste Grundhaltung.[20]

Wunsch nach altersübergreifender Produktpolitik und Kommunikation

Heutige Ältere passen sich der aktuellen Jugendkultur an. Dementsprechend weisen viele Konsummuster keine signifikanten Unterschiede zwischen den Generationen auf. Die Konsequenz ist ein Verzicht auf eine offensichtliche altersspezifische Differenzierung des Leistungs- und Produktangebots sowie eine seniorenspezifische Marketingkommunikation. Empfehlenswert ist meistenteils ein intergeneratives Marketing oder verdecktes Seniorenmarketing mit subtiler Ansprache der älteren Konsumenten.[21] Dem Jugendlichkeitswunsch entspricht, dass Begriffe wie Senior, Best Ager, reife Konsumenten, junge Alte und Silver Surfer von älteren Konsumenten in der Marketingkommunikation abgelehnt werden und eine Ansprache entsprechend dem „gefühlten Alter" empfohlen wird.[22]

Neben den übergeordneten, altersspezifischen Marketinganforderungen dominiert jedoch die Inhomogenität der Gruppe der älteren Konsumenten. Auch das Online-Nutzungsverhalten von Senioren ist als Indiz für die Heterogenität der Zielgruppe zu werten. So finden sich unter den Senioren sowohl Nutzer als auch Nicht-Nutzer des Internets – und auch unter Ersteren herrscht keinesfalls ein uniformes Nutzungsverhalten vor. Vor diesem Hintergrund widmet sich der nachfolgende Abschnitt den so genannten „Silver Surfern". Er stellt zum einen Besonderheiten gegenüber jüngeren Internetnutzern in Bezug auf Online-Nutzung und -Shopping, Social Networks, Online-Werbung und das Mobile Web heraus und geht zum anderen auch auf Unterschiede innerhalb der Gruppe der Online-Senioren ein.

[18] Zu Defiziten im Zusammenhang mit der TV-Nutzung vergleiche Lange, 2010, S. 41–96.

[19] Meyer-Hentschel, 2008, S. 33ff.

[20] Choudrie et al., 2008, S. 164.

[21] Grosskopf (Harms), 1998, S. 24f.; Reidl, 2006, S. 202.

[22] Brüner, 1997, S. 218; Krieb und Reidl, 1999, S. 51ff.

14.3 Online-Zielgruppe „Generation 60 plus"

Online-Nutzung nach soziodemografischen Merkmalen

In Deutschland liegt die Internetnutzung in der Gruppe der Senioren mit ca. 50 Prozent noch deutlich unter der Online-Präsenz jüngerer Zielgruppen. Sie steigt jedoch überdurchschnittlich an und zeigt eine deutliche Konvergenz (vergleiche Abbildung 14.2).[23]

Abbildung 14.2: Entwicklung der Online-Nutzung nach Altersgruppen[24]

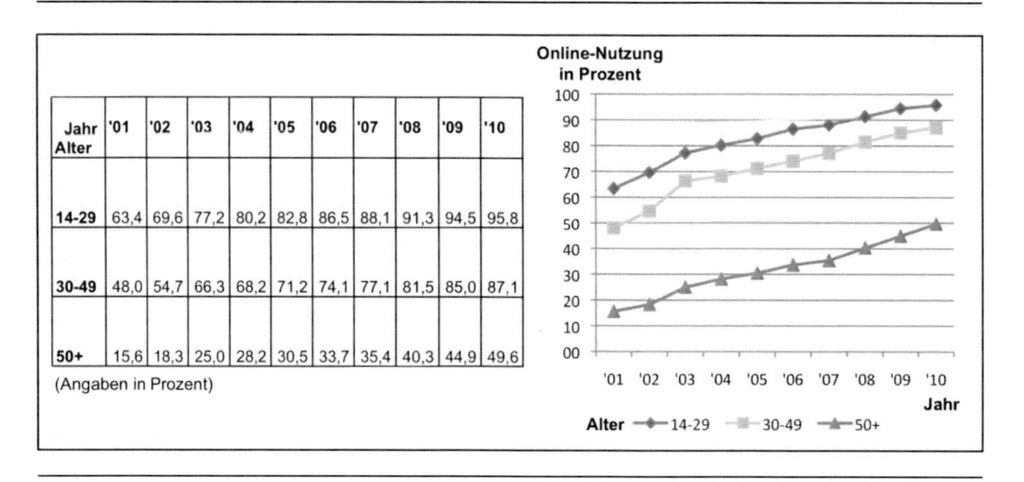

Jahr / Alter	'01	'02	'03	'04	'05	'06	'07	'08	'09	'10
14-29	63,4	69,6	77,2	80,2	82,8	86,5	88,1	91,3	94,5	95,8
30-49	48,0	54,7	66,3	68,2	71,2	74,1	77,1	81,5	85,0	87,1
50+	15,6	18,3	25,0	28,2	30,5	33,7	35,4	40,3	44,9	49,6

(Angaben in Prozent)

Der Geschlechterunterschied bei der Online-Nutzung der Best Ager ist im Gegensatz zu jüngeren Zielgruppen noch sehr hoch. Der Onliner-Anteil der Männer der Altersgruppe 60 bis 69 (derzeit 65,8 Prozent) wächst dabei stärker als derjenige der Frauen (derzeit 43 Prozent).[25]

Auch die Unterschiede zwischen den verschiedenen Gruppen formaler Bildung bei den „Best Agern" sind enorm groß. So ist 2010 lediglich jeder fünfte Bundesbürger mit einem Volksschulabschluss ohne Lehre im Alter 50 plus online, während es bei Personen mit abgeschlossenem Studium in dieser Altersgruppe bereits drei Viertel sind. Auch hier zeigt sich eine deutliche Konvergenz zwischen den Bildungsgruppen bei den älteren Nutzern.

[23] Nutzungsbarrieren sind „Lack of Interest", „Feeling too Old", „Fear of New Technology", „Lack of Access to IT", „Lack of IT Skills and Experience", „Cost", „Concerns about Security and Privacy". Vergleiche Morris, 2007. Zur Grafik vergleiche Bundesministerium für Wirtschaft und Technologie, 2010, S. 14.

[24] Vergleiche Bundesministerium für Wirtschaft und Technologie, 2010, S. 14.

[25] Vergleiche Bundesministerium für Wirtschaft und Technologie, 2010, S. 44.

In Bezug auf die Nutzungskompetenz des klassischen Internets werden die nachwachsenden Alterskohorten auf mehrjährige Erfahrung zurückgreifen können. Insbesondere die frühere Computernutzung am Arbeitsplatz beeinflusst die private Online-Nutzung eines älteren Konsumenten positiv.[26]

Online-Nutzerschaft 60 plus

Die Basis der nachfolgenden Abschnitte, in denen ausgewählte demografische Aspekte sowie Online-Verhaltensweisen und -Präferenzen der „Silver Surfer" im Hinblick auf aktuelle, marketingrelevante Themen analysiert werden, bilden die Ergebnisse der Internet-Marktstudie „WWW-Benutzer-Analyse W3B". Im Rahmen der W3B-Studien werden seit 1995 das deutschsprachige Internet und seine Nutzer regelmäßig untersucht. Die W3B-Erhebungen finden im Halbjahresrhythmus statt. Pro Erhebungswelle beteiligen sich über 80 führende Internet-Anbieter mit mehr als 200 Websites an der W3B-Studie und ermitteln Marktdaten und -trends sowie Informationen über die Nutzer ihrer eigenen Websites. In jeder W3B-Erhebungswelle werden über 100.000 deutschsprachige Internetnutzer befragt. Die Ergebnisse der W3B-Studien stehen den Umfragekunden zur Verfügung. Sie werden weiterhin in Form themen- und zielgruppenorientierter Studien veröffentlicht. So befasst sich der W3B-Report „Senioren im Internet" gezielt mit der Zielgruppe der Silver Surfer. Die nachfolgenden Ausführungen beziehen sich, wenn nicht anders vermerkt, auf Ergebnisse der 30. W3B-Erhebung vom April/Mai 2010.[27]

Die in Abbildung 14.3 dargestellten Daten zur Verbreitung der Online-Nutzung innerhalb verschiedener Altersgruppen spiegeln sich auch in den W3B-Studienergebnissen zur Altersstruktur in der deutschsprachigen Internet-Gesamtnutzerschaft wider. Sie verdeutlichen, dass in den Anfangsjahren des Internet im deutschsprachigen Raum (1995 bis 2005) der Großteil der Nutzer unter 40 Jahre alt war. Erst seit einigen Jahren wird der Zuwachs älterer Nutzergruppen deutlich erkennbar. So stieg der Anteil der Zielgruppe 60 plus an der Gesamtnutzerschaft in den Jahren 2003 bis 2010 von 6,2 Prozent auf 15,8 Prozent.

Die Adaptionsgeschwindigkeit des neuartigen Mediums verlief somit in den älteren Zielgruppen deutlich langsamer als bei den jüngeren. Unter den Internet-Seniorinnen fällt dieses Phänomen noch prägnanter aus als bei ihren männlichen Nutzungskollegen. Das Geschlechterverhältnis der Online-Zielgruppe 60 plus ist somit auch 2010 noch unausgeglichen: Lediglich 22,1 Prozent der Silver Surfer sind weiblich. Bei den Nutzern im Alter unter 60 hingegen ist der Frauenanteil fast doppelt so hoch (43,9 Prozent).[28]

[26] Selwyn et al., 2003, S. 24.

[27] Fittkau und Maass, 2010.

[28] Im Verlaufe dieses Kapitels sind sämtliche aufgeführten Ergebnisse bei einer Irrtumswahrscheinlichkeit von 0,05 signifikant. Sollte es sich um nicht signifikante Ergebnisse handeln, so wird dies an entsprechender Stelle vermerkt.

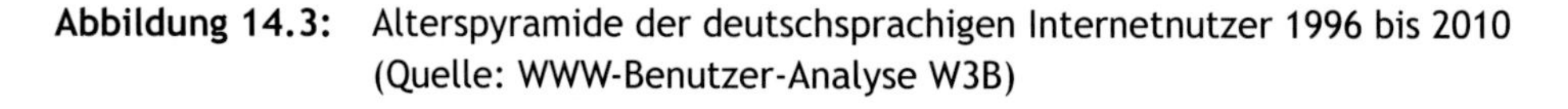

Abbildung 14.3: Alterspyramide der deutschsprachigen Internetnutzer 1996 bis 2010 (Quelle: WWW-Benutzer-Analyse W3B)

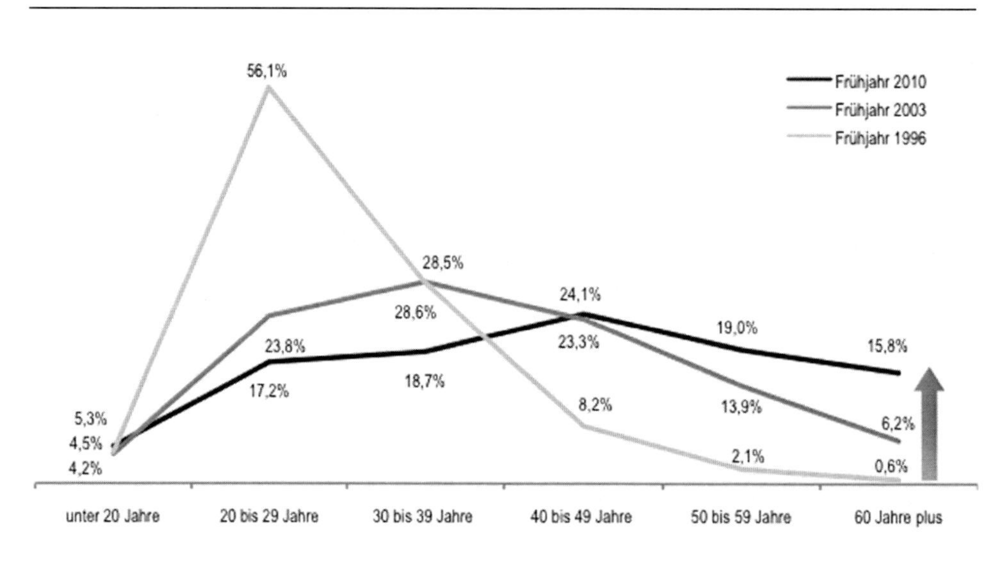

Die Internetnutzungsmotive der Silver Surfer belegen die zuvor diskutierte Heterogenität innerhalb dieser Zielgruppe. Während Motive wie das Abrufen von Informationen und Nachrichten, das Kommunizieren mittels E-Mail oder das Herunterladen von Software für junge und alte Online-Senioren gleichermaßen wichtig sind, fällt auf, dass jüngere Silver Surfer das Internet weitaus häufiger aus Neugier und zur Unterhaltung oder zum Einkaufen nutzen. Aus unterschiedlichen Lebensumständen und Interessen resultieren auch Unterschiede in der Mediennutzung und den Nutzungsmotiven, was nahe legt, die Silver Surfer nicht als homogene Zielgruppe zu betrachten.

Die erhöhte Wirtschaftskraft, die allgemein mit älteren Zielgruppen in Verbindung gebracht wird, kommt in der Internetnutzerschaft in besonderem Maße zum Tragen. Nach den Ergebnissen der W3B-Studie vom Frühjahr 2010 kann jeder fünfte Internetanwender im Alter ab 60 Jahre über ein persönliches Netto-Monatseinkommen in Höhe von 3.000 Euro oder mehr verfügen. Zum Vergleich: In der Nutzerschaft unter 60 Jahre liegt dieser Anteil bei nur 14,4 Prozent.

Sowohl in der „realen" als auch in der virtuellen Welt werden die zum Teil sehr unterschiedlichen Interessenlagen von Senioren gegenüber jüngeren Personenkreisen deutlich. Die W3B-Studienergebnisse zeigen beispielsweise, dass Senioren im Netz bezüglich des Online-Themeninteresses andere Prioritäten haben als jüngere Internetnutzer. Die Content-Kategorie, für die sich Senioren am meisten interessieren, ist zum Beispiel das politische Geschehen (62 Prozent), gefolgt von den Themen Reisen (49,5 Prozent) und Finanzen (36,8 Prozent).

Trotz unterschiedlicher Interessenlagen gleichen die grundlegenden Nutzungsmotive des Mediums Internet der Senioren sehr stark denen der jüngeren Online-Nutzerschaft. So stehen bei der älteren wie bei der jüngeren Generation die Kommunikations- sowie die Informationsfunktionen des Internet ganz oben auf der Liste der Nutzungsziele. Es folgen die gezielte Recherche nach Produktinformationen sowie das Online-Einkaufen selbst.

Tabelle 14.1: Ranking: Online-Themeninteressen[29]

Basis: Internetnutzer gesamt, Mehrfachnennungen möglich, Auswahl			
	Nutzer ab 60 Jahre	**Nutzer unter 60 Jahre**	**z-Wert**
Internationale Nachrichten	75,5%	73,5%	3,0158
Nationale Nachrichten	72,9%	73,3%	0,5874
Politisches Geschehen	62,0%	51,8%	13,6187
Regionale/lokale Nachrichten	57,9%	62,1%	5,5669
Wetter	57,7%	57,9%	0,2640
Wirtschaft	54,8%	47,5%	9,5576
Zeitgeschehen	53,8%	50,2%	4,7057
Reisen, Urlaub	49,5%	42,9%	8,6256
Computer, IT, Internet	44,8%	47,1%	3,0135
Wissenschaft und Technik	40,6%	39,5%	1,4620

Die besonderen Interessen der Senioren werden vor allem dann deutlich, sobald das Online-Nutzungsverhalten im Detail betrachtet wird. In den folgenden Abschnitten soll daher zunächst auf das Online-Produktinformations- und -Kaufverhalten der Senioren eingegangen werden. Anschließend wird dargelegt, ob und wie Senioren mit neueren Entwicklungen und Angeboten im Internet umgehen, die den Bereichen Social Networking, Mobile Marketing und personalisierte Online-Werbung zugeordnet werden.

14.3.1 Das Internet als Einkaufsstätte für Senioren

Im Hinblick auf die Wahl von Produkten und Dienstleistungen zeigen Senioren, die das Internet nutzen, ein äußerst hohes Qualitätsbewusstsein. Nahezu alle (90,4 Prozent) achten nach eigenen Angaben beim Einkaufen „stets auf gute Qualität". Zum Vergleich: Bei den Nutzern im Alter unter 60 Jahren sind es nur 85,8 Prozent. Gleichzeitig spielt jedoch auch der Preis für Senioren eine wichtige Rolle. Rund drei Viertel der über 60-jährigen Onliner stufen sich selbst als preisbewusst ein (bei den jüngeren sind es lediglich 69,1 Prozent).

[29] Die in den folgenden Tabellen ausgewiesenen z-Werte geben Aufschluss über die Signifikanz der Abweichungen zwischen den beiden Stichproben (Nutzer unter 60 Jahre beziehungsweise 60 Jahre plus). Ist der Betrag des z-Wertes größer als zwei, so ist die Abweichung bis zu einer Irrtumswahrscheinlichkeit von 0,05 signifikant.

Vor einer größeren Anschaffung informieren sich viele Senioren ausgiebig über das Produkt bzw. die Dienstleistung. Im Gegensatz zu jüngeren Internetnutzern neigen sie deutlich seltener zu Spontankäufen: Während unter den Senioren lediglich 30 Prozent angeben, häufig etwas spontan einzukaufen, sind es unter den Nutzern im Alter unter 60 Jahre immerhin 42,2 Prozent.

Informationen zu geplanten Anschaffungen beziehen Online-Senioren aus sehr unterschiedlichen Quellen. Häufig verlassen sie sich auf (unabhängige) Testberichte in Testzeitschriften/ -magazinen (66 Prozent), gefolgt von persönlicher Beratung in einem Geschäft (53,2 Prozent). Doch die heute mit Abstand beliebteste und am meisten genutzte Informationsquelle der Online-Nutzer ist das Internet selbst – dies gilt für junge Anwender wie auch für die Silver Surfer (81,5 Prozent). Jedoch nutzen ältere Silver Surfer (77,2 Prozent in der Altersgruppe 70 plus) das Internet als Informationsquelle weitaus seltener als jüngere Online-Senioren.

Die genutzten Internetquellen zur Produktformation sind vielfältig. Für Senioren spielen Websites mit Testberichten von Instituten, Stiftungen und Magazinen (57,1 Prozent) sowie Preisvergleichs-Websites (53,5 Prozent) die wichtigste Rolle. Auch Produktbewertungen und -empfehlungen anderer Internetnutzer fließen bei vielen (35,2 Prozent) in die Kaufentscheidung mit ein. Auffällig ist an dieser Stelle, dass Senioren der Altersgruppe 70 plus (28,2 Prozent) weitaus seltener Produktempfehlungen anderer Internetnutzer in ihre Kaufentscheidung einfließen lassen als jüngere Silver Surfer (40,1 Prozent in der Altersgruppe 50 plus).

Abbildung 14.4: Genutzte Informationsquellen vor Kaufentscheidungen (Quelle: 30. WWW-Benutzer-Analyse W3B, Frühjahr 2010)

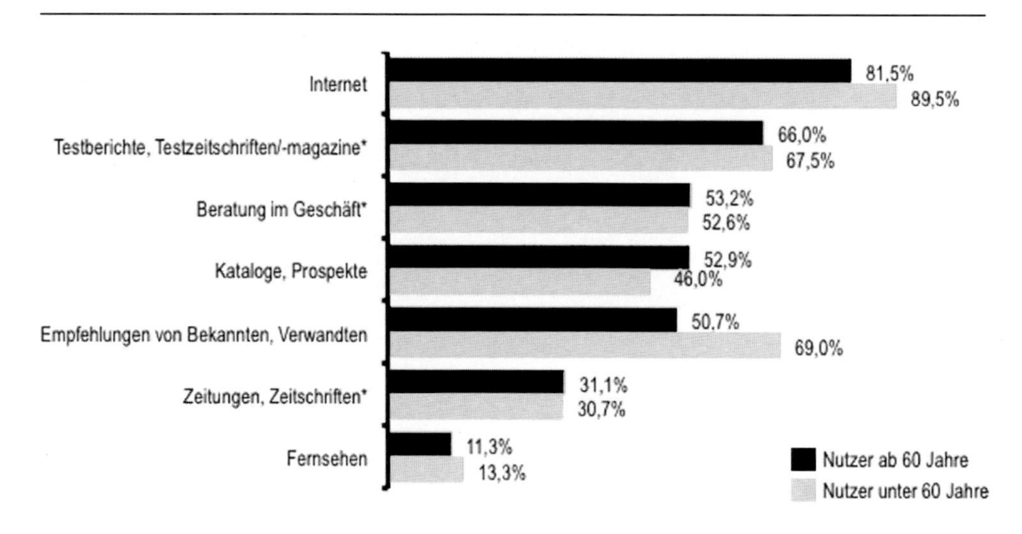

*Abweichungen nicht signifikant

Besonders sinnvoll ist das Einholen von Informationen via Internet aus Sicht der Senioren immer dann, wenn es um die Anschaffung von technischen Produkten geht. So sind die Produkte, bei denen Senioren den Abruf von Produktinformationen via Internet als am wichtigsten erachten, Kameras beziehungsweise Digitalkameras (65,4 Prozent), Computer-hard- und -software (57,4 Prozent) sowie Haushaltsgeräte (55,7 Prozent). Mehr als die Hälfte empfindet es zudem als nützlich, vor der Buchung einer Reise Informationen online einzuholen (53,6 Prozent).

Doch nicht nur als Quelle für Produktinformationen, auch für das Einkaufen selbst wird das Internet von den Silver Surfern aktiv eingesetzt. Ein Großteil der Senioren zählt heute zum Kreis der Online-Einkäufer. Das gilt besonders für Personen mit hohem persönlichen Netto-Monatseinkommen. Fast jeder zweite Silver Surfer mit einem Einkommen von über 3.000 Euro hat bis dato mehr als 50 Online-Käufe getätigt. Nahezu jeder Internetnutzer im Alter ab 60 Jahre hat bereits mindestens einmal etwas online eingekauft. Die Häufigkeit der Online-Einkäufe der Senioren nimmt jedoch mit fortschreitendem Alter ab.

Unter den Produkten und Dienstleistungen, die Silver Surfer im Internet am häufigsten kaufen, belegen Bücher (73,4 Prozent), Fahr- und Flugtickets (46,4 Prozent) sowie Computer-Hardware (46,5 Prozent) die vordersten Plätze.

Tabelle 14.2: Ranking: Bereits online engekaufte Produkte

Basis: Online-Einkäufer, Mehrfachnennungen möglich, Auswahl			
Produkt / Dienstleistung	**Nutzer ab 60 Jahre**	**Nutzer unter 60 Jahre**	**z-Wert**
Bücher	73,4%	83,1%	15,8428
Computer-Software	47,8%	46,7%	1,5479
Computer-Hardware	46,5%	52,7%	8,7337
Fahr-/Flugtickets	46,4%	52,6%	8,7345
Haushaltsgeräte	45,5%	43,4%	2,9661
Kleidung, Mode	44,3%	62,6%	26,0120
Kameras, Digitalkameras	39,4%	40,2%	1,1498
Reisen (z. B. Pauschalreisen)	38,7%	37,3%	2,0226
Büromaterial, Schreibwaren	36,6%	39,1%	3,6383
Arzneimittel, Medikamente	34,2%	30,5%	5,5107

Hinsichtlich der präferierten Online-Bezahlverfahren bestehen kaum Unterschiede zwischen Senioren und jüngeren Nutzern. So ist das Zahlungsmittel „Rechnung nach Erhalt der Lieferung" mit 64,1 Prozent bei den Senioren ebenso wie bei jüngeren Zielgruppen das beliebteste Zahlungsmittel, gefolgt von der Kreditkartenzahlung (43,7 Prozent). Auffällig ist der vergleichsweise geringe Anteil der Senioren, die elektronische Zahlungsmittel wie PayPal oder ClickandBuy einsetzen möchten (weniger als 13 Prozent). In jüngeren Zielgruppen ist die Nutzung digitaler Bezahlverfahren wesentlich verbreiteter (23,1 Prozent). Die Zurückhaltung der Silver Surfer gegenüber elektronischen Bezahlverfahren kann durchaus als Hinweis auf die geringere Adaptionsgeschwindigkeit bei technischen Neuerungen gewertet werden.

Ein insgesamt signifikant erhöhtes Sicherheitsbedürfnis beim Online-Shopping ist bei den Online-Senioren im Gegensatz zur Gesamtzielgruppe jedoch nicht feststellbar.[30] Befragt nach den wahrgenommenen Problemen beim Einkauf im Internet, werden Sicherheitsaspekte von den Senioren ähnlich häufig angeführt wie von jüngeren Internetnutzern. So sagen 37,4 Prozent der befragten Senioren aus, dass ihrer Meinung nach die unzureichende Sicherheit des Zahlungsverkehrs ein Problem beim Online-Einkauf darstellt (bei den unter 60-Jährigen beträgt dieser Wert 40,4 Prozent). Weitere Hürden im Rahmen des Interneteinkaufs sind aus Sicht der Online-Senioren zum einen die Befürchtung, dass persönliche Daten möglicherweise an andere Firmen weitergeleitet werden (56,9 Prozent), zum anderen, dass die Qualität der Produkte oft als schlecht zu beurteilen ist (35,8 Prozent).

Deutliche altersabhängige Besonderheiten der Zielgruppe 60 plus zeigen sich beim Online-Shopping demnach weniger bei den Einstellungen als vielmehr bei den Produktpräferenzen.

14.3.2 Senioren in Social Networks

Die Zugriffszahlen auf Facebook, Myspace & Co. sind auf Wachstumskurs – und mit ihnen das Interesse der Fachwelt an Marketing- und Werbemaßnahmen in Social Networks. Viele Marketing- und Kommunikationsspezialisten proklamieren, dass moderne Kommunika-

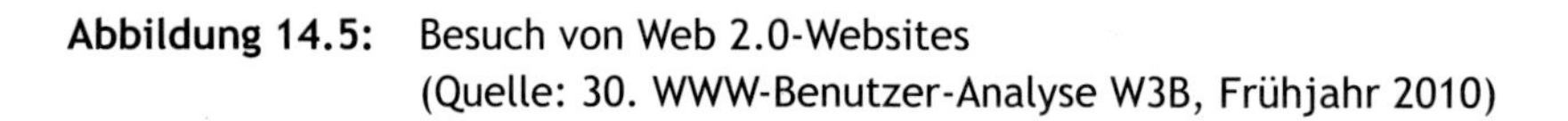

Abbildung 14.5: Besuch von Web 2.0-Websites (Quelle: 30. WWW-Benutzer-Analyse W3B, Frühjahr 2010)

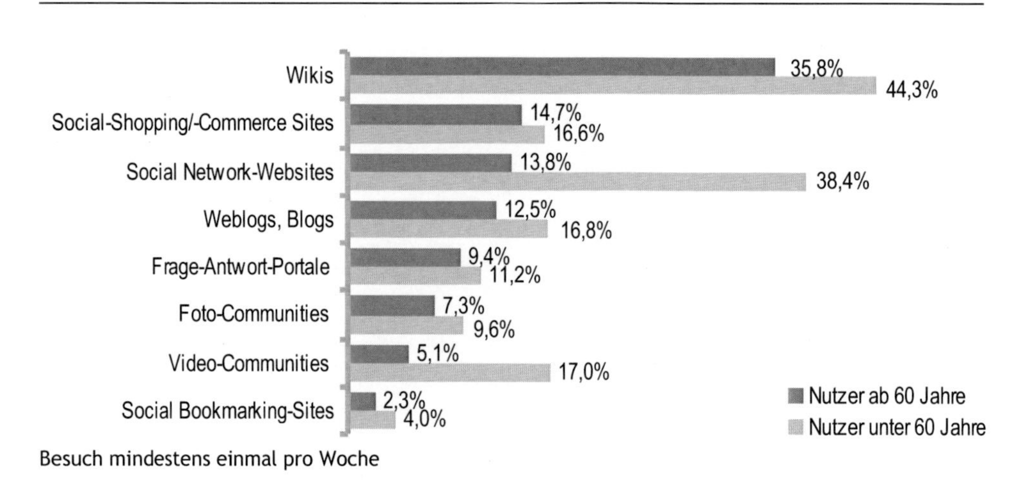

Besuch mindestens einmal pro Woche

[30] Vergleiche 14.2.

tionsstrategien ohne soziale Netzwerke nicht mehr auskämen. Ob und inwieweit dies auch für ältere Online-Zielgruppen gilt, soll im folgenden Abschnitt analysiert werden.

Viele Silver Surfer sind in den verschiedensten Bereichen des sogenannten Web 2.0 aktiv und nutzen bereits heute die vielfältigen Angebote des „Mitmach-Internet". Von Nutzern selbst verfasste Online-Lexika, genannt Wikis, zählen dabei mit 35,8 Prozent zu den von Online-Senioren am häufigsten frequentierten Web-2.0-Angeboten. Auch Social-Shopping bzw. -Commerce mit Nutzerempfehlungen zu Produkten und Shops sowie Social-Network-Websites werden genutzt. Dennoch sind Letztere den W3B-Studienergebnissen zufolge heute vornehmlich eine Plattform für jüngere Nutzer. Unter ihnen ist mehr als ein Drittel auf Social-Network-Websites aktiv. Die Silver Surfer zeigen sich hier deutlich zurückhaltender, unter ihnen besucht nicht einmal jeder sechste regelmäßig Social-Network-Sites. Dabei erweisen sich die Frauen hier als deutlich aktiver als Männer. Facebook gehört bei Internet-Senioren zu den beliebtesten Social Networks.

Die Motive der Senioren, Social Networks zu nutzen, sind vielfältig. Vor allem für die Beziehungspflege mit Freunden und Familienmitgliedern werden Netzwerke wie Facebook eingesetzt. Hier fällt auf, dass gerade ältere Senioren diesen Kanal zur Kontaktpflege mit der Familie nutzen, wohingegen jüngere Senioren eher mit Freunden kommunizieren.

Tabelle 14.3: Ranking: Aktivitäten in Social Networks

Basis: Besucher von Social-Network-Websites Mehrfachnennungen möglich; Auswahl			
Social-Network-Aktivitäten	**Nutzer ab 60**	**Nutzer u. 60**	**z-Wert**
Mit Freunden kommunizieren	51,5%	73,4%	10,801744
Mit meiner Familie kommunizieren	25,8%	21,4%	2,468108
Über Themen, Trends informieren	24,9%	22,8%	1,188513
Über Produkte, Marken informieren	24,5%	15,6%	5,117269
Interessante Links nutzen	20,9%	24,6%	2,209353
Über Veranstaltungen informieren	19,4%	23,9%	2,757931
Mit Freunden, Bekannten verabreden	14,7%	27,2%	8,403096
Bilder hochladen, ansehen, kommentieren	14,7%	27,0%	8,271202
Spielen	11,0%	15,0%	3,079464
Mit Kollegen, Geschäftspartnern kommunizieren	10,7%	19,9%	7,058366

Zusammenfassend ist zu sagen, dass auch ein Teil der Silver Surfer das Web 2.0 für sich entdeckt hat. Allerdings nutzen Online-Senioren die Angebote des Mitmach-Internet sehr selektiv. Die viel beachteten Social-Network-Sites spielen für ältere Nutzer nur eine untergeordnete Rolle. Online-Marketing-Aktivitäten im Social Web für Online-Senioren sollten demzufolge sehr genau evaluiert und geplant werden. Eine detaillierte Prüfung von Relevanz und Nutzung der avisierten Web-2.0-Kommunikationskanäle ist unerlässlich.

14.3.3 Personalisierte Online-Werbung für Senioren

Neben dem Social Web gelten personalisierte Online-Werbeformen als wichtiger aktueller Trend im Internetmarketing. Leistungsstarke Cookie- und Datenbanktechnologien bilden die Basis für eine Vielzahl erfolgreicher Online-Werbeformen, deren Stärke in der Personalisierung und somit der Reduzierung von Streuverlusten liegt. So werden in Online-Shops Produktempfehlungen angezeigt, die gezielt auf das Kaufverhalten des wiederkehrenden Shop-Besuchers zugeschnitten sind. Auf Online-Werbeträgern lassen sich Werbekampagnen mit Hilfe von Cookies und Targeting nutzerindividuell ausliefern, so dass sie zu Profil und Interessen des aktuellen Websitebesuchers passen.

In der breiten Öffentlichkeit wird personalisierte Online-Werbung durchaus kontrovers diskutiert.[31] Viele Internetnutzer, so auch Senioren, fühlen sich durch sie beobachtet (60,6 Prozent)[32] oder befürchten die Missachtung von Datenschutzbestimmungen (61,4 Prozent).

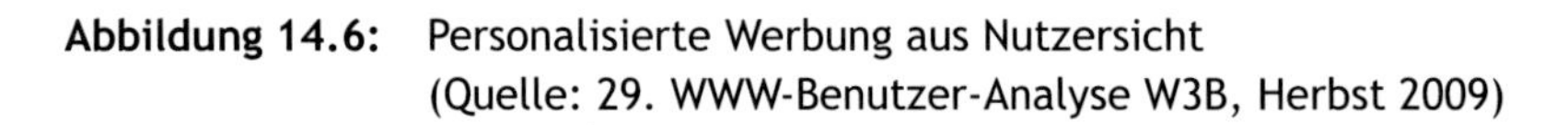

Abbildung 14.6: Personalisierte Werbung aus Nutzersicht (Quelle: 29. WWW-Benutzer-Analyse W3B, Herbst 2009)

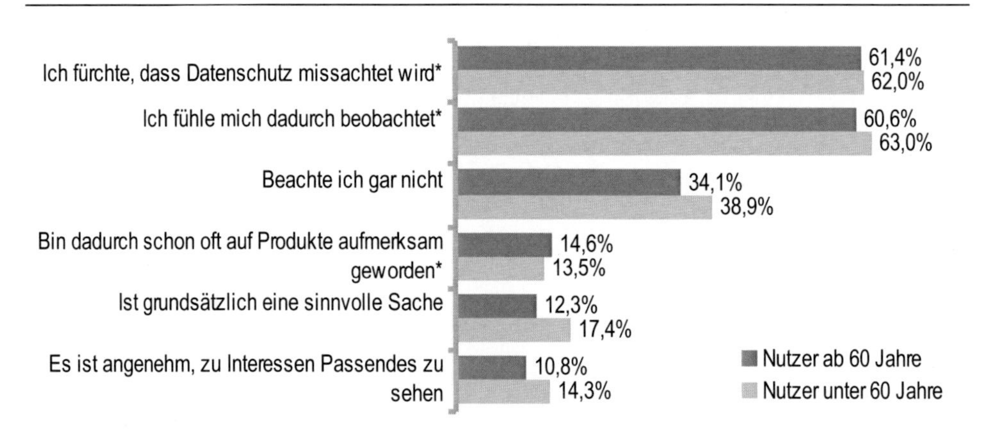

Nennungen „trifft voll und ganz zu", „trifft zu";
*Abweichungen nicht signifikant

Es ist absehbar, dass die Menge personalisiert ausgelieferter Online-Werbung zukünftig weiter steigen wird. Es steht somit zu befürchten, dass der negative Eindruck, den viele Nutzer von personalisierter Online-Werbung haben, dadurch noch verstärkt wird – nämlich dann, wenn sie das Gefühl haben, überall im Internet von individuell ausgewählter Werbung „verfolgt" zu werden. Dies gilt für Online-Senioren ebenso wie für jüngere Nutzergruppen.

[31] Riedl, 2009.

[32] Nennungen: „trifft voll und ganz zu" sowie „trifft zu".

Die Herausforderung der Zukunft für Werbetreibende und -träger ist somit: Sie haben die Gratwanderung zwischen Nutzerakzeptanz einerseits und -reaktanz andererseits zu meistern – damit die Erfolgversprechende personalisierte Online-Werbung auch tatsächlich weiterhin zum Erfolg führt.[33]

14.3.4 Mobile Marketing für Senioren

Mit der Einführung des iPhone und anderer leistungsstarker Smartphones wie Blackberry, Palm oder Android-Endgeräten scheint der Weg des mobilen Internet in Richtung Massenmarkt geebnet zu sein. Immer mehr Nutzer rufen regelmäßig Online-Anwendungen über ihr Mobiltelefon ab. Werbetreibende und Vermarkter haben das mobile Internet erschlossen und arbeiten an speziell auf mobile Endgeräte angepassten Werbeformen.

Nach den W3B-Studienergebnissen ist die Zielgruppe der Online-Senioren weitaus schlechter mit mobilen Endgeräten ausgestattet als jüngere Internetnutzergruppen. Obwohl ein Drittel der Silver Surfer webfähige Mobiltelefone besitzt, nutzen dies lediglich 19,5 Prozent mindestens einmal in der Woche, um sich in das Internet einzuwählen (bei den Unter-60-Jährigen sind es 28 Prozent).

Unter den befragten Senioren, die zwar ein internetfähiges Mobiltelefon besitzen, dies jedoch gar nicht oder nur selten nutzen, planen 40,8 Prozent, die Internetzugangsfunktion im

Abbildung 14.7: Hürden bei der Nutzung des mobilen Internet (Quelle: 30. WWW-Benutzer-Analyse W3B, Frühjahr 2010)

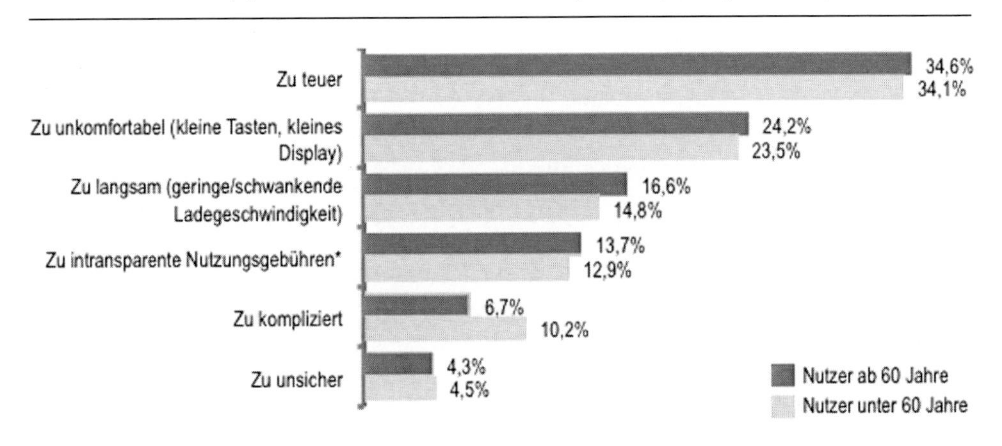

Frage an Besitzer von Mobiltelefonen mit Internet-Zugang, der aber nicht oder nur selten genutzt wird; „weiß nicht" und „keine Angabe" herausgerechnet; * Abweichungen nicht signifikant

[33] Fittkau und Maass, 2009.

nächsten halben Jahr zu nutzen. Hinsichtlich der Kaufplanung halten sich Senioren im Gegensatz zu jüngeren Zielgruppen zurück. So planen lediglich 8,6 Prozent, sich im nächsten halben Jahr ein internetfähiges Mobiltelefon (Handy oder Smartphone) anzuschaffen.

Ebenso wie jüngere Zielgruppen scheuen Senioren die hohen Kosten bei der mobilen Einwahl ins Internet (56,3 Prozent). Als weitere Nutzungshürde geben 38,8 Prozent der Silver Surfer an, dass ihnen die Bedienung aufgrund der zu kleinen Tasten und Displays zu unkomfortabel ist. Auch sind viele der Meinung, dass die Einwahl ins Internet mit dem Mobiltelefon/Smartphone zu kompliziert sei (16,9 Prozent).

Aufgrund der geringen Penetration mit internetfähigen Mobile- beziehungsweise Smartphones sowie des vergleichsweise geringen Interesses der Silver Surfer am mobilen Internet erscheint das Mobile Marketing für ältere Zielgruppe noch relativ problematisch. Eine wichtige Rolle wird hier die zukünftige Entwicklung mobiler Endgeräte spielen, die für Senioren leichter bedien- und handhabbar sind.

14.4 Ausblick: Online-Seniorenmarketing der Zukunft

Die dargestellten Studienergebnisse deuten darauf hin, dass die Internetnutzung durch Senioren mit weitaus weniger Barrieren verbunden ist, als zu vermuten wäre. Die Senioren, die das Medium bereits heute für sich erschlossen haben, stellen zum einen eine im Hinblick auf Größe und Struktur bedeutende und attraktive Zielgruppe für Online-Marketing und -Vertrieb dar. Zum anderen unterscheidet sich das Internetnutzungsverhalten der Silver Surfer in vielen Bereichen nicht grundlegend von dem eines durchschnittlichen Internetnutzers. Dies trifft zum Beispiel auf Akzeptanz und Nutzung von Online-Werbung zu wie auch auf Online-Produktrecherche und -Einkauf. Offensichtlich sind technische Nutzungshürden nicht unüberwindbar bzw. der ältere Nutzer hat ausreichend Zeit und Möglichkeiten, sich in Ruhe mit dem Medium auseinanderzusetzen.

Zurückhaltender agieren die Silver Surfer in den von Fachkreisen zurzeit viel beachteten Bereichen wie Social Networks und dem mobilen Internet. Die Adaptionsgeschwindigkeit ist hier bei den Online-Senioren deutlich geringer als bei jüngeren Nutzern. Möglicherweise wird in diesen Bereichen mittelfristig kein ähnlicher Status erreicht werden wie beim Online-Shopping – sei es durch grundlegend verschiedene Kommunikationsmuster (im Fall des Social Web) oder ungeeignete Endgeräte (im Fall des Mobile Web).

Abschließende Handlungsempfehlungen zum Online-Seniorenmarketing

- Das Internet ist auch für viele Senioren zu einem wichtigen Bestandteil des Alltags geworden. Die hohe Kaufkraft und auch Konsumfreude machen dieses Alterssegment zu einer attraktiven Zielgruppe. Der Anteil der Online-Einkäufer unter den Senioren steigt stetig, so dass auch im Online-Vertrieb unter Berücksichtigung des Transgenerational Design von Webshops und Vertriebsmechanismen auch älteren Zielgruppen größere Aufmerksamkeit zu widmen ist.

- Im Hinblick auf die Websitegestaltung ist es entscheidend, besonders auf Übersichtlichkeit und Lesbarkeit der Inhalte zu achten. Große Schrifttypen, starke Kontraste und eine gute Gliederung erhöhen den Lesekomfort. Ein barrierefreies Design erhöht außerdem zugleich die Usability für jüngere Zielgruppen.
- Das mobile Internet erscheint heute noch nicht als optimaler Kanal für das Seniorenmarketing. Der Trend, mobile Engeräte mit größeren Touchscreens und einfacher Bedienerführung durch verständliche Symbole auszustatten, wird interessierten Senioren zu Gute kommen. Die Zukunft des Mobile Marketing für Silver Surfer wird somit vor allem von der zukünftigen Entwicklung demografiefester Endgeräte abhängen.
- Reine Seniorenprodukte bzw. spezifische Seniorenwerbung lösen erfahrungsgemäß Reaktanz bei der Mehrheit der älteren Konsumenten aus. Daher ist in der Onlinekommunikation weniger eine spezifische Ansprache als Senior, sondern vielmehr das Herausstellen relevanter, altersunabhängiger Vorteile des jeweiligen Online-Angebots angeraten. Zur Steuerung von Online-Werbekampagnen helfen die Möglichkeiten der personalisierten Werbung Werbetreibenden, Silver Surfer ohne Streuverluste mit der Werbung zu erreichen.
- Die Senioren im Internet weisen ein überdurchschnittliches Preis- und Qualitätsbewusstsein auf, was unter anderem auf ihre Lebens- bzw. Konsumerfahrung zurückgeführt wird. So informieren sie sich intensiver als jüngere Onliner und tätigen seltener spontane Online-Käufe. Eine nachhaltige Internetmarkenführung sowie umfassende und gut strukturierte Produktinformationen erhöhen somit die Kaufabsicht und vermindern die Bedeutung des Preises. Service-Angebote wie Reparaturservices oder Hotlines tragen gerade bei älteren Kunden zur Loyalität bei.
- Der vorliegende Beitrag zeigt, dass Senioren nicht als homogene Gruppe angesehen werden können, sondern durch generationenübergreifende und zeitgeistspezifische Konsummuster geprägt sind. Deshalb sollte ein in der Online-Werbung eingesetztes Targeting eher lifestyleorientiert als soziodemografisch erfolgen. Eine Ausnahme bildet hier die Marketingkommunikation für Produkte, welche auf konkrete Folgen von Alterungsprozessen ausgerichtet sind (zum Beispiel Pflegeprodukte für die reife Haut, Treppenlifte) sowie altersspezifische Preisstrategien (zum Beispiel Seniorenrabatte).

Literatur

Brünner, B. (1997): Die Zielgruppe Senioren, Frankfurt am Main: Lang, S. 218.

Bundesministerium für Familie, Senioren, Frauen und Jugend (2007): Wirtschaftsmotor Alter, Bonn.

Bundesministerium für Wirtschaft und Technologie (2010): (N)ONLINER Atlas 2010, Bonn.

Bundesministerium für Wirtschaft und Technologie (2010): Wirtschaftsfaktor Alter. Potentiale nutzen – die Kundengruppe 50plus. Bonn.

Choudrie, J./Grey, S./Tsitsianis, N. (2008): Evaluating the Digital Divide: The Silver Surfer's Perspective, in: Electronic Government, an International Journal 2010, Vol. 7, 2, S. 148–167.

Fittkau, S./Maass, H. (2010): Ergebnisse der 30. WWW-Benutzer-Analyse W3B, April/Mai 2010, Hamburg.

Fittkau, S./Maass, H. (2009): Ergebnisse der 29. WWW-Benutzer-Analyse W3B, Oktober/November 2009, Hamburg.

Fittkau, S./Maass, H. (2010): Senioren im Internet, Hamburg.

Gassmann, O./Reepmeyer, G. (2006): Wachstumsmarkt Alter. Innovationen für die Zielgruppe 50+, München, Wien: Hanser.

Grieger, R. (2008): Das Informationsverhalten der Best Ager. Eine empirische Studie am Beispiel der Unterhaltungselektronik, Hamburg: Diplomica.

Grosskopf (Harms), A. (1998): Der Markt der älteren Konsumenten – Rahmenbedingungen und marketingstrategische Ansatzpunkte, in: Werbeforschung & Praxis, 1/98, S. 20–26.

Häusel, H. (2008): Brainsights: Was das Senioren-Marketing von der Hirnforschung lernen kann, in: Meyer-Hentschel, H./Meyer-Hentschel, G. (Hrsg.): Jahrbuch Seniorenmarketing 2008/2009, 3. Jg., Frankfurt a. M., S. 139–154.

Hock, E./Bader, B. (2001): Kauf- und Konsumverhalten der 55plus-Generation, Ergebnisse einer empirischen Studie in der Schweiz, in: Thexis, Fachbericht für Marketing 2001/3, St. Gallen.

Hunke, G. (2006): Kommunikationsstrategien im „55plus-Marketing, in: Hunke, R./Gerstner, G.: 55plus Marketing. Zukunftsmarkt Senioren, Stuttgart, S. 97–109.

Klesse, H.J. et al (2006): Frischer Wind, in: Wirtschaftswoche, Nr. 28, 2006, S. 45–52.

Krieb, C./Reidl, A. (1999): Seniorenmarketing, Wien: Ueberreuter.

Lange, J. (2010): Die Verständlichkeit von Fernsehnachrichten für ältere Menschen. Eine vergleichende Produkt- und Rezeptionsanalyse, in: Köster J./Schultheiss, D. (Hrsg.): Doppelklick statt Doppelherz – Medien für die Zielgruppe 50plus, Ilmenau, S. 41–96.

Lehr, U. (2006): Langlebigkeit verpflichtet: Vorsorge in einer Gesellschaft des langen Lebens, in: Hunke, R./Gerstner, G.: 55plus Marketing. Zukunftsmarkt Senioren, Stuttgart, S. 23–39.

Mayer, T. (2008): Online-Kommunikation mit Best Agern im Rahmen des Seniorenmarketing. Anforderungen und strategische Ausrichtung, Hamburg: Diplomica.

Meredith, G./Schewe, C. (1994): The Power of Cohorts, in: American Demographics, December 1994, S. 22–29.

Meyer-Hentschel, G. (2008): Demographischer Wandel als Treibergröße für den Unternehmenserfolg, in: Meyer-Hentschel, H./Meyer-Hentschel, G. (Hrsg.): Jahrbuch Seniorenmarketing 2008/2009, 3. Jg., Frankfurt a. M.: Verlagsgruppe Deutscher Fachverlag, S. 19–49.

Meyer-Hentschel, H./Meyer-Hentschel, G. (2004): Seniorenmarketing. Generationengerechte Entwicklung und Vermarktung von Produkten und Dienstleistungen, Göttingen: BusinessVillage.

Morris, A. (2007): E-literacy and the grey digitale divide: a review with recommendations, Journal of Information literacy, Vol. 1, 3. http://jil.lboro.ac.uk/ojs/index.php/JIL/article/view/RA-V1-I3-2007-2.

Pompe, H. (2007): Marktmacht 50plus, Wie Sie Best Ager als Kunden gewinnen und begeistern, Wiesbaden: Gabler.

Reidl, A. (2006): Megatrend Alter – grau, rüstig, kaufkräftig, in: Hunke, G. (2006): Kommunikationsstrategien im „55plus-Marketing“, in: Hunke, R./Gerstner, G. (Hrsg.): 55plus Marketing. Zukunftsmarkt Senioren, Stuttgart, S. 201–215.

Riedl, T. (2009): „Google weiß, wo du surfst“. In: Süddeutsche Zeitung, digital, http://www.sueddeutsche.de/digital/personalisierte-werbung-google-weiss-wo-du-surfst-1.393583.

Sauerbrey, C. (2008): Seniorenorientierte Marktbearbeitungsansätze zur demografiefesten Ausrichtung von Unternehmen. Forschungsbericht, Hannover.

Selwyn, N./Gorard, S./Furlong, J. (2003): The information aged: Older adult's use of information and communications technology in everyday life, working Paper, Cardiff, S. 24.

Seniorresearch (2008): Senioren fühlen sich im besten Alter, Frankfurt a. M., S. 3.

Wahl, H. (2008): Neues Altern in sich verändernden Umwelten, in: Meyer-Hentschel, H./Meyer-Hentschel, G. (Hrsg.): Jahrbuch Seniorenmarketing 2008/2009, 3. Jg., Frankfurt a. M.: Verlagsgruppe Deutscher Fachverlag, S. 119–137.

Wildner, R. (2006): Die Generation Silber, eine Zielgruppe mit Potential, in: Hunke, R./Gerstner, G.: 55plus Marketing. Zukunftsmarkt Senioren, Stuttgart, S. 41–54.

Dominik Reisig / Franziska Runge
CAVI VideoShopping GmbH

Prof. Dr. Goetz Greve
Hamburg School of Business Administration

15 Targeting mit InVideo Advertising

15.1 Einführung in das Online Video Advertising

Die rasante Entwicklung der Nutzerzahlen für Videoangebote im Internet zeigt, dass Video Advertising ein zentraler Wachstumstreiber des Online-Werbemarktes geworden ist. Nach Angaben der ARD/ZDF-Onlinestudie 2010 nutzen bereits 36 Prozent der Internetnutzer mindestens einmal pro Woche Videoangebote.[1] Allein im Juli 2010 haben in Deutschland 42,7 Millionen Internetnutzer über 15 jeweils mindestens ein Video online betrachtet, was einem Zuwachs zum Jahr 2009 von 24 Prozent bedeutet.[2] Dabei nimmt die Nutzung von Videoportalen wie YouTube eine herausragende Stellung ein. So berichtet das Videoportal YouTube im Mai 2010 weltweit erstmals eine Anzahl von zwei Milliarden aufgerufenen Videos pro Tag. In Deutschland nutzen 32,7 Millionen Internetnutzer die Videoangebote von YouTube.

Mit der Werbung innerhalb von Videoangeboten im Internet wird dem Werbetreibenden zum einen eine weitere Möglichkeit der zielgerichteten, streuverlustminimierenden Werbung eröffnet, zum anderen erschließt sich Betreibern von Videoportalen oder E-Commerce-Plattformen eine Erlösquelle.

Bislang dominieren und treiben noch die klassischen Online-Werbeformen das Wachstum der Online-Werbung. Allein bei der sogenannten Display-Werbung, etwa mit Werbebannern auf Websites, verzeichnet der Online-Vermarkterkreis im Bundesverband Digitale Wirtschaft (BVDW) e. V. eine Steigerung binnen Jahresfrist um 23 Prozent auf 2,9 Milliarden Euro.[3] Für das Video Advertising rechnen die Marktforscher von Nielsen und Smartclip mit einer Verdreifachung der Umsätze auf 80 bis 120 Millionen Euro Ende 2010, was einer Verdreifachung gegenüber dem Vorjahr entspricht.[4]

Unternehmen müssen diese rasante Entwicklung antizipieren und die Vorteile des Video Advertising für sich nutzen. Im Vergleich zum Fernsehen kann laut einer Studie von Nielsen Media Research, die in Zusammenarbeit mit Microsoft veröffentlicht wurde, Online-Video-Werbung in Bezug auf die Werbe- und die Markenerinnerung bessere Ergebnisse als TV-Werbung erzielen. Die Gründe dafür liegen insbesondere in dem erhöhten Grad an Involvement der Internetnutzer. In der Regel suchen Internetnutzer bewusst nach Videoangeboten und leiten das Abspielen der Videos häufig selbst ein. Entsprechend aktiver im Konsum der Videoangebote sind diese Nutzer. Das Ergebnis ist eine um 19 Prozent erhöhte Werbeerinnerung von Video Advertising im Internet.[5] Die Effizienz lässt sich weiter steigern, wenn die Video-Advertising-Formate mit Lösungen des Zielgruppen-Targeting kombiniert werden.

---

[1] Eimeren und Frees, 2010.

[2] ComScore, 2010.

[3] BVDW, 2010.

[4] Nielsen Media Research, 2010.

[5] Uyenco und Kaplan, 2010.

15.1.1 Online-Video-Advertising-Formate

Online Video Advertising ist mittlerweile in unterschiedlichen Formaten verfügbar, die sich grundsätzlich nach In-Page Video Ads und In-Stream Video Ads unterscheiden lassen. In-Page Video Ads werden innerhalb von Websites ausgeliefert. Dies kann innerhalb von statischen Inhalten wie Textblöcken geschehen oder innerhalb klassischer Display-Werbung wie Banner Advertising. Im Gegensatz dazu werden In-Stream Video Ads ausschließlich innerhalb des Videos selbst ausgeliefert.[6]

In-Page Video Ads

In-Page Videos sind Werbespots, die innerhalb von Textblöcken auf Websites oder Banner-Werbung ablaufen. Als Inhalt halten sie lediglich die Werbebotschaft bereit, es findet keine Kombination aus Werbebotschaft und anderen Videoinhalten statt. Bei den In-Text Ads erscheint das Video, sobald der Nutzer den Mauszeiger über relevante (markierte) Wörter bewegt. Bei dem In-Banner Video Ad wird das Video innerhalb eines Werbebanners gestartet, es kann sich dann auch auf Bereiche außerhalb des Banners erstrecken.

In-Stream Video Ads

Lineare In-Stream Video Ads sind Pre-Roll, Mid-Roll und Post-Roll Ads. Diese sind am ehesten mit regulären Werbespots im TV zu vergleichen. Im Vergleich zum TV-Spot liefern diese Werbeformate allerdings die Möglichkeit, interaktiv über einen Klick auf die entsprechende Website geleitet zu werden.

Bei einem non-linearen Video Ad wird eine interaktive Ebene (Overlay) überlappend über einen Teil des Contents oder über den gesamten Content gelegt. Dieses Format muss damit nicht dem gegebenen linearen Zeitablauf eines Videos folgen, sondern kann im Hintergrund laufen. Die Werbeform unterteilt sich in Power-Rolls, Click-to-Video, Click-to-Site, Surface Tags und Product Placements. Bei den sogenannten Power-Rolls wird der gesamte Content mit einer interaktiven Ebene überlagert. Ziel ist es, den Kontakt zum Nutzer herzustellen und auf weiterführende Angebote zu vermitteln. Bei einem Click-to-Video wird der Video Content angehalten und dafür die Videowerbung gestartet, bei einem Click-to-Site wird auch das Video angehalten und der Nutzer auf die Website des Werbetreibenden weitergeleitet. Surface Tags definieren Klickflächen innerhalb eines Videos. So können Elemente innerhalb des Videos mit Angeboten von Werbetreibenden verbunden werden. Mittels Product Placement können beispielsweise Logos oder Objekte über den Video Content gelegt werden und wiederum mit der Website des Werbetreibenden verbunden werden.

Eine weitere Möglichkeit non-linearer Werbeformate sind die sogenannten Branded Video Player, bei denen der Player komplett mit einem Rahmen umgeben ist, in dem Werbeinhalte ablaufen können. Auch hier ist der Rahmen ähnlich wie bei einem Overlay Ad klickbar und kann mit der Website des Werbetreibenden verlinkt werden.

---

[6] Pöppelmann, 2010.

Zu diesen In-Streaming-Formaten sind Kombinationen aus Display Ads und In-Streaming Video Ads denkbar, die sogenannten Tandem Ads.

Abbildung 15.1 zeigt die Struktur der gängigen Video-Advertising-Formate auf.

Abbildung 15.1: Übersicht der Online-Video-Advertising-Formate

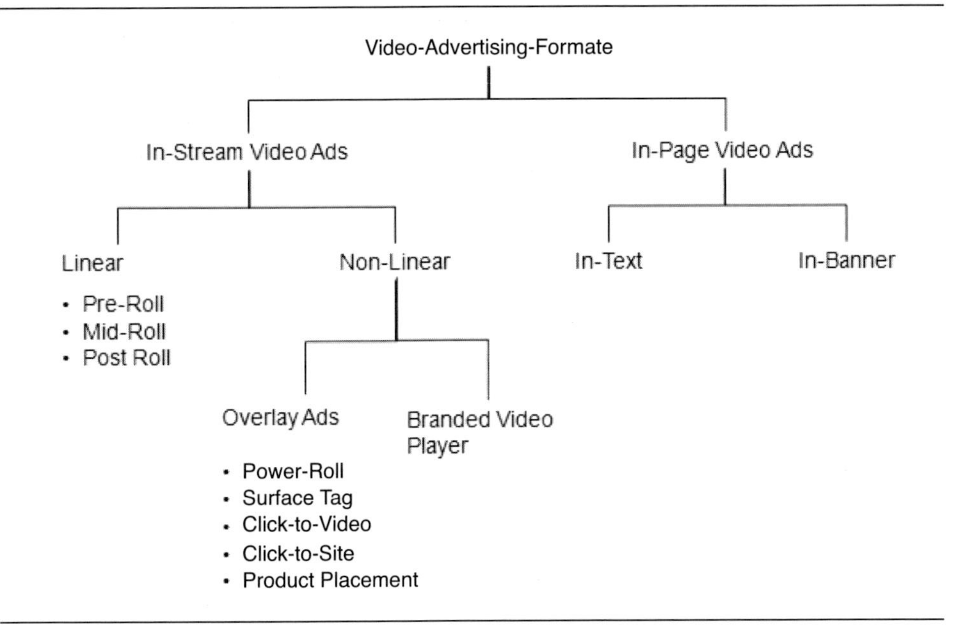

15.1.2 Video Targeting

Mit Hilfe von Video Advertising ist es Unternehmen möglich, gezielt Nutzerbedürfnisse zu adressieren, um positive Markenassoziationen zu wecken und eine Interaktion mit dem werbetreibenden Unternehmen zu initiieren. Für eine zielgerichtete Aussendung der Werbebotschaft an die zu adressierenden Zielgruppen ist die Anwendung von Targeting-Techniken eine effiziente Alternative.

YouTube bietet das sogenannte Video Targeting Tool (vergleiche Abbildung 15.2). Basierend auf den Google Adwords können Kategorien, Kanäle und Videos für die Werbeschaltung ausgewählt werden. Von einem wirklichen Behavioural Targeting ist dieser Ansatz jedoch weit entfernt.

Ein Beispiel für eine erste Behavioural-Targeting-Anwendung bietet die Video-Suchmaschine Blinkx.[7] 17,5 Millionen Suchabfragen werden täglich über Blinkx gestartet. Diese Informationen werden ähnlich dem klassischen Behavioural Targeting zu psychografischen Nutzer-

[7] www.blinkx.com.

Abbildung 15.2: YouTube Video Targeting Tool

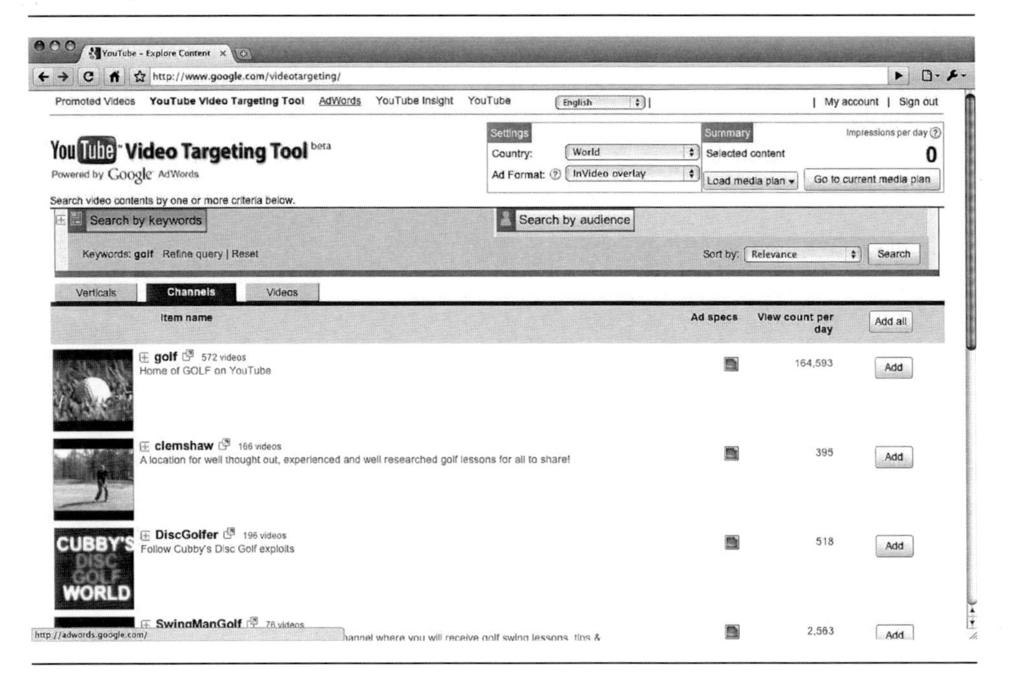

profilen verdichtet. Werbetreibende können damit spezifische Segmente durch ihre Video-Advertising-Angebote zielgerichtet ansprechen. Allerdings ist anzumerken, dass diese Profile ausschließlich auf dem Video-Suchverhalten basieren. Wirkliches Behavioural Targeting würde das tatsächliche Nutzungsverhalten von Nutzern über die Video-Suchmaschine hinaus einbeziehen und so differenziertere Profile errechnen können. Dafür sind allerdings Informationen aus anderen Behavioural Targeting Advertising Networks, wie zum Beispiel AudienceScience, notwendig.

Mit Hilfe der Video-Tagging-Technologie offerieren andere Video-Plattformen wie Yume[8] die Auslieferung der Werbebotschaft mit Hilfe des vorangegangenen Such- und Browsing-Verhaltens der Nutzer.

Ein weiterer Video-Plattform-Anbieter namens Veoh[9] gruppiert Nutzer anhand des bisherigen Such- und Nutzungsverhaltens aus der Plattform, ergänzt durch das Kommentierungsverhalten zu den Videos.

Wenngleich diese Angebote für den Werbetreibenden überaus attraktiv erscheinen mögen, so ist insbesondere der große Anteil privater Videos am Gesamtangebot der Videoportale zu bedenken. Viele Werbetreibende stehen einer Werbeschaltung in privaten Videos kritisch gegenüber, da sie in der Regel nicht mit nutzergeneriertem Inhalt assoziiert werden wollen.

---

[8] www.youme.com.

[9] www.veoh.com.

Zudem wird eine großzahlige Nutzerstruktur benötigt, die in ihrem Verhalten über die reine Videonutzung hinausgeht, um Behavioural Targeting wirklich valide und reliabel durchführen zu können.

15.1.3 Erfolgskontrolle und Abrechnungsmodelle

Wie bei jedem anderen Werbemittel können bei der Bewegtbildwerbung verschiedene Parameter gemessen werden: die Brutto- und Nettoreichweite, die Klicks, die Umwandlungsrate und die daraus resultierende Performance (Click-Through- und Conversion-Rate). Im Folgenden werden daher gängige Abrechnungsmodelle vorgestellt und ihre Eignung für das InVideo-Advertising diskutiert.

CPM (Cost-per-Mille oder Tausend-Kontakt-Preis)

Diese klassische Bepreisung der Reichweite passt zu einem reinen Broadcasting-Ansatz. Auf Basis von Einschaltquoten im TV oder von Video Views im Internet werden 1.000 Zuschauerkontakte zu einem vorab festgelegten Preis an den Werbetreibenden verkauft. Der CPM wird derzeit standardmäßig für die Abrechnung von Pre-, Mid- oder Postrolls verwendet. Dem InVideo-Advertising wird diese Abrechnungsform jedoch nicht in Gänze gerecht. Die Intensität eines Kontaktes mit einem interaktiven Werbeformat, das zusätzliche Informationen oder Services direkt im Video ermöglicht, ist deutlich höher als bei sogenannten Display-Werbeformaten. Diese Kontaktintensität könnte sich einerseits in einem höheren CPM widerspiegeln oder besser – weil genauer – mit Hilfe eines performancebasierten Abrechnungsmodells abgebildet werden.

CPC/CPI (Cost per Click, Cost per Interaction)

Der Werbetreibende zahlt bei einem CPC- oder CPI -basierten Abrechnungsmodell nicht für die gesamte Reichweite des Formats, sondern ausschließlich für den direkten Kontakt mit dem Zuschauer, der den InVideo-Shop durch Klick aufruft beziehungsweise eine Interaktion mit dem Format startet. Dieses Abrechnungsmodell ist für die Vermarktung von InVideo-Ads sehr lukrativ, da diese Formate überdurchschnittlich hohe Click-through-Rates (CTRs) erzielen. Der CPC beziehungsweise der CPI eignet sich für Kampagnen, die nicht in erster Linie auf den Verkauf von Produkten setzen, sondern die Interaktion und das Involvement des Zuschauers, zum Beispiel im Rahmen einer Image-Kampagne, in den Mittelpunkt rücken.

Gleichzeitig bleibt auch dieses Abrechnungsmodell hinter den Anforderungen und Möglichkeiten eines InVideo-Ads zurück, da jeder Kontakt in Form eines Klicks oder einer Interaktion gleich bewertet wird. Andere Kennzahlen, wie die Anzahl der Klicks oder die Dauer des Kontaktes, bleiben unberücksichtigt.

CPL (Cost per Lead)

Der CPL bezeichnet den Preis pro Kontakt oder pro Adresse, die über ein InVideo-Ad an den Werbetreibenden vermittelt werden. Hierzu zählt im Shopping-Bereich die Bestückung eines Warenkorbs im Video, der dann zur Abwicklung der Transaktion in das Shopsystem des Händlers übergeben wird. Mit dem CPL werden aber auch die Vermittlung eines Interessenten zum Beispiel für eine Probefahrt oder für ein Versicherungsangebot sowie die Registrierung eines Kunden vergütet. Beim CPL-Modell kann zwischen einer höherpreisigen Neukundengewinnung und einem Bestandskunden-Lead differenziert werden. Die Bepreisung des CPL kann fix oder variabel, zum Beispiel in Abhängigkeit vom jeweiligen Warenkorbwert, erfolgen. Mit dem CPL werden ausschließlich erfolgreiche Vermittlungen vergütet, die Auseinandersetzung mit dem Angebot – der Kontakt mit dem Werbemittel – bleibt unberücksichtigt.

CPO (Cost per Order)

Der CPO wird für abgeschlossene und vollständig abgewickelte Bestellungen in InVideo-Shopsystemen berechnet. Auch hier kann die Vergütung zu einem fixen Satz pro Bestellung oder variabel in Abhängigkeit vom Bestellwert erfolgen. Ähnlich dem CPC/CPI bzw. dem CPL handelt es sich beim CPO um ein rein performancebasiertes Abrechnungsmodell, das dem interaktiven Charakter des Formats am ehesten gerecht wird. Gleichzeitig gelten für den CPO die gleichen Einschränkungen wie für den CPL.

Kombinationen und Sonderformen

Aus wirtschaftlicher Sicht eignen sich sogenannte Performance-Modelle für die Abrechnung interaktiver InVideo-Ads deutlich besser als reichweitenbasierte Modelle. Nicht nur, weil sie den Charakter eines interaktiven Werbeformats (im Gegensatz zu einfachen Werbeanzeigen) widerspiegeln, sondern auch weil die Kosten für eine Kampagne direkt vom Erfolg abhängig sind. Gleichzeitig tun sich Mediaagenturen mit der Buchung performancebasierter Modelle im Markt für Bewegtbildwerbung häufig schwer, da sie die Verteilung der Werbebudgets im Voraus kalkulieren müssen und dies bislang nur über den Einkauf einer vorab definierten Reichweite zu einem festgelegten Preis möglich scheint.

Gleichzeitig sind die hier aufgeführten Abrechnungsverfahren, jedes für sich genommen, nur bedingt geeignet, um interaktive InVideo-Ads zu bepreisen. Jedes Modell, egal ob CPM oder CPO, bezieht sich nur auf eine einzelne Erfolgskennzahl (zum Beispiel Reichweite, Kontaktvermittlung oder Verkauf). Ein geeignetes Abrechnungsmodell sollte dagegen sowohl den einfachen Kontakt, das Sehen des Angebots durch den Zuschauer, als auch die weiterführende Auseinandersetzung mit der Werbung und die Intensität eines solchen Kontaktes berücksichtigen. Technisch gesehen ließe sich ein solches Format auf Basis von Tracking der Nutzeraktionen sehr gut realisieren. Praktisch gesehen muss allerdings der Komplexität Rechnung getragen werden, was kurzfristig und zwangsläufig dazu führen wird, dass InVideo-Ads aus einer Mischung von Reichweite und Performance abgerechnet werden.

Dienstleister für das InVideo-Advertising wie zum Beispiel CAVI VideoShopping bieten – dem Innovationsgrad der Werbeform entsprechend – häufig sehr flexible Abrechnungsmodelle an. Damit wird sichergestellt, dass die definierten Kampagnenziele von allen Beteiligten durchgängig verfolgt werden, der passende Bewegtbild-Content genutzt und die den Zielgruppen entsprechenden Kanäle bedient werden.

15.2 Targeting mit Online Video Advertising am Beispiel CAVI

Die CAVI VideoShopping GmbH wurde bereits mehrfach ausgezeichnet[10] und gilt als Innovationsführer im Markt für InVideo-Advertising. Das Unternehmen wurde 2008 von Dominik Reisig und Michael Bösken gegründet, hat seinen Sitz in Hamburg und eine Niederlassung in Palo Alto. CAVI steht für Commerce And Video Interaction. CAVI versteht sich als Technologie- und Fullservice-Anbieter für Werbetreibende, Kreativ- und Mediaagenturen, Content-Inhaber, Online-Werbeplattformen und Händler.

15.2.1 Motivation und Ausgangslage

Die Unternehmensgründer, die selbst der Generation der sogenannten Digital Natives angehören, erkannten die Möglichkeit, über massenattraktive Videos passende Produkte zu verkaufen und beispielsweise aus dem laufenden Video heraus die zugehörigen Downloads, Fan-Artikel, Mode und Konzerttickets kaufen zu können. Ansprechende (und zudem oft selbst gewählte) Videos lösen bei den Zuschauern Kaufimpulse aus, diese werden aber nicht befriedigt. Im Video sichtbare Produkte, wie die Kleidung und Accessoires des Stars, werden oft nicht eindeutig bezeichnet, nur mit Zeitverzug auf anderen Websites (zum Beispiel in E-Commerce-Shops) beworben oder im stationären Einzelhandel (mit zusätzlichem Medienbruch) angeboten.

Abbildung 15.3: Kommunikations- und Absatzkanäle der Zukunft

Online-Videos

- 6 Milliarden VideoViews im Monat in Deutschland
- 77,1 Prozent der Internetnutzer
- Online-Videos steigern Sales-Conversion

Social Communitys

- 30 Millionen Deutsche in mind. einer Community
- Facebook mit mehr als 500 Millionen Usern weltweit

E-Commerce

- Internethöchste Wachstumsdynamik
- 15,5 Milliarden Euro Umsatz 2009
- Prognose 2014: 44 Milliarden Euro

Online-Werbung

- Mehr als 4 Milliarden Euro Umsatz
- Drittstärkstes Werbemedium
- Video-Ads wachsen um 160 Prozent

[10] BMWI, 2008; Wissensfabrik, 2009.

Vor dem Hintergrund, dass Bewegtbild mittlerweile zum Standardrepertoire einer jeden Website gehört und neben klassischen TV-Sendern auch Verlage, Musiklabels und sogar Shops Videocontent auf ihren Websites integrieren, gleichzeitig jedoch die Refinanzierung über Werbung oder Paid-Content umstritten ist, ist die Entwicklung eines InVideo-Shopping gleich am ersten Touchpoint ein naheliegender Lösungsansatz. Die Analyse des Marktes (vergleiche Abbildung 15.3) führte schließlich zur Positionierung der CAVI VideoShopping GmbH im Schnittpunkt von Online Videos, Social Communities, E-Commerce und Online-Werbung.

15.2.2 InVideo-Advertising als Antwort auf aktuelle Werbetrends

Das 2010 veröffentlichte „Media-Manifest" der Agentur Webguerillas[11] stellt in einer von vielen Werbetreibenden und -agenturen in weiten Teilen für zutreffend gehaltenen Weise die klassische Web-Werbung der Web-Werbung der Zukunft gegenüber. Insbesondere Interaktion und Austausch mit dem Zuschauer werden künftig verstärkt an Bedeutung gewinnen.

Im Gegensatz zu klassischen Werbeformaten adressiert InVideo-Advertising das spezifische Mediennutzungsverhalten der Digital Natives. Denn anders als die klassische Zielgruppe der passiven TV-Zuschauer, allgemein als „Couch Potatoes" bezeichnet, wird diese jüngere online-affine Zielgruppe mit den Attributen visuell, interaktiv, kommunikativ, spontan und markenbewusst charakterisiert.[12] Diese Konsumenten wollen auf sie zugeschnittene attraktive Video-Werbeformate. Sie wollen die Inhalte sehen und steuern, wann, wo und wie es ihnen gefällt, sie bewerten, vergleichen, Freunde einbeziehen, Anregungen geben und sich selbst darstellen. Sie bewegen sich in Communitys wie Facebook und den VZ-Netzwerken, auf Musik- und Filmportalen und spielen technisch anspruchsvolle Games. Sie bewegen sich wie selbstverständlich und teilweise simultan auf und zwischen den Kommunikationsplattformen (wie stationärem PC, mobilem Notebook oder iPad, Multimedia-Telefon, Spielekonsole).

15.2.3 CAVI inVideo-Advertising

CAVI inVideo-Ads verknüpfen Produktwerbung mit einer (Trans)Aktion direkt im Video. Über ein Vorschaubild, das einer Overlay-Werbung ähnlich ist, werden Produkte oder Services passend zum Video eingeblendet. Diese Einblendung kann entweder über eine Leiste am Bildrand, über Klickbereiche direkt im Video oder eine zeitliche Steuerung realisiert werden.

Interessiert sich der Zuschauer für das Angebot, kann er mittels Mouse-over oder Klick den Shop öffnen. Das Video würde in der Regel stoppen und er erhält je nach Kampagnenart weitere Informationen. Beim InVideo-Shopping erhält er in den gewohnten Schritten Produktdetails, Warenkorb, Bezahlvorgang mit Adress- und Paymenteingabe alle notwendigen

[11] Webguerillas, 2010.

[12] Gruner + Jahr, 2007.

Informationen und Interaktionsmöglichkeiten direkt im Video und ohne die Plattform zu verlassen. Das Video läuft während der Interaktion weiter oder es wird angehalten und nach Abschluss der Interaktion wieder exakt dort fortgesetzt, wo pausiert wurde.

Im Gegensatz zu oftmals unbefriedigender Displaywerbung im Bewegtbildmarkt nutzt InVideo-Advertising die interaktiven Möglichkeiten des Internets aus, um ein höheres Involvement der Nutzer zu erreichen (vergleiche Abbildung 15.3):

- Die Interaktion findet vollständig im Video statt. Der Zuschauer verbleibt auf der Plattform, er wird nicht auf andere Websites umgeleitet. So wird seine Verweildauer gegenüber herkömmlichen Online-Werbeformatendeutlich gesteigert. Plattformbetreiber profitieren so von höheren Werbeeinnahmen, Werbetreibende und Inhalteinhaber von einem größeren Mindshare bei jedem einzelnen Zuschauer.
- Das InVideo-Advertising ist kontextsensitiv zum Videoinhalt und spricht damit den Nutzer gezielt an. Mit der Targeting-Technologie und eigenen Algorithmen ist es zum Beispiel möglich, weitestgehend automatisiert passende Produkte aus breiten Sortimenten in den Videos anzubieten. Vor dem Hintergrund, dass so Tausende von Videos gleichzeitig und immer wieder aktuell mit passenden Produktangeboten versehen werden können, eröffnen sich für E-Commerce-Händler wie Amazon, Ebay und Otto neue Absatzmöglichkeiten und für Videoplattformen und Social-Media-Netzwerke neue Optionen für die Monetarisierung von Inhalten.
- Mit einem Editor sind interaktive Klickbereiche und Produktansichten nicht nur anzeigebereichsabhängig, sondern auch zeitabhängig definierbar. So lässt sich zum Beispiel in einer Modenschau ein gerade präsentiertes Kleid durch den Zuschauer anklicken, der so ganz spezifische (Bestell-)Informationen erhält.

Abbildung 15.4: Vorteile interaktiver InVideo-Werbeformate

- One-to-One und Many-to-Many statt One-to-Many
- Pull statt Push
- Interaktion statt Rezeption
- Kein Medienbruch (3 Clicks-to-Buy)
- Dezentrale Vertriebsstrategie statt wenige Werbekanäle
- Virale Verbreitung
- Persönliche Ansprache durch Empfehlungsmarketing und Fan-Communitys
- Geringere Streuverluste
- One-to-One und Many-to-Many statt One-to-Many
- Dynamische Werbebotschaften
- Volle Erfolgs- und Konversionskontrolle
- Cost per Interaction bis hin zum Revenue Share

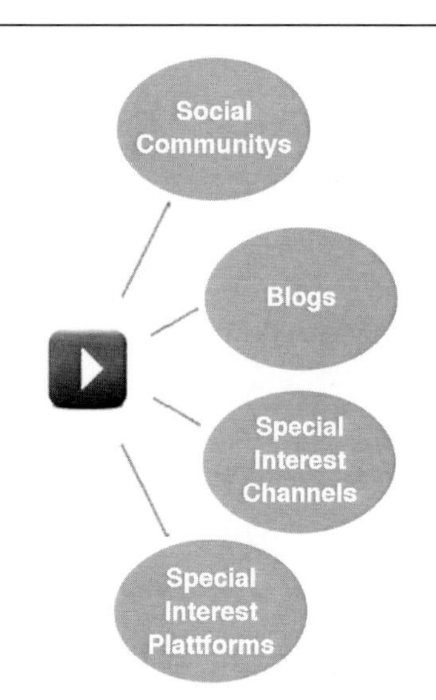

- Mit jeder Verbreitung des mit InVideo-Advertising ausgestatteten Videos, sei es durch Zuschauer, Kunden oder Seeding-Agenturen, entstehen neue, zusätzliche Touch Points, die gleichermaßen zu nutzen sind, da der einmal ausgestattete Videoplayer die Interaktion transportiert. Besonders ansprechende Formate (wie neue Musikvideos, Film-Releases, Casual Games, Webisodes) haben das Potenzial für eine virale Distribution durch „Sharing“. Aus einem originären interaktiven Spot werden so mithin Hunderte oder Tausende. Somit lassen sich neue Durchdringungsmöglichkeiten in Social Media und im Long Tail erschließen.
- Jedes Video beziehungsweise jeder Touch Point wird auch Monate später noch über eine zentrale Steuerung erreicht und bei jedem Aufruf dynamisch aktualisiert. So kann zum Beispiel das Produktangebot immer aktuell und der Verfügbarkeit entsprechend angezeigt werden beziehungsweise Kampagnen in verschiedenen Stufen präsentiert werden (zum Beispiel Preview des Designs eines neuen Autos, dann Spot des entwickelten Fahrzeugs, dann Einladung zur Probefahrt, dann Accessoires-Verkauf).

15.2.4 Anwendungsbeispiele von InVideo-Advertising

InVideo-Advertising ist nicht ausschließlich auf InVideo-Shopping begrenzt. Die Funktionen, wie Interaktion im Video, Steuerung über Klickbereiche, Informationsaustausch über Datenbankanbindung u.v.m. lassen sich vielseitig einsetzen. Im Folgenden werden daher die verschiedenen Einsatzgebiete interaktiver Video-Werbeformate anhand zahlreicher Beispiele illustriert.

Monetarisierung von Bewegtbildinhalten

Inhalteanbieter wie Musik-, Film-, Zeitschriften- und Zeitungsverlage, Rechteinhaber wie Musiker und andere Kreative, Videoplattformen und Videoanbieter in Social Media suchen nach kommerziellen Verwertungsoptionen für ihre Bewegtbildinhalte. Dabei gilt es, auf die Bedürfnisse und Nutzungsgewohnheiten der Zuschauer Rücksicht zu nehmen und ihre Akzeptanz für die Werbeformate zu sichern. Im besten Fall sollte dem Zuschauer durch ein passendes InVideo-Advertising sogar ein echter Mehrwert geboten werden.

Beispiel Musik-Videos: CAVI hat auf dem Music.tv-Channel von Sevenload über 12.000 Videos mit InVideo-Shops ausgestattet. In diesen können die Zuschauer zum jeweiligen Interpreten und Song passende Produkte wie mp3-Downloads, CDs, Bücher, Mode und Accessoires bestellen. Sevenload schaltet in Kombination zum InVideo-Shop auch Prerolls mit dem Ziel, die Verkaufserlöse zu maximieren.

Beispiel Reiseberichte: Zeitungs- und Zeitschriftenverlage verfügen über wertvollen Video-Content aus ihren eigenen Redaktionen oder fremdbezogen, mit denen sie ihr Online-Angebot anreichern, den sie aber bis heute kaum vermarkten. Durch einmalige Integration in den Videoplayer des Verlags lassen sich alle Reisevideos automatisiert mit passenden Shops ausstatten. So werden dann beispielsweise in allen Trekking-, Wander- und Wassersportvideos Produkte aus dem Sortiment eines Ausstatters wie Globetrotter beworben und verkauft. Reiseveranstalter wie TUI und Thomas Cook können exklusiv alle Videos mit Bezug zu einer bestimmten Reisedestination mit CAVI InVideo-Advertising belegen.

Beispiel Sportberichterstattung: Fußballfans schauen sich die Spiele ihrer Vereine zunehmend online an. Mit der Integration von CAVI in den Videoplayer des Portals lässt sich nun folgendes Szenario realisieren: Der St.-Pauli-Fan wird im Spiel gegen Bayern München als solcher anhand seiner IP-Adresse erkannt, die im Video beworbenen Produkte sind für ihn also St.-Pauli-Fanartikel, für den Münchener Zuschauer hingegen die seines Vereins. Fluggesellschaften wie Lufthansa und AirBerlin können ganz gezielt in den passenden Spielen die Reise zum nächsten Auswärtsspiel anbieten, da sie für jeden Zuschauer den passenden Abflug- und Ankunftsflughafen ebenso wie den Termin kennen.

Für die World Wrestling Association hat CAVI zahlreiche Wrestling-Videos mit Shops für Merchandise ausgestattet. Nach Pressemeldungen will die WWA das Format demnächst auch international einsetzen.

E-Commerce und Social Commerce

Große wie kleine E-Commerce-Händler können über Schnittstellen integriert werden. Die Sortimente von Amazon und Otto sind über CAVI in jedem Video genauso verfügbar wie die von Spezialanbietern wie einem Angler-Shop auf Matchangler oder den Elektroniksonderangeboten von Pauldirekt.de.

Sind diese Shops einmal in einem Video integriert, so verbreiten sich diese durch jedes Sharing zwischen Zuschauern oder gezieltes Seeding[13] immer weiter. Händler erreichen so eine viel größere Reichweite und gegebenenfalls auch neue Zielgruppen in fast allen Social Media und im sogenannten Long Tail, den sie zumeist auf keine andere Weise so kosteneffizient erreichen können. Hier besteht natürlich die Herausforderung, den InVideo-Shop in nachhaltig attraktiven Content einzubinden, der das Potenzial für eine virale Verbreitung hat, oder aber gezielt Anreize für das Sharing mit Freunden und Bekannten einzubauen (Gutscheine, iLike-ähnliche Markierungen).

Für das Supermodel Naomi Campbell hat CAVI auf ihrer Homepage den weltweiten Verkauf von T-Shirts in einem Fashion-Show-Video realisiert. Die Erlöse gehen vollständig an ihre Stiftung. Baumärkte können in ihren Videos auch Bauanleitungen mit interaktiv zusammenstellbaren Shopping-Listen anbieten, auf Klick des Zuschauers in How-to-Videos vormachen, wie es geht, und natürlich auch die Bestellung im Online-Shop abschließen. Verlässt der Bastler das Video ohne Online-Kauf, so wird ihm noch der nächstgelegene Baumarkt der entsprechenden Kette für den klassischen Einkauf angezeigt.

Auf Gamestar.de, der größten redaktionellen Online-Gamer-Plattform, lassen sich in Games-Trailern die gezeigten Spiele bestellen bzw. in Previews für neue Spielproduktionen die gegebenenfalls erst in Monaten erscheinenden Games komfortabel vorbestellen. Auch in diesem Anwendungsfall wurde eine automatisierte Produktzuordnung realisiert, so dass

[13] Als Seeding bezeichnet man das gezielte Platzieren einer Botschaft in relevanten Netzwerken, wo diese diskutiert und von sogenannten Meinungsführern weitergeleitet werden. Ziel ist es, mit Hilfe des Seedings und der Weiterleitung die kritische Masse zu überschreiten und eine große Masse innerhalb der Zielgruppe zu erreichen (DSG Dialog Solutions, 2006).

beispielsweise in einem Car-Racing-Trailer nicht nur das spezifische Spiel, sondern auch ähnliche des gleichen Genres beworben werden können. Daraus entstehen vielfältige Ansätze für eine Monetarisierung: Gamestar und CAVI selbst können Games verkaufen oder bei Werbekunden das InVideo-Format in ausgewählten Trailern exklusiv, nach Kategorien oder pauschal vermarkten.

Video on Demand hat CAVI für Moviepilot so realisiert, dass der Zuschauer eines Trailers durch Klick das Video beziehen kann, nachdem er in einer einfachen Maske im Video in Sekundenschnelle seine Daten eingegeben hat.

InVideo-Branding

Die InVideo-Advertising-Technologie kann durchaus nicht ausschließlich für InVideo-Shops genutzt werden, sie erlaubt vielmehr jede Form der Interaktion in einem Video und ist damit hervorragend für Branding-Kampagnen geeignet.

Beispiel Automobilindustrie: Bereits für spezifische Modelle produzierte Werbefilme können nachträglich mit interaktiven Elementen versehen werden, sodass der Zuschauer nun auch Detailinformationen zu einzelnen Clip-Ansichten per Klick abfragen kann. Auch interaktive Features wie ein schneller Leasing-Rechner („Kann ich mir dieses Auto leisten?") lassen sich noch nachträglich integrieren.

Interessanter ist die von vornherein interaktiv angelegte Konzeption neuer Videoformate. So hat CAVI in Zusammenarbeit mit sofatronic ein mit einem Auto-Branding-Video kombiniertes Casual Game konzipiert. Der Zuschauer wird dazu animiert, dieses neue Modell per Video-Sharing seinen Facebook-Freunden vorzustellen, indem er die physische Strecke zwischen den Facebook-Adressen virtuell abfährt und dafür im Wettbewerb Stadtwappen und Kilometer sammelt.

Für Telekommunikationsunternehmen hat CAVI gemeinsam mit Clickdeluxe sogenannte Webisodes (Telenovela im Internet) entwickelt, die, mit jungen Frauen als Zielgruppe, originelle Beziehungsgeschichten erzählen, im Rahmen derer ganz natürlich Multimediahandys mit vielfältigen Funktionen zum Einsatz kommen, ohne dabei aufdringlich beworben zu werden. Selbstverständlich werden die Zuschauerinnen über interaktive Features wie eine Rollenbewerbung dazu animiert, die Folgen an ihre Freundinnen weiterzuleiten.

Für einen Modehersteller, der die Positionierung seiner Marke verändern möchte, werden interaktive Lifestyle-Filme aus verschiedenen Metropolen mit der Marke und gezieltem Product Placement verknüpft.

B2B-Lead-Gewinnung in Videos

Für einen großen B2B-Veranstalter und ein Verlagshaus wurde ein interaktives Videoformat, in dem sich Unternehmen mit ihren Produkten und Services vorstellen, entwickelt. Die Verbreitung der Videos in den unterschiedlichsten Kanälen wird zentral gesteuert, über SEO-Maßnahmen (Search Engine Optimization) wird eine gute Auffindbarkeit in Suchmaschinen gewährleistet. Ganz unabhängig vom Ort, an dem ein Zuschauer das Video sieht, kann er sich direkt im Video und ohne Umleitung gezielt und interaktiv über die Produkte informieren, einen Messestand lokalisieren, Unterlagen herunterladen, Angebote und Muster anfordern oder aber sich zum Beispiel auch bewerben.

15.2.5 Erfahrungswerte zur Nutzerakzeptanz

Bei der Entwicklung von interaktiven InVideo-Werbeformaten steht die Nutzerakzeptanz an erster Stelle. Werbung wird von den „Digital Natives" in der Regel als störend bewertet. Die Akzeptanz des Zuschauers entscheidet maßgeblich über den Erfolg und die Performance eines Formats. Ziel muss es daher sein, Online-Werbeformate zu entwickeln, die der Zuschauer als Mehrwert empfindet.

Aus diesem Grundsatz heraus wird zum Beispiel das Video in Abhängigkeit vom Content bei Öffnung des Formats angehalten oder läuft weiter. Bei einer Serie ist es sinnvoll, dass das Abspielen im Hintergrund automatisch angehalten wird, wohingegen ein Musikvideo weiterlaufen sollte. Die sogenannte Sushi-Bar (Produktvorschauleiste) wird lediglich für wenige Sekunden angezeigt, das Format selbst ist schlank und transparent, damit der eigentliche Inhalt nicht gestört wird. Erst wenn der Zuschauer auf eines der angezeigten Produkte klickt, öffnet sich der Shop. Auch hier wurde streng auf Usability-Kriterien geachtet. Einerseits orientiert sich der Aufbau des InVideo-Shops stark an den gelernten Prozessen auf einer normalen Shopping-Site, zum anderen beschränkt sich der Bestellprozess auf die wichtigsten Schritte.

Die Erfolgswirkungen des InVideo Advertising von CAVI lassen sich quantitativ und qualitativ messen:

Quantitative Messung

1. Reichweite: Wie viele Video-Views erzielen die Videos mit CAVI-Integration?
2. Öffnungsrate: Wie viel Prozent der Video-Zuschauer klicken in die Interaktion bzw. in den Shop (über den in Videos sichtbaren CAVI- oder Kunden-Marker oder per Mouse Over in die sogenannte Sushi-Bar mit meist rollierend dargestellten Produktangeboten)?
3. Leadrate: Wie viel Prozent dieser Kunden bestücken einen Warenkorb bzw. generieren einen Lead?
4. Bestellrate: Wie viel Prozent der Kunden mit Warenkorb/Lead schließen die Bestellung mit allen Bestell- und Zahlungsdaten ab?
5. Returnrate: Wie viel Prozent der Bestellungen führen zu Rücksendungen oder werden nicht ordnungsgemäß mit einer Lieferung und einer Zahlung abgeschlossen?

Die Öffnungsraten beliefen sich bisher im Durchschnitt der Kampagnen im zweiten Halbjahr 2009 und im ersten Halbjahr 2010 auf zwölf Prozent der gesamten Video-Views, je nach Content/Zielgruppen-Kombination zwischen sieben und 25 Prozent; in der Spitze sogar in einem Fall bei sehr auffälligem Marker auf bis zu 50 Prozent der Video-Views. Dieser Wert kann als allen anderen Online-Werbeformaten überlegen angesehen werden. Dabei ist zu berücksichtigen, dass die Zuschauer das Format mangels früherer Verbreitung noch nicht

„gelernt" haben, insofern also eine realistische Chance auf eine noch höhere Öffnungsrate in der Zukunft besteht.

Qualitative Messung

In qualitativer Hinsicht arbeitet CAVI fallweise mit Fokusgruppen, die insbesondere aus den in Social Media aktiven „Digital Natives" zusammengesetzt sind, um die Präferenzen dieser stark (zahlenmäßig wie an Kaufkraft) wachsenden Zielgruppe kennenzulernen. In der direkten Gegenüberstellung des (kontextsensitiven) InVideo-Advertising mit anderen Online-Werbeformen wie Bannern, Pre-/Mid-/Post-Rolls und anderen Overlays hatte das von CAVI angebotene Format regelmäßig die höchste Akzeptanz in der Zielgruppe. Dabei sind die Attribute „unaufdringlich", „passt gut zum Video", „animiert mich", „easy" und „macht Spaß", „warum gab's das nicht schon früher" kennzeichnend.

15.3 Ausblick

Das Angebot der interaktiven Verknüpfung von Nutzern, Werbeinhalten und Werbetreibenden wird weiter wachsen. Eine interessante Erweiterung des Video Advertising ist dabei die Video-Tagging-Technologie.

Ähnlich der Zuweisung von Tags durch den Nutzer bei Foto-Portalen wie Flickr funktioniert die Video-Tagging-Technologie. Fundamentaler Unterschied ist jedoch die Linearität von Video-Angeboten, das heißt, die Handlung des Videos entwickelt sich über die Zeit. Statische Tags wie bei Bildern sind dabei vielfach nicht zielführend. Gerade das zunehmende Angebot von Long-Form-Videos zwingt Video-Plattform-Anbieter dazu, dem Video-Uploader die Möglichkeit zu geben, Kommentierungen an verschiedenen Stellen des Videos einzufügen. Der Vorteil liegt auf der Hand: Nutzer können interaktiv auf die Videoinhalte zugreifen, jenseits des klassischen Vor- und Zurückspulens des Videos. Video-Tagging-Anbieter sind beispielsweise Veotag oder BubblePly.

Video Tagging erlaubt dem Content Producer und/oder der Community, Tags und Kommentierungen an bestimmten zeitlichen Abschnitten des Videos zu platzieren. Ergebnis ist eine Fülle an Meta-Daten, die wiederum von Suchmaschinen genutzt werden kann, um relevantere Inhalte innerhalb eines Videos aufzufinden oder zu verlinken.

Zudem wird ein Dialog zu bestimmten Abschnitten des Videos ermöglicht. Bisher waren Kommentierungen auf das gesamte Video beschränkt, mit der Video-Tagging-Technologie können Kommentierungen und Dialoge zu bestimmten Abschnitten ermöglicht werden. Die reine Linearität eines Videos wird damit zunehmend aufgehoben. Videoinhalte werden granular indexiert und getagged, um dem Nutzer ein Maximum an persönlichem Nutzen und Schnelligkeit zu ermöglichen. Weitreichende Implikationen für das Marketing werden die Folge sein: Gerade in Hinblick auf die wachsenden Long-Form-Video-Angebote, wie sie bereits auf Plattformen wie Hulu[14] angeboten werden, ist anzunehmen, dass Nutzer viel-

[14] www.hulu.com.

fach nur Abschnitte von Videoangeboten nach ihren Präferenzen konsumieren werden. Für Werbetreibende werden damit lineare Video Ads zunehmend an Bedeutung verlieren, nicht-lineare Ads, wie CAVI sie anbietet, werden mittels Overlay-Technik über das gesamte Video weiterhin präsent sein. Zudem können mit Hilfe des Video Tagging Werbebotschaften genauer in den Video Content innerhalb des Videos platziert werden und sie können auch innerhalb des Videos abschnittsweise wechseln. Damit wird das Targeting mit Video Advertising in Zukunft weiter an Bedeutung gewinnen.

15.4 Zusammenfassung

- Kontextsensitive und nutzerorientierte Video-Werbung ist in der Werbewirkung deutlich effizienter als andere Formate wie Banner oder Pre-Rolls.
- Lineare Video-Werbung wird an Bedeutung verlieren, nutzerorientierte und kontextsensitive Werbung, wie das InVideo-Overlay von CAVI, passt sich dem Nutzungsverhalten an. Werbeinhalte sollten sich den Interessen des Zuschauers anpassen.
- Die Hypertextstruktur des Internets ermöglicht eine Vielzahl neuer Möglichkeiten, die bislang nur unzureichend genutzt sind. Mit interaktiver Video-Werbung können dem Zuschauer attraktive Services direkt im Video angeboten werden.
- Pull-Formate sorgen für eine deutlich höhere Akzeptanz beim Zuschauer, in Kombination mit Targeting lässt sich gleichzeitig die Effizienz solcher Formate steigern.
- Social Media und Communitys sind attraktive Kanäle für eine Video-Werbekampagne, über Sharing-Optionen können zusätzliche Kunden in der Zielgruppe erreicht werden. Umfassende Tags und Metadaten, die dynamisch im Verlauf des Videos auch von den Zuschauern gesetzt werden können, helfen bei der Auffindbarkeit von Videos.
- Mittel- und langfristig werden sich auch im Video-Bereich performancebasierte Abrechnungsmodelle durchsetzen.

Literatur

Bundesministerium für Wirtschaft und Technologie (BMWi) (2008): BMWi prämiert Gewinner des Gründerwettbewerbs. http://www.bmwi.de/BMWi/Navigation/Presse/pressemitteilungen,did=268438.html.

Bundesverband Digitale Wirtschaft (BVDW) e.V. (Hrsg.:) (2010): OVK Online-Report 2010-02, Düsseldorf.

Bundesverband Digitale Wirtschaft (BVDW) e.V. (Hrsg.) (2010): Pre-, Mid- und Post-Roll. http://www.ovk.de/online-werbung/werbeformen/display-ad/in-stream-video-ad/linear-video-ad/pre-mid-und-post-roll.html.

ComScore (2010): Online-Video Konsum in Deutschland steigt weiter stark an. http://www.comscore.com/Press_Events/Press_Releases/2010/9/Online-Video_Konsum_in_Deutschland_steigt_weiter_stark_an.

DSG Dialog Solutions Group GmbH (2006): Seeding. http://www.viralmarketing.de/2006/10/06/seeding/.

Eimeren, B./Frees, B. (2010): Bewegtbild im Web – Multioptional im Digitalen Zeitalter, MediaPerspektiven, S. 7–8.

Gruner + Jahr (2007): Medienmentalitäten. http://www.gujmedia.de/_components/markenprofile/mapro12/medienmentalitaeten/medienmentalitaeten.html.

Nielsen Media Research (2010): Nielsen und smartclip präsentieren Werbeeffizienzanalysen von In-Stream Video-Ads. http://de.nielsen.com/news/NielsenPressemeldung-05.08.2010smartclip.shtml.

Pöppelmann, J. (2010): Werbeformate, in: Bundesverband Digitale Wirtschaft (BVDW) e. V. (Hrsg.): Bewegtbild im Netz – Kompass 2010/2011, Düsseldorf, 76–99.

Uyenco, B./Kaplan, D. (2010): Variations in Video Advertising Impact, Proceedings of the the ARF 56th Annual Convention + Expo.

Webguerillas (2010): Media-Manifest. http://webguerillas.de/manifest/?lang=de.

Wikipedia (2010): Sweet Spot.http://de.wikipedia.org/wiki/Sweet_Spot.

Wissensfabrik – Unternehmen für Deutschland e. V. (2009): Gewinner 2009. http://weconomy.de/finalisten_2009.html.

Prof. Dr. Goetz Greve
Hamburg School of Business Administration

16 Social CRM – Zielgruppenorientiertes Kundenmanagement mit Social Media

16.1 Social Media

Social Media ist seit dem rasanten Wachstum sozialer Netzwerkseiten wie Facebook, Myspace oder Xing in aller Munde. Mit der wachsenden Nutzerschaft geht eine fundamentale Änderung des Kommunikationsverhaltens einher. Konnten Unternehmen bisher auch online Push-Marketing mittels klassischer Werbeformen wie Banner Advertising betreiben und damit die Marken- und Produktkommunikation weitestgehend kontrollieren, sind es heute die Nutzer von Social-Media-Angeboten, die Inhalt, Ort und Zeitpunkt der Kommunikation bestimmen. Mit diesem Kontrollverlust der Unternehmen über die Marken- und Produktkommunikation wird die unternehmensinitiierte Kommunikation weniger planbar. Unternehmen müssen diese neuen Kommunikationsstrukturen antizipieren, um die damit einhergehenden Chancen nutzen zu können: Der Aufbau direkter Beziehungen zu Interessierten und Kunden vor dem Kauf ist über Social Media einfacher zu gestalten, Interessen und Einstellungen sind einfacher identifizierbar als mit herkömmlicher Marktforschung. Zufriedene Kunden treten in Social-Media-Angeboten vielfach als Fürsprecher des Unternehmens auf.

Dieser Beitrag erörtert dazu die Erscheinungsform Social Media und definiert das Konzept Social CRM, um darauf aufbauend Handlungsoptionen zu prüfen und Erfolgswirkungen von Aktivitäten in Social-Media-Angeboten messbar zu machen.

16.1.1 Begriffsdefinition

Sowohl aus wissenschaftlicher als auch aus praktischer Perspektive ist der Begriff Social Media weit zu fassen:[1]

> Unter Social Media werden alle Medien verstanden, die Internetnutzer verwenden, um Informationen untereinander auszutauschen. Social Media unterscheidet sich fundamental von klassischen Medien, indem es den Nutzern ermöglicht, partizipativ an der Erstellung der Inhalte mitzuwirken. Social Media kann daher als kollaborativer Prozess der Informationserstellung, -verteilung, -modifikation und -verarbeitung interpretiert werden.

Abbildung 16.1 zeigt eine Übersicht von Social-Media-Angeboten.

Im Folgenden konzentrieren sich die Ausführungen insbesondere auf soziale Netzwerkdienste und Microblogging-Dienste. Nach Angaben des Webanalysedienstes Hitwise hat Facebook im März 2010 erstmals Google an Visits übertroffen. Diese Entwicklung macht deutlich, dass neben der klassischen Suchwortvermarktung über Google der Wachstumstrend der sozialen Netzwerkdienste weiterhin ungebrochen ist und in die Strategie von Werbetreibenden im Internet zu integrieren ist. Soziale Netzwerkdienste (auch Social-Media-Plattformen) wie Facebook werden derzeit zunehmend in Richtung eines stärkeren Einbezugs von Werbeformaten wie Display oder Banner Advertising zu Werbeplattform

---

[1] In Anlehnung an Evans, 2008.

ausgebaut. Gründe hierfür liegen auf Seiten der Anbieter sozialer Netzwerkdienste in dem Erschließen einer nachhaltigen Erlösquelle für das Geschäftsmodell.[2] Aus Sicht der Werbetreibenden besteht der Reiz in der beeindruckenden Reichweite, allen voran Facebook mit seinen 500 Millionen Nutzern weltweit (Stand Juli 2010). Im ersten Quartal 2010 hat Facebook durchschnittlich 50 Milliarden Banner Ads geschaltet.[3] Dennoch bleibt der Bereich, der für klassische Online-Werbung (zum Beispiel Bannerwerbung) vorgesehen ist, begrenzt. Zudem treffen Werbetreibende in sozialen Netzwerken häufig auf eine hohe Reaktanz.

Abbildung 16.1: Social-Media-Angebote

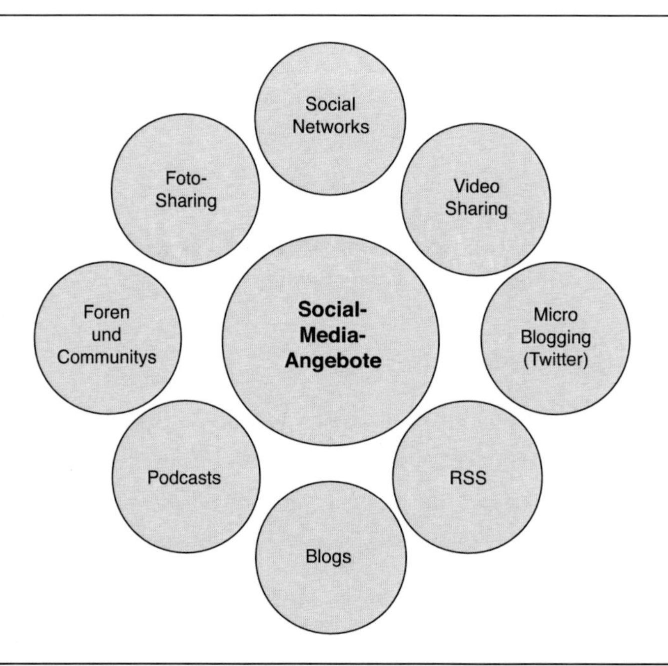

Für Unternehmen bedeutet dies, dass sie Social Media nicht ausschließlich als einen weiteren Kanal klassischer Online-Werbung zu betrachten haben, sondern vielmehr die besonderen Kommunikationsstrukturen in Social-Media-Angeboten für die eigene kunden- und interessiertengerichtete Kommunikation antizipieren müssen. Unternehmen setzen daher neben der zielgerichteten klassischen Online-Werbung auf den Seiten sozialer Netzwerkdienste zunehmend auf Social-Media-Kampagnen, stellen eigene Unternehmensprofile online oder verbreiten Nachrichten über ihr Unternehmen bzw. ihre Marken beispielsweise mit Hilfe sogenannter Promoted Tweets über den Microblogging-Dienst Twitter.

[2] Vergleiche Panten, 2005.

[3] Ostrow, 2010.

16.1.2 Marktentwicklung

Die Diffusion sozialer Netzwerkdienste hat sich in den letzten Jahren mit rasanten Wachstumsraten vollzogen. Bereits 2008 nutzten zwei Drittel aller Internetnutzer Social-Media-Angebote wie Blogs und soziale Netzwerke und verbrachten mit diesen Angeboten zehn Prozent ihrer gesamten Online-Nutzungszeit.[4] Weltweit ist Facebook mit einer Reichweite von 52 Prozent an den Nutzern sozialer Netzwerke unangefochtener Marktführer, gefolgt von Myspace (15 Prozent) und dem Microblogging-Dienst Twitter mit zehn Prozent.[5] Die Nutzerzahlen von Facebook in Deutschland haben sich von Januar bis August 2010 von 5,75 Millionen auf 10,28 Millionen Nutzer nahezu verdoppelt mit einer durchschnittlichen Wachstumsrate von nahezu neun Prozent pro Monat. Damit schließt Facebook zu den VZ-Netzwerken (meinVZ, schülerVZ und studiVZ) mit 13,65 Nutzern auf, gefolgt von wer-kennt-wen (7,49), Myspace (7,27) und StayFriends (6,63).[6]

Die Popularität von sozialen Netzwerken wird weiter wachsen. Laut Prognose des Forschungsinstituts eMarketer werden die Nutzer sozialer Netzwerkdienste in den Vereinigten Staaten 2014 66 Prozent der Internetnutzer ausmachen.[7] Soziale Netzwerkdienste etablieren sich damit als vorherrschende Kommunikationsplattformen im Internet. Bereits im Juli 2009 haben mehr Nutzer soziale Netzwerkdienste genutzt als E-Mail-Dienste.[8] Die weitere Verbreitung des mobilen Internets wird diesen Trend weiter befördern. Gewinner dieser Entwicklung werden insbesondere Facebook und YouTube sein, die ihren Anteil an der Online-Nutzungszeit über die letzen vier Jahre um mehrere 100 Prozent zu Lasten herkömmlicher Internet-Portale wie Yahoo oder MSN steigern konnten.[9]

16.1.3 Bedeutung von Social Media für Unternehmen

Kunden nutzen soziale Netzwerkdienste im zunehmendem Maße als einen wichtigen Kanal, um Informationen zu Produkten und Dienstleistungen zu finden, zu erfassen und zu verbreiten. Dieses veränderte Verhalten von Kunden und Interessierten stellt Unternehmen heutzutage vor die große Herausforderung, darauf entsprechend zu reagieren.

Dabei stellt sich für Unternehmen ein fundamentaler Unterschied zu der bisherigen Sichtweise kundenorientierter Unternehmensführung heraus: Bisher waren Unternehmen ausschließlich auf die Etablierung und Pflege individueller Kundenbeziehungen zwischen Unternehmen und Kunde ausgerichtet. In der Regel waren die kundenbezogenen Informationen limitiert auf die in der direkten Kundenbeziehung ausgetauschten Informationen. In der heutigen Social-Media-Welt haben Unternehmen die Möglichkeit, innerhalb sozialer

[4] Nielsen, 2009.

[5] Statista, 2010.

[6] Basierend auf AGOF internet facts 2010-II, April bis Juni 2010.

[7] Williamson, 2010.

[8] Meeker et al., 2010.

[9] Meeker et al., 2010.

Netzwerkdienste auf ein komplexes Netzwerk an Beziehungen zwischen Kunden und Interessierten untereinander zuzugreifen. Die Kommunikationsströme zwischen den Netzwerkteilnehmern bieten dem Unternehmen Potenziale, weitergehende Informationen über die Kundenpräferenzen und Einstellungen gegenüber den Produkten und Dienstleistungen zu erhalten und für sich nutzbar zu machen.[10] Der Nutzer von Social Media zeigt dabei neue Verhaltensmuster, die das Unternehmen analysieren und nutzen kann:

1. Der Nutzer verwendet intensiv die neuen Kommunikationsinstrumente zur Informationssammlung,
2. gewinnt Informationen zu Marken und Produkten in Social-Media-Angeboten,
3. vertraut auf Empfehlungen und Rat anderer Nutzer sozialer Netzwerke,
4. gibt Feedback zu Produkten, Dienstleistungen und Kundenservice,
5. liest und schreibt Produktempfehlungen,
6. erwartet eine Präsenz und ein Engagement von Unternehmen in Social-Media-Angeboten und
7. erwartet eine Reaktion von Unternehmen auf Anfragen über Social Media.

Unternehmen reagieren zunehmend auf das neue Kommunikationsverhalten online und gestalten selbst aktiv Social-Media-Inhalte bzw. partizipieren an bestehenden Social-Media-Angeboten. Eine Studie der PR-Agentur Burson-Marsteller zeigt, dass 65 Prozent der Fortune-Global-100-Unternehmen einen aktiven Twitter-Account haben, 54 Prozent über eine Facebook-Fanseite verfügen, 50 Prozent benutzen YouTube-Videokanäle und 33 Prozent schreiben Corporate Blogs.[11]

Unternehmen nutzen dabei insbesondere den sozialen Netzwerkdienst Facebook, um sich Zugang zu einer millionenstarken Nutzerschaft zu erschließen, indem sie dort Fan Pages anbieten (vergleiche Tabelle 16.1).

Für die Unternehmen eröffnet sich damit online eine völlig neue Kommunikationsstruktur, die weit über die bisherigen klassischen Werbeformen hinausgeht. Da die Nutzer sozialer Netzwerke partizipativ als sogenannte Co-Kreatoren Inhalte in sozialen Netzwerkangeboten generieren, sollten Unternehmen ebenfalls partizipativ in sozialen Netzwerken aktiv werden und zu relevanten Konversationen beitragen, statt soziale Netzwerke mit Push-Marketing-Aktivitäten der klassischen Online-Werbung zu fluten. Partizipatives Verhalten von Unternehmen wird anhand einer Studie von McKinsey, bei der weltweit 1.988 Manager befragt wurden, deutlich. So steuern Unternehmen vielfach bereits kundenorientierte Aktivitäten in Social Media:[12] 73 Prozent der befragten 1.446 Unternehmen nutzen Social Media zur Verbesserung ihres Kundenservices, 71 Prozent akquirieren über diesen Kanal neue Kunden, 53 Prozent der Unternehmen motivieren Kunden dazu, mit dem Unternehmen zu interagieren und Kunden in die Produktentwicklung einzubinden. Interessant ist dabei, dass Unternehmen mit diesen Aktivitäten klare Erfolgsbeiträge verbinden. So steigt bei den

[10] Hennig-Thurau et al., 2010.

[11] Burson-Masteller, 2010.

[12] McKinsey, 2008.

befragten Unternehmen sowohl die Kundenzufriedenheit als auch die Kundenbindung um 20 Prozent. Damit hält Social Media für Unternehmen hinsichtlich des Kundenmanagements erhebliche Erfolgspotenziale bereit. Im Folgenden soll ein strukturiertes Vorgehen von Social-Media-Aktivitäten zur Realisierung von Erfolgspotenzialen beschrieben werden.

Tabelle 16.1: Top 10 Fan Pages auf Facebook, Stand April 2010 (Quelle: Meeker et al., 2010)

Rank	Unternehmen / Produkt	Anzahl Facebook Fans (in Mio.)
1	Starbucks	6,5
2	Coca-Cola	5,1
3	YouTube	4,7
4	Oreo (Kraft)	4,4
5	iTunes (Apple)	3,9
6	Nutella (Ferrero)	3,8
7	Disney	3,4
8	Victoria's Secret (Limited Brands)	3,2
9	Pringles (P&G)	3,1
10	Kinder Überraschung (Ferrero)	2,7

16.2 Social Customer-Relationship-Management

Innerhalb der letzten zehn Jahre ist Customer-Relationship-Management (CRM) ein strategisches Konzept zur kundenorientierten Unternehmensführung gewesen. CRM ist zu verstehen als die kundenbezogene Ausrichtung aller unternehmerischen Strukturen, Prozesse und Aktivtäten, die darauf gerichtet sind, profitable Kundenbeziehungen zu identifizieren, zu begründen, zu intensivieren und bei nicht mehr gegebener Vorteilhaftigkeit zu beenden.[13] CRM ist mit einer intensiven Technologienutzung (Datenbanken, analytische Softwaretools zur Sammlung und Analyse kundenbezogener Informationen) verbunden. Zugleich wird versucht, die kundenbezogenen Prozesse in Marketing, Sales und Service einheitlich auf den Kunden auszurichten, um Effizienzgewinne zu erzielen. Wenn richtig implementiert, kann dies bei sinkenden Kundenbetreuungskosten zu höheren Kundenumsätzen führen.[14] Das Zusammenspiel von Strategie, Technologie, Prozessen und Mitarbeitern ist operational ausgerichtet auf das Sammeln und Auswerten kundenbezogener Informationen. Diese Informationen sind in der Regel jedoch auf die reinen transaktionalen

[13] Krafft und Götz, 2003.

[14] Greve, 2006.

Daten zwischen Kunde und Unternehmen beschränkt. Weitergehende Daten zu Einstellungen, Präferenzen, Vorlieben etc. sind im klassischen CRM nicht zugänglich.

Die Diffusion von Social Media im Internet hat diese Herangehensweise aufgeweicht. Die klassische Kundenbeziehung zwischen Unternehmen und Kunde wird durch eine breite Informationsbasis aus Kommunikationsströmen zwischen Kunden und Interessierten in Social-Media-Angeboten ergänzt. Soziale Netzwerkkommunikation eröffnet Nutzern einen vielfältigen Wissensaustausch. Folge ist eine besser informierte und besser organisierte Kundenbasis/Nutzerschaft. Nutzer sozialer Netzwerke wissen, dass sie vielfach bessere Antworten und Unterstützung zu Problemen mit Produkten von anderen Nutzern sozialer Netzwerke erhalten als von den Unternehmen selbst.[15]

Hierin liegt die größte kommunikative Veränderung. Hatten Unternehmen bisher zum größten Teil die Möglichkeit, Informationen über das Unternehmen, die Produkte, Dienstleistungen und Services zu kontrollieren und dem Kunden über klassische Werbeformen zu übermitteln, kontrollieren nun die Nutzer sozialer Netzwerke mit ihren Foren, Blogs, Tweets etc. die Konversation über Unternehmen, Produkte und Dienstleistungen zum größeren Teil.[16] Social CRM lässt sich daher wie folgt definieren:[17]

> Social CRM ist eine Strategie zur Beteiligung des Unternehmens an kollaborativen Konversationen von Kunden und Interessierten in Social-Media-Kanälen, um für beide Seiten Vorteile aus der kollektiven Wissensgenerierung zu realisieren. Es ist die Antwort des Unternehmens auf die Vorherrschaft des Nutzers von Social Media über die Kommunikationsinhalte, -orte und -zeitpunkte. Ziel ist es, Beziehungen zu Interessierten und Kunden über Social Media zu intensivieren, um daraus für die Kundeninteraktion zu lernen. Social CRM beinhaltet sowohl öffentliche Social-Media-Kanäle (zum Beispiel soziale Netzwerke, Blogs, Communitys) als auch unternehmensinterne Social-Media-Angebote (zum Beispiel Blogs oder Foren auf Webseiten von Unternehmen).

16.2.1 Ziele von Social CRM

Social CRM ist als Strategie zu verstehen, Aktivitäten für Unternehmen in Social-Media-Angeboten durchzuführen. Um ein strukturiertes Vorgehen zu gewährleisten, können folgende fünf Ziele für das Social CRM aufgestellt werden:

1. Kommunizieren: Beteiligung an interaktiven Konversationen online.
2. Anreizen: Initiierung von Mundpropaganda.
3. Unterstützen: Hilfe von Kunden zur Selbsthilfe.
4. Beteiligen: Verbesserung von Produkten und Dienstleistungen durch das Einbeziehen von Kunden in den Produktentwicklungsprozess.
5. Beobachten: Sammlung von Erkenntnissen und Wissen über Kunden und Nutzer.

---

[15] Locke et al., 2001.

[16] McKay, 2009.

[17] In Anlehnung an Greenberg, 2010 und Fouscette, 2009.

Social CRM führt zu veränderten Aktivitäten innerhalb der kundennahen Funktionen von Marketing, Service und Vertrieb. Zudem lassen sich mit Social Media Ideen für die Produktentwicklung generieren.

16.2.2 Social-CRM-Aktivitäten und der Kundenlebenszyklus

Um dem Unternehmen ein strukturiertes Vorgehen von Social-CRM-Aktivitäten zu ermöglichen, bietet sich die Einteilung der Kundenbeziehung in unterschiedliche Phasen entlang des Kundenlebenszyklus – wie beim „klassischen" CRM – an. Der Verlauf einer Kundenbeziehung (vergleiche Abbildung 16.2) lässt sich dabei grundsätzlich in die Phasen Kundengewinnung, -bindung und -rückgewinnung unterteilen.[18]

Abbildung 16.2: Kundenlebenszyklus (Quelle: In Anlehnung an Stauss, 2000)

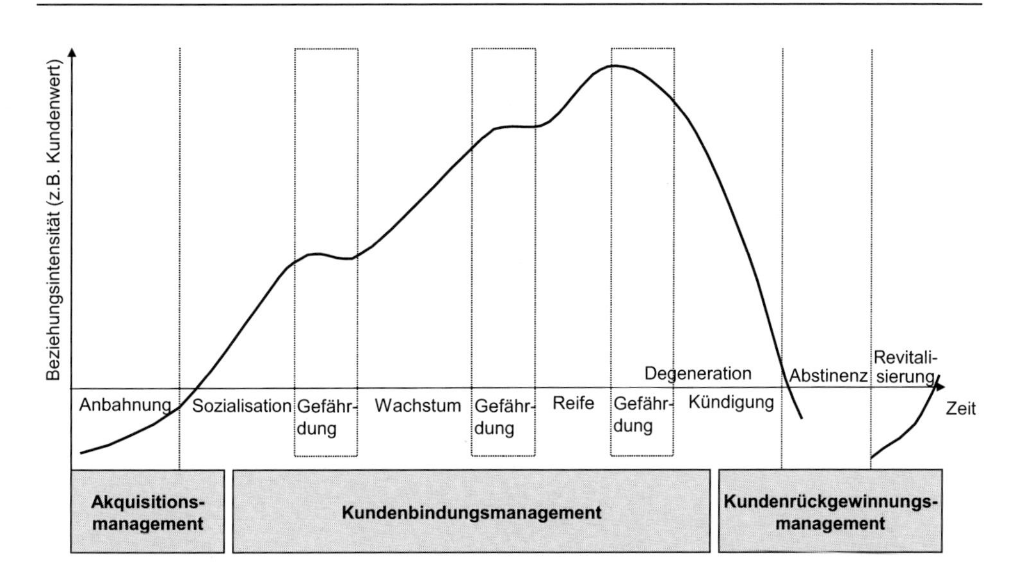

Unternehmen nutzen Social Media insbesondere für die ersten beiden Phasen des Kundenlebenszyklus: Akquistionsmanagement und Kundenbindungsmanagement. Laut einer Studie von eMarketer[19] nutzen 19 Prozent der befragten Unternehmen Social Media zur Kundenakquisition und 25 Prozent zur Kundenbindung. Wachstumsraten von ca. 200 Prozent bei den Ausgaben für Social-Media-Aktivitäten von 2009 auf 2010 zur Kundenakquisition sowie ca. 300 Prozent zur Kundenbindung zeigen die Bedeutungszunahme dieser Social-CRM-Aktivitäten auf.

[18] Reinartz et al., 2004.

[19] eMarketer, 2010.

Kongruent zur Entwicklung der Kundenbeziehung über die Zeit entwickelt sich die Beziehungsstärke eines Kunden zum Unternehmen. Bruhn (2002) charakterisiert unterschiedliche Kundentypen nach Stärke und Dauer der Kundenbeziehung (vergleiche Abbildung 16.3), die für zielgerichtete Social-CRM-Aktivitäten über die unterschiedlichen Phasen des Kundenlebenszyklus besonders relevant sind. Über das Tracking von Konversationen im Social Web lassen sich Social-Media-Nutzer in die entsprechenden Kategorien einteilen.

Abbildung 16.3: Stufen der Beziehungsstärke aus Kundensicht (Quelle: In Anlehnung an Bruhn, 2002)

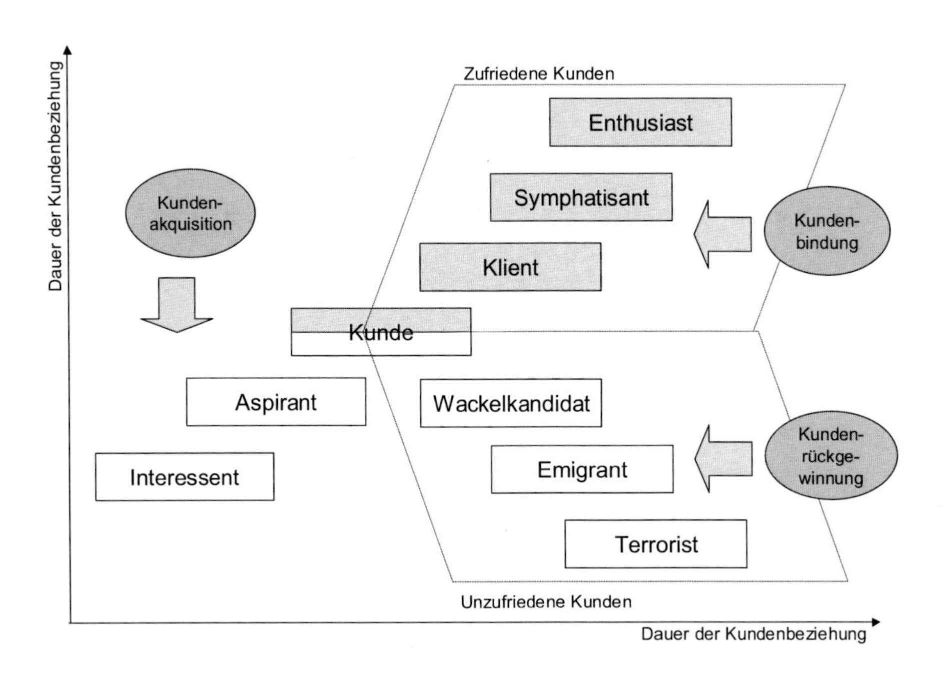

Damit kann eine Zuordnung der Nutzer zu Phasen des Kundenlebenszyklus eine strukturierte Vorgehensweise bei Social-CRM-Aktivitäten ermöglichen. Interessenten und Aspiranten sind unter Umständen mit anderen Maßnahmen zu kontaktieren als bestehende Kunden, die sich als Nutzer in Social-Media-Angeboten als Sympathisant oder Enthusiast zu erkennen geben. Wieder andere Maßnahmen sind durchzuführen, falls das Unternehmen in Social-Media-Angeboten vorwiegend auf Kandidaten mit der Charakterisierung Wackelkandidat oder gar Terrorist stößt und diese entsprechende negative Mundwerbung verbreiten.

Im Folgenden sollen daher mögliche Maßnahmen für die unterschiedlichen Phasen des Kundenlebenszyklus aufgezeigt werden.

16.2.2.1 Akquisitionsmanagement

Das Akquisitionsmanagement umfasst alle Maßnahmen, die der systematischen Anbahnung und Initiierung einer potenziellen Geschäftsbeziehung mit Personen dienen, die bislang keinen Bedarf an der angebotenen Leistung hatten oder die den Bedarf bisher bei Wettbewerbern gedeckt haben.[20]

Besonders attraktiv erscheint die Möglichkeit, mit potenziellen Zielgruppen, insbesondere Interessenten und Aspiranten, in Kontakt zutreten, über die Unternehmen bisher allenfalls vage und mit Fehlern behaftete Informationen über die klassische Marktforschung erhalten konnten. Zu diesen zählen vier Personengruppen:

1. Unwissende: Personen ohne Kenntnisse über das Unternehmen und seine Produkte/Dienstleistungen
2. Uninteressierte: Personen mit Kenntnissen, aber ohne aktives Interesse
3. Unberührte: Personen mit Interesse, aber ohne positive Einstellung gegenüber dem Unternehmen/der Leistung
4. Unaktivierte: Personen mit positiven Einstellungen, aber ohne konkrete Handlungsabsicht

Grundsätzlich lassen sich diese Zielgruppen durch Social-CRM-Aktivitäten kontaktieren. Zur Unterscheidung der einzusetzenden Aktivitäten gilt es, die unterschiedlichen Handlungsfelder durch geeignete Social-Media-Angebote zu bearbeiten.

Abbildung 16.4: Gründe für US Internet Nutzer, eine Marke auf Twitter zu verfolgen, Angaben in Prozent, Alter 18+ (Quelle: Razorfish, 2009)

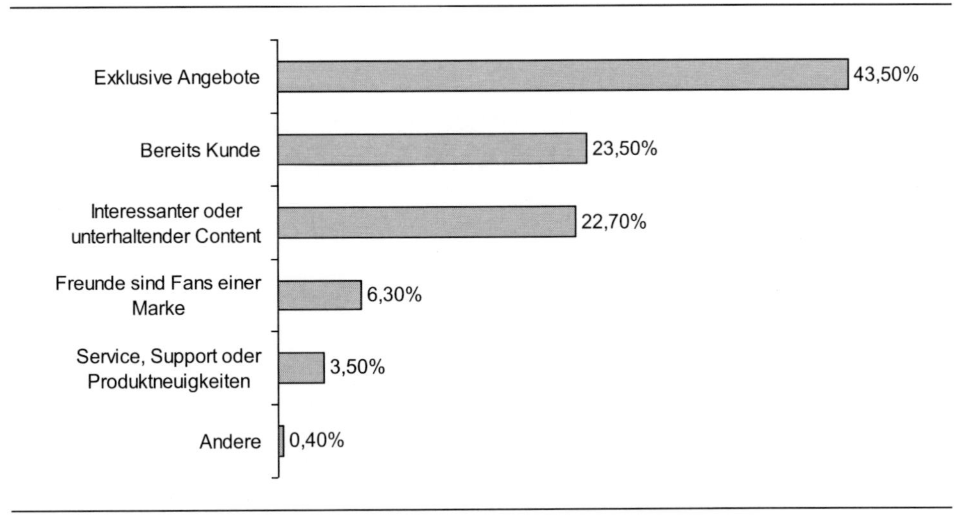

[20] Blattberg, 2001.

Dabei sind Zielgruppen ohne Aufmerksamkeit oder Interesse für das Unternehmen oder das Leistungsangebot zunächst einmal zu aktivieren. Dies kann zum einen durch klassisches Banner Advertising mittels Behavioural Targeting oder Retargeting geschehen. Zum anderen können Nutzer von Social Media über positive Mundwerbung (Word-of-Mouth/ WOM) wiederum Unwissende oder Uninteressierte aktivieren. Personengruppen, denen das Unternehmen oder das Leistungsangebot zwar bekannt sind, die allerdings noch keine positive Einstellung aufgebaut haben, können über Foren, Blogs oder wiederum positive Mundpropaganda anderer Nutzer beeinflusst werden. Personen der Gruppe Unaktivierte haben eine positive Einstellung, allerdings noch kein konkretes Kaufinteresse. Hier können Sales Promotions über Twitter (Promoted Tweets) oder Facebook (Fan Pages) helfen, um einen Lead zu generieren. Als besonders bedeutend hierzu hat sich der Microblogging-Dienst Twitter entwickelt. Eine Studie von Razorfish zur Nutzung des Microblogging-Dienstes Twitter bemerkt dazu, dass Nutzer, die Marken auf Twitter verfolgen, überwiegend an exklusiven Angeboten interessiert sind (vergleiche Abbildung 16.4).

20 Prozent aller Tweets sind mittlerweile bezogen auf Marken, Produkte und Services.[21] Dabei sind diese Tweets nicht ausschließlich unternehmensinitiiert, sondern insbesondere Nutzer von Twitter verbreiten darüber ihre Produkterfahrungen und Meinungen. Sie teilen ihre Erfahrungen über Twitter mit Freunden, Bekannten und anderen Nutzern. Die Stimme des Kunden ist damit lauter als je zuvor für Unternehmen und insbesondere andere Kunden und Interessierte hörbar. Dieser Umstand kann Unternehmen zur Neukundenakquisition verhelfen.

Abbildung 16.5: Beispiel Promoted Tweet zur Kundenakquisition (Quelle: www.twitter.com/jetbluecheeps)

[21] Jansen et al., 2009.

Eine weitere Möglichkeit der Nutzung von Social Media zur Kundenakquisition, aber auch zur Initiierung von Wiederholungskäufen zeigt die Luftfahrtindustrie. Fluglinien wie JetBlue („JetBlueCheeps") oder United Airlines („twares") initiieren über Twitter erfolgreich Sales Promotions zum Verkauf von günstigen Tickets (vergleiche Abbildung 16.5). Auch die Lufthansa testet derzeit Sales Promotions über Twitter.

Tabelle 16.2 fasst die Ansprache potenzieller Zielgruppen mittels Social Media zusammen.

Tabelle 16.2: Ansprache potenzieller Zielgruppen mit Social Media

Potenzielle Zielgruppe	Handlungsfeld	Social Media
Unwissende	Aufmerksamkeit	Banner Advertising; Word-of-Mouth
Uninteressierte	Informations- und Leistungsinteresse wecken	Banner Advertising; Word-of-Mouth
Unberührte	Einstellungen und Image aufbauen	Foren, Blogs, Word-of-Mouth
Unaktivierte	Zum Abschluss führen	Promoted Tweets, Facebook-Fan-Seiten

16.2.2.2 Kundenbindungsmanagement

„Kundenbindungsmanagement ist die systematische Analyse, Planung, Durchführung sowie Kontrolle sämtlicher auf den aktuellen Kundenstamm gerichteten Maßnahmen mit dem Ziel, dass diese Kunden auch in Zukunft die Geschäftsbeziehung aufrechterhalten oder intensiver pflegen."[22] Um den neuen Kommunikationsstrukturen von Social Media Rechnung zu tragen, ist diese Definition weiter zu fassen. In Social Media sind unter Kundenbindungsmanagement nicht ausschließlich die auf den aktuellen Kundenstamm gerichteten Maßnahmen zu verstehen, sondern auch die an Interessenten und Aspiranten gerichteten Aktivitäten.

Kundenbindung unterteilt sich in das tatsächliche Verhalten, nämlich Wiederkaufverhalten und Weiterempfehlungsverhalten, und die Verhaltensabsicht (Wiederkaufabsicht, Zusatzkaufabsicht und Weiterempfehlungsabsicht).[23] Unternehmen werden in Social Media aktiv, um insbesondere die Verhaltensabsicht von Kunden zu beeinflussen.

[22] Homburg und Bruhn, 2008.

[23] Homburg und Faßnacht, 2001.

Auch in dieser Lebenszyklusphase können Facebook und Twitter zentrale externe Social-Media-Instrumente sein. So etablieren Unternehmen zur Kunden- und Nutzerbindung Communitys, in denen „Freunde"/„Fans" des Unternehmens untereinander und mit dem Unternehmen kommunizieren. Ein Beispiel dafür ist Pink. Pink hat mehr als fünf Millionen „Freunde" innerhalb dieser Facebook-Community. Damit ist diese Community ein selbstselektives Kundenbindungsprogramm.

Die Deutsche Bahn kündigte am 17.10.2010 an, vom 25.10. bis 7.11. über die eigene Facebook-Fanseite (facebook.com/chefticket) das zuggebundene 25-Euro-Ticket für ganz Deutschland an Facebook-Nutzer zu verkaufen. Damit konnte die Bahn bereits wenige Tage nach Ankündigung die Anzahl Fans mehr als verdoppeln (vergleiche Abbildung 16.6).

Abbildung 16.6: Entwicklung Fans auf Facebook-Seite der Deutschen Bahn (Quelle: In Anlehnung an www.facebookmarketing.de/tracking/chefticket)

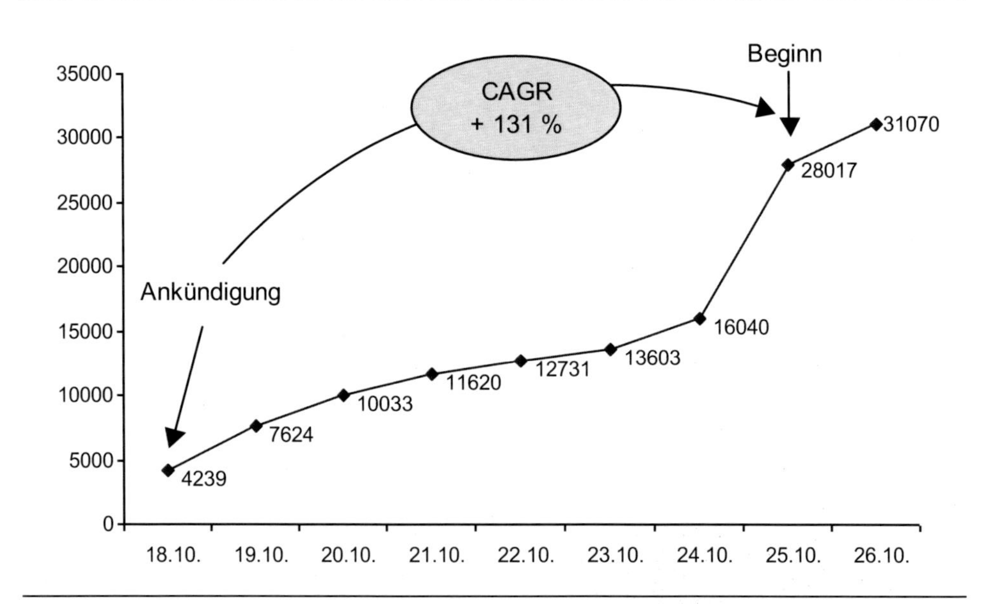

Wenngleich diese Entwicklung für ein wirksames Kundenbindungsmanagement spricht, wird dieser quantitative Erfolg jedoch durch eine Vielzahl von kritischen Beiträgen auf Facebook zu der Aktion eingeschränkt. Wiederum wird deutlich, dass Social CRM sich gerade nicht mehr auf reine Push-Marketing-Aktionen stützen kann, sondern dass Unternehmen Konversationen in Social Media beobachten müssen, um darauf mit eigener Social-Media-Kommunikation zu reagieren.

Der Microblogging-Dienst Twitter bietet für Unternehmen sogenannte Promoted Tweets an, welche an den Vorlieben der Twitter-Nutzer ausgerichtet sein sollen. Ein Fünftel aller 160 Millionen Twitter-Nutzer haben Nachrichten von Marken oder Produkten abonniert (Twitter, 13.04.2010), FTD, 20.09.2010). Damit steht Unternehmen ein Kanal zur Kundenbindung zur Verfügung. Beispielhaft sei hier auf die Kaffehauskette Starbucks verwiesen, die über Promoted Tweets Impulse für Wiederkauf- bzw. Zusatzkaufverhalten zu erzeugen versucht (vergleiche Abbildung 16.7). Twitter wird zukünftig auf Basis von Suchanfragen der Nutzer oder basierend auf den Inhalten der individuellen Tweets Promoted Tweets einblenden (sogenannte Contextual Targeting).[24]

Abbildung 16.7: Beispiel Promoted Tweet zur Kundenakquisition (Quelle: www.twitter.com/starbucks)

Kundenbindungsprogramme auf der Basis von Geolocation-Diensten wie Foursquare, Facebook Places oder das deutsche Angebot Friendticker bieten eine weitere Handlungsoption im Social CRM. Geolocation-Dienste orten die Position eines Smartphones metergenau und ermöglichen so dem Nutzer das Einchecken in Restaurants, Einzelhandelsgeschäfte etc. Dem Nutzer wird zudem angezeigt, welche Freunde anwesend bzw. in der Nähe sind. Für das Social CRM ist hierbei relevant, Kunden durch das Einchecken an einen Ort oder ein Produkt zu binden. Die aktivsten Kunden können durch Punkte, Ranking-Plätze oder Vergünstigungen wie Rabatte bei Shops, Veranstaltungen und weitere Freizeitangebote entlohnt werden. Ähnliche Konzepte werden mittlerweile auch als Applikationen zum Download für Smartphones angeboten wie beispielsweise Shopkick. Shopkick fungiert dabei als Online-Bonusprogramm (sogenanntes Social-Reward-Programm). Kunden mit Shopkick-Applikation checken sich in Einzelhandelsgeschäfte ein, scannen Produkte innerhalb der Geschäfte und erhalten Bonuspunkte, sogenannte Kickbucks. Diese Kickbucks können dann wiederum gegen Vergünstigungen eingetauscht werden.

[24] Rungg, 2010.

Customer Engagement

Eine weitere Social-Media-Aktivität zur Kundenbindung ist die Einbindung des Kunden in die Produktentwicklung oder Ideengenerierung. Über soziale Netzwerkdienste können Produktentwickler direkt mit Interessierten und Kunden interagieren und Nutzer zu Produktvorschlägen anreizen.

Denkbar ist hierbei das Einbeziehen von Nutzern in den Produktentwicklungsprozess von der Ideengenerierung über das Design bis hin zum Prototyping und Testen.[25] In der Regel führen diese kollaborativen Aktivitäten zu einem hohen Beteiligungsgrad, einer starken Identifikation der Nutzer und einem damit verbundenen positiven Word-of-Mouth. Prominente Beispiele hierfür sind Dell[26], Tschibo[27] oder Starbucks.[28]

Beschwerdemanagement

Beschwerdemanagement umfasst die Planung, Durchführung und Kontrolle aller Maßnahmen, die ein Unternehmen im Zusammenhang mit Kundenbeschwerden ergreift, um die Zufriedenheit wiederherzustellen.[29] Das Beschwerdemanagement erhält online besondere Relevanz, da Nutzer sozialer Netzwerkdienste in besonderem Maße bereit sind, ihre sowohl positiven als auch negativen Produkt- und Serviceerfahrungen mit anderen Nutzern zu teilen. Experten schätzen, dass 40 Prozent aller Kunden, die sich beschweren, auch in Social Media darüber kommentieren. Prominentes Beispiel ist der „United Breaks Guitar"-Fall von 2008.[30] Nachdem ein Musiker seine bei einem Transport mit United Airlines beschädigte Gitarre reklamierte und United Airlines nicht kulant mit der Beschwerde umging, verfasste der Musiker ein Lied und veröffentlichte es online im Videoportal YouTube. Das Video wurde über acht Millionen Mal angesehen. Diese Transparenz kann jedoch auch genutzt werden, um frühzeitig Schwachstellen in Produkten zu identifizieren und entsprechend zu reagieren. In Interaktionen mit anderen Kunden auf sozialen Netzwerkdiensten lassen sich so wichtige Hinweise für Produkt- und/oder Serviceverbesserungen aufnehmen und gleichzeitig mögliche Wahrnehmungsbarrieren zwischen Kunden und Unternehmen abbauen. Zudem bietet Social Media die Möglichkeit für ein Unternehmen, Informationen zielgruppengerecht zu posten (beispielsweise über Twitter Promoted Tweets), so dass möglicherweise das Anrufvolumen im Callcenter sinken kann. Social Media kann folglich einen kostengünstigen Kanal für den Kunden-Beschwerde-Dialog darstellen. Es kann zudem ein Treiber der Kundenzufriedenheit sein, da Kunden diese Möglichkeit online heutzutage erwarten und nutzen.[31] Unternehmen wie die Telekom, 1+1, simyo, Otto oder DHL bieten mittlerweile über Twitter einen Kundenservice in Echtzeit an.

---

[25] Hoyer et al., 2010.

[26] www.dellideastorm.com.

[27] www.tschibo-ideas.de.

[28] www.mystarbucksidea.com.

[29] Stauss, 1989; Wimmer, 1985.

[30] Harvey, 2009.

[31] Fluss, 2009.

16.2.2.3 Kundenrückgewinnungsmanagement

Die letzte Phase des Kundenlebenszyklus, Kundenrückgewinnung, spielt hinsichtlich des Einsatzes von Social CRM eine eher untergeordnete Rolle. Dies liegt in der Tatsache begründet, das ehemalige Kundenbeziehungen in der Regel besser über die traditionellen Instrumente des CRM reaktiviert werden können, da identifizierte Kundenbeziehungen mit einer ausführlichen Kontakthistorie vorliegen. Dennoch ist es nicht ausgeschlossen, dass über Social-CRM-Aktivitäten zum Beispiel in sozialen Netzwerken wie Facebook oder Twitter ehemalige Kunden wieder auf das Unternehmen aufmerksam werden oder besondere Sales Promotions auch bei abgewanderten Kunden eine Wirkung entfalten, die zum Wiederkauf führen kann. Auch kann über Social-CRM-Aktivitäten unter Umständen negative Mundpropaganda abgewanderter Kunden abgemildert werden.

16.2.3 Implementierung von Social CRM

Hinsichtlich der Implementierung sei anzumerken, dass insbesondere die Unterstützung des Top-Managements auf der einen Seite und die Beteiligung der Mitarbeiter auf der anderen Seite den Erfolg von Social CRM beeinflussen können.[32] Bezeichnend hierfür ist die Social-Media-Strategie des Computerherstellers Dell, eines der aktivsten Unternehmen in Social-Media-Angeboten wie Facebook oder Twitter. So hat Dell zum einen im Top-Management die Stelle des Vice President Social Media geschaffen. Zum anderen bildet Dell mehr als 1000 Mitarbeiter zu Social-Media-Experten aus, die in Social-Media-Angeboten aktiv werden sollen.[33] Aus diesem Beispiel wird bereits deutlich, dass ein umfassendes Social CRM einen hohen Personal- und Schulungsaufwand bedeuten kann. Intel beispielsweise schult seine Mitarbeiter im Umgang mit Social Media.[34] Dazu benötigen Mitarbeiter klare Richtlinien für die Kommunikation in Social-Media-Angeboten, um entsprechend tätig werden zu können und auf Konversationen beispielsweise in sozialen Netzwerken adäquat reagieren zu können.

Tabelle 16.3: Social-CRM-Aktivitäten über die Phasen des Kundenlebenszyklus

Akquisitionsmanagement	**Kundenbindungsmanagement**	**Kundenrückgewinnungsmanagement**
Targeted Advertising (zum Beispiel Banner Advertising, Video Advertising) Promoted Tweets Facebook Fan Sites	Promoted Tweets Facebook Fan Sites Geolocation-Dienste Social-Reward-Programme Customer Engagement	Promoted Tweets Facebook Fan Sites

[32] Becker et al, 2009.

[33] Gabler, 2010.

[34] Gläse, 2010.

Mit der organisationalen Verankerung der Implementierung geht eine Anpassung bestehender CRM-Systeme einher, um den gestiegenen Anforderungen an Datensammlung, -speicherung und -auswertung zu begegnen. Unternehmen wie Microsoft bieten bereits Erweiterungen ihrer bestehenden CRM-Lösungen an (Microsoft Dynamics CRM). Allerdings stellt insbesondere die Erfolgsmessung von Social-CRM-Aktivitäten Unternehmen vor Herausforderungen. Tabelle 16.3 fasst abschließend die unterschiedlichen Social-Media-Aktivitäten eines Unternehmens über die Phasen des Kundenlebenszyklus zusammen.

16.2.4 Erfolgsmessung von Social CRM

Laut einer Studie der Peppers & Rogers Group nutzen 71 Prozent der befragten Unternehmen Social Media, allerdings verfolgen 38 Prozent der Unternehmen keine Effektivitätsmessung der eingesetzten Instrumente. Lediglich 20 Prozent messen den eigenen Web Traffic, 13 Prozent messen Kundenzufriedenheit und -bindung.[35] Um den Erfolg von Social CRM messen zu können, bedarf es jedoch differenzierter Kennzahlen. Als Konzeptionalisierung dienen hier die vier ersten Zieldimensionen aus Abschnitt 16.2.1:

1. Kommunizieren: Förderung des unternehmensbezogenen Dialogs unter Nutzern
2. Anreizen: Förderung positiver Mundpropaganda
3. Unterstützen: Beantwortung von Serviceanforderungen
4. Beteiligen: Förderung von Innovationen

Alle vier Zieldimensionen lassen sich durch Aktivitäten des Social CRM über die Phasen des Kundenlebenszyklus beeinflussen. Ziel 5 „Beobachten“ sollte kontinuierlich erfolgen und dient als Informationsbasis zur Vorbereitung der Social-CRM-Aktivitäten. Folgende Schlüsselkennzahlen, Key Performance Indicators (KPI), können zur Messung eingesetzt werden:[36]

KPI Kommunizieren

Unternehmen, die erfolgreich Social CRM betreiben wollen, müssen Konversation mit ihrem Unternehmen initiieren, fördern und kontrollieren.

Share of Voice

Share of Voice wird definiert als relativer Anteil an Nennungen des Unternehmens in Social Media (zum Beispiel Blogs, Kommentare in sozialen Netzwerken, Tweets etc.) zu den Gesamtnennungen des eigenen Unternehmens und der Wettbewerber.

$$\textit{Share of Voice} = \frac{\textit{Nennungen Unternehmen}}{\textit{Gesamtnennungen Unternehmen} + \textit{Wettbewerber } A, B, \ldots, n} \quad (1)$$

[35] Peppers und Rogers, 2009.

[36] In Anlehnung an Owyang und Lowett, 2010.

Diese Messgröße sollte longitudinal gemessen werden, um einen Vergleich zu Vorperioden zu ermöglichen und Entwicklungen identifizieren zu können. Zudem kann ein Zusammenhang zwischen anderen Messgrößen wie dem Marktanteil hergestellt werden. Hilfreich ist zudem die genaue Analyse der Social-Media-Kanäle, um Kanäle mit dem größten Erfolgsbeitrag zu bewerten.

Zielgruppenaktivität

Um die Social-CRM-Aktivitäten von Unternehmen kontrollieren zu können, müssen unternehmensspezifische Kommentare getrackt werden. Die Zielgruppenaktivität wird definiert als Anteil der Nutzer eines Social-Media-Angebotes eines Unternehmens, der an diesen Angeboten durch Blog-Kommentare, Facebook-Interaktion, Twitter Retweets, @Tweets, YouTube Video Interactions, YouTube Channel Interactions oder Ähnliches partizipiert.

$$\text{Zielgruppenaktivität} = \frac{\text{Beiträge in Social Media}}{\text{Anzahl Views}} \tag{2}$$

Diese Messgröße kann als Erfolgsindikator für die Initiierung eines Dialogs mit Interessenten oder Aspiranten genutzt werden. Besonders interessant ist das Messen der Aktivität in Verbindung mit der Etablierung von Werbemaßnahmen. Somit lassen sich Werbemaßnahmen hinsichtlich Ihrer Effektivität quantifizieren. Auch hier sollte die Zielgruppenaktivität über die Zeit gemessen werden.

KPI Anreizen

Ein fundamentaler Erfolgsfaktor der Social Media ist die Generierung von Mundpropaganda (Word-of-Mouth) zufriedener Kunden zur Neukundenakquisition. Ziel ist es, Fürsprecher für das Unternehmen zu gewinnen, die positive Mundpropaganda auf Basis intrinsischer Motivation in Social Media verbreiten.

Anteil aktiver Fürsprecher

Aktive Führsprecher sind Nutzer, die positive Botschaften innerhalb eines bestimmten Zeitraums in Social Media verbreiten.

$$\text{Summe aktiver Fürsprecher} = \frac{\text{Anzahl aktiver Fürsprecher}}{\text{Summe Fürsprecher}} \tag{3}$$

Fürsprecher-Einfluss

Fürsprecher-Einfluss wird definiert als direkte oder indirekte Beiträge eines Fürsprechers in Social-Media-Konversationen. Wenn auch die Messgröße einfach zu beschreiben ist, so stellt die Messung der Beiträge eine Herausforderung dar, da nicht immer deutlich wird, welche Social-Media-Beiträge von welchem Fürsprecher initiiert wurden.

$$\text{Fürsprecher-Einfluss} = \frac{\text{Anzahl durch Fürsprecher initiierter Konversationen}}{\text{Summe Gesamt-Traffic des Fürsprechers}} \tag{4}$$

KPI Unterstützen

Nutzer von Social Media verwenden Social-Media-Angebote, um Serviceanforderungen an Unternehmen bezüglich Produkten und Dienstleistungen öffentlich zu diskutieren beziehungsweise Hilfe von anderen Nutzern zu erhalten. Unternehmen können auf der einen Seite Nutzer untereinander Probleme lösen lassen, zum anderen wird eine Stellungnahme oder Hilfe durch das Unternehmen erwartet. Unternehmen können durch ein entsprechendes Engagement Kundenzufriedenheit bezüglich des Service initiieren und die Kundenbindung stärken.

Problemlösungsrate

Die Problemlösungsrate ist definiert als Anteil der gelösten Probleme im Verhältnis zu der Summe an Serviceanforderungen über Social-Media-Kanäle. Um diese Größe messen zu können, müssen Nutzer aktiv vom Unternehmen gefragt werden, ob das Problem gelöst wurde oder nicht. Da dieses Feedback nur über Online-Befragungen eingeholt werden kann, eignen sich hier vorwiegend unternehmenseigene Social-Media-Angebote, zum Beispiel Blogs oder Communitys auf Unternehmensplattformen.

$$\textit{Problemlösungsrate} = \frac{\textit{Anzahl zufriedenstellend gelöster Serviceanforderungen}}{\textit{Summe aller Serviceanforderungen}} \quad (5)$$

Problemlösungszeit

Die Problemlösungszeit ist definiert als die Anzahl an Zeiteinheiten, die durchschnittlich benötigt wird, um eine Serviceanforderung über Social-Media-Kanäle zu beantworten. Kunden erwarten eine zeitnahe Lösung ihrer Probleme. Verglichen mit traditionellen Service-Kanälen wie E-Mail oder Callcenter ist die Erwartung an Social-Media-Kanäle eher höher anzusetzen.

$$\textit{Problemlösungszeit} = \frac{\textit{Summe Antwortzeiten}}{\textit{Summe aller Serviceanforderungen}} \quad (6)$$

KPI Beteiligen

Unternehmen, die Nutzerinteraktionen in Social-Media-Kanälen zu Neuproduktideen, Produktverbesserungen oder Serviceinnovationen initiieren, fördern und verfolgen, erhalten interessante Hinweise zu möglichen Innovationen. Zudem kann das Nutzerengagement die Kundenbindung verstärken.

Trendrate

Die Trendrate ist definiert als der Anteil an Nennungen von bestimmten Themen zu allen genannten Themen innerhalb von Social-Media-Kanälen. Typischerweise lassen sich mit Hilfe von Keyword-Suchaktivitäten populäre Themen herausfiltern, die Hinweise auf zukünftige Trends geben können.

$$\textit{Trendrate} = \frac{\textit{Anzahl Nennungen zu bestimmten Themen}}{\textit{Summe aller Nennungen}} \quad (7)$$

Innovationskraft

Innovationskraft ist der durch Produkt- oder Serviceinnovationen hervorgerufene Anteil an Interaktionen, Kommentaren und Engagement. Social Media offeriert hierbei den Vorteil, Neuproduktideen und Serviceinnovationen durch Nutzer generieren zu lassen und die Evaluation durch andere Nutzer zu verfolgen. Des Weiteren können Unternehmen Neuproduktideen in selektierten Social-Media-Kanälen wie zum Beispiel Communitys oder Facebook-Fan-Seiten testen und die nutzergenerierten Konversationen messen, um einen möglichen Erfolg zu bewerten.

$$Innovationskraft = \frac{\begin{array}{c}\text{Anzahl positiver Konversationen}\\ \text{zu bestimmten Produkt- und Serviceinnovationen}\end{array}}{\begin{array}{c}\text{Summe aller Konversationen}\\ \text{zu bestimmten Produkt-und Serviceinnovationen}\end{array}} \quad (8)$$

Für die speziellen Anforderungen an die Datengewinnung und -auswertung im Social CRM haben Software-Anbieter spezielle Lösungen entwickelt, die den beschriebenen Daten für die Erfolgsmessung Rechnung tragen können. Tabelle 16.4 fasst die Schlüsselkennzahlen entlang der Dimensionen zusammen und führt dazu mögliche Softwareangebote auf.

Tabelle 16.4: Social-CRM-Messgrößen und Softwareanbieter (Quelle: In Anlehnung an Gartner, 2010)

Dimension	Key Performance Indicator	Software-Anbieter
Kommunizieren	Share of Voice	Alterian SM2, Radian6, Scout Labs
	Zielgruppen	Aktivität Coremetrics, Webtrends, Radian6, Scout Labs
Anreizen	Anteil aktiver Fürsprecher	Biz360, Jive, Radian6
	Fürsprecher-Einfluss	Cymfony, Jive, Lithium, Radian6, Razorfish (SIM Score), SAS, Telligent, Twitalyzer
Unterstützen	Problemlösungsrate	Jive, RightNow Technologies Salesforce.com, Telligent
	Problemlösungszeit	Jive, RightNow Technologies Salesforce.com, Telligent
Beteiligen	Trendrate	Alterian SM2, Cymfony, Jive, Radian6, SAS, Scout Labs
	Innovationskraft	Biz360, Cymfony, Jive, Lugiron, Radian6, Scout Labs, Visible Technologies

16.3 Ausblick

Social Media wird weiter an Bedeutung gewinnen. Für die Unternehmen bedeutet dies, die Anstrengungen zur Umsetzung eines systematischen Social CRM in Zukunft weiter zu verstärken. Allerdings sind damit erhebliche Herausforderungen hinsichtlich der Systemintegration, des Multichannel-Managements und des Return on Investment verbunden.

Systemintegration

Die größte Herausforderung an die Implementierung von Social CRM stellt die technologischen Integration von Social-CRM-Software in die bestehende CRM-Systemarchitektur dar. Unternehmen müssen dazu sicherstellen, dass die traditionellen CRM-Lösungen wie SAP, Oracle oder Salesforce mit externen Plattformen wie Twitter, Facebook oder Xing verknüpft werden können und dass insbesondere Software zum Messen der Aktivitäten in sozialen Netzwerken wie Biz 360 oder Scoutlabs angebunden wird, um Kundendaten sowohl intern als auch extern sammeln und konsolidieren zu können. Ziel sollte die Integration der bestehenden Kundendaten in die sozialen Profile dieser Kunden sein. Andernfalls stehen Unternehmen wiederum vor einer der zentralen Herausforderungen des klassischen CRM: die einheitliche und umfassende Sicht auf die Kundendaten über alle Kundenkontaktkanäle. Hinzu kommt die Notwendigkeit, relevante Konversationen in Social-Media-Kanälen möglichst automatisiert zu entsprechenden Mitarbeitern im Unternehmen zu leiten, die kompetent darauf reagieren können.

Multichannel-Management: Zuwachs an Kundenkontaktkanälen

Durch die Integration von Social Media in das bestehende CRM wird die Zahl der zu überwachenden und zu gestaltenden Kundenkontaktkanäle weiter wachsen und damit die Komplexität des Multichannel-Managements weiter erhöht.

Unternehmen müssen Aktivitäten online möglichst in Echtzeit verfolgen, um Tendenzen in den Konversationen zu entdecken und entsprechend durch Social-CRM-Aktivitäten darauf zu reagieren. Konsequenz ist jedoch eine Flut an zusätzlichen zu verarbeitenden Daten. Unternehmen werden in Zukunft leistungsfähige Tools benötigen, um Inhalte zu analysieren, zu kategorisieren und entsprechend der Unternehmensstrategie zu klassifizieren mit dem Ziel, den Social-Media-Nutzer zufriedenzustellen.

Return on Investment

Social CRM wird einen erheblichen Implementierungsaufwand der Systemintegration und Restrukturierung kundenbezogener Prozesse nach sich ziehen. Bei Weitem komplexer als bei herkömmlichen CRM-Implementierungen ist hier die Frage nach der Messung des Return on Investment. Unternehmen werden geeignete Erfolgskennzahlen für ihre Social-CRM-Aktivitäten entwickeln müssen, um Investitionen in Social CRM rechtfertigen zu können.

16.4 Zusammenfassung

- Soziale Netzwerkseiten wie Facebook, Twitter und Xing erzielen weiterhin auf hohem Niveau enorme Nutzerzuwachsraten in Deutschland.
- Marken- und Produktkommunikation entsteht und verlagert sich zunehmend in die sozialen Netzwerke. Die dort entstehenden Bewertungen können das Markenimage massiv schädigen, aber auch verbessern.
- Das veränderte Kommunikationsverhalten erfordert zunehmend, über den Austausch während direkter Kundenbeziehungen hinaus, aktives Beobachten und Management komplexer Beziehungsnetzwerke.
- Immer mehr Unternehmen wie Coca-Cola und die Deutsche Bahn reagieren erfolgreich mit eigenen Twitter-Feeds, Facebook-Fan-Seiten oder eigenen Corporate Blogs.
- Social CRM bedeutet in der Weiterentwicklung des Customer-Relationship-Management die Nutzung moderner Kommunikations- und Informationstechnologien zum Sammeln und Auswerten neuer kundenbezogener Informationen. Zusätzlich wird aktiv der Austausch mit Kunden und Interessierten gesucht. Dies kann bei steigender Kundenzufriedenheit die Kundenbetreuungskosten im Vergleich zu klassischer Kommunikation massiv senken.
- Zur richtigen Implementierung des Social CRM bedarf es der Nutzung verschiedener Kennzahlen zur Erfolgsmessung bei der Kundenakquisation, -bindung und -rückgewinnung.

Literatur

Arbeitsgemeinschaft Online Forschung (AGOF) (2010): internet facts 2010-II. http://www.agof.de/index.download.d7e641a549b26fa05a030fbcca452e80.zip.

Band, W./Petouhoff, N.L. (2010): Topic Overview: Social CRM Goes Mainstream. http://www.forrester.com/rb/Research/topic_overview_social_crm_goes_mainstream/q/id/55884/t/2.

Becker, J.U./Greve, G./Albers, S. (2009): The Impact of Technological and Organizational Implementation of CRM on Customer Acquisition, Maintenance, and Retention, in: International Journal of Research in Marketing, Vol. 26, 3, S. 207–215.

Blattberg, R.C./Getz, G./Thomas, J.S. (2001): Customer Equity, Boston: Harvard Business School.

Burson-Masteller (2010): The Global Social Media Check-up. Insights from the Burson-Marsteller Evidence-Based Communications Group. http://www.burson-marsteller.com/Innovation_and_insights/blogs_and_podcasts/BM_Blog/Documents/Burson-Marsteller%202010%20Global%20Social%20Media%20Check-up%20white%20paper.pdf

Emarketer (2010): Social Media Working Better for Retention Than Acquisition, September. http://www.emarketer.com/Article.aspx?R=1007934.

Evans, D. (2008): Social Media Marketing: An Hour a Day, New York: Wiley.

Facebookmarketing (2010): http://facebookmarketing.de/category/zahlen_fakten.

Fluss, D./Eisenfeld, B. (2009): Contact Centers in the Web 2.0 World. http://www.destinationcrm.com/Articles/Columns-Departments/Scouting-Report/Contact-Centers-in-the-Web-2.0-World—52466.aspx.

Fauscette, M. (2010): What is "social" CRM? http://www.mfauscette.com/software_technology_partn/2009/01/what-is-social-crm-anyway.html.

Gabler, T. (2010): Manish Mehta von Dell im Interview. "Engagement in Social Media ist keine Kampagne". http://www.internetworld.de/Nachrichten/Medien/Social-Media/Manish-Mehta-von-Dell-im-Interview-Engagement-in-Social-Media-ist-keine-Kampagne-32151.html.

Gartner (2010): Magic Quadrant for Social CRM, Gartner RAS Core Research Note G00201531.

Gläser, C. (2010): Firmen brauchen Regeln für Twitter, Facebook und Co. http://www.heise.de/newsticker/ meldung/Firmen-brauchen-Regeln-fuer-Twitter-Facebook-und-Co-977307.html.

Greenberg, P. (2010): CRM at the Speed of Light, Social CRM Strategies, Tools, and Techniques for Engaging Your Customers, 4. Auflage, New York: McGraw Hill.

Greve, G. (2006): Erfolgsfaktoren von Customer-Relationship-Management-Implementierungen, Wiesbaden: Gabler.

Harvey, M. (2009): United Airlines Gets the Blues as Dave Carroll Sings another Complaint. http://www.timesonline.co.uk/tol/news/world/us_ and_americas/article6725588.ece.

Hennig-Thurau, T./Malthouse, E.C./Friege, C./Gensler, S./Lobschat, L./Rangaswamy, A./Skiera, B. (2010): The Impact of New Media on Customer Relationships, in: Journal Of Service Research, Vol. 13, 3, S. 311–330.

Homburg, C./Faßnacht, M. (2001): Kundennähe, Kundenzufriedenheit und Kundenbindung bei Dienstleistungsunternehmen, in: Bruhn, M./Meffert, H. (Hrsg.): Handbuch Dienstleistungsmanagement, 2. Aufl., Wiesbaden: Gabler, S. 451.

Homburg, C./Bruhn, M. (2008): Kundenbindungsmanagement – Eine Einführung in die theoretischen und praktischen Problemstellungen, in: Bruhn, M./Homburg, C. (Hrsg.): Handbuch Kundenbindungsmanagement, 6. Aufl., Wiesbaden: Gabler, S. 3–37.

Hoyer, W.D./Chandy, R./Dorotic, M./Krafft, M./Singh, S.S. (2010): Consumer Cocreation in New Product Development, in: Journal Of Service Research, Vol. 13, 3, S. 283–291.

Jansen, B.J./Zhang, M./Sobel, K./Chowdury, A. (2009): Twitter Power: Tweets as Electronic Word of Mouth, in: Journal of the American Society for Information Sciences and Technology, Vol. 60, 11, S. 2169–2188.

Kozinets, R.V./de Valck, K.Wojnicki, A.C./Wilner, S.J.S. (2010): Networked Narratives: Understanding Word-of-Mouth Marketing in Online Communities, in: Journal of Marketing, Vol. 74 (March), S. 71–89.

Krafft, M./Götz, O. (2003): Customer Relationship Management öffentlicher und privater TV-Sender, in: Wirtz, B.W. (Hrsg.): Handbuch Medien- und Multimediamanagement, Wiesbaden: Gabler, S. 337-363.

Locke, C./Levine, R./Searls, D./Weinberger, D. (2001): The Cluetrain Manifesto: The End of Business as Usual, 2. Auflage, New York.

McKay, L. (2009): Everything's Social Now. CRM Magazine. http://www.destinationcrm.com/Articles/Editorial/Magazine-Features/Strategy-and-Social-Media-Everything%E2%80%99s-Social-(Now)-54723.aspx.

McKinsey (2008): McKinsey Quarterly Survey on web 2.0, in: McKinsey Quartley, July.

McKinsey (2009): How companies are benefiting from Web 2.0: McKinsey Global Survey Results, in: McKinsey Quarterly, September.

Meeker, M./Devitt, S./Wu, L. (2010): Internet Trends. http://www.morganstanley.com/institutional/techresearch/pdfs/Internet_Trends_041210.pdf.

Nielsen (2009): Global Faces and Networked Places. http://blog.nielsen.com/nielsenwire/wp-content/uploads/2009/03/nielsen_globalfaces_mar09.pdf.

Ostrow, A. (2010): Facebook Now Serving More Than 50 Billion Banner Ads Per Month. http://mashable.com/2010/05/12/facebook-banner-ads/.

Owyang, J./Lowett, J. (2010): Social Marketing Analytics. A New Framework for Measuring Results in Social Media. http://www.webanalyticsdemystified.com/downloads/Web_Analytics_Demystified_Altimeter-Social-Media_Analytics.pdf.

Panten, G. (2005): Internet-Geschäftsmodell Virtuelle Community. Analyse zentraler Erfolgsfaktoren unter Verwendung des Partial-Least-Squares (PLS)-Ansatzes, Wiesbaden: Deutscher Universitätsverlag.

Peppers & Rogers Group (2009): Relationship Marketing 3.0. Thriving in Marketings New Ecosystem. http://www.1to1media.com/DocumentDownload.aspx?Doc_ID=31889.

Razorfish (2009): The Razorfish Digital Brand Experience Report 2009. http://feed.razorfish.com/feed09/.

Reinartz, W.J./Krafft, M./Hoyer, W.D. (2004). The customer relationship management process: Its measurement and impact on performance, in: Journal of Marketing Research, Vol. 41, 3, S. 293–305.

Rungg, A. (2010): Twitter drückt Werbung ins Netz. Startup-Firma baut Reklamebotschaften stärer in Nachrichtenfluss der Nutzer ein, in: Financial Times Deutschland, 3.11.2010, S. 8.

Statista (2010): Reichweite ausgewählter Social Networks an den Nutzern sozialer Netzwerke gesamt. http://de.statista.com/statistik/daten/studie/160168/umfrage/reichweite-von-social-network-plattformen-weltweit-in-2010/.

Stauss, B. (1989): Beschwerdepolitik als Instrument des Dienstleistungsmarketing, in: Jahrbuch der Absatz- und Verbraucherforschung, 35, 1, S. 42.

Stauss, B. (2000): Perspektivenwandel: Vom Produkt-Lebenszyklus zum Kundenbeziehungs-Lebenszyklus, in: Thexis, 17, 2, S. 15–18.

Thomas, W. (2009): Display Advertising/Banner Werbung, in: Eisinger, T./Rabe, L./Thomas, W. (Hrsg.): Performance Marketing – Erfolgsbasiertes Online-Marketing, 3. Aufl., Göttingen: Businessvillage GmbH.

Williamson, D.A. (2010): Social Network Demographics and Usage, in: eMarketer, May.

Wimmer. F. (1985): Beschwerdepolitik als Marketinginstrument, in: Hansen, U./Schoenheit, I. (Hrsg): Verbraucherabteilungen in privaten und öffentlichen Unternehmungen, Frankfurt a. M., S. 227f. und S. 288.

Marcel Hollerbach / Etienne Naujok
SiRank

17 *SiRank* - ein webbasiertes „Social Impact Ranking"

17.1 Marketing und der „Social Impact Ranking"

Produktives Marketing umfasst heutzutage Faktoren, die sich aus geringen Marketingausgaben, weitreichenden Distributionskanälen und adäquaten Kundeninformationen zusammensetzen. SiRank steht für Social Impact Ranking und versucht, das Marketing in einer effizienteren Form zu gestalten – durch das Bewerten von Personen im Social Web. Ein SiRank-Wert sagt aus, wie einflussreich eine Person ist und welche Bedeutung sie für das Social Web mitbringt. Durch das exponentielle Wachstum von Social Networks, Blogs und Microblogs wird es für Unternehmen zunehmend wichtiger, marketingorientierte Strategien in diesem Bereich zu etablieren, um einen intensiveren Kontakt zum Kunden aufzubauen.

Das bereits erwähnte Beispiel „United-Breaks-Guitar" zeigt, dass sich schlechte Servicedienstleistung im Web ausbreiten kann und dies wiederum bleibende Reputationsschäden bei den jeweiligen Unternehmen hinterlässt. Daher wird es in Zukunft von Bedeutung sein, dass sich Unternehmen mit sogenannten „Opinion Leaders" auseinandersetzen, um Negativwirkungen zu vermeiden.

SiRank hat in diesem Zuge einen Social-Media-Algorithmus entworfen, welcher die Aktivitätsrate und den Popularitätsgrad einer Person feststellen kann und mögliche „Opinion Leaders" identifiziert. Dabei fokussiert der SiRank auf Netzwerke wie Twitter, Facebook, Xing, Linked-In sowie Blogs und Websites, die analysiert werden, um später einen Wert in einem Intervall von 0 bis 10 anzunehmen. Hierbei ist die Zahl 0 als ein Wert definiert, der eine Person als unbekannt und nicht einflussreich für das Social Web interpretiert, wohingegen der Wert von 10 einen Opinion Leader kennzeichnet. Ein Opinion Leader wird vor allem dadurch erkannt, in welchem Ausmaß sich seine Status-Updates auf das Web ausbreiten; gemessen daran, wie viele Re-Signale er bekommt. Personen, die über einen hohen SiRank verfügen, haben in den meisten Fällen großen Einfluss über die Veröffentlichung ihrer Status-Updates, wodurch das Marketing neue Strategien entwickeln muss, um das Kundenverhältnis intensiver beeinflussen zu können. Eine solche Strategie würde bedeuten, dass der CRM-Prozess effizienter steuerbar ist, da man den wichtigen Kunden aus der breiten Masse extrahieren und bleibende Reputationsschäden vermeiden kann.

17.2 *SiRank* - Klassisch

Weltweit führende Konzerne sind auf gute Adressqualität angewiesen, um akkuraten Kundenkontakt aufzubauen bzw. zu vertiefen. Dabei wenden sich Unternehmen wie Versicherungsdienstleister, die eine hohe Kundenkorrespondenz aufweisen und viel Wert auf Dialogmarketing setzen, an Externe mit der Expertise in Adressanreicherung und -bereinigung. Als Beispiel für das „Outsourcen" an ein externes Glied sei hier die „Deutsche Post Direkt" genannt, welche über eine Datenbank mit mehr als 95 Millionen Adressen verfügt.[1] Unternehmen legen dabei viel Wert auf die Intensivierung des persönlichen Kontaktes mit dem

[1] Vergleiche Deutsche Post Direkt, 2010.

Kunden, um vorhandene Cross-Selling-Potenziale auszuweiten. Die angereicherten Kundenadressen werden in einem nächsten Schritt den Callcentern zur Verfügung gestellt, um den Kunden gezielt per Telefon ansprechen zu können. Hier spielt der SiRank eine wesentliche Rolle, da er als weitere Input-Zahl für den Kundenkontakt genutzt werden kann. Celebritys wie Ashton Kutcher haben einen SiRank-Wert von 1, da sie einen starken Einfluss auf ihre soziale Netzwerke ausüben; insbesondere über ihre Status-Updates und Blog-Einträge. Dies veranlasst die Mitarbeiter eines Callcenters, solchen Kunden eine hohe Priorität zuzuordnen. Die SiRank-Ermittlung wirkt sich mit zweierlei positiven Externalitäten auf die Marketingstrategien eines Unternehmens aus. Einerseits erhöht sich die Effizienz im CRM-Bereich aufgrund der Möglichkeit einer Individualisierung, zum anderen schafft der SiRank-Wert eine transparentere Wertschöpfungskette für das Unternehmen, da der Prozess der viralen Verbreitung eines Produktes über den Opinion Leader steuerbar ist.

Um die klassische Form des SiRank besser zu visualisieren, betrachten wir folgende Hypothese:

Blogger, Buchautor und Journalist Sascha Lobo wird mit dem Callcenter eines Unternehmens A verbunden. Dabei wurde für Lobo ein SiRank-Wert von 10 ermittelt, wodurch eine erhöhte Servicedienstleistung gewährleistet sein muss. Der Mitarbeiter eines Callcenters muss hierfür in ein professionelles Beschwerdemanagement instruiert sein, um mögliche Negativwirkungen zu vermeiden und damit den Kunden zufriedenzustellen. Eine Nichtbeachtung des SiRanks kann zu einer durchschnittlichen bis unterdurchschnittlichen Servicedienstleistung führen und somit die Zufriedenheit des Opinion Leaders schmälern. Im schlechtesten Fall würde Lobo seine Unzufriedenheit über die Servicedienstleistung in einem seiner Blogs kundgeben, was zu Reputationsschäden des Unternehmens führt.

Als weiteres Beispiel für den SiRank kann die Priorisierung von E-Mails und Tickets im Support-Service betrachtet werden. E-Mails oder Tickets werden dabei automatisch nach dem SiRank der anfragenden Person priorisiert, wodurch der Opinion Leader eine überdurchschnittliche Servicedienstleistung erhält, was ihn im besten Falle zu einer Weiterverbreitung der Zufriedenheit im Social Web veranlasst.

Die Einbindung des SiRanks lässt sich auf diverse Weise durchführen. Dabei muss der Informationsfluss einer Person nicht zwingend über die Adresse erfolgen, sondern kann ebenfalls über Social Networks generiert werden. Hierzu betrachten wir einen weiteren hypothetischen Fall:

Unternehmen wie Adidas können Fanpages auf Facebook anlegen, mit dem Ziel, möglichst viele Fans zu generieren und dadurch einen viralen Effekt im Social Web bezüglich Produktneuheiten etc. zu determinieren. Der SiRank spielt hier eine wesentliche Rolle, da er als zusätzlicher Indikator für einen effizienteren Umgang mit dem Kunden genutzt werden kann. Hierbei würde der SiRank die Opinion Leaders einer Fanpage eruieren und deren Comments zu einzelnen Beiträgen von Adidas analysieren. Adidas kann in einem weiteren Schritt auf die Opinion Leaders eingehen, indem das CRM verstärkt individualisiert und somit die Kundenloyalität optimiert wird.

Die genannten Fälle beschreiben die klassische Verwendung des SiRank, jedoch bestehen ebenfalls spezifizierte Anwendungsbereiche.

17.3 *SiRank* - Spezifiziert

17.3.1 *SentiRank* als neue Form der Sentimentsanalyse

Der bisher beschriebene Vorgang von SiRank stellt den klassischen Gebrauch dar. Jedoch impliziert der SiRank weitere Module, die zusätzlich einen wichtigen Einfluss auf das CRM haben. Der SentiRank führt personenbezogene Sentimentsanalysen durch, die es einem Unternehmen ermöglichen, Feedbacks zu Produkten etc. über das Social Web zu erhalten, ohne dass der Kunde aktiv werden muss. Folgender Fall wird betrachtet:

Kunde A des Unternehmens B hat einen hohen SiRank. Unternehmen B ist nunmehr interessiert, ob Kunde A mit dem zuletzt gekauften Produkt C zufrieden ist. Der Algorithmus für die personenbezogene Sentimentsanalyse ermöglicht es, alle Statusupdates des Kunden A zu bewerten, das heißt, genauer zu betrachten, ob eine positive oder negative Resonanz bezüglich des Produkts C vorliegt.

SentiRank bezieht sich dabei nicht nur auf Produkte, sondern kann ebenfalls die Stimmung einer Person bewerten. Hierzu das bekannte Beispiel des Regisseurs Kevin Smith, dem ein SiRank von 10 zugeschrieben wird und der somit einen hohen Popularitätsgrad aufweist:

Kevin Smith buchte einen Flug der Southwest Airline, wurde jedoch aufgrund seines Übergewichtes nicht an Board gelassen. Southwest Airlines bestand darauf, dass Smith zwei Plätze hätte reservieren müssen, da andernfalls andere Passagiere gestört werden könnten. Noch am gleichen Tag wurde die

Abbildung 17.1: Twitter-Account: Kevin Smith

mangelnde Serviceleistung der Southwest Airlines von Smith auf Twitter veröffentlicht, mit dem Resultat, dass die Nachricht in den Medien wie der nydailynews.com[2]*, CNN*[3] *oder auch der BILD*[4] *verbreitet wurde und somit Reputationsschäden bei Southwest hinterließ.*

In Abbildung 17.1 sehen wir den Originaltweet von Kevin Smith, welcher am 14. Februar 2010 eingegangen ist. Ferner kann man aus der Abbildung entnehmen, dass es zu über 100 Retweets kam und dementsprechend andere User in Kenntnis gesetzt wurden. Dies lässt erkennen, dass Kevin Smith als Opinion Leader einzuordnen ist und somit einen hohen SiRank-Wert hat. In Abbildung 17.2 werden nochmals die medialen Auswirkungen des Fauxpas' dargestellt.

Abbildung 17.2: Mediale Auswirkungen

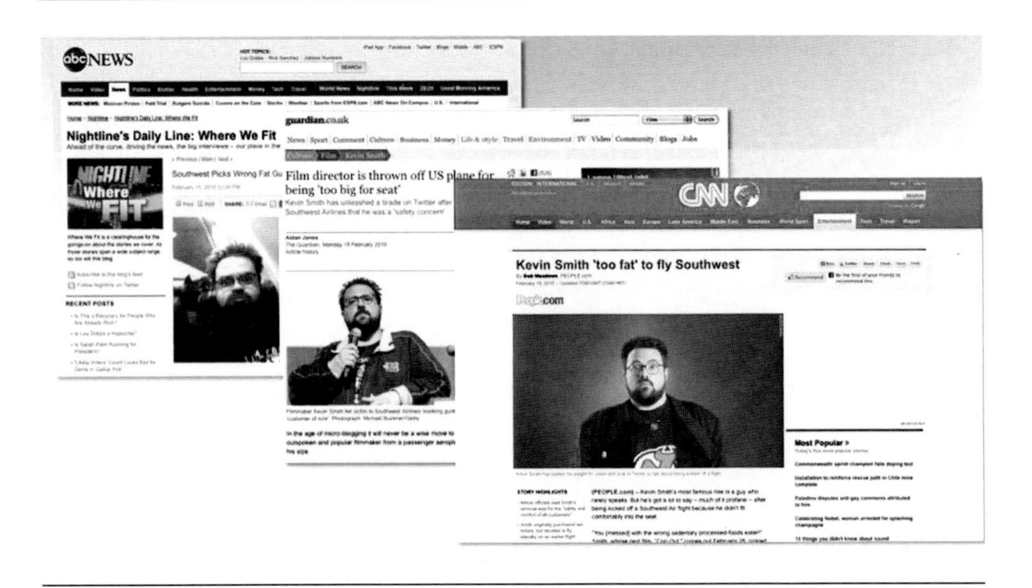

Das direkte Interesse an diesem Fall lässt sich über Google Insights verdeutlichen. Dieses Serviceangebot von Google bietet die Möglichkeit, in Form einer grafischen Präsentation das Suchvolumen nach bestimmten Suchbegriffen abrufen zu lassen. Die Abszisse der Abbildung 17.3 zeigt ein Zeitintervall von zwölf Monaten auf und erläutert dabei den Trendverlauf des Suchvolumens nach dem Suchbegriff „Southwest Airlines Kevin Smith". Es wird deutlich sichtbar, dass das maximale Suchvolumen im Intervall Februar erreicht wird. Dies lässt darauf schließen, dass ein aktives Suchinteresse für den Fall Smith bestand,

[2] Vergleiche New York Daily News, 2010.

[3] Vergleiche CNN, 2010.

[4] Vergleiche BILD, 2010.

wodurch der virale Effekt einer Negativwirkung verstärkt wurde. Dabei wird die Trendanalyse von Google Insights nicht geografisch beschränkt, sondern zeigt das weltweite Interesse.

Abbildung 17.3: Google Insights

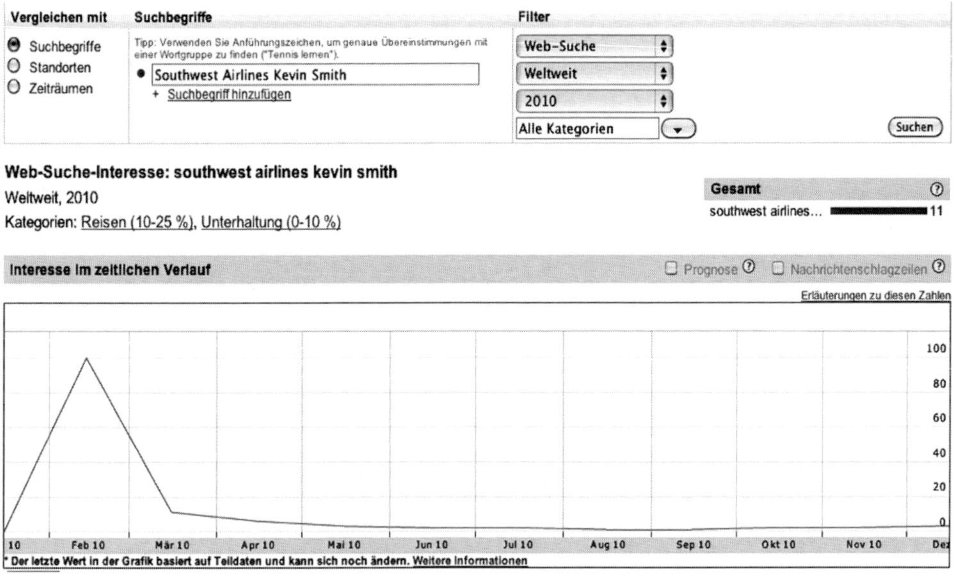

Solche Negativwirkungen können große Schäden für Unternehmen auslösen. Mit dem SentiRank kann sich ein Unternehmen nicht nur gegen Negativwirkung „versichern", es erhält außerdem die Möglichkeit zu überprüfen, wie der Kunde eine Serviceleistung oder ein Produkt aufnimmt, ohne dabei aktiven Kundenkontakt herzustellen. Der Lösungsansatz in Verbindung mit dem SiRank könnte wie folgt gestaltet werden: Kevin Smith wird mit einem hohen SiRank am Check-In identifiziert, wodurch ihm ein Upgrade in die Businessclass gewährt wird. Diese konforme Lösung hat den Vorteil, dass Negativwirkungen vermieden werden können. In einem weiteren Schritt werden dabei eventuelle positive Externalitäten sichtbar, indem der SentiRank erkennt, dass die Southwest Airlines positive Resonanz über einen Status-Upgrade, beispielsweise auf Twitter, von Smith erhält.

17.3.2. *LocationRank* - die Implementierung von LBS'

Location-Based-Services sind weit verbreitete Dienste, mit denen man seinen Aufenthaltsort über das Social Web mitteilen kann. Diese Dienste werden über Foursquare, Friendticker, Gowala oder Facebook Places zur Verfügung gestellt und arbeiten mit dem Prinzip des Check-In, bei dem sich ein Benutzer mit seinem Mobiltelefon in einer Lokalität „eincheckt". Der LocationRank kann hierbei einzelne Check-Ins analysieren, aggregiert diese zu einem Wert, um dann eine Aussage über die Beliebtheit einer Lokalität auszudrücken. Der LocationRank kann wiederum in Maps implementiert werden, um somit ein Bild in Form einer Heatmap von den meistbesuchten Lokalitäten zu übertragen. Zusätzlich identifiziert der SiRank, in welchen Lokalitäten Opinion Leaders häufig verkehren. Dies macht es im ersten Schritt möglich, das Social Web in einen weitgehend persönlichen Umgang zu transformieren.

Folgende Hypothese: Celebrity Ashton Kutcher checkt sich mit seinem Mobiltelefon in das beliebte Urth Cafe in Los Angeles ein, in dem sich des Öfteren die Celebritys aus der näheren Umgebung treffen. Der LocationRank ermittelt für das Urth einen hohen bis sehr hohen Wert, wobei sich Externe zum Beispiel über Google Maps ein Bild über die Cafés in der Umgebung machen können und gleichzeitig sehen, mit welchem Wert eine Lokalität bewertet ist. Zusätzlich filtert der Algorithmus Personen heraus, die mit einem hohen SiRank bewertet sind, wodurch ein Externer mögliche Opinion Leaders identifizieren kann.

Abbildung 17.4: Der *LocationRank* in Form einer Heatmap

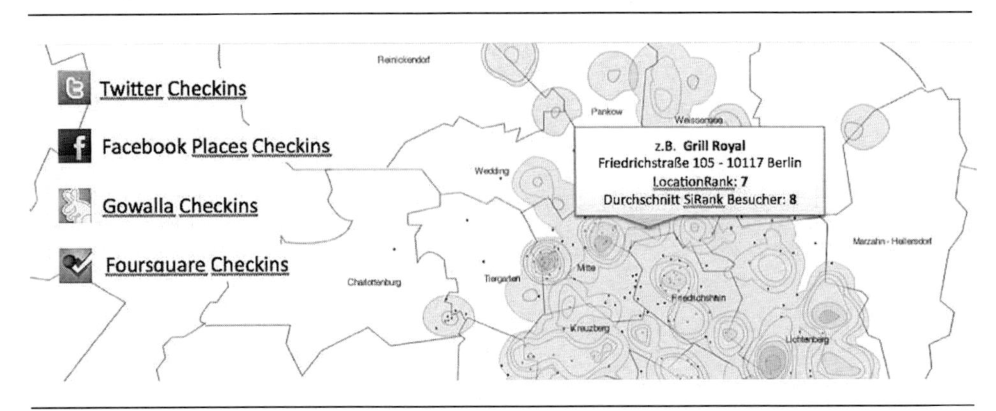

Die Verbindung von LocationRank und SiRank ermöglicht es erstmals, in der realen (Offline-)Welt aus einer Gruppe von Personen die Meinungsmacher herauszufiltern und diese gezielt an einem Ort, an dem sie sich oft aufhalten, anzusprechen.

17.3.3 Optimierung personenspezifischer Merkmale über den *SiRank Dialog Micro*

Der SiRank Diaolog Micro bezieht sich auf personenspezifische Merkmale aus den Bereichen „Ich suche", „Ich biete", „Interessen" etc. Dabei werden Parameter ausfindig gemacht, auf welche Unternehmen kundenspezifisch eingehen können. Demnach zeigt der SiRank Dialog Micro an, welche Bedürfnisse ein potenzieller Kunde verspürt, wodurch Unternehmen marketingorientierte Maßnahmen treffen können, um auf Kundenbedürfnisse besser eingehen zu können.

Literatur

Bild (2010): Hollywood-Regisseur zu fett zum Fliegen. http://www.bild.de/BILD/unterhaltung/ leute/2010/02/15/hollywood-regisseur-kevin-smith/musste-wegen-uebergewicht-fett-flugzeug-verlassen.html.

CNN (2010): Kevin Smith too fat to flay Southwest, Bob Meadows. http://edition.cnn.com/2010/ SHOWBIZ/02/15/kevin.smith.southwest/index.html.

Deutsche Post Direkt (2010): Praxisbeispiele. http://www.deutschepost.de//mlm.nf/dpag/images/ d/deutsche_post_direkt/20101108_cs_summary.pdf.

New York Daily News (2010): Director Kevin Smith too fat to fly, Clerks writer/director tweets rage at airline, Michael Sheridan, New York. http://www.nydailynews.com/gossip/2010/02/14/2010-02-14_ director_kevin_smith_too_fat_to_fly_ southwest_clerks_writerdirector_tweets_rage_.html.